트럼프 시대의 지정학과 비트코인

트럼프 시대의 지정학과 비트코인

1판 1쇄 발행 2023년 4월 15일
개정증보판 1쇄 발행 2025년 3월 4일
개정증보판 4쇄 발행 2025년 3월 20일

지은이 오태민

펴낸곳 거인의 정원

출판등록 제2023-000080호(2023년 3월 3일)

주소 서울특별시 강남구 영동대로602, 6층 P257호

이메일 nam@giants-garden.com

홈페이지 smartstore.naver.com/giantsgarden

ISBN 979-11-93869-21-5 (03320)

트럼프 시대의 지정학과 비트코인

미국 세계전략의 대전환과 달러체제의 위기

오태민 지음

거인의 정원

2024년 12월, 전 세계가 기다리던 〈오징어 게임〉 시즌 2가 개봉했다. 2024년 무렵, 한국에서 가장 잘나가는 주연급 배우만 10여명 이상 투입된 초호화 캐스팅이다. 시즌 내내 긴장을 유지하던 시즌1과 달리 시즌 2는 중후반에 스토리가 산으로 가버린 감이 없지 않지만, 매 장면 명품 연기를 선보이는 최고의 배우들이 한 화면에 잡히는 것을 보는 것만으로도 시간이 아깝지 않은 작품이었다.

〈오징어 게임〉은 여러 가지 이유로 궁지에 몰린 사람들이 다른 사람들의 목숨값을 모아서 각자가 처한 지옥 같은 현실을 탈출하려는 문자 그대로 남과 자신의 '인생을 건 마지막 생의 의지'라는 흥미진진한 발상에서 출발한다. 그리고 시즌 2는 그런 인생들 가운데 코인 때문에 나락으로 간 이들이 주연급 출연자 중 4명이나 된다고 설정했다.

코인 리딩으로 유튜브를 운영하다가 도망자 신세가 된 젊은이, 이 젊은이의 아이를 가진 전 연인, 그리고 코인 유튜브를 보고 전 재산을 걸었다가 망해버린 유명 래퍼와 양아치가 등장하며 이들 간의 쟁투와 미움이 큰 비중을 차지한다.

드라마나 영화는 시대를 반영할 수밖에 없으므로 코인으로 남의 인생을 훔치고자 했던 사람이나 코인 때문에 인생을 빼앗긴 젊은이들이 가장 핫한 K드라마의 소재로 사용된 것은 지극히 당연하다. 그러나 〈오징어 게임〉에 등장하는 사회 각 영역에 대한 작가, 감독의 이해 수준이 전반적으로 낮고 1차원적이라는 것이 이번에도 여지없이 드러나고 말았다. 〈오징어 게임〉의 작가에게 코인이란 퀵머니를 좇는 인간군상들의 신기루일 뿐이다. 〈오징어 게임〉의 감독이 가진 세계관, '개인사의 비극은 사회구조의 문제'라는 오래전 대학가에 유행했던 고착된 사상으로 볼 때, 한국의 코인 현상은 잘 해석해줘 봐야 코인이라는 수단 이외에는 희망이 없는 한국 젊은 세대의 현실을 반영하고 있는 사회 병리 현상에 불과하다.

사소한 트집이나 하나 잡아서 세계적인 K드라마에 흠집을 내고 싶어서가 아니다. 〈오징어 게임〉을 본다고 해서 코인을 좋게 생각하던 사람이 부정적으로 생각을 바꿀까봐 두려워서도 아니다. 코인 현실은 드라마와 차이가 있지만 코인에 대한 한국 대중의 인식은 〈오징어 게임〉 제작자들과 비슷하다. 〈오징어 게임〉에서 반복해서 등장하는 대사처럼, 〈오징어 게임〉 밖이나 〈오징어 게임〉 안이나 궁지에 몰린 사람들의 처지는 비슷하다. 따라서 〈오징어 게임〉 바깥의 세상에서 코인은 〈오징어 게임〉에서처럼 수많은 사람들의 주머니를 털어서 극히 소수의 배나 불리는 헛된 욕망의 피라미드다. 그것도 모든 돌에 패자들의 피가 흥건히 묻어 있는 피라미드의 재단이다.

미안하지만 〈오징어 게임〉 작가와 감독, 그리고 제작자는 틀렸다. 그것도 크게 틀렸다. 오히려 그들이 드라마를 통해 재생산하고 있는 코인에 대한 우리 사회의 진부한 인식 때문에 주요 기업들과 수많은 젊은이들이 미래를 박탈당할 위기에 처했다. 코인이 한국의 젊은이들의 미래를 빼앗고 있는 것이 아니라 코인에 대한 진부한 생각을 확대하고 있는 섣부른 훈계질 때문에 젊은이들의 미래가 막혔다.

나는 11년 전 비트코인을 발견한 직후에 소위 '배운 사람'들에게 비트코인을 설명했었다. 그들이라면 이해할 것이라는 희망을 품고 지적인 충격을 전달했다. 그러나 그때나 지금이나 비트코인에 대한 그들의 인식이 〈오징어 게임〉 제작진 수준에 머물고 있다. 나는 그들이 뭔가 오해하고 있다고 생각했고 그 오해만 걷어내면 된다고 믿었다. 마땅히 진실을 알아챌 만한 지적 역량을 갖춘 사람들에게 비트코인이 얼마나 고상한 현상인지를 알려주기 위해서 다양한 설명을 줄기차게 시도했다. 그러나 그들 중 대다수는 내 설명이 억지스럽다고 여겼던 것 같다. 특히 비트코인이 지정학적 자산이라는 나의 주장에 대해서 그랬던 것 같다.

비트코인은 지정학적인 자산이다. 러시아가 우크라이나를 침공했을 때, 부분적으로 증명이 되기 시작했고 블랙락의 래리 핑크 회장이 비트코인은 '국경에 구애받지 않는 최고의 인터내셔널 애셋International Asset'이라고 말하기 시작할 무렵 뚜렷해지고 있었다. 결국, 4년간 절치부심하고 미국 대통령으로 복귀하기로 한 트럼프가 주요한 선거전략의 하나로 비트코인을 물고 왔을 때, 비트코인의 지정학적 위상은 돌이킬 수 없는 사실이 되어버렸다.

물론, 현실을 부정하기로 한 사람들의 눈에는 지금도 비트코인은 튤립일 뿐이다. 하찮은 투기자산이 지정학 무대에서 달러나, 위안화와 나란히 경쟁하거나 심지어 달러나 위안화를 부축하거나 파괴할 수 있다는 주장이 가당키나 한 소리란 말인가. 그러나 2025년, 현재 비트코인이 10만 달러를 돌파하고 있는 시점에서 대중들은 뭔가 이상하게 돌아가고 있다는 낌새를 느끼기 시작했다. 현실의 세계가 자신이 알고 있다고 생각한 그 세계와는 뭔가 다르다는 것을 말이다. 특히 자기 주변에서 가장 똑똑한 사람들이 비트코인에 대해서 내렸던 '사형선고'가 엄청나게 잘못된 판단이라는 것을 알아가고 있다.

비트코인의 성격은 2017년 1만 5,000달러에 육박했다가 다시 3,000달러로 폭락했을 때나, 2022년 5만달러를 넘었다가 2만달러까지 폭락했을 때나 변함이 없다. 그리고 10만달러를 넘어서 20~30만달러를 터치하더라도 다시 10만달러 미만으로 내려올 수도 있다. 롤러코스터와 같은 비트코인의 움직임이 '비트코인은 빅땅'이라고 믿었던 투자자들을 질리게 만들고 사회 혼란을 방지해야 할 책무가 있는 정부 관계자들을 성가시게 만들며 '저주받아 마땅한 사기'라고 믿는 회의론자들에게 확신을 더해주지만 그럼에도 비트코인은 고상한 현상이다. 비트코인이 발명되고 나서 얼마 안 있다가 1달러를 넘으면서부터 비트코인이라는 지적으로 고상한 현상은 이미 돌이킬 수 없는 대세가 되었다.

정처 없는 비트코인의 가격, 여기저기서 돈을 벌었다는 졸부들의 천박한 자랑질, 그 졸부를 따라 하다 낭패를 본 허다한 사람들의 이야기가 이 고상한 현상을 천하디 천한 일로 오해하도록 한 것만은 인정해야 한다. 그러나 '배운 사람'들이 이 고상함을 알아채지 못한 데에는 이것만으로는 설명하기 어려운 뭔가가 있다. 배운 사람들이 화폐와 금융과 지금의 국제관계 전반에 대해서 무지했기 때문에 비트코인의 고상함을 알아채지 못했다는 나의 거친 주장은 어쩌면 사실이다. 왜냐하면 이 책에서 펼치게 될, 비트코인과 달러와 지금의 국제관계 사이에서 얽히고설킨 이야기가 그 정도로 난해하지는 않기 때문이다.

비트코인은 사실, 있을 수 없는 일이다. 투기, 자금세탁, 탈세, 범죄에나 사용될 만한 물건이 16년째 거리를 활보하고 있다. 많은 경제학자가 지금이라도 당장 정부가 나서서 이 난장판을 정리해야 한다고 권면하듯이 비트코인은 진즉에 끝장났어야 했다. 그렇기 때문에 배운 사람들이 아직도 비트코인의 고상함을 깨닫지 못했다는 건 변명의 여지가 없다. 없어져야 마땅할 '혹세무민'이 십수 년째 거리를 활보하고 있다면 정부들이 없앨 수 없든가, 없앨 마음이 없든가 둘 중 하나다. 혹은 둘 다일 수밖에 없다. 어느 경우에도 뭔가 심각한 일이 발생한 것만은 분명하다. 물론 배운 사람들은 지금도 자신들의 무지, 혹은 지적 게으름을 덮기 위해서 이렇게 변명한다. '조금만 기다려 보시라. 정부가 없앨 수 있고 마땅히 그래야 할 건데 아직은 비트코인이 아무것도 아니라서 내버려두는 것뿐이다'라고. 아무것도 아닌 것이 지금 한국의 GDP를 넘어섰다.

이 책은 미국이 비트코인을 왜 없애지 못하는지가 아니라, 왜 없앨 마음이 없는지를 주로 다룬다. 나는 비트코인을 발견한 이후, 주로 정부가 왜 비트코인을 없앨 수 없는지에 초점을 맞추어 설명했다. 그러나 트럼프가 비트코인을 물고 미국 대통령에 복귀하면서, 챕터가 바뀌었다. 미국은 비트코인을 없앨 마음이 없는 정도가 아니라 비트코인을 키울 생각이다. 그만큼 비트코인이 엄청난 것이기 때문이다. 미국으로서는 멀리하기보다는 차라리 가까이 두기로 작정했다고 봐야 한다.

물론, 이것은 정확하게 예상되었던 바는 아니다. 사건이 이렇게 전개될 때까지는 의외성, 우연성이 있었다. 무엇보다 트럼프라는 인물 자체가 독특하다. 그의 독특함은 비트코인만이 아니라 지금 세계인이 처해 있는 국제정치 전반에 걸쳐 어느 정도 영향을 미칠 것이다. 그럼에도 불구하고 트럼프의 선택이 국제질서의 역사적 역동성이라는 구조적 맥락과 동떨어진 것이냐고 하면 전혀 그렇지 않다. 비트코인에 대해서도 그렇다. 오히려 트럼프는 비트코인 현상이 노골적으로 가리켜왔던 방향을 편견 없이 이해하고 거침없이 수용하기로 한 것으로 보인다. 트럼프의 역량과 인격에 대한 대략적으로 합의된 부정적인 인식에도 불구하고 그가 한국의 지식인들보다 훨씬 영민하고 성실하며 게다가 지적으로 정직하기까지 하다는 사실을 머지않은 미래에 인정하게 될지도 모른다. 그만큼 트럼프가 대단한 게 아니라, 우리의 지식사회가 형편없다는 뜻이다.

한마디로 부끄러움을 모르는 무지다. 세계인이 주목하는 한국의 대표 드라마에서도 여과 없이 지적 편견을 드러낼 만큼 우리의 지식사회는 뒤처져 있다. 한국이 직면한 국제 질서의 요동에 대해서 알아채야 할 사람들이 무심하다. 지정학적 역동성에 대해서 한국의 지식사회가 정말 아무 생각이 없다는 사실이 비트코인에 대한 그들의 완고한 태도에서 적나라하게 드러났다. 그래서 두렵다. 마땅히 알고 있었어야 할 사람들의 무심함이야 말로 재앙의 원인이기 때문이다. 그것도 피할 수 있는 재앙을 불러오는 강력한 주술이지 않은가 말이다.

비트코인 덕분에, 비트코인이 아니었다면 만날 수 없었을 사람들로부터 종종 초대받는다. 2024년 말, 한 중견기업의 오너와 차를 마실 기회가 있었다. 그는 트럼프가 미국을 제국주의로 이끈다고 보았다. 지금까지는 '다 같이 잘 살자'였는데 앞으로는 '미국만 잘 살고 나머지 세계는 어떻게 되든지 상관하지 않겠다'로 트럼프의 세계관을 압축해서 설명했다. 이 기업인의 논리가 흥미로웠던 것은 제국주의라는 용어와 그에 덧붙인 이 분의 설명이 어울리지 않았기 때문이다.

이 분은 제국주의라는 개념에 일방주의, 자국 이기주의라는 개념들을 뒤섞었다. 글로벌하게 사업을 하시는 분이지만 제국주의라는 용어의 사용에 있어서는 현실감각이 부족했다. 제국주의를 반대하면서 더 나아가 그 존재조차 부정하려는 이상주의자들에게는 제국주의라는 개념에 폭력성, 야만성, 이기주의, 인종차별, 비합리성 등 온갖 부정적 이미지들이 녹아들어 있다. 그들에게 제국주의란 과거의 유물일 뿐이다. 다시 제국주의 시대가 도래한다면 역사가 퇴보한다는 뜻이다. 그러니까 이 기업인이 예견하는 트럼프의 시대란 종말에 가까운, 부정적인 시대다. 이 분이 정말 하고 싶었던 말은 특별히 한국 기업들에게는 그만큼 힘든 때가 다가오고 있다는 것이다.

이 책은 제2차 세계대전 이후의 미국의 시대를 다룬다. 쉽게 말해서 미국이 제국으로서 국제질서를 이끌고 책임지던 현재까지의 시대와 그리고 미국이 제국주의로부터 퇴장하기로 한 여러 가지 구조적 이유, 그리고 미국의 제국주의 철수가 불러올 혼란도 부분적으로 언급한다. 그러니까 이 책에서 사용하는 제국주의라는 용어는 그 기업인이 사용한 부정적인 개념들의 총합이 아니다.

이 책의 용어로 기업인의 주장을 굳이 번역해보자면 다음과 같다.

'트럼프는 미국이 제국주의의 길을 가면 안 된다고 주장해서 대통령으로 복귀했다. 그렇다면 앞으로 미국이라는 패권국가가 제공해온 국제질서는 붕괴 위기에 처하게 된다. 이런 세계에서는 한국의 기업들이 국제무대에서 지금처럼 돈을 벌기 매우 어려워질 것이다. 여러 나라들이 룰에 의해서 경쟁하기보다는 자국의 이익만을 내세우면서 기존의 질서를 무시하려 들 것이다. 일단 미국부터 규칙보다는 자국 이기주의를 내세울 것이기 때문에 중국이나 다른 강대국들도 그렇게 할 것이다.'

결국 동일한 주장이지만, 기업인은 미국이 제국주의로 가는 것이 부정적 시대의 근본 원인이라고 했고, 번역본에서는 미국이 제국주의를 그만두기 때문에 생기는 일들이라며 원인을 뒤집었다.

미국이 제국이라면 앞으로 제국을 그만두려는 이유와 그런 맥락에서 지금 벌어지고 있는 주요한 사건들을 분석하고자 하는 것이 이 책의 목적이다. 그러니까 이 책에서 사용하는 제국주의라는 개념은 부정적이지 않다. 상위법과 상위의 권위체가 없는 무정부상태에 가까운 국제관계에서 제국은 무질서에 질서를 부여하는 권위체이자 힘의 근원이다. 2차 대전 이후의 미국은 여러모로 볼 때, 제국의 정의에 부합한다. 그럼에도 이 표현이 특별한 감정을 불러일으켜서 이 책이 제기하는 논의를 진영의 덫에 걸려들게 할 가능성이 크다는 것도 알고 있다.

한국이라는 정치지형에서 '미제국'이라는 표현은 결코 중립적으로 쓰이지 않는다. 특정 정치진영에서만 사용한다. 그마저도 올드한 표현이다. 그러나 국제정치학에서 현실주의자들에게 제국이란 객관적으로 존재하는 사물이다. 물론, 그들도 이 표현을 주저하며 사용한다. 현실주의자들이 제국이라는 노골적인 표현을 피하고 싶을 때, 패권, 혹은 헤게모니라는 말을 대신 사용한다. 이 책에서도 이런 용어들을 제국주의 대신 더 빈번하게 사용한다. 그러나 제국의 존재를 부정하는 이상주의자들의 지적 빈곤함 때문에 우리 시대에 임박한 위기에 대해서 둔감해지고 있는 것 또한 사실이다.

착각하지 말아야 한다. 한국처럼 국제질서를 규정하는 데 있어서, 결정적인 주도권을 행사할 수 없는 나라의 국민들이 마치 '합리적인 국제질서라는 게 원래 존재하며 강대국은 강대국의 역할을 그렇지 않은 국가들은 그렇지 않은 역할을 하는 것'이라는 순진한 발상에 머무는 건 당연하지만,

'바라는 것이 곧 현실이어야 한다'고 믿는 건 어른스럽지 않은 현실인식이다. 막상 질서를 주도하거나, 질서의 주도권을 빼앗으려고 하는 강대한 국가의 국민들은 오히려 오해를 덜 하는 편이다. 합리적인 국제 질서란 건 현실에는 존재하지 않는 이상적인 개념일 뿐이라는 사실을 말이다.

'도덕은 약자의 무기일 뿐이다'라는 니체의 말이 딱 들어맞는 곳이 국제질서다. 약소국의 국민들은 질서의 유지에 있어서 제국적 파워 따위는 필요 없으며, 인간의 이성만으로 합리적이고 평화롭고 모두가 번영하는 규칙을 만들 수 있으므로 강대국 또한 이 규칙에 따라야 한다고 주장한다. 그러나 우리는 제국주의를 부정하는 이상주의가 특별한 제국에 의해서 지탱되었다는 사실을 곧 알게 될 것이다. 왜냐하면 그 제국이 이제 그 이상주의를 지탱하기 위해서 자신의 힘과 의지를 사용하지 않으려 할 것이기 때문이다.

2023년 봄에 펴낸, 《비트코인, 그리고 달러의 지정학》을 개정할 이유가 생겼다. 그간 국제정치와 비트코인 분야에서 많은 일들이 일어났기 때문이다. 중동전쟁 발발, 한미일 안보협력 선언, SEC의 비트코인 현물 ETF 승인, 트럼프의 재선 성공, 트럼프의 비트코인 전략화, 한국의 계엄포고와 탄핵사태. 이런 중요한 사건들에 대한 해석을 넣어서 개정작업을 하다 보니 새로운 제목으로 다시 펴내는 편이 낫겠다고 생각했다. 무엇보다 '트럼프'라는 키워드를 부각시킬 필요가 있다고 판단했다.

《비트코인, 그리고 달러의 지정학》에서도 트럼피즘을 비중 있게 다루고 있지만 그 트럼프가 다시 대통령으로 돌아왔다. 게다가 그는 비트코인을 강력하게 지지하는 대통령으로 당선되었다. 이상하게 들으면, 상당히 건방진 소리일 수도 있는데, 이 책은 작가가 완성했다기보다는 트럼프가 완성했다. 그만큼 트럼프라는 인물이 흥미로울 뿐 아니라 역사적 맥락에 딱 들어맞는 시대적 인물이기도 하다.

《비트코인, 그리고 달러의 지정학》에서 다루고 있는 트럼피즘과 보편화폐로서의 비트코인의 위상에 대한 설명들이 독자들에게는 한데 섞이지 않고 겉도는 느낌을 주었을 수도 있다. 비트코인에 꽂힌 저자가 비트코인의 중요성을 과장하느라고 하나로 섞이지 않는 소재들을 억지로 얽어서 한 책에 묶었다는 인상을 주었을 수도 있다. 그러나 이 책, 《트럼프 시대의 지정학과 비트코인》에서는 각각의 설명들이 유기적으로 연결된다고 느낄 것이다. 이 책은 몇 가지 중요 사건들에 대한 설명을 덧붙인 개정판에 불과할 뻔했지만, 트럼프가 비트코인을 들고서 재선에 성공함으로써 이 책의 거의 모든 이야기를 하나의 키워드로 꿰어주면서 완성도를 높여주었다.

《비트코인, 그리고 달러의 지정학》에서 트럼피즘을 다룰 때, 트럼프는 이미 재선에 실패한 전직 대통령일 뿐이었다. 트럼피즘이라는 미국의 정치, 사회현상은 트럼프라는 인격체와는 독립적이라고 보았기 때문에 트럼프의 정치적 위상과 별개로 트럼피즘을 비중있게 다루었다. 그러나 트럼프 스스로 그의 시대를 다시 시작하고 있는 2025년의 시공간에서는 트럼피즘과 트럼프라는 인물을 구태여 구별할 필요가 없어졌다. 그런데 트럼프라는 인물이 트럼피즘과 어울리는 것 이상으로 트럼피즘과 비트코인도 어울린다. 비트코인에 대해서 편견을 가지고 있는 사람들은 트럼프가 비트코인을 선거 전략으로 삼은 걸 본 다음에서야 저자가 가져다 붙인 억지라고 생각할지도 모른다. 그러나 2023년에 트럼피즘과 비트코인을 한 책에 묶었을 때에도 이미 이 둘은 잘 어울린다고 판단했었다. 다만 그때는 이 흥미롭기 짝이 없는 두 현상이 서로 연결되어 있다는 것을 현실이 뒷받침해주지는 못했다. 그러나 지금은 현실이 강력하게 뒷받침되었다. 이게 왜 연결되는

지를 이해하려면, 트럼피즘과 비트코인을 이해하는 것은 물론이거니와 미국이 수도한 '포스트 1945' 시스템의 특징도 잘 이해해야 한다. 트럼프, 트럼피즘, 비트코인은 모두 달러라는 매개체로 연결되기 때문이다.

책의 결론 부분에서 다시 강조하지만, 미국이 제국이라면, 달러체제란 그 제국이 가장 관대했을 때의 시스템이다. 국제정치학자들이 '관대한 패권'이라고 부르는 그 시기에 달러체제는 동맹들을 부축했고, 신생독립국가들에게 주권을 양도했으며, 냉전을 관리했고 결국 냉전에서 이겼다. 그러나 그 사이 바로 그 달러가 미국의 힘을 소진시켰기 때문에 미국은 정치내전에 가까운 사회분열과 정체성의 위기를 지나게 되었다. 정치내전에서 일단 승리한 트럼프는 달러를 부축해야 한다는 필요성을 인식하고 있으며 더 나아가 비트코인이 어느 정도 그 역할을 할 수 있다고 파악한 것으로 보인다.

만약 미국이 제국이라면, 미국의 제국주의는 막바지를 향해 달려가고 있다. 막바지 국면에서야 제국으로서 미국의 거대한 존재감을 세계인들에게 명확하게 보여줄 가능성이 높은데, 달러 스테이블코인이 바로 이 마지막 국면을 화려하게 장식할 반짝이들 중 하나일 수 있다. 이 책을 다 읽은 독자라면 심각하거나 억지스러운 도약 없이 이와 관련한 논리들이 전개되고 있다는 것을 납득할 수 있을 것이다.

전작의 서문에서도 밝혔지만 비트코인에 대한 회의론에 대답하려고 시작해서 이 책으로까지 이어졌다. 생각보다 무척, 일이 커진 셈이다. 그런데 지금 한국을 둘러싼 국제질서의 변화가 엄중하다. 일이 커지다 보니까 나라 걱정까지 담았다. 나라 걱정을 담는다는 건 저자가 메타적 관찰자의 포지션에서 어느 정도 타락했다는 뜻이기도 하다. 그럼에도 불구하고 지금,

그러니까 2025년 초라는 시공간에서 나라 걱정은 농담도 아니고 사치도 아니게 되었다. 어쩌면 이 책은 비트코인을 핑계 삼아서 국제질서의 변화에 둔감한 한국인들에게 자극을 주려고 시작한 것처럼 보일 수도 있겠다. '주객의 전도'라는 게 정말로 종종 일어나는 모양이다.

2025년 2월, 오태민

머리말

1970년대에 있었던 일이다. 한 청년이 김포공항에서부터 강원도까지 가자며 택시에 올랐다. 청년은 한국말에 서툴렀다. 기사에게 목적지에 대한 정보를 적은 메모를 건넸다. 목적지는 큰 도시가 아니라 산골 작은 마을이었다. 현장에 도착하자 청년은 기사에게 잠시만 기다려달라며 차에서 내려 도로 아래 숲으로 걸어내려갔다. 때는 겨울이었고 숲에는 눈이 쌓여 있었다. 눈밭 한가운데로 들어간 청년은 옷을 벗고 거의 알몸으로 눈밭에 누웠다. 그리고 울었다. 한동안 울고 난 청년은 다시 옷을 입고 돌아와 택시에 올랐다.

택시기사는 서울로 돌아오는 길에 청년의 이야기를 들었다. 청년은 아기 때 미국으로 입양을 갔다. 청년을 입양한 부모는 입양기관으로부터 아이가 구조된 사연을 들었다고 한다. 한 미군 병사가 한국전쟁 중 차를 타고 강원도 산길을 지나다가 눈밭에 누워있는 젊은 여성의 시체를 보았다. 당시에는 그런 시체가 많았지만 아기 울음소리가 들려와 차를 세우고 시체에 다가갔다. 시체는 거의 알몸이었다. 그런데 그 품에는 여인의 옷으로 감싼 아기가 있었다. 아기는 살아있었고 엄마의 마른 젖을 물었다가 울었다가 했다. 미군 병사는 나중에 아이가 커서 엄마를 찾을 수 있도록 시체를 발견한 곳의 좌표를 메모했다. 미군은 좌표와 함께 아이를 국제 봉사단체가 운영하는 고아원에 맡겼고 아이는 기관을 통해 미국의 양부모에게 입양되었다. 청년은 자라면서 생모와 자신의 이야기를 들었고 양부모로부터 좌표가 적힌 메모지도 건네받았다. 그는 이야기를 들은 다음 자신을 살리고 죽은 생모에게 꼭 한 번 가서 인사해야겠다고 다짐했다고 한다. 그래서 일부러 겨울에 한국을 찾았고 엄마와 같은 자리에 옷을 벗고 누워서 "엄마, 얼마나 추웠어요?"라며 펑펑 울었다는 것.

이 이야기는 아주 오래전, 지금은 기억하지 못하는 어느 책에서 읽은 이야기다. 글쓴이도 들은 이야기라고 했으니 진위여부는 확인할 수 없다. 지어낸 이야기일 수도 있고 와전된 것일 수도 있다. 디테일에 관한 한 내 기억이 정확하지도 않다. 그러나 이 이야기는 충분히 진실하다.

나의 어머니는 한국전쟁 때 아버지를 잃고 고아원에 맡겨졌다. 외할머니는 살아남았지만 세 아이를 고아원에 맡긴 채, 북쪽에서 가족을 두고 단신으로 월남한 남자에게 시집가야 했다. 외할머니에게는 나름대로 사정이 있었다. 나의 어머니는 전쟁 통에 국민학교에 입학하지 못했고 졸업만 했다고 한다. 더 이상 상급학교는 생각할 수도 없었다. 말 그대로 하루하루 생존을 위해 살아야 했다. 부모복, 나라복, 시대복이 없었던 어머니는 두 아들이 독립할 무렵 병을 얻었고 큰집 손주들이 할머니 품이 필요 없어도 될 무렵 지구 소풍을 마쳤다. 어머니가 소천하시던 해에 태어난 나의 막내딸이 내 눈에는 내 어머니의 얼굴을 조금 닮았다. 이 책을 쓸 때, 또래보다 늦게 사춘기에 진입한 아이는 요즘 부모를 협박하고 있다. 겨울방학에 해외여행 보내 달라는 소리는 안 할 테니 스마트폰을 사줄 것과 겨울방학 동안 마스터해야 하는 게임이 있으니 필요한 장비 일체를 마련해 달라는 것이다. 자기만 스마트폰이 없고 자기만 게임을 안 해서 친구들 사이에서 왕

따라고 울부짖으며 엄마와 대치하기도 했다.

내 어머니의 삶과 내 딸의 삶은 너무나 다르다. 같은 나라에서 태어났고 얼굴도 닮았지만 공통점은 그것뿐이다. 추운 눈밭에서 옷을 벗어 자신의 피와 살을 내주며 지킨 아이들의 아이들은 전혀 다른 나라, 아니 전혀 다른 문명권으로 순간이동되어 버렸다.

사실 이 책은 내 어머니의 다른 아들에게 쓰라며 등 떠밀다가 내가 쓰게 된 책이다. 국제정치학 박사가 쓸 책을 비트코인 전문가를 자처하는 '덕후' 가 쓰게 된 셈이다. 국제정치학 박사로서는 개념과 지식이 충만해도 비트코인에 마음이 없으니 끌어올릴 에너지가 부족한 게 문제였다.

누군가 한 번은 꼭 써야 할 책이라서 시작했지만 정말 이런 심각한 이야기를 하려던 건 아니었다. 비트코인을 외면하는 식자들의 논리를 하나씩 격파하는 책을 써오던 중이었다.

뭐 좀 안다고 자부하는 이들의 주장인 "미국이 비트코인을 가만두지 않을 것이다"라는 반론에는 약간 긴 답변이 필요했다. 그런데 답은 쉬운데 설명이 쉽지 않았다. 게다가 설득력 있는 논리로 반박하고 설득까지 하려면 상대방도 뭐를, 진짜로, 많이, 알고 있어야 했다. 그래서 자료를 모으고 정리하다 보니 비트코인 책이 아닌 지정학 책이 되어 버렸다.

국제정치학자들은 비트코인에 별 관심이 없고, 경제학자들은 비트코인을 싫어한다. 게다가 경제학자들은 국제정치학에서 말하는 지정학적 질서가 경제활동의 근간을 이룬다는 생각에 대체로 어둡다. "미국이 비트코인을 가만두지 않을 것이다"라는 명제를 옹호하거나 반박하려면 국제정치학과 경제학과 비트코인에 대한 지식이 필요하다. 아니, 지식보다는 국제정치학과 경제학과 비트코인에 관심과 애정 그리고 존경심이 있어야 한다. 그런데 애석하게도 이 시험을 통과할 학자들이 별로 없다. 이 주제로 쓴 책이 나오지 않고 있다는 사실이 그 증거다. 국제정치학자나 경제학자들의 신경질적인 반응이야 너무나 많지만, 이를 하나씩 짚어가며 논리적으로 풀어낸 책은 아직 못 찾았다.

원자 안에서 질량의 대부분은 1/1조의 공간 안에 집중되어 있다. 이것을 핵이라고 한다. 러더퍼드Ernest Rutherford라는 물리학자가 핵의 존재를 발견할 수 있었던 건 미스터리한 현상을 설명하기 위해 과감한 가설을 세운 덕이다. 방사선 물질을 붕괴시켜 생성한 알파 입자를 얇은 금박에 투과하는 실험이었는데, 대다수 입자가 금박을 그냥 투과했지만 과학자들은 큰 각도로 휘어지는 입자도 발견했다. 러더퍼드는 입자가 뭔가에 부딪혔기 때문에 투과하지 못하고 튕겨 나온 것이라고 생각했고, 이로써 이전까지의 원자개념을 바꾸었다.

나는 비트코인이 알파 입자라고 생각한다. 그리고 이 이론이 맞는다면 이 입자는 현재의 시스템을 그냥 투과하지 못하고 부딪혀 튕겨 나와야 한다. 달러 시스템과 국민국가 시스템이라는 두 개의 핵에 충돌할 것이기 때문이다. 그런데 이 둘은 사실 '포스트 1945체제'의 주요한 한 가지 특성의 다른 모습이다. 만약 비트코인이 현재의 시스템을 그냥 투과한다면 지금의 체제는 우리가 알고 있던 그런 시스템이 아니라는 말이기도 하다.

비트코인은 단순한 현상이 아니다. 사실은 심각한 현상이다. 우리가 달러체제라고 부르는 질서는 2차 세계대전 이후에 구축되었다. 이는 시간적인 우연이 아니라 2차 세계대전의 결과로 탄생했다. 근본적인 질서가 만들어지려면 전쟁이라는 용광로를 거쳐야 하는 게 법칙인지는 몰라도, 달러체제는 2차 세계대전이라는 참혹한 용광로를 거쳐 만들어졌다. 그런데 비트코인은 달러체제를 위협하고 있다. 납득하기 어려운 일이다. 세상은 단선이 아니므로 가까이서 보면 흐름을 거스르는 일탈과 역류들도 많다. 이런 무질서한 사건들이 우리로 하여금 큰 흐름을 놓치게 하기도 한다. 그러나 멀리서 보면 이런 지류들이 큰 흐름을 오랫동안 거스르지는 못한다. 비트코인을 한때 반짝하다가 사라질 그런 일탈로 볼 수도 있다. 그러나 그런 게 아닐 수도 있다. 그렇다면 기본적인 질서가 변하고 있는 것이며, 이것이 이 책이 논증하려는 주장이다.

　나의 어머니와 내 막내딸은 나라만 같은 게 아니다. 믿어지지 않겠지만 시대가 같다. 내 어머니는 포스트 1945체제가 탄생한 무렵에 태어났고 내 딸은 이 체제의 막바지에, 이전까지의 관성으로 체제가 형태는 유지하고 있으나 여기저기서 삐걱댈 때 태어났다. 지정학적 스케일에서 보면 내 어머니나 내 딸은 거의 동시대인이며 게다가 지정학적 운명이 동일한 나라에 살았고 또 살고 있다. 강대국들의 '지정학 게임'이 내 어머니의 삶을 난폭하게 규정했듯이 내 딸의 삶에도 많은 부분 영향을 미칠 것이다. 걱정스러운 건 내 어머니 시대의 사람들도 인공위성 사진으로 태풍의 진로를 보지 못한 채 삶 자체에서 태풍을 맞이했듯이 우리와 자녀들의 시대에도 그럴 가능성이 높아 보인다는 점이다.

　사실 내 어머니나 나의 딸처럼 평범한 사람들이 지정학에 관심을 갖는 시대가 좋은 건 아니다. 태평성대라면 평범한 사람들은 지정학적 역학을 잊기 마련이다. 지구에 살고 있는 대다수 사람들은 '지정학 게임'에 참여하는 플레이어가 아니기 때문이다. 게임에 참가조차 할 수 없으니 알아도 바꿀 수 있는 것이 아무것도 없다. 그러나 인공위성으로 태풍의 진로를 볼 수 있는 개인이라면 그렇지 않은 경우보다는 선택의 여지가 좀 더 있을 수 있다. 비록 사진의 해상도가 선명하지 않더라도 말이다. 진로를 안다고 태풍의 방향을 바꿀 수야 없겠지만, 내가 태풍에 대해 할 수 있는 게 없다고 해서 태풍의 진로에 눈을 감고 사는 게 꼭 똑똑한 짓은 아닐 것이다.

태풍의 진로를 있는 그대로 보려는 노력이 중요하다. 일단 일정량의 지식을 채워 넣기 전에 '도덕적으로 판단하려 드는 것', '선과 악을 구별하려는 것', '내 편의 이야기와 적의 이야기를 가려내려는 것'들로는 기껏해야 음모론을 지어내고, 음모론을 믿고, 음모론적 냉소로 '세상을 비관하면서도 세상에 빌붙어 사는 것' 이상의 성숙은 기대하기 어렵다.

포스트 1945체제는 특별한 구석이 많다. 그 이유는 이 체제를 만든 미국이 특이한 정신세계를 가지고 있기 때문이기도 하다. 이 시대는 모순으로 가득하다. 서로 충돌되는 가치들이 격렬하게 충돌하면서도 하나의 시대를 구성한다. 만약 이 체제를 주도하는 미국인들이 위선자로 보인다면 일단 옳게 본 것이다. 그러나 그 이유가 문제다. 미국인들이 위선자로 보이는 것은 그들이 너무 현실적이며 이해타산적이어서가 아니라, 지나치게 이상적이어서다. 미국인들이 주도하는 세계체제의 문제는 그들이 위선적이어서라기보다는 이상적 가치의 집착에 관한 한 그들이 진심이라는 데 있다. 왜냐하면 이상은 현실과 거리가 멀기 때문이다. 이상의 목록들 중 일부라도 현실에 반영하려면 비용이 엄청나게 많이 들어간다.

달러체제는 직접적으로 혹은 간접적으로 그 이상을 유지하는 데 드는 비용과 깊은 관련을 맺고 있다. '미국이 마음대로 인쇄기를 돌려 달러를 찍어내고, 개발도상국 노동자들의 땀과 눈물을 착취하는 구조'라는 그 주장 말이다. 이에 이러한 주장과 이상주의 시스템의 비용, 포스트 1945체제를 연결해서 설명하는 책이 필요했다.

저자가 간단한 질문으로 시작한 덕에 이 책의 뼈대는 비교적 단순하다. 제국주의를 미워하는 미국이 포스트 1945체제를 만들었다. 국민국가들의 주권을 인정하고 세계기구를 조직하면 제국주의 없이도 세계체제가 작동하리라고 믿었기 때문이다. 그런데 공산주의가 팽창했다. 그 공산주의의 좋고 나쁨은 다음 문제다. 공산주의는 태생적으로 보편주의를 지향하므로 국경선을 무시한다는 것이 진짜 문제였다. 그래서 미국은 힘을 투사하게 되었고 엄청난 비용을 쏟아부어야 했다. 그 다음부터는 모든 게 엉망진창이 되어버렸다. 애초에 꿈꾸었던 '탈제국주의적 세계질서'는 '제국주의 세계질서'나 '탈제국주의 무질서' 중 한쪽으로 쏠릴 위험이 크다는 것이 금세 드러났다.

1장은 역사적 접근이다. 포스트 1945체제 아래서 실제로 일어난 사건들을 주류학자들의 공통적인 해석에서 크게 벗어나지 않게 정리해 풀어냈다. '제국주의 세계질서'와 '탈제국주의 무질서' 사이에서 시계추처럼 방황하며 분투한 미국이 주인공인 이야기다.

2장은 보편적 접근이다. '미국'이나 '달러' 그 자체가 아니라 세계체제를 운영하는 어떤 나라와 그 나라의 통화가 기축통화로 사용되는 현상, 그리고 그 체제의 유지비용을 추적했다. 다소 추상적이며 분석적이기도 하지만 유로달러와 같이 특별한 사건에 주목하기도 한다. 아울러 기축통화의 장점과 단점, 중립적 질서의 한계, 국채와 이자율을 설명한다. 2장은 이 책의 특징을 잘 드러낸다. 이렇게 분석한 책을 찾다가 찾지 못해서 직접 쓰기로 마음먹었기 때문이다.

글의 뼈대는 주장을 중심으로 썼다. 살은 기억을 더듬어 찾은 책에서 가져와 붙였다. 나는 음모론을 싫어하기 때문에 주류학자들의 주장과 너무 먼 황당한 소리라면 어쩌나 하는 우려는 하지 않아도 된다. 그래도 의심할까봐 출처를 촘촘히 찾아서 넣느라 애를 먹은 편이다. 기본적으로 남의 아이디어라서 출처를 달아야만 하기 때문이기도 했지만, 간혹 저자의 생각을 쓰더라도 독자의 우려를 고려해 비슷한 주장을 한 멀쩡한 학자가 쓴 책의 페이지를 찾아서 달았다. 그래도 현실의 제약과 기억의 한계 때문에 미처다 찾지 못한 부분이 있다. 그러나 이런 분야에서 어떤 개념이 유일한 출처를 갖는 경우는 드물다. 이런 주제를 논하는 책들은 비슷한 사건들을 비슷한 관점에서 보며 비슷한 개념들로 풀어낸다. 그럼에도 이 책은 독특한 논증구조를 가지고 있다. 현실의 체제를 미국의 이상주의와 그 이상을 지탱하는 비용이라는 축으로 설명한 책은 나도 아직 본 적이 없다는 것이 저자의 '생색'이다.

책으로 정리하기 전, 2022년 가을학기에 건국대학교 정보통신대학원에서 '비트코인의 지정학'이라는 과목으로 강의를 했다. 그 강좌는 시대에 맞게 실험적이었는데 매 강의를 유튜브로 현장 중계했고, 대략 500~600명이 같은 시간에 스트리밍을 통해 '도강'에 참여했다.

독자가 없을 거라는 걸 알면서도 책을 써야 할 때가 있다. 그래도 좋은 책들에 파묻혀서 지내다 보면 작업의 고단함을 잊고 어느새 즐기게 된다. 이번 책은 즐거움이 더욱 컸다. 남들이 놓치고 있는 지정학적 현실에 관해 글을 쓴다는 핑계로 번잡한 현실로부터 도피한다는 게 우습기도 하지만, 좋은 책들 속에 파묻혀 지내는 동안에는 '나쁜 소식들'로부터 심리적 충격을 덜 받을 수 있었다. 무엇보다 '도강'에 참여했으며 책도 기다리고 있다는 독자들의 응원이 있었기에 기대감을 가지고 작업할 수 있었다.

내 어머니의 이름은 '배워서 나누라'는 뜻을 가졌다. 생존투쟁이라는 전장의 씩씩하고 용맹한 전사였던 내 어머니 세대를 기억하며 내 딸 세대가 지정학적 태풍을 비켜갈 수 있기를 소망해본다.

2023년 3월, 오태민

차례

1장
제국을 부정하는 제국의 분투

2장
세계체제의 비용

1장

제국을 부정하는
제국의 분투

01
지정학의 시대가 돌아오다

역사의 휴일이 찾아오다

1990년대 초, 소련이 해체되었을 때 미국 스탠퍼드대 교수 프랜시스 후쿠야마 Francis Fukuyama 는 《역사의 종언 The End of History》이라는 책을 출판

했다. 헤겔의 역사철학을 논한 이 책은 내용보다는 제목으로 오랫동안 회자되고 있다. 이 책의 제목을 언급하는 이들의 의도는 조롱이다. 저자로서는 다소 억울하겠지만, 당시 냉전 해체 직후 서구 지식사회가 얼마나 과도하게 들떠 있는지의 사례로 제시된다. 서구 지식인들은 냉전 이후의 미래를 성급하게 낙관했었다. 전쟁이 끊이지 않고 있는 오늘날 이때의 성급한 낙관을 비웃기 위해서 이 책의 제목만 언급하는

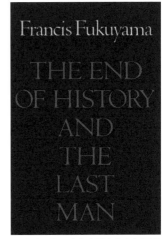

프랜시스 후쿠야마의 책 《역사의 종언》

경우가 많다.

'역사의 종말'이라는 말 대신에 소련 해체 이후 이어진 미국의 단극시대를 국제정치학자들은 '역사의 휴일'이라고 부른다. 그런데 휴일은 길지 않았다. 이런저런 위기가 몰려왔다. 역사의 종말을 주장하는 이들은 입을 다물었다. 역사의 휴일이 끝나고 '지정학의 시대'가 다시 돌아왔다.

이성 reason 으로 유럽을 통합하던 계몽주의 시대의 철학자 칸트는 이상적인 국제질서를 주장했다. 학자들은 칸트가 말한 이 질서가 역사의 휴일에 실제로 작동할 수 있을 것으로 보았다. 칸트는 서로 적대시하지 않고 국내외적으로 투명하게 행동하겠다고 약속하는 공화국들의 자발적인 연합을 국제질서의 해결책으로 주장했다. 그는 시민들이 정치에 참여하는 공화국들로 이루어진 체제야말로 끝없는 전쟁, 즉 국가들 간의 주도권 다툼이 야기할 '인류의 거대한 무덤'으로부터 세계를 구원할 수 있을 것으로 믿었다. 그 이유는 독재적인 통치자들과는 달리 공화국의 시민들은 전쟁의 고통을 짊어져야 하는 당사자이기에 전쟁을 피하려할 것이기 때문이다. 칸트는 더 나아가 전 세계적인 시민연합체제가 구축될 수 있다고 보았다.[1] 이는 역사의 휴일, 아니 최근까지도 지식사회에서 확고하게 믿어진 교설로 굳어졌었다. '민주주의 국가들 간에는 전쟁을 하지 않는다'는 믿음 말이다.[1]

1990년부터 2010년 무렵까지 이르는 20년을 역사의 휴일로 부를 수 있는 이유는 단지 강대국 간에 전쟁이나 냉전시대와 같은 적대적 대치 상태가 없었기 때문만은 아니다. 강대국들 간의 지정학적 쟁투를 과거의 유물로 여기는 분위기가 한몫했다. 인간의 이성을 낙관하던 이때는 단지, 지정학적 긴장만을 과거의 유물로 취급한 게 아니었다. 국가 자체를 낡은 시대의 유산으로 보았다. 국가란 단지 지도에 금을 그어 놓고 세금이나 걷고 비자나 내주거나 복지 서비스를 제공하는 조금 커다란 동우회에 불과할지 모른다고 생각했다. 특히 유럽연합과 같은 국제기구를 주름잡고 있는 엘리트 관료들은 이런 국제 관료체제가 국민국가로부터 주권을 이양받았다고 생각했다.[2] 이들은 국가의 폭력을 자신들(훈련받은 관료 엘리트들)의 이성으로 대체할 수 있다고 보았으며, 이성이야말로 국제질서를 보편타당한 원칙에 따라 관리할 수 있는 주체라고 여겼다.

그러나 미국이 제공하던 자유무역질서 속에서 국가들 중에 가장 크게 성공한 셈인 바로 그 중국이 미국이 제공하던 항행의 자유를 정면으로 거부하면서 남중국해 전체를 자기 바다로 삼으려 하고, 러시아는 모스크바와 가깝다는 이유로 유럽으로 탱크를 몰고 들어가고, 또한 트럼프가 보호관세를 주장하면서 정치적 재기에 성공하는 오늘날의 혼란 속에서 이때를 돌이켜보자면, 관료들의 이성 혹은 그 이성을 배양한 서구 선진국의 대학들이 만든 거대한 희망은 그다지 현실성이 없는 것들이었다. 논리만이 아니라 무력도 동원할 수 있는 국가야말로 국제질서에서 중요한 행위자일 뿐만 아니라 궁극적인 행위자라는 사실을 오랫동안 가릴 수는 없었다. 그리고 국가들 사이의 질서란 언제나 이성보다는 폭력의 우열에 따라 변화되기 마련이라는 역사의 보편성을 억지로라도 수용할 수밖에 없게 되었다.

역사의 휴일은 끝나고, 지정학의 시대가 온다

역사의 휴일이 이어지는 동안에도 미국, 중국, 러시아 같은 강대국들은 종종 근육과 이빨을 드러냈었다. 그러나 역사의 휴일에는 이들 군사

강국들은 노골적으로 힘을 투영하지는 않았으며 글로벌 여론을 의식했다. 그리고 이들 강국들이 움직이면 약소국가들은 이에 순응하기도 했었다. 지금 주목해야 할 변화는 국제질서를 변경하는 게임에 더 많은 국가들이 등장하고 있다는 사실이다. 여러 국가들이 전후질서the post 1945 global system가 그들에게 운명처럼 부여한 한계선을 넘어서서 존재감을 드러내려 하고 있다. 이 국가들은 기존 질서의 변경을 요구하거나 혹은 그런 역할을 하도록 요구받기 시작했다. 그야말로 개별 국가가 일정한 규칙 아래 행위를 한다는 전제, 글로벌 질서가 한계에 부딪혔다.

저널리스트인 로버트 카플란Robert Kaplan은 제2차 이라크 전쟁을 자신이 지지했던 것에 대한 반성문을 겸한 저서《지리의 복수The Revenge of Geography》에서 지정학이 부활하는 시대를 냉전 이후의 지적 주기의 변화로 설명한다. 그는 첫 번째 지적 주기에서 무시되었던 지리geography가 두 번째 주기에서는 강조되고 있다고 말한다.

나폴레옹은 "한 국가의 지리를 안다는 것은 그 국가의 대외 정책을 아는 것과 같다"라고 말했지만[2] 사람들은 역사의 휴일 동안에는 인간의 이성과 경제적 계산이 지리를 극복했다고 믿었다. 〈뉴욕타임스〉의 칼럼니스트인 토머스 프리드먼Thomas Friedman은 그의 세계적인 베스트셀러《세계는 평평하다The World Is Flat》[3]를 통해 지리가 사라진 지구를 예견했다.[3] 그러나 지리는 사라지지 않았다. 냉전시대 이후 첫 번째 지적 주기에는 이상주의, 탈지리, 탈지정학이 지식사회를 장악했다. 반면에 두 번째 지적 주기에는 현실주의, 지리, 지정학의 중요성이 부각되고 있다. 즉, 세계는 평평하지 않으며 그럴 전망도 별로 없는 데다 미국이 그럴 만한 힘도, 의지도 갖고 있지 않았다는 것 그리고 미국의 힘이 울퉁불퉁한 육지와 넓은 바다, 황량한 사막이라는 지리적 요인에 의해 가로막혔다는 현실을 지식인들이 인식하면서 '지정학의 시대'가 다시 시작되고 있다.

2014년부터 시작되어 2022년에 전면적으로 확대된 우크라이나 전쟁은 인간의 이성 대신 '지정학 운명론'에 힘을 실어주고 있다. 한스 모겐소 Hans Morgenthau 와 같은 저명한 국제정치학자조차 지정학을 '사이비 과학'이라며 입에 올리기 싫어했던 이유는 지정학이 '지리가 국가의 운명을 결정한다'는 결정론적 세계관을 바탕에 깔고 있기 때문이다.[4] 정치가 되었건 지리가 되었건, 인간 이성으로 극복할 수 없는 운명과도 같은 무언가가 있다는 생각이 비과학적이라고 비난받으며 배척당하는 것은 계몽주의로부터 이어져 내려오는 도도한 흐름이기도 하다. 그러나 '중력을 부정하는 것으로는 중력으로부터 자유로울 수 없듯이' 지리와 얽힌 정치가 중력처럼 강력하게 작용하는 자연계의 힘은 아닌지 '이성적'으로 검토할 필요가 있다.

마치 하늘을 나는 비행기가 중력의 법칙을 부정하는 것이 아니듯이 가끔씩 꽃을 피우곤 하는 이성의 시대가 지리의 힘을 부정하는 것도 아니다. 대한민국처럼 척박한 지정학적 여건에도 불구하고 오랫동안 평화를 유지하고 있다면 지리의 힘이 영향을 미치지 못했기 때문이 아니라 그럼에도 불구하고 전쟁을 관리했기 때문이었다고 평가해야 한다.

현대 지정학의 아버지로 불리는 해퍼드 맥킨더 Halford Mackinder 는 20세기 초에 '유라시아 심장부 heartland'를 중심으로 지도를 볼 필요가 있다는 것을 다음과 같은 명제들로 제시한 바 있다.

- 동유럽을 지배하는 자가 심장부를 지배한다

- 심장부를 지배하는 자가 대륙을 지배한다
- 대륙을 지배하는 자가 세계를 지배한다[5]

공교롭게도 우크라이나에 대한 러시아의 집착은 1차, 2차 세계대전 때 독일의 동진東進, 냉전시대 초기 소련의 서진西進을 연상시킨다. 그뿐만이 아니다. 중국은 한때 소련 땅이었던 중앙아시아, 그야말로 유라시아 '심장부' 국가들을 향해 변경의 확장을 도모하고 있다. '일대일로一帶一路'의 핵심 프로젝트를 추리고 추리면 현대 중국의 서진이며, 이는 고대로부터 이어져 온 중국의 지리적 서사다. 중국은 유라시아 스텝지역과의 교호작용(폭력투쟁이 주를 이루는)이거나 아니면 실크로드를 통해 유라시아 서쪽에 끊임없이 닿고자 했고 많은 경우 연결되어 있었다.

러시아의 서남쪽, 중국의 서북쪽, 독일의 동쪽은 모두 맥킨더가 예견한 심장부로 가는 길이며, 이슬람의 세계이자 종파주의와 민족주의가 위세를 떨치는 곳이고, 석유를 비롯한 광물이 편중된 곳이다. 이 지역은 산지가 많고 바다가 있더라도 넓은 바다와 단절되어 있는 곳이기도 하다. 바다는 사람과 문물을 연결하지만 육지는 그 연결을 끊는다. 산맥과 사막과 강과 숲은 모두 그것이 군대건 물자건 대규모 흐름을 끊는 장벽들이다. 운송에서 육지가 바다보다 유리한 것은 보병과 말에 탄 군인이 조금씩 이동할 때뿐이고 상품과 원료 그리고 정보를 운반하기에는 바다에 비해 너무나 불리하다. 그래서 이 지역은 개방적이고 다원적인 해양민족과 대비되는 완고하면서도 옹졸하고 분열적이나 사납고 용맹스러운 산악민족의 고향이다.

지정학이란 '인간의 분열에 지리가 미치는 영향을 연구하는 학문'이라는 정의[6]가 있는데 유라시아 대륙의 심장부야말로 이 정의에 딱 들어맞는 곳이다.

공교롭게도 흑해 일대와 중동과 중앙아시아에서 미국의 존재감이 갈수록 희미해지는 때에 맞춰 '지정학의 시대'가 다시 도래하고 있는 셈이라 맥킨더의 지정학 운명론이 다시 주목을 받을 만하다. 그는 결정론자가 아니기에 '지정학 중력론'이 더 그럴듯한 표현이지만 말이다.

지정학 이해의 출발점은 미국이다

한편, 지금의 국제질서를 만들고 떠받치는 나라는 미국인데 미국은 해양세력이다. 제국주의 시절, 육지는 크고 작은 20여개의 세력들에 의해 분할되었다. 그러나 거대한 바다, 즉 대양은 누구의 것도 아니었다. 실제로 대양은 속성상 하나로 연결된 평평한 대륙과도 같아서 한 명의 주인이 모두 가져야만 평화로운 곳이다. 그리고 해양을 누비는 상인들, 상인과 비슷한 해적들, 그냥 해적들, 해적과 비슷한 군인들, 그냥 군인들이 수백년간 벌인 쟁투 끝에 '지구 바다'는 하나의 나라에 속하게 되었다.[7]

대양을 하나의 바다로 묶는 작업을 시작한 것이 영국이라면 완성한 것은 미국이다. 주인 없던 바다가 하나의 세력에 속하면서 육지를 연결하고 육지 사람들을 먹여 살리는 생산성 높고 평화로운 플랫폼이 되었다. 그러나 미국은 영국과 다른 특징을 가진 '민족'으로, 태평양과 대서양 양쪽으로 뻗어나갈 수 있는 위치에 있는 동시에 무척 내향적이기도 하다. 자국 바깥에 존재하는 '세계에 대한 관여'와 '세계에 대한 무관심'이라는 모순되는 두 개의 기둥이 미국이라는 세계질서의 비밀이다.

1,2차 세계대전에서도 증명했듯이 미국은 마음만 먹으면 분쟁에 끼어들어 승자를 결정할 수 있을 정도로 세계에 영향을 미치기도 하지만 지구 곳곳의 격동으로부터 영향을 받지 않으려고 노력한다. 어쩌면 지역적인 분쟁으로부터 거리를 유지하기 때문에 미국이 세계질서를 유지할 수 있는 것이라고 할 수도 있다. 이는 마치 승패에 지대한 영향을 미치는 축구 심판이 경기 결과에 무심해야 하는 것과 같은데 한동안 미국은 이 정의에 딱 들어맞는 나라였다. 그러나 미국 자신도 국지적 분쟁에 의해서 요동치는 상태가 지속되었다. 결국 세계 문제에 무심하던 미국의 일반 국민들이 깨어났다. 그들은 강한 정치세력이 되었고 두 번에 걸쳐 대통령이 된 트럼프와 깊은 유대를 형성했다. 트럼피즘이란 세계 분쟁에 관여하고 있는 미국을 발견한 미국의 국민들이 세계로부터 분리된 미국으로의 회복을 요구하는 강한 외침이라고도 할 수 있다.

　'지정학의 시대'란 미국이 사라진 세계를 의미하기도 한다. 그래서 '지정학의 시대'란 정원사가 없거나 정원사가 태업 중인 정원과도 같은 세계를 일컫는다. 하나의 세력이 순찰하지 않는 '지구 바다'는 다시 해적이나 해적과 비슷한 군인들이 쟁투하는 어두컴컴한 정글이 될 것이기 때문이다.

　'지정학의 시대'가 도래했다는 말은 역사의 휴일 동안 익숙해진 생존 규칙과 작별하는 것을 의미한다. 그중에서 가장 피부에 와닿는 규칙은 아마도 이자율과 관련될 것이다. 미국이 질서를 유지하던 시대에는 세계가 연결되어 미래를 예측할 수 있었으므로 수평적인 연결망을 활용하면 미래로 부를 보내기가 수월했다.[4] 즉, 구조적으로 저금리의 시대였다. 게다가 2008년 월가의 위기와 2020년 전 지구적인 전염병 확산으로 초저금리가 실현되었다. 2010년대 중반에 미국 연준은 금리가 너무 낮다는 여론 때문에 금리를 끌어올리려다 부작용이 너무 심해 포기했었다. 이미 전염병 이전에 저금리로 복귀했다는 사실에 주목해야 한다. 따라서 2022년 이후 연준이 밀어붙이고 있는 금리인상, 즉 고금리의 시대가 정치적 저항 없이 지속되기는 어렵다.

아무튼 전 세계는 구조적인 저금리에 익숙하다. 이는 미국이 디플레이션보다 인플레이션을 선호하는 체질인 것에서 기인하기도 한다. 미국을 제국에 비유하면, 소비하고 빚지는 제국이라는 점에서 생산하고 돈을 빌려주었던 기존의 제국과 구별된다. 미국이 저금리를 유지할 수 있었던 이유도 지정학적 이해관계 때문이었다. 미국의 달러는 한 나라의 돈이자 국제적인 지불수단이다. 지정학적 이해 때문에 달러 수요가 그 경제적 가치를 초월하여 안정적으로 유지되었기에 미국은 채권을 할인해 팔지 않아도 된다. 채권이 비싸다는 말은 금리가 낮다는 말이기도 하다. 만약 미국이 평범한 나라라면 채권을 발행하면 할수록 채권의 가격은 낮아지고 이는 이자율이 높아진다는 것을 의미한다. 고금리는 국내 경기를 위축시키기 때문에 보통 국가들이라면 이자율을 신경 쓰지 않으면서 채권 발행량을 마음껏 늘릴 수 없다.

미국은 채권을 발행해도 금리가 치솟을 걱정을 하지 않아도 되는 특별한 나라다. 그러나 불균형은 뭐든지 한계가 있는 법이며 좋은 일일수록 특히 그렇다. 저금리는 인플레이션을 통해 한 번에 조정받을 위험이 크다. 더구나 지정학의 시대가 도래하면 세계를 하나로 연결하던 고리들이 끊어질 것이다. 전 세계의 자원과 상품이 오가던 '지구 바다'가 더 이상 '이음새 없는seamless' 플랫폼으로 작동하지 않으므로 힘과 비용을 쏟아부어야만 상품을 옮길 수 있게 될 것이다. 이는 미래로 부를 보내는 메커니즘이 전반적으로 의심받는다는 것을 의미하며 구조적으로 저금리 시대가 끝난다는 것을 뜻한다.

달러질서

미국이 주도하는 세계화 시대에 개별 국가들이 하나의 규칙 아래 행위한다는 인식을 지탱해온 가장 중요한 규칙을 하나만 꼽으라면 바로 달러 시스템이다. 달러 시스템은 달러를 기축통화로 삼는 국제금융과 무역 질서를 통칭한다. 달러야말로 '세계에 관여하면서도 세상에 무심한' 미국의 특징을 고스란히 반영한다. 미국은 달러를 통해 세계경제에 영향을 미치는 반면, 세계로부터 받는 영향은 달러를 발권하는 특권을 활용해 단절할 수 있었다. 스위스 프랑이나 일본의 엔이 아무리 믿을 만해도 세계로부터 받는 중력을 견딜 만한 질량을 갖지 못했기에 달러의 지위는 특별했다.

유럽의 앞마당에서 전쟁이 일어나고 중국이 위안화를 결제수단으로 삼으려는 야심을 공공연하게 드러낸다고 한들 달러 시스템이라는 규칙이 하루아침에 변화할 것으로 보이지는 않는다. 전 세계에서 준비자산으로서 달러의 위상은 여전히 압도적이다. 그도 그럴 것이 달러에 대한 여러 국가수반들의 냉소에도 불구하고, 2022년 미국 연준이 이자율을 높이자 세계경제 참여자들, 개인들과 기업들은 일제히 자산을 달러로 바꿨다. 각 나라는 자본의 유출에 시달리지 않으려면 경기상황이 좋지 않아도 연준을 따라 자국 이자율을 올려야 한다. 위기가 가까이 다가올수록 전 세계경제 참여자들은 안전자산인 달러로 피하려고 하기 때문이다. 달러에 대한 갈증은 시스템이 위기에 빠질수록 오히려 더 심해지는 경향을 보인다.

그러나 달러 질서는 향후 변화할 것이다. 그 이유는 위안화를 국제통화로 만들고자 하는 중국의 야심 때문도 아니고 스위프트SWIFT[5]를 우회해 천연가스 결제망을 만들려고 하는 러시아나 이란 때문도 아니다. 대중에 의해서 선출되지 않았으나 개별 국가의 주권을 맡아 엘리트들이 냉철하게 운용할 수 있다고 믿었던 유로 때문도 아니다. 변화는 미국 내부에서부터 휘몰아치고 있다.

미국은 어떻게 판을 바꾸는가

미국 여론 조사기관인 퓨 리서치센터Pew Research Center와 미국 외교협회가 실시한 설문조사에 따르면 미국인들이 국제적 문제보다 자국 문제에 신경 써야 한다고 대답한 응답자의 비율이 50년 중 최고치를 기록했다.[8] 자유무역이 미국에 도움이 된다는 응답은 나날이 줄어들고 오히려 피해를 준다는 응답이 증가하는 추세다.[6] 이런 인식의 변화가 정치에 투영되어 미국적 가치, 특히 자유주의를 전파한다는 사명감을 가진 정치가들이 미국의 유권자와 납세자로부터 선택받을 가능성은 점점 줄어들고 있다. 성실하지만 특별히 재능이 뛰어나지 않거나 그다지 운이 좋지 않은 대다수 평범한 국민에게 안정된 일자리를 제공해야 한다는, 그러려면 세계문제로부터 손을 떼야 한다는 주장 쪽으로 정치적 무게 중심이 옮겨 가고 있다.

한 나라의 화폐가 기축통화가 되려면 외국 돈과의 환율변화가 국내경제에 미치는 영향이 적어야 하는데, 미국은 경제규모도 크고 수출입

비중(GDP 대비 무역비중이 20%대)도 작은 편이라 달러는 이러한 조건을 가장 많이 충족한다. 미국 내 정치에서 외교정책이 차지하는 비중도 크지 않고 국제변화에 무관심하기도 해서 미국 정치는 달러와 비슷하게 조금 특별한 구석이 있다. 자기들이 세계질서를 설계하고 지탱하는 만큼 이 질서와 어느 정도 거리를 두고 살아갈 수 있는데, 이와 같이 무심할 수 있었던 이유는 그만큼 세계질서에 덜 노출되었기 때문이다. 하지만 간혹 국제정치가 국내정치의 쟁점이 될 때가 있는데 대체로 부정적인 경우다. 한국전쟁, 베트남전쟁, 반테러전쟁의 경우 모두 국내정치에서 쟁점이 되었고 이들 쟁점은 미국을 분열시켰다. 초당적으로 뿌리내린 고립주의적 성향이 그때마다 요동을 쳤다. 트럼프가 두 번에 걸쳐 대통령이 될 수 있었던 것은 미국인들이 치안문제, 동성애 합법화, 낙태반대, 불법이민자 같은 국내 정치만큼이나 무역불균형, 외국전쟁에 대한 원조 같은 국제정치에도 관심을 가졌기 때문이다. 이 추세는 지속될 것으로 보인다. 국제정치는 미국 국내정치에서 중요한 변수가 될 예정인데 특히 중국과 관련한 정책들이 일반 국민들도 관심을 가질 수 있는 중요 쟁점으로 부상할 것으로 전망된다.

사람들은 지나간 사건을 회고할 때 사건의 흐름을 당연하게 여기는 경향이 있다. 냉전에서 미국이 승리한 것은 지금 회고하듯이 당연한 귀결이 아니었다. 소련을 비롯한 공산권과의 경쟁에서 미국은 절대 우위에 있지 않았다. 당시, 그러니까 2차 세계대전 직후, 압도적인 국력에도 불구하고, 유럽에서 전쟁이 일어나는 것을 막기 위해 신속하게 참전을 결정했던 한국전쟁에서도 겨우 비겼을 뿐이다. 그것도 가난하기 짝이 없는 공산주의 중국에 승리의 영광을 내주었으며 베트남전쟁의 결과는 더욱 참혹했다. 베트남전쟁 중에 미국 사회는 극심하게 분열되었고, 미국이 수렁에 빠진 사실이 분명해질수록 전 세계는 미국의 지도력에 의구심을 품었다.[9] 특히 미국에 의지해왔던 서유럽과 일본 같은 동맹국들의 눈에는 미국이 쇠락하는 것으로 보였다. 중동과 동남아시아가 소련과 중국을 흠모하는 민족주의 공산세력에 의해 난장판으로 전락하는 것이 단순한 가능성이 아니라 임박한 현실로 받아들여졌다.

그러나 미국은 판을 바꾸었다. 쉽게 말해 왕이나 여왕을 쓰러뜨리는 체스를 두다가 갑자기 바둑으로 경기 규칙 자체를 바꾼 셈이다. 중요한 구역을 상대에게 내주더라도 더 크게 상대를 둘러싸서 이기는 게임으로 바꾸어 버렸다. 미국이 버린 집에 적들이 한눈을 파는 사이, 미국은 더 큰 집을 지어 판세를 결정지었다. 결정적인 순간에 유연한 전략으로 경기의 규칙을 바꿔 간신히 냉전에서 이길 수 있었는데, 바로 중국과의 데탕트détente가 미국이 주도권을 되찾는 데 필요한 게임 체인저game changer가 되어 주었다.

조금 다른 얘기지만, 결론적으로 비트코인에 대해서도 미국은 판을 바꾸는 식으로 게임을 뒤집으려 하고 있다. 어느새 미국은 비트코인을 적극적으로 수용해서 자본자유화에 취약한 중국을 코너로 몰아넣을 전략을 짜고 있다. 이것이 미국의 진정한 힘이다. 미국은 덩치가 큰 나라인데도 불구하고 변화에 대한 적응력과 전략적 유연성을 발휘한다. 결정적일 때는 판을 바꿔서라도 주도권을 되찾으려는 강한 집념을 보여주며, 무엇보다 한계를 넘어서는 상상력을 발휘하곤 한다.

중국과의 동맹은 현실주의로 무장한 소수의 미국 엘리트들이 이끌었다. 미국의 일반 국민은 중국이라는 미스터리한 나라, 미국 국민의 기준에서 보면 인권과 민주주의에서 낙제를 면하기 어려운 나라와 지나친 친분을 쌓는 것을 불편하게 여겼다. 그러나 미국은 대중의 기대에 역행함에도 현실적인 국익추구라는 전략적 책략으로서 중국과의 밀월을 지속적으로 추진했다. 물론 중국과의 교류로 얻었던 여러 가지 과실 때문에 대중의 불만은 관념적 수준에 머물렀으며 체계적으로 조직화되지 않았다. 그런데 이런 중국이 미국 주도의 세계질서를 뒤흔드는 전복자(수정주의자)로 등장했다.

중국의 지정학적 행보는 미국 중심의 국제질서에 대항하는 세력의 리더를 자임하는 것을 훨씬 넘어서 서구적 가치체계 전반에 대해 대항하는 수준이다. 이러한 중국의 행보는 17세기부터 국제질서의 준칙으로 이어져온 베스트팔렌 조약의 전제를 뒤흔드는 것으로 보일 때가 많다. 중국이 의도적으로 연출하는 건지는 분명치 않으나 이는 상당한 위협으로 다가온다. 가장 극명한 것이 바로 '코비드19'다. 경제적 피해와 개인의 자유에 대한 제약을 넘어 전 세계에서 실제로 수많은 사람이 목숨을 잃었다. 그러나 중국은 이 사태에 대해 사과 한마디 없고 원인 조사조차 하지 않고 있다. 중국이 주도하는 세계는 이전의 세계와 다를 것이라는 사실을 이보다 극명하게 보여준 사건도 드물다. 더구나 시진핑習近平 주석은 공산당 1당 독재를 넘어서 1인 통치의 길로 중국을 '퇴보'시켰다.

코비드19 이전, 남중국해 문제에서부터 중국은 더 이상 국제사회의 눈치를 보지 않겠다고 공공연하게 밝혀왔다. 미국의 현실주의 엘리트들마저 중국이라는 현실을 점차 버거워할 무렵 코로나 사태가 전 세계를 덮쳤다. 누군가 연출했다고 해도 이보다 더 적합한 타이밍을 찾기 어려울 정도다. 이제 미국과 중국의 주도권 다툼에는 그 어떤 가면도 필요 없어졌다.

비트코인은 지정학적 이해관계에서 비교적 자유롭다

국제통화 시스템은 지정학과 떼어놓고 설명하기 어렵다. 그 자체가 1, 2차 세계대전의 산물로, 전후 미국이 주도해온 국제체제는 UN 같은 국제기구를 통한 국민국가들의 협력, 브레턴우즈 체제, 달러의 패권, 자유무역의 원칙, 항행의 자유가 바탕을 이룬다. 경제학자들에게 화폐란 누구나 함부로 바꿀 수 없는, 중립적으로 외부에서 주어진 것 혹은 국가가 책임지는 그 무엇이다. 그러나 지구적 규모의 국제통화 시스템은 이두 가지 모두가 없다는 점에서 경제학자들의 상상력을 뛰어넘는다. 현재 세계화폐를 찍어낼 수 있는 세계정부는 없다. 게다가 규칙을 바꿀 힘을 지닌 국가들이 모여서 바꿀 수 없는 질서를 만들어 낼 수 있을까? 미국이나 중국이 '특별인출권 SDR'(2장에서 설명한다)의 잔고에 스스로를 구속하는 세상을 상상할 수 있을까? 그렇다고 국제통화를 창안할 세계국가가 존재하는가 하면, 음모론을 끌어오지 않는 한 현실에서는 찾을 수 없다. 관찰 가능한 역사에서 세계인들이 모두 생활 속에서 사용하는 '법정화폐'를 그러니까 금이나 은을 담보로 하지 않고 오직 세계국가의 신용에 기반해서 돈을 발행한 국가는 존재한 적도 없고 앞으로도 그럴 것이다. 즉, 국제통화 시스템이란 위태로운 질서. 중립적이지도 않고 이를 창안하거나 관할할 세계정부도 없기 때문이다.

국제통화 시스템이야말로 세력균형을 유지하려는 국가들이 모여 얼기설기 만든 이정표를 따라 즉흥적으로 변천할 수밖에 없는 질서다. 글로벌 무역은 지정학적인 게임에 참여하는 국가들이 앞다투어 국력을 신장하려고 드는 무대인 만큼, 지정학적 세력 변화에 가장 민감한 센서인 동시에 지정학 게임의 궁극적인 결과물이기도 하다.

달러는 계속해서 이 질서의 구심력으로 작용할 수 있을까? 트럼프의 공약은 달러에 대해서 모순적이다. 당장이라도 세계의 유동성을 공급하는 무역적자를 없애려고 하면서도 제3국 간에 달러가 아닌 통화로 결제하는 경우 징벌적 관세를 부과하겠다고 한다. 기축통화 달러의 부담은 지지 않으려 하면서도 달러패권은 계속 가져가겠다는 건데 이는 양립불가능한 모순이다. 그러면서도 그는 난데없이 비트코인에 대한 애정을 과시하고 있다. 비트코인을 국제금융시스템과 이 시스템을 둘러싼 열강들 간의 힘겨루기라는 프리즘을 통해 이해해야만 하는 이유다. 트럼프 대통령은 후보시절 비트코인을 전략자산으로 삼아 모아가겠다고 했다. 만약 트럼프 대통령과 공화당 브레인들이 비트코인의 속성에 대해서 충분히 숙고한 뒤에 2024년 대선 캠페인에서 선거쟁점의 하나로 비트코인을 삼은 것이라면 비트코인을 '지정학적 무기'의 하나로 바라보고 있기 때문일 수 있다. 특히 미국의 달러패권에 도전하고 있는 중국을 겨냥한 것일 가능성이 크다. 미국이 비트코인과 달러를 결합해서 새로운 글로벌 금융시스템으로 전환하는 데 성공한다면 이는 단순히 달러의 생명을 연장하는 데 그치지 않을 것이다. 아마도 중국의 국가체제를 전복하는 도구가 될 수도 있다.

비트코인이 예사롭지 않은 이유다. 특정 국가가 발행한 것은 아니기도 하고 아무리 강한 국가라도 변경할 수 없는 특성을 지녔기에 룰이 없는 국가들 간의 관계에서 받아들여질 수 있는 중립적인 타협책이 될 수도 있는데 이는 중국과 같이 자본자유화에 적응하지 못한 경제권에는 독배가 될 수도 있다. 설사 비트코인이 달러 질서를 연장할 수 없게 되더라도 임박한 지정학적 무질서의 시대에 미시적인 개인들이 숨을 돌릴 수 있는 '비무장지대'가 될 가능성은 상당히 높다. 이 책은 결국 이 시대에 왜 개인들이 비트코인을 준비해야 하는지로 귀결된다.

02
지정학적 인간,
인간은 무리 지어 행동하는
영역동물이다

영역과 상징 그리고 동물적 기싸움

다음은 내가 사는 아파트의 이웃 농장에서 키우는 엄마 고양이와 아기 고양이들의 이야기다. 농장과 아파트 사이에는 시유지市有地인 작은 숲이 있다. 아파트 주민들이 창문을 열고 먹이를 던져주면 이 숲에 떨어진다. 아기 고양이들은 아파트 울타리를 가볍게 넘어 아파트 베란다 바로 아래까지 올 수도 있지만 될 수 있으면 중립지대인 시유지에서 먹이를 받아먹으려고 했다. 마치 "당신들이 주는 걸 먹긴 하지만 우리는 농장 소속이다"라고 알려주듯 늘 적당한 거리를 유지했다. 그런데 창문을 열고 먹이를 멀리 던지다 보니 숲 여기저기에 떨어지는 문제가 생겼다.

그러던 어느 날, 커다란 들고양이들이 숲에 등장했다. 아파트 주민들이 멀리 던지다 보니 탄착지점이 넓어지는 바람에 아기 고양이들이 미처 찾지 못한 간식을 찾으려고 이 커다란 들고양이들은 낙엽 사이를 코로 훑고 다녔다. 이들에게 자기 몫을 빼앗긴 경험을 한 이후로 아기 고양이들은 먹이를 주려고 창문을 열면 아파트 울타리를 넘어 베란다 바로 아래 아파트 외벽까지 접근했다. 1층 베란다에서 숲으로 가기 위해 놓아둔 나무계단 위에 올라와 먹이를 받아먹기 시작했다. 먹이를 멀리 숲으로 던져 들고양이들에게 빼앗기는 일이 없게 해달라는 청원인지, 아니면 멍청한 인간들이 먹이를 아무 데나 던질까봐 걱정해서인지는 몰라도 바로 아래까지 와서 고개를 젖히고 뚫어지게 올려다보며 먹이 주기를 기다렸다.

아기 고양이들이 계단에 올라와 주민들이 던져주는 간식을 먹는 모습을 멀리서 들고양이가 본 모양인지, 어느 날 들고양이 한 마리가 도발을 시작했다. 아기 고양이들이 모두 보고 있을 때 나무 계단에 올라오더니 보란 듯이 온몸을 비벼 댔다. 유독 용감한 아기 고양이 한 마리가 바로 몇 발짝 떨어진 곳에서 이 모습을 노려보았다. 자기보다 몸집이 배는 될 만큼 컸지만 시선을 돌리지 않았다. 계단에 자기 체취를 묻힌 들고양이가 큰 원을 좁혀가며 이 아기 고양이에게 접근했다. 주변을 돌며 포위망을 좁히는 모습이 위협적이었으나 아기 고양이는 도망가지 않았다. 어느새 바로 옆에 다가온 들고양이가 앞발을 들어 아기고양이를 후려갈겼다. 순간 아기 고양이가 비명을 지르며 농장 방향으로 내달리자 들고양이가 빠르게 뒤쫓았다. 이후 모든 상황은 순식간에 정리되었다. 주변 수풀에서 몸을 낮추고 모든 상황을 지켜보던 엄마 고양이가 아기 고양이를 쫓던 들고양이에게 몸을 날려 뛰어들었고 두 고양이 모두 팅겨 나가떨어졌다. 다른 아기 고양이들까지 가세하자 어느새 들고양이는 사라졌고 작은 숲에는 원래대로 고양이 가족만 남았다.

그 들고양이는 이날 이후 다시 나타나지 않았다. 다른 들고양이가 숲에 나타나자 아기 고양이들이 떼를 지어 쫓아내는 모습이 두어 번 목격되기도 했다. 먹이를 주는 건 아파트 주민들의 마음에 달렸지 숲이건 나무 계단이건 장소에 달린 문제가 아니었다. 그러나 그건 귀여운 겉모습으로 차별하는 인간의 생각일 뿐, 고양이들로서는 생산성이 높은 사냥터(채집에 더 가깝다)가 누구 것이 되느냐의 문제였다.

아기 고양이들이 먹이를 받아먹는 나무 계단에 굳이 자신의 체취를 묻히는 들고양이의 행동이나, 이 고양이를 노려보는 아기 고양이의 행동을 합리적으로 설명할 수는 없다. 그러나 아기 고양이가 그 순간을 모면하려고 자리를 피했더라면 그 나무계단이 아기 고양들의 전용 식탁으로 남기는 어려웠을 것이다. 아파트 주민들이 들고양이가 그 위에 올라왔을 때도 과연 먹이를 떨어뜨려 줄지는 알 수 없으나, 아기 고양이들이 아파트 담을 넘어 베란다 아래로 접근하는 일이 힘겨워졌을 거라는 걸 짐작하기는 어렵지 않다.

살아있는 개체처럼 변화무쌍한 지정학 논리

지정학은 지리적 공간에 대한 인간 집단의 사고와 행동의 고착을 전제로 한다. 아기 고양이들의 이야기처럼 지정학에도 영역과 상징 그리고 동물적 기싸움이 담겨 있다. 즉, 지정학은 합리적 개인만으로는 설명할 수 없는 일들이 벌어지고 있는 공간과 관련 있다. 그 공간은 과거[7]혹은 과거에 대한 인간집단의 기억과 집단들이 창안한 상징들이 어우러지는 세계다.

주류 경제학자들이 지정학에 어두울 수밖에 없었던 사정도 이것과 관련이 있다. 사람들은 개인으로서 살다가 개인으로서 죽는다. 전쟁이라는 비극 속에서도 사람들은 모두 개별적인 죽음을 맞이한다. 그러나 지정학에서는 마치 사람들이 민족이나 국가라는 집단을 이루어 집단적으로 삶을 영위한다고 가정하는 것 같다. 이런 관점에서 보면 개인들은 개체의 생사화복을 넘어 집단적인 번영과 영광을 위해 소모품처럼 투입될 수도 있다. 이것이 지나쳐 개인은 없고 국가와 민족만 존재하며, 국가와 민족을 마치 뚜렷하고 일관된 개성을 가진 단일한 유기체 같은 행위 주체로 가정하는 경우도 있다. 이런 사고체계를 가진 누군가가 국가와 민족 단위로 벌어지는 일들을 분석하고 예측하기 위해 서술한다면 이 설명틀은 좋게 말해 신화에 불과하다. 대체로 아무렇게나 지어낼 수 있는 음모론의 수준을 넘지 못한다. 음모론은 어떤 집단이나 그 집단을 움직이는 소수를 주도면밀하게 생각하고 일사불란하게 움직이는 행위주체로 전제하는 오류를 피하지 못하는 경우가 많다.

공간을 놓고 벌어지는 국가, 민족 단위의 투쟁은 역사 속에 뚜렷하게 존재한다. 합리적 개인으로 쪼개서 설명하려고 하면 분명히 존재하는 이런 중요한 현상을 무시하기 쉽다. 그렇다고 해서 국가나 민족을 행위주체로 단정하고 이에 대해 조금도 의심하지 않으면, 우리는 현상을 그럴듯하게 설명하고 미래를 제멋대로 추측하는 음모와 신화의 내러티브를 벗어나기 어렵다.

개인들로 나누어 설명할 수 없는 집단적 행위주체로서 국가나 민족의 존재를 가정해야 한다. 그러나 이 행위 주체가 일관된 개성을 갖고 일사불란하게 움직이는 유기체는 아니다. 그래서 우리는 집단의 행위보다는 집단이 보유한 공간과 공유하는 과거와 상징에 주목해야 하는지도 모른다. 공간은 그 공간을 차지한 집단에 일관된 성격을 부여한다. 인간의 개체성은 강력한 원심력을 지니며 집단은 이 개체성에 의해 파편화되므로 집단의 실체성은 사라질 운명에 처한다. 이러한 집단을 얼기설기 엮어 일체성을 유지하도록 고안된 것들이 국가나 민족이 공유하는 기억, 즉 역사와 상징일 수 있다. 따라서 지정학적 공간이란 한 집단의 역사와 상징이 자리 잡은 곳이라고 할 수 있다.

아기 고양이들에게 던져준 먹이를 숲과 계단이라는 공간에 결부해 계단에 자신의 체취를 묻혀 도발하려는 외부의 들고양이나, 이런 상징적인 행동을 노려보는 아기 고양이의 반응은 공간과 역사와 상징을 빼놓고는 설명하기 어렵다. 비록 논리적인 근거는 별로 없지만, 고양이들은 이 공간에서 '그날' 일어난 일을 기억하며 그 싸움이 상징하는 바를 이해한다고 볼 수 있다. 단순히 이해하는 것만이 아니라 그 상징과 기억이 고양이들 각자의 행동반경을 정한다. 고양이들의 행동을 서술하기 위해서는 고양이 각자의 합리성뿐만 아니라 공간과 그 공간에서 일어난 과거의 역사와 이를 풀어내는 상징까지 포함하려고 노력하는 것이 합리적이다.

이런 태도를 유지하며 지정학을 공부해야 한다. 왜냐하면 인간도 고양이처럼 영역에 집착하는 존재이기 때문이다. 게다가 인간은 집단적 수준에서 사고하고 선택하고 행동하는데, 그 집단의 규모가 엄청나게 거대해서 포유류 중에서는 비교대상이 없으며 벌이나 개미에 버금간다. 즉, 지정학적 인간은 경제적 합리성으로 설명할 수 있는 개인의 범위를 넘어선다.

03
현실주의 VS 이상주의,
그리고 미국의 기질

현실주의와 이상주의 개념

국가들의 행위를 연구하는 국제정치학자들은 학파에 따라 특별한 세계관을 가지고 있다. 세계관은 일반적으로 인간의 특징을 전제한 뒤에 구축되는데 현실주의자들은 인간의 욕망, 이기심, 혹은 동물적 야성을 강조한다. 현실주의 국제정치학자들이 전제하는 인간은 무리행동을 하며 공간적 영역에 대해 특별한 태도를 갖는다. 반면 이상주의자들은 인간의 보편성과 이성에 초점을 맞춰 개인을 합리적으로 선택하는 경제적 인간으로 전제한다.

경제적 인간이라면 같은 회사 동료의 연봉이 두 배가 되는 것에 관심을 갖지 않고 자신의 연봉이 20% 오르는 것을 선택한다. 그러나 경제적이지 않은 사람이라면 자신과 동료의 격차가 벌어지는 선택보다는 차라리 자신과 동료의 연봉이 둘 다 동결되는 쪽을 선호할 수도 있다. 즉, 합리적인 개인은 상대적 우위보다는 자신의 절대적 후생의 극대화를 선호한다는 점에서 주류 경제학자들과 인간관이 같다. 인간이 이성적이며 그 이성이 보편적이라는 점을 강조한다는 측면에서 보면 전투적 자유주의자들의 세계관과 겹친다. 전투적 자유주의자들은 도덕의 보편성이 지역적 관습과 전통에 대해 우월하다고 믿기 때문에 자유주의의 확산을 확신한다.

한편, 지정학적인 주제를 논하며 현실주의나 이상주의라는 어휘를 사용할 때는 맥락에 따라 정책과 관점으로 구별할 필요가 있다. 이 책에서 미국의 엘리트들이 이상주의적인 정책을 선택한다고 말할 때의 맥락은 정책적 선택에서의 이상주의다. 관찰자 관점에서는 그런 이상주의적인 선택을 현실주의적인 관점에서도 설명할 수 있다. 이 문장에서 현실주의는 정책이 아니라 관점이다. 마찬가지로 미국이나 영국이 현실주의적으로 역외균형을 추구한다고 할 때는 관찰자의 관점이 아니라 정책을 추진하는 엘리트들이 선택한 세계관을 의미한다. 그러나 이러한 현실주의 정책을 관찰하는 사람이 이상주의적인 태도를 가지고 있다면 그는 이러한 현실주의 정책을 이상주의적 도덕 기준에 비춰 비판할 수 있다.

현실주의는 현실주의적 인간관과 국제관계를 전제하는 세계관이고, 이상주의는 합리적이거나 도덕의 보편성을 믿는 인간관과 그로부터 구축된 국제관계를 언급한다는 것만 인식해도 맥락을 이해하는 데 문제는 없다. 이 책에서는 현실주의 국제정치학적 관점에서 현실주의 외교 정책과 이상주의 외교 정책을 관찰하고 평가한다.

이상주의가 자리하는 미국의 국제정치

이상주의 국제정치에서는 국제관계를 제도로 풀 수 있다고 믿는다. UN이나 IMF, G10과 같은 기구를 활용해 협치에 다다를 수 있고 국가 간의 갈등을 완화하거나 해결할 수 있다고 여긴다. 미국의 우드로 윌슨Woodro Wilson 대통령은 '하나의 국가에 대한 공격을 모든 국가에 대한 공격으로 간주'해 대응하는 국제연맹League of Nations 의 필요성을 역설했다.[10] 윌슨은 유명한 14개조를 통해 미국의 힘에 기초한 이상주의를 유럽에 이식해 지정학의 냉혹한 작동을 멈추려고 했다.[11] 이는 2차 세계대전 이후 UN 창설로 결실을 맺었다. 미국의 이상주의자들을 윌스니언Wilsonian 이라고 하는데, 윌스니언적 이상이란 민주적 제도와 국제질서에 대한 개별 국가들의 공통된 헌신에 기초해서 갈등을 조율해 나간다면 강대국 간에 끝없이 쟁투해야지만 간신히 세력 균형을 이룰 수 있는 굴레를 뛰어넘을 수 있으므로 인간의 삶에서 영구적으로 전쟁을 불필요하게 만들 수 있다는 믿음이다.[12]

윌슨의 이상은 본인이 대통령이던 시절에는 안팎에서 외면당했지만, 2차 세계대전 이후에는 꽃을 피웠다. 전쟁이 끝나기도 전에 미국은 여러 가지 국제제도를 만들어내는 데 힘을 쏟았다. 그래 놓고 막상 미국은 그렇게 만들어낸 국제기구들이 이룬 합의를 거부할 수 있는 특별한 지위를 자신에게 부여했다. 그럼에도 미국의 이상주의는 국제기구의 합의에 집착하는 모습을 보여왔다. 이에 대해서는 반례와 반론이 허다하지만 미국이 노골적인 제국이라면 굳이 하지 않아도 될 절차를 밟으려고 노력했다는 사실만은 틀림없다. 즉, 미국적 이상주의에 대한 이해 없이는 미국이 주도하고 있는 지금의 세계체제를 통찰할 수 없다. 이 책도 미국의 이상주의가 현실에서 부딪힌 도전들에 대해 현실주의적 관점에서 설명하고 있다.

현실주의에서 국제정치란 불확실성과 공포 그리고 힘

소련이 해체된 이후에, 미국은 현실주의자들이 말하는 세력균형이라는 국제정치 현실에 더 이상 구애받지 않고 행동할 수 있는 자유를 얻었다. 이때부터 미국의 이상주의 정책들은 현실감각을 상실하기 시작했는데, 상호 밀접하게 연결된 세계에서는 민주주의 국가들 간에 전쟁이 일어나지 않는다는 믿음이 지배했다. 그러나 미국은 수많은 국지전쟁에 말려들었다. 민주주의와 인권의 확산이라는 명분이 있었지만, 현실주의적 관점에서 보면 미군이 끌려들어간 지역은 여러 가지 이유로 안정과 세력균형이 깨진 곳이었다. 즉, 힘의 진공 상태에서 오는 무질서가 학살과 같은 참혹한 인권침해(코소보전쟁)로 이어져 그 여파로 지역질서까지 위태로워지거나, 지역의 야심가가 지역질서를 훼손하고 국경의 현상변경을 추구하거나(1차 이라크전쟁), 대량 살상무기를 손에 넣어 미국을 비롯한 산업국가의 대도시를 공격할 수 있는 비국가 테러단체를 비호하는 지역이나 나라(아프가니스탄전쟁, 2차 이라크전쟁)에 끌려들어가야 했다.

물론 위에서 언급한 전쟁들이 오로지 이상주의적인 목표로 이루어진 것은 아니다. 석유공급의 안정이나 지역적 안정을 통한 국제질서의 유지 같은 현실적인 목표도 있었다. 현실주의 국제정치학자들이 '미국이 오직 이상주의적인 이유만으로 군사력을 투입한 전쟁'이라고 평가하는 곳은 소말리아였다. 미 해병대원들이 다수 사망하자[8] 미국 국민은 크게 놀랐고, 당시 미국인의 2/3가 소말리아가 제2의 베트남이 될 거라며 우려했다. 클린턴 대통령은 6개월 이내 철수를 조건으로 추가 파병을 명령하면서 "소말리아 사회의 재건은 우리(미국)의 일이 아니다"라고 선언했다.[13]

현실주의 국제정치학자들은 국제정치체제를 무정부 상태와 가깝다고 인식한다. 국가보다 상위에 있는 권위를 가지고 국가들을 보호해주는 조직은 없다. 각국은 상시 공격이 가능한 군사력을 어느 수준 이상 보유하고 있으며, 결코 상대방의 의도를 확실하게 알 수 없다. 이런 상황에서 국가들, 특히 강대국들은 서로를 두려워하는 상태를 전제로 하며 서로에 대한 공포로부터 완전히 벗어나는 것은 불가능하다.[14]

2000년 전에도 고대 그리스의 역사학자인 투키디데스Thucydides는 "아테네의 힘이 커지는 것에 대한 스파르타의 두려움 때문에 두 국가 간 전쟁은 불가피했다"라고 말했다. 현실주의에서는 불확실성과 공포 그리고 힘의 추구를 축으로 국제정치를 설명한다.[15]

현실주의 국제정치학자로 유명한 존 미어샤이머John Mearsheimer 시카고 대학 교수가 주장하는 공격적 현실주의에 따르면, 강대국들은 이러한 공포로부터 벗어나기 위해 끝없이 힘을 추구한다. 이때의 힘은 절대적인 게 아니라 상대적이다. 아무리 자신의 힘이 강해도 상대가 더 강하면 공포는 지속된다. 그래서 상대와의 비교에서 우위에 있는 것이 훨씬 중요하다. 한편, 방어적 현실주의에서는 세력균형을 추구하는데, 지역에서 강자가 등장하면 약자들은 힘을 합치거나 역외의 강대국을 끌어들여 세력균형을 회복하려는 모습을 보인다. 방어적 현실주의 이론에서는 끝없이 힘을 추구하지 않는다고 보는 반면, 공격적 현실주의 이론에서

는 현상유지를 목표로 하는 나라를 찾아보기 힘들다는 입장을 취한다.[16]

현실주의자들은 국제적 구조가 전쟁을 불가피하게 만들기 때문에 개별 국가 차원에서 이를 변경하기 어렵다는 태도를 보이기도 한다.[17] 미어샤이머는 미국인들이 현실주의를 싫어하는 이유를 미래에 대한 미국인들의 끝없는 낙관성에 찾는다. 현실주의자들은 인간이 아무리 노력해도 권력의 사악함으로부터 해방될 가능성이 별로 없다고 주장한다. 이러한 비관론은 인간의 이성과 도덕성을 활용해서 미래를 좋게 바꿀 수 있다는 개척자적 태도를 신봉하는 미국인들의 기질과 맞지 않는다.[18]

현실주의는 무엇보다 정치를 도덕의 연장선상에서 이해하려고 하는 미국의 전통에 어긋난다. 다음은 카네기국제평화재단의 선임연구원 애슐리 텔리스Ashley Tellis가 한 말이다.[19]

"현실주의는 미국의 전통과 맞지 않는다. (현실주의는) 타락한 세계에서 가치보다는 이익에 치중함으로써 대놓고 비도덕을 지향하기 때문이다."

04
전투적 자유주의

자기선택권의 절대화

2024년 여름 파리 하계올림픽은 이전의 어떤 올림픽과도 달랐다. 가장 먼저 눈길을 끈 것은 개막식이었다. 개막식에서는 레오나르도 다빈치의 명화 〈최후의 만찬〉을 패러디한 퍼포먼스가 펼쳐졌는데, 이는 단순한 예술적 풍자가 아니었다. 동성애와 성적 지향에 대한 노골적인 정치적 메시지를 담고 있었다.

일반적으로 올림픽 개최 도시는 정치적으로 중립을 지향한다. 이는 올림픽이 세계인의 화합과 축제의 장으로 기능해야 하기 때문이다. 정치적 선전이 허용될 경우, 올림픽 기간 내내 다양한 이해관계가 얽힌 시위와 갈등이 이어질 가능성이 높고, 결국 스포츠 정신과 세계인의 축제가 정치적 과잉 속에 묻혀버릴 위험이 있기 때문이다.

그러나 2024년 파리 올림픽은 이 원칙을 스스로 깨뜨렸다. 올림픽 조직위원회는 성적 취향과 다양성 문제를 공공연하게 정치화했고, 개막식은 단지 출발점이었다.

생물학적 남성에서 성별을 전환한 선수들이 여성 경기 종목에 참여하면서 공정성에 대한 논란이 본격화되었다. 이 문제는 스포츠의 본질적 가치를 훼손할 수 있는 잠재력을 가지고 있었으며, 많은 사람들이 올림픽의 핵심 가치인 '공정한 경쟁'에 의문을 제기하기 시작했다.

2024년 파리 올림픽은 단순한 스포츠 축제가 아니라, '성적 자기결정권'이라는 현대 사회의 논쟁적 주제를 국제적으로 알리는 정치적 캠페인의 장이 되었다.

이 시대에 '자기결정권'에 대해서 절대시하는 정치 세력은 매우 공격적이다. 그들은 정치의 공간을 활용해서 이 생각에 반대하는 사람들을 맹렬하게 공격한다. 이는 서유럽과 미국의 영향권에 있는 산업사회 전반에 들불처럼 번지고 있는 맹렬한 사상운동이기도 한데 이를 신봉하는 사람들은 자신들의 '주의'가 지극히 보편적이라서 이에 대해서 의문을 제기하는 이들은 전혀 교육받지 못했거나 아니면 비합리적인 전통이나 종교에 얽매인 굴종적인 사람들이라고 단정한다. 이들의 공격이 한 명에게 쏠린 적도 있는데 다름 아닌 미국의 트럼프 대통령(1기)이었다.

SNS 플랫폼인 트위터를 인수한 일론 머스크Elon Musk가 서구 주류 미디어로부터 따돌림을 당한 적이 있다. 그가 트위터를 인수한 직후 그간 혐오 발언과 가짜 뉴스 배포자라는 이유로 삭탈당했던 사람들의 트위터 계정을 전격적으로 복구했기 때문이었다. 특히 도널드 트럼프 Donald Trump 전 대통령의 트위터 계정 복구는 민주주의 진영의 신경을 건드렸다. 현직 대통령의 SNS 계정을 삭제한 일이나 이를 복원한 일론 머스크가 또 다른 빅테크 기업인 애플과 미국 주류 언론의 공격을 받는 것만 놓고 보아도, 표현의 자유라는 민주주의의 핵심가치에 대한 판단 기준이 얼마나 모호한지 새삼 알 수 있다. 이 시대 공격적인 민주주의 자들은 고전적인 민주주의자들과 다르다. 그들은 자신들이 진리를 이미 알고 있으므로 반대 의견은 들을 필요가 없다는 듯한 비민주적인 태도를 감추지 않는다.

미국 대통령의 발언권을 차단하는 것이나, 올림픽을 동성애 정치화의 장으로 활용하는 과격하면서도 일관성 있는 흐름을 이해하려면 좀 더 커다란 질서의 특징을 냉정하게 살펴봐야 한다. 더 큰 그림은 이렇다. 2016년 미국에서 트럼프의 대통령 당선과 이후 이루어지고 있는 일련의 정치적 과정은 매우 투쟁적이다. 이는 미국이 주도하는 세계 군사지정학 시대의 특징이 무엇인지 이해하는 데 많은 단초를 제공한다. 미국이 주도하는 세계질서는 개인의 선택권을 폭넓게 지지하는 자유주의가 발흥하도록 했다. 특히 트럼프를 반대하는 진영의 지식인들이 내면화한 자유주의는 상당히 전투적인데, 이들은 문화, 관습, 제도적으로 개인의 선택권을 제약하는 행위를 극복하기 위해서는 그 어떠한 수단도 허용된다는 입장이다. 비록 총을 들지는 않았지만 정치적으로 매우 사나운 공격성을 드러낸다.[9]

인간은 무리생활을 하는 존재다. 서열에 대한 집착이나 낯선 대상에 대한 적대감과 같이 무리생활을 하는 동물들의 특징이 사람들의 관계에서도 중요하다는 것을 부정할 사람은 없다. 인류를 둘러싼 생존조건이 혹독했음을 고려할 때 무리생활에 적합한 개체들만 살아남을 수 있었고, 이렇게 살아남은 개체들이 자신을 닮은 유전형질만을 후대에 전수함에 따라 바로 우리 자신이 무리생활에 적합하도록 특화된 존재가 되었다는 추론은 합당하다.

무리생활을 하는 동물들은 서열에 도전하거나 질서를 해치는 개체를 가혹하게 응징한다. 그중에서도 가장 폭력적인 처벌 중 하나가 바로 무리와의 단절, 즉 추방이다. 만약 동물들의 이러한 습성이 선택압력[10]의 산물이라면 인간 개체도 추방을 크게 두려워해야 한다. 이런 사정을 두루 살핀 후에도 현대인들이 개인의 자유와 선택권에 대해 신앙적 수준의 가치를 부여하는 모습을 지극히 올바르며 자연스럽다고 간주할 수 있을까?

아이러니하게도 미국의 세계질서를 위협하는 개인의 선택권

더 말할 것도 없이 오늘날 민주화되고 산업화된 사회의 지배 이데올로기는 바로 인간의 개체성을 극대화할 수 있는 개인의 폭넓은 선택권이다. 이는 정말 놀라울 정도로 특이한 일이다. 무리 속에서 생존해야만 했고 오랫동안 무리생활에 익숙해진 인류의 어느 유전자에 개인의 자유와 선택권에 대한 이토록 강한 집념이 남아 있었던 것일까? 실제로 인류는 가족, 결혼, 출산, 정부, 직업, 계층, 도덕적 판단에 이르기까지 오랫동안 개인의 선택에 최고의 중요성을 부여하지 않았었다. 만약 선택할 수 있다고 해도 이렇게 중요한 사안들이 개인보다는 집단적 이익에 얼마나 도움이 될지가 선택의 기준이었다. 그러나 오늘날 선진화된 산업국가에서 태어나 교육받은 시민들은 이런 선택을 할 때 개인의 선택을 제한하는 제도적, 관습적 압력이 매우 부당하다고 여긴다.

개인의 선택권에 대한 신앙적인 추앙이야말로 오늘날 세계체제의 빛나는 산물이다. 이 신념들이 현재 자신을 있게 한 물적, 제도적 조건들에 적지 않은 부담과 위협을 가하기 때문이다. 개인의 선택권을 신성하게 여기는 풍토가 미국이 주도하는 세계질서의 특징을 드러낸 셈이다. 개인들로 쪼개진 사회는 군사지정학의 원리인 집단적 대비 자체를 웃음거리로 만들기 십상인데, 인간 세상에서는 개체성을 보호하기 위해 사회통합을 포기한 체제를 폭력적으로 짓밟고 약탈할 폭력 집단들이 부족한 적이 드물었다. 즉, 서구의 전투적 자유주의는 (개인의 이익을 최대한 억제하고 전체를 위해 복종시키는) 집단주의에 대항하는 서구의 대비 체제 자체를 무력화해서 정작 자신들의 가치를 지켜줄 울타리를 부술 만큼 자기모순적이기도 하다는 말이다.

2차 세계대전 중 예일대학교에서 미국인 제자들에게 현실주의 국제정치학을 가르친 니콜러스 스파이크먼 Nicholas Spykman 은 네덜란드에서 태어나 미국으로 이민 왔다. 그는 자신과 같은 유럽인들에게 자유의 피난처를 제공해주었지만 위험할 정도로 순진하기만 한 미국이라는 나라로 하여금 현실감을 일깨워주기 위해 노력했다. 스파이크먼은 미국이 강대국이 된 것은 이상주의 사상 때문이 아니라 대서양 및 태평양으로 접근할 수 있는 지리적 혜택 때문이라고 주장했다. 그는 현실주의 국제정치학의 교리인 '중앙 권력이 존재하지 않는 냉혹한 무정부적인 국제사회'에서는 정의, 공정, 관대함 같은 보편적 가치를 준수하기 위해 노력해야 하지만, 힘의 추구를 방해하지 않을 때만 그런 가치에 의미가 있다고 말했다. 즉, '도덕적 가치를 실현하기 위해 힘을 추구하는 것이 아니라, 힘의 달성을 돕는 일에 도덕적 가치를 써야 한다'는 것이다.[20]

지미 카터 Jimmy Carter 대통령의 국가안보보좌관이었던 즈비그뉴 브레진스키 *Zbigniew Brzezinski* 도 비슷한 맥락에서 미국적 민주주의가 (세계질서 유지를 위한) 제국적 (사회의 자원) 동원에 해롭다고 주장했다.[21] 미어샤이머 교수도 《미국 외교의 거대한 환상》에서 미국인들의 의식을 지배하는 자유주의가 인간 이성에 대한 지나친 낙관 때문에 세계를 제대로 설명하지 못하며 세계를 이끌어갈 능력이 없다고 지적하고 있다.

시대가 낳은 사상이 그 시대의 존립을 위협한다는 주장에 동의할 사람은 많지 않다. 우선 이혼과 출산, 성별에 대한 개인의 선택권과 세계질서를 떠받치는 군사지정학과는 둘 사이의 논리적 거리가 너무나 멀게 느껴지니까 말이다. 직관적이지도 않고 상식적이지도 않으며 심지어는 혐오스럽기까지 한 이런 주장에 끝까지 귀 기울이는 것조차 쉽지 않다.

오늘날 여성의 자기결정권을 양보할 수 없는 가치로 내면화한 젊은 여성들이 본인들의 신념이 매우 특수한 시대와 우연한 여건에 의해 조성되었으며, 사실은 스텔스 전폭기 같은 폭력적인 사물과 제도의 감독 아래서만 보호받기 때문에 자연 상태라면 그다지 자생력이 없는 개념에 불과하다는 주장에 공격적으로 불쾌감을 드러내는 모습을 상상하는 것은 어렵지 않을 것이다.

여성뿐만이 아니다. 절대적으로 올바른 도덕적 신념이 사실은 특수하고 우연적일 뿐 아니라 혼자서는 설 수 없는 기생적인 가치체계라는 선언을 들으면 누구라도 도덕적 불쾌감에 휩싸일 것이다. 사람들은 도덕적으로 올바른 것일수록 보편적이어야 한다고 생각하기 때문이다. 그런데 바로 이 지점에서 이 신성한 신념들이 감추지 못하는 치명적인 약점이 어른거린다.

보편주의를 뜻하는 영어인 universalism은 우주적이라는 뜻도 가지고 있다. 우주적으로 통하는 가치나 질서를 의미하는데, 자기들의 도덕 관념이 자연법이라고 주장하는 인류의 습성에 대해 조지 프리드먼은 다음과 같이 통찰하고 있다.

> "첫 번째 국면은 야만 barbarism 으로 사람들이 자기 마을의 법이 자연법이라고 믿는 시기다. 두 번째 국면은 문명 civilization 인데, 자기들 방식이 여전히 옳다고 믿지만 자기들이 틀렸을지도 모른다는 가능성을 열어두는 시기다. 세 번째 국면은 타락 decadence 으로 진실이 존재하지 않거나 모든 거짓을 똑같이 진실이라고 믿게 되는 시기다."
>
> (출처: 《다가오는 유럽의 위기와 지정학》, 조지 프리드먼, p.102.)

산업국가의 현대인들이 개인의 선택권을 절대적으로 존중하는 것이 우주적 원리라고 믿는다는 점에서 다소 야만적이며, 개인의 선택권과 무관하기만 하다면 어떤 전통이나 관습, 가치체계에도 그들 사이에 우열을 판단하는 기준이 존재하지 않는다고 믿는다는 차원에서 현대 문명은 한편으로 '타락' 국면에 속하기도 한다.

이런 야만은 현대인들이 지구 바깥에서 발견해야 할 문명이 더 이상 존재하지 않는다고 믿는데다, 전통을 고수하는 사회가 그렇지 않은 사회보다 상대적으로 우월하지도 않기 때문에 날이 갈수록 강화되고 있다. 결국 현대인들은 이 시대를 지배하는 전투적 자유주의가 우주적이면서 한편으로는 최종적인 도덕체계라는 편견에 사로잡힐 가능성이 큰 셈이다.

그렇지만 만약 보편과 특수가 유구한 역사 속에서 현실로 드러난 횟수와 같은 양적(수적) 차이로 분류될 수 있다면, 젊은 여성들이 불쾌하게 여길 만한 주장이 훨씬 더 보편적으로 발견되는 사실事實이라고 답변할 수도 있다. 즉, 여성의 선택권을 포함하여 개인의 선택에 대한 현대인들의 집착이야말로 역사라는 모집단에서라면 임상적으로 발견하기 쉽지 않은 그야말로 '특수'에 해당한다.

트럼프는 어떻게 반민주주의자로 낙인찍혔을까

2016년 미국에서 트럼프가 대통령이 되었을 때 많은 사람들이 이와 비슷한 불쾌감을 드러냈다. 산업국가에서 교육받은 사람들이 특히 그러했다. 트럼프는 미국의 대통령이고 미국은 이 시대의 군사지정학을 떠받치고 있는 국가다. 만약 위에서 말한 신념들이 군사지정학과 조금도 관련이 없다면 트럼프의 당선은 유럽이나 남미의 그저 그런 국가수반으로서 공산주의자나 포퓰리스트populist가 당선되었을 때보다 심각한 위협으로 간주되지 않았을 것이다. 미국이 단지 여러 나라 중 하나가 아니기 때문에 트럼프의 당선은 개인의 선택이라는 보편적 신념에 대한 모욕이나 위협으로 다가왔다. 특히 개인의 권리를 신앙적 수준까지 끌어올리는 데 앞장서고 있는 할리우드가 가장 큰 충격을 받았다.

물론 트럼프를 지지하는 사람들은 트럼프의 당선을 보편주의에 대한 도전으로 인식하지 않는다. 이들 역시 미국의 전통적 도덕개념과 가족의 가치들, 특히 가족 안에서의 가장의 권한, 남녀의 성역할 구별에 기초한 청교도적 가족관을 회복해야만 할 인류의 보편적 가치로 믿는다. 또한 이들은 개인의 선택권을 극대화하기 위해 전통적 가족관을 굴레일 뿐이라고 공격해온 행태야말로, 해안지대(동부와 서부의 대도시) 중산층의 편중된 가치관을 그들과 비슷한 출신으로 구성된 주류 미디어와 대학들이 인위적이며 억압적으로 주입하는 (이 시대에 국한된 특수한) 유행에 불과하다고 여긴다.

아무튼 대통령으로서 트럼프의 선택이나 능력은 그의 당선을 불쾌하게 생각하거나 반대로 도덕적 승리로 생각하는 이들 모두에게 거의 중요하지 않았다. 그의 정책이 아니라 트럼프라는 존재 자체 혹은 그가 대통령으로 당선된 현상 자체만으로도 우리는 이 시대의 지배적 신념이 혐오하는 것이 무엇인지를 확인할 수 있었다.

무엇보다 미국 국민의 절반이 트럼프를 대통령으로 선택했다는 사실 자체가 전통과 가족에 대해 개인의 선택권을 우위에 놓아온 자유주의 신념이 그다지 보편성을 갖추고 있지는 않다는 걸 보여주는 것은 아닐까? 이 논리적인 공격을 피하는 유일한 탈출구는 트럼프의 당선을 자유주의에 대한 위협으로 간주하지 않는 것이다. 트럼프가 주장하거나 그를 지지하는 이들의 주장도 큰 틀에서 보면 자유주의의 한 분파에 속한다는 식으로 포용하면 된다. 그러나 일론 머스크를 공격하는 전투적 자유주의자들은 이 모순을 우회하는 대신 떠안고 있는 것으로 보인다. 즉, 그들의 논리체계를 따르자면 이렇다.

"트럼프의 당선은 자유주의를 위협하며 오늘날 자유주의는 트럼프가 당선될 만큼 허약하다. 즉, 자유주의는 보편적이거나 지당한 사고체계가 아니라 누군가의 인위적인 노력에 의해서만 지탱될 수 있다. 우리가 바로 이러한 자유주의를 지탱하는 특수한 사명을 이행하고 있으므로 특수한 권한을 누릴 자격이 있다. 우리만이 갖는 권한에는 누가 자유주의의 적인지를 분별하고 규정하는 것과 그 적들을 대중으로부터 절연시키거나 무리 밖으로 내쫓을 폭력적 권능까지도 포함된다."

자유주의를 사수한다지만 이 얼마나 무리 동물적인 행태인가?

트럼프에 대한 두 번의 탄핵 시도와 재선을 막기 위해 이루어졌으나 일론 머스크의 트위터 인수 이후에나 드러나고 있는 이례적인 사건들이 가리키는 것이 있다. 트럼프를 극도로 미워하는 이들일수록 일반적인 경우라면 자신이야말로 표현의 자유와 선거 시스템에 의한 대중의 선택을 지지하는 민주주의자라고 규정했을 가능성이 높다는 것이다. 그러나 트럼프의 당선과 그 이후 이루어진 일련의 정치적 과정을 통해 드러나는 바를 있는 그대로 풀이하자면, 이들 전투적 자유주의자들은 표현의 자유를 비롯해 민주주의 제도의 몇 가지 핵심원리들을 깔아뭉개는 것을 주저하지 않았다. 이들이 확신한 바에 따르면 트럼프의 당선 자체가 '민주주의에 대한 야만의 반격'이었기 때문이다. 이는 트럼프를 미국 대통령 자리에서 끌어내리는 것은 민주주의를 수호하는 것과 같고, 이를 위해서는 어떤 수단도 정당화된다는 믿음을 폭넓게 공유하고 있음을 여실히 보여주었다. 이들은 민주주의의 핵심 제도를 희생하더라도 민주주의에 도덕적 가치를 부여하는 개인의 선택권 혹은 그들 스스로 자유주의라고 부르는 이데올로기를 구원해야 한다고 확신하고 있다.

시대의 지배적 가치는 그 시대를 지탱하는 질서의 산물이다. 오늘날 질서는 미국이 주도하는 군사지정학의 토대 위에 서 있다. 구체적으로 말하자면 미국의 항공모함이 현대인들이 믿는 가치를 보호하는 셈이다. 그런데 미국 국민의 상당수는 미국의 국익을 그 어떤 가치보다 우선하겠다는 트럼프를 대통령으로 뽑은 반면, 트럼프의 언행이 미국이 추구하는 자유민주주의 가치에 위배된다고 주장하는 반대 진영 사람들, 즉 전투적 자유주의자들은 그의 임기 내내 대통령 탄핵을 여러 차례 시도했다. 심지어 그가 대중과 소통하는 통로를 차단하기까지 했다. 대중의 선택으로 당선된 현직 대통령을 무리 밖으로 밀어내려고 한 것이다. 그들은 이런 행동이 자유민주주의 원칙에 위배되어도 별로 개의치 않는 아이러니한 모습을 보여주었다.

　미국은 독특한 정체성을 가진 국민으로 이루어진 국가다. 그들은 국제정치에 보편적 도덕원리를 부여하기를 좋아한다. 또한 유럽인들의 냉혹한 세력균형 정치를 싫어하면서도 냉혹한 현실주의 노선이 예견한 길에서 오랫동안 벗어나지도 않았다. 한때 이탈리아보다도 약한 해군과 불가리아보다도 약한 육군을 가졌을 만큼 국제정치에 무관심했으며 제국주의를 경계했다.[11] 그러나 자유의 제국을 자처할 정도로 미국적 가치를 세계에 전파하는 데는 열을 올린다. 지금은 경제적 현실은 고려하지 않은 채 유라시아 대륙 깊숙이 개입했다가 경제적 부담을 이유로 모든 개입에서 철수하려 하고 있다. 개인의 자유에 대한 낙관, 즉 미국의 이상주의는 미국이 처한 지정학적 현실만큼이나 국제질서에 영향을 미쳐왔다. 따라서 이 시대를 이해하려면 미국을 이해해야 하고, 특히 트럼프 현상과 관련해 미국인들의 분열적 자의식을 분석하며 그 행적을 쫓는 공부가 필요하다.

　미국의 자의식이 분열적이라는 점은 단순히 미국인들이 위선적이거나 순진하다는 것을 의미하지 않는다. 현대인들 모두가 이와 비슷한 모순을 품고 있다. 인간은 본능적으로 무리 지어 살아가는 사회적 동물임에도 불구하고, 현대 사회는 개인의 선택과 자유를 극대화된 가치로 추앙한다. 더구나 개인은 원래 자유롭다는 매우 특수한 신념의 토대가 매우 불안정한 자의식을 지닌 미국이라고 불리는 특수하고 인위적이고 심지어 폭력적이기까지 한 '제도'에 기대고 있다. 그리고 이들은 이 명백한 사실에 대해서 무척이나 어둡다. 마치 '그런 건 처음부터 필요 없었다'는 듯이 행동한다. 불안정하기 이를 데 없는 미국적 질서의 본질에 대해서는 눈을 감는 대신에 미국의 질서가 제공하는 허구는 폭넓게 공유하는 것이 바로 이 시대의 특징이기도 하다.

서유럽이 특히 그렇다. 유럽인들은 마치 자신들의 산업과 민주주의가 미국의 국방력과는 무관하게 존재할 수 있는 것처럼 착각한다. 그러나 미국의 시대가 도래한 이유 자체가 유럽인들이 일으킨 두 번의 세계대전 때문이라는 역사적 사실을 애써 외면하고 있다. 유럽은 지정학적으로 극도로 취약한 위치에 있다. 이는 두 번의 세계대전에서 증명되었고, 최근 러시아의 군사적 도발에서도 재확인되었다.

서유럽인들은 미국의 폭력을 혐오하면서도, 결정적 순간마다 미국의 폭력에 의존한다. 그들이 미국의 대통령에 대해 격렬한 반감을 드러내는 모습은, 사실 그들 자신도 자신들의 사상이 얼마나 불안정한 토대 위에 서 있는지를 무의식적으로 인지하고 있다는 증거다. 외부에서 충격이 가해질 때마다 유럽이라는 제도가 얼마나 취약한지를 반복적으로 드러낸다. 오늘날 세계를 지배하는 유럽의 정신은 결코 독립적인 변수가 아니다. 그것은 어디까지나 결과물이며, 철저하게 종속적이다.

'자유를 지키는 제국'이라는 미국인들의 자의식은 분명 위선적이다. 그러나 미국의 항공모함에 의지하면서도 자신들이 옳다고 믿는 가치는 당연히 자연스럽게 현실이 되어야 한다고 믿는 다른 산업국가 시민들의 세계관은 순진하거나 무지의 산물일 뿐이다.

　이제 세계는 지정학의 시대로 진입하고 있다. 이는 미국인들뿐만 아니라 전 세계가 이 애매하고 모순적인 평화시대를 뒤로하고, 매우 일관성 있고 폭력적인 세계를 '정상적인 질서'로 수용하게 된다는 의미다. 각국은 자신들이 외면하거나 무시해왔던 불편한 진실과 마주해야 한다. 미국의 분열적 자의식과 유럽의 모순적 태도는 더 이상 애매한 상태에 머물 수 없다.

05
미국이 주도하는
세계체제의 두 기둥

미국이 만들어낸 세계질서의 모습

우리가 살고 있는 현재의 국제질서는 미국이 만들었다. 2차 세계대전 이후 가난하거나 잿더미인 세계에서 미국은 국제질서를 재편하고 비교적 안정적인 발전경로를 만들었다.

1947년부터 1951년까지 마셜플랜Marshall Plan으로 서유럽은 재건을 시작할 수 있었다. 마셜플랜은 미국이 서유럽 16개 나라를 원조해서 전후 재건을 촉진하는 것이 핵심이다. 북대서양조약기구NATO와 태평양 동맹은 소련에 맞서는 보루 역할을 했고 과거 미국의 적들도 미국과 힘을 합쳤다. 브레턴우즈 협정, IMF, 세계은행, 관세 및 무역에 관한 일반 협정GATT은 세계의 금융과 상거래를 회복시켰다. UN과 초국가적 기구들은 갈등을 평화적으로 해소하는 방법을 제시했고, 질병을 박멸하고 대양을 보호하는 일에 앞장섰다. 국제질서를 회복하고 강화하는 방법으로 세계를 통치하는 발상은 이전의 제국주의와는 확연하게 구별되는 접근이었다.

　미국의 버락 오바마Barack Obama 대통령은 미국 주도의 세계질서를 다음과 같이 평가했다.

"이타적 동기로 이 체제를 세웠다고 보기는 힘들었다. 이 체제 덕에 우리는 안보를 확립하는 것 이외에도 상품을 팔 시장을 개척하고 선박이 다닐 항로를 확보하고 공장과 자동차를 위해 석유가 꾸준히 흘러들도록 할 수 있었다. 또한 은행들이 대출금을 상환받고 초국적 공장들이 압류되지 않고 관광객들이 여행자수표를 현금처럼 쓸 수 있고 국제전화가 연결되도록 할 수 있었다. 우리는 이따금 국제기구들을 냉전시대의 필요에 맞게 왜곡하거나 무시했다. 다른 나라의 문제에 개입하여 이따금 재앙적 결과를 낳기도 했다. 우리의 행동은 스스로 공언한 민주주의, 자결, 인권의 이상과 종종 모순됐다. 그럼에도 역사상 어느 초강대국도 범접하지 못할 수준으로 미국은 국제적 법률, 규칙, 규범에 스스로 구속되는 길을 선택했다. 대체로 일정한 자제력을 발휘하며 약소국을 상대했고, 국제조약을 지키기 위해 위협이나 강압에 대한 의존도를 줄여나갔다. 비록 불완전하긴 했지만 공동선을 추구하려는 의지는 우리의 영향력을 약화하는 게 아니라 오히려 강화했고 체제가 오래 지속되는 데 이바지했다. 언제나 두루 사랑받은 것은 아니었지만 적어도 두려움뿐 아니라 존경의 대상이기도 했다."

(출처: 《약속의 땅》, 버락 오바마, p.430)

　오바마 대통령이 언급한 미국 주도의 세계질서는 당연한 것은 아니다. 미국의 특성들이 투영된 인위적인 질서라서 이전 시대와 구별되는 특징을 가지고 있다.

첫째, 국민국가의 주권을 중시한다

국민국가 주권에 대한 존중은 유럽에서 피비린내 나는 분쟁을 거쳐 1648년 만들어진 베스트팔렌 조약을 기원으로 한다. 그러나 이는 심리적 기원일 뿐이다. 제국주의 시대에는 국민국가의 주권이 존중받지 못했다. 스스로를 지키지 못하는 국민국가는 존재하지 않거나 존재하더라도 독립된 주권을 발휘하기 어려웠다. 몇 개의 제국이 세계를 분할 통치했고, 제국 권역에 포섭되지 않은 지역은 미개한 상태로 남아 있어 오늘날 국민국가의 기준에 미치지 못했다. 국민국가 시대라고 불릴 만한 질서가 세계적인 규모로 본격적으로 자리 잡은 것은 2차 세계대전 이후라고 보는 것이 옳다.

둘째, 공급사슬망이 지구적 규모다

첫 번째 특징과는 상반되는데, 지구적 수준의 분업 아래서 개별국가의 주권은 제약되었다. 개별 국가의 정책들이 지구적 규모의 무역분업 구조에 미치는 영향은 제한적이다. 한 나라가 생산하는 물품들은 다른 나라에서 만들어진 부품이거나 원자재에 의존하며, 생산된 물품은 최종 소비자에게 닿을 때까지 여러 나라를 거친다. 세계화로 불리는 경제 체제의 지구적 통합은 국가 간 분쟁을 관리하거나 해결하지 못하면 유지되기 어렵다. 따라서 세계화라는 경제통합은 국민국가의 국경이 장벽으로서 기능하지 않거나 최소한 국민국가 간의 분쟁을 억제하는 심층 제도를 필요로 한다.

국민국가의 주권과 지구적 규모의 공급사슬망이라는 두 가지 특징은 얼핏 보면 모순된다. 따라서 국민국가라는 원심력과 세계화라는 구심력이 충돌을 일으켜 붕괴되지 않도록 고도로 조직화된 제도나 상징이 작동하고 있을 거라고 유추할 수 있다. 어울리지 않는 이 둘의 조합은 미국적 이상주의와 관련 있다.

영국의 제국주의와 부딪힌 미국의 이상주의

미국은 이미 19세기 중반부터 세계 최고의 공업국가 반열에 올라섰지만 세계질서를 주도하기까지는 그로부터 반세기에 가까운 시간이 더 필요했다. 19세기 당시 세계는 제국주의 시대의 황금기였고 특히 영국이 높은 수준의 문명을 세계 곳곳에 전파했다. 영국은 세력균형을 유지하는 균형자로서 세계평화를 도모했으며, 의회민주주의와 노예제폐지를 비롯해서 인류 보편의 가치를 전파하는 데 앞장섰다. 또한 자유무역 질서와 금본위제를 통해서 세계금융망을 하나로 통합하는 데 큰 역할을 했다. 그러나 영국은 제국주의적 나라였기에 지표면의 1/4을 속국으로 삼았다. 영국의 제국주의는 폭력에 기초해 지탱되었으며, 세계 곳곳을 누비는 영국 군함과 맥심 기관총[12]은 영국 제국주의의 군사적 상징이었다. 영국은 속국들의 사회 기간망에 투자하는 채권 국가이기도 했다. 식민지의 자원을 유럽으로 가져가기에 바빴던 스페인 제국과는 그 점에서 달랐다. 외국에 대한 채권은 떼일 수 있는 위험한 저축이었으므로 영국의 제국주의는 투자한 채권을 보호하기 위해서라도 막강한 군사력은 물론 속국에 대한 통치권도 유지했어야 했다.

제국주의는 다른 민족의 팽창과 대립할 수밖에 없었다. 이런 대립은 유럽 강호들 간의 전쟁으로 터졌고 결국 20세기에 들어서며 두 번의 유럽전쟁으로 불거졌다. 우리가 양차 세계대전이라고 부르는 사건이다. 미국인들은 제국주의를 유럽인들의 탐욕의 산물로 여겨 비난했다. 미국은 군사지정학적 세력균형을 혐오했고 세력균형의 의무가 자신들에게 주어졌다고 여기기를 거부할 때가 많았다. 미국은 '언덕 위의 빛나는 도시'로서 국제정치와 관련해 이기심이 없다고 주장했다. 결국 유럽의 전쟁에 미국이 참전하면서 승자가 결정되었지만 두 번 모두 참전을 주저하다가 뒤늦게 성사되었다.

현실주의 국제정치적 관점에서 평가하자면 미국의 이런 행동은 유럽의 강호들이 국력을 소진할 때까지 서로 싸우게 놔둔 전략적 선택이었다. 그러나 나쁜 제국주의자들 중에서 좀 나은 한 편의 제국을 위해 미국의 국력과 젊은이들의 피를 소진할 수 없다는 이상주의와 고립주의적 여론이 참전을 지연시켰다고 보는 것이 일반적인 해석이다.[13]

미국의 이상주의는 제국주의를 배척한다. 따라서 미국은 자유와 의회민주주의 수호를 위해 유럽전쟁에 참여하더라도 자기들의 헌신이 영국 제국주의 유지에 도움이 되는 것을 참을 수 없었다. 2차 세계대전 이후의 세계질서를 논의하는 과정에서 영국 대표였던 존 메이너드 케인스John M. Keynes가 미국 협상 파트너들을 향해 "당신들은 우리를 왜 이토록 박해하는가?"라고 한탄할 정도로 미국은 영국에게 야박하게 굴었다. 이는 당시 미국이 독일과 일본하고만 싸운 것이 아니라 영국 제국의 해체를 위해서도 싸웠기 때문이었다.

실제로 미국의 엘리트들은 영국의 파트너들이 투덜댈 정도로 영국 제국보다 소련에 더 우호적이었다.[22] 결국 미국의 이상주의는 영국 제국을 해체하는 한편 소련을 지원했고, 소련은 미국의 비호 속에 유라시아대륙의 최강자가 되었다.[14] 결국 미국은 2차 세계대전 이후 세계질서를 유지하기 위해 자신들의 선택에 따른 대가를 톡톡히 치렀다. 2차 세계대전 이후 미국의 세계 관여를 단순하게 요약하자면, 미국이 영국과 프랑스 그리고 일본 제국을 무너뜨려 생긴 힘의 진공을 차지하려는 소련의 팽창에 맞서 분투해야 했던 서사들이었다고도 할 수 있다.

06
한국전쟁,
새끼도 못 얻는 수망아지[23]

일본에 대한 전략을 바꿔버린 한국전쟁

영국과 유럽에 대해 냉소적이던 미국의 관점이 변한 결정적 계기는 한국전쟁이었다. 뒤에서 자세히 이야기하겠지만, 한국전쟁 때문에 미국은 적이었던 일본에 대한 계획을 바꾸었다. 미국의 해리 트루먼 Harry Truman 대통령은 소련이 약속을 어기고 팽창을 시도하자 전후 농업국가로 전락시키고자 했던 일본[24]을 재산업화하기로 마음을 고쳐먹었다.[25] 일본 항복 직후, 미국의 국무성은 일본의 생활수준이 그들이 점령했던 한국이나 동남아시아보다 높을 이유가 없다고 생각했다. 일본인들은 벌을 받아야 한다고 생각했다. 그러나 냉전이 시작되면서 일본의 공업능력이 냉전에 필요하다는 주장이 대두했고, 한국전쟁이 일어나자 일본에 상당한 자치권을 부여해 미국의 전략적 파트너로 삼는 쪽으로 180도 바뀌었다. 한국전쟁 이전부터 추진하던 유럽에 대한 지원도 군사적인 차원으로까지 확대되었다. 제국을 반대해서 스스로 제국이기를 거부한 미국의 이상주의가 한반도에서 냉혹한 군사지정학적 현실과 맞닥뜨렸다고 할 수 있다.

미국의 엘리트들은 소련에 대해 환상을 가지고 있었다. 반제국주의 전쟁이라고도 할 수 있는 2차 세계대전에서 소련은 가장 많은 피를 흘리며 싸운 미국의 동맹이기도 했다. 참모들이 요세프 스탈린Joseph Stalin을 믿어서는 안 된다고 했지만 프랭클린 루스벨트Franklin Roosevelt 대통령은 소련을 계속 지원했다.[26] 한국전쟁은 루스벨트 대통령의 친소정책에 의구심을 가지고 있던 정부 인사들의 손을 들어준 셈이다.

2차 세계대전 막바지에 치러진 대통령 선거에서 루스벨트 대통령과 그의 참모들에게는 부통령으로 누구를 앉힐 것인지가 선거 자체보다 더 고민거리였다. 당선은 문제가 안 되었으나 루스벨트 대통령의 건강이 문제였다. 부통령은 대통령 유고 시에 대통령직을 승계해야 했는데, 대통령과 참모들은 고심 끝에 해리 트루먼 상원의원을 낙점했다. 그가 가장 뛰어났다기보다는 문제가 가장 덜했기 때문이었다. 무난해 보여서 선택된 트루먼 대통령은 북한의 남침 소식을 접하고 일본에 있던 미군을 전격적으로 투입하기로 결정했다.

한국전쟁 전후 미국 냉전전략의 변화

한국전쟁 전까지 한반도는 미국의 주변적 이익에 그쳤다. 그러나 한국전쟁을 앞두고 미국의 냉전전략에는 미묘한 변화의 기류가 일었다. 1949년 미국은 자유 중국을 공산당 정권에게 잃고 말았다. 딘 애치슨Dean Acheson 국무장관은 1950년 3월 상원외교위원회에서 "중국을 누가 지배하든, 심지어 악마가 직접 중국을 지배한다고 해도 (소련으로부터)

독립된 악마라는 사실이 중요하다. 중국이 소련 밑으로 들어가는 사태보다는 (공산화되었지만 소련으로부터 독립된 중국이) 바람직하다"[27]라고 말했다. 그러나 이런 의연함은 어쩌면 중국과 소련이 가까워지는 것에 대한 두려움을 감추려는 노력이었을 수도 있다.

1950년 봄부터 트루먼 대통령은 중국과 소련의 관계가 밀접해질 것을 두려워하여 중국 공산화를 방치하던 전략을 재고하기 시작했다.[28] 그는 소련의 야욕을 한반도에서 제지하지 못할 경우 미국의 위신과 동맹들로부터 신뢰를 잃어버리게 된다고 보았다. 중국을 상실하고 위축되어 있던 당시 한국전쟁은 미국의 결연한 의지를 보여줄 수 있는 상징적인 사태로 부상했던 것이다.[29]

김일성이 스탈린에게 남침 허락을 요청했을 때 스탈린이 가장 중요하게 생각한 것은 미국의 개입 여부였다. 김일성은 미국이 개입하지 않을 것으로 확신했고 스탈린이 의견을 물으라고 했던 마오쩌둥의 생각도 김일성과 비슷했다.[30] 국민당이 코너에 몰렸을 때도 미국은 개입하지 않았고 중국 전역을 공산당이 장악하도록 내버려두었기 때문이다. 국공 내전 중에 미국의 개입을 두려워하던 중국 공산당 지도부는 미국이 중국 공산화를 방관하는 모습에 주목했다. 이들은 중국 전역에서 공산당이 국민당을 성공적으로 축출한 뒤로는 동아시아에서 미국이 군사적으로 취약하다고까지 생각했다.[31] 유럽과 아시아에 걸쳐 있는 소련의 중심은 유럽이다. 스탈린은 미국의 군사력을 유럽으로부터 동아시아로 돌리는 게 소련의 안보를 위해서 낫다고 보았다. 한편 미국의 반공의지를 한반도에서 확인하고 싶어 했는데, 이는 중공군과 북한군의 희생으로 가능했기 때문에 한반도 전쟁은 스탈린으로서는 해볼 만한 도박이었다.

거대 유럽의 탄생과 미국과의 동맹

미국 입장에서는 한국전쟁 개전 당시 남한의 방위를 유럽의 방위와 떼어놓을 수 없었다. 즉, 한국전쟁은 유럽 한복판에서 소련을 봉쇄하는 전쟁을 대신했다고 해도 과언이 아니다. 1948년 스탈린은 서베를린을 봉쇄했다. 독일의 수도였던 베를린은 소련 점령지인 동독 한가운데 있으면서도 미국, 소련, 영국, 프랑스 4개국에 의해 분할, 점령되었다. 그러나 동독 점령지대가 공산화되면서 독일 전역에서 실시하려던 선거는 물거품이 되었다. 이를 통해 소련은 서진하려는 야욕을 분명히 드러냈다.

위기감을 느낀 미국과 서유럽은 점령지를 통합하고 총선을 치러 서독을 독립시키려고 했고, 이를 방해하기 위해 스탈린은 서베를린을 완전히 봉쇄했다. 200만명의 서베를린 시민을 굶겨 죽이든지 아니면 미국과 서방이 서베를린을 포기하든지 양자택일의 문제로서 스탈린에게 절대적으로 유리한 게임이었다. 2차 세계대전 직후였기 때문에 소련은 물론 미국도 유럽에서 전쟁을 원하지 않았고 양측 모두 상대가 전면전을 원하지 않는다는 것을 알고 있었다. 미국과 영국의 점령지 사령부와 행정부 내에서 갑론을박이 있었지만 서베를린을 포기할 수 없다는 쪽으로 결론이 났다. 미국은 불가능해 보였던 서베를린 공수작전을 수행했다. 수송기에 석탄과 식량 그리고 사탕을 실어 인구 200만명의 도시를 먹여 살리기로 한 것이다. 이 작전은 미국의 이미지를 고양시켰고 반대로 스탈린의 이미지는 추락시켰다. 서베를린 봉쇄와 공수작전은 미국이 이끄는 서유럽동맹을 탄생시킨 상징적인 사건이 되었다.

사실 2차 세계대전 직후 영국에서는 노동당이 윈스턴 처칠Winston Churchill을 권좌에서 몰아내는 등 서유럽에는 친소련적인 분위기가 팽배했다. 그러나 현실주의 국제정치전략가들은 중부 유럽을 나치 독일이 장악하든 소련이 장악하든 유럽의 세력균형을 위태롭게 하기는 마찬가지라고 주장해왔다. 서베를린 봉쇄 이전에 동독 소련점령지와 동유럽에서 소련이 사주한 쿠데타와 혁명이 발생하는 모습을 지켜보면서, 서유럽과 미국의 사회주의 성향의 정당들마저도 소련을 지정학적 위협으로 인식하기 시작했다. 서베를린 봉쇄는 소련이 나치만큼이나 유럽 평화에 위협적이라는 사실을 확인시켜 주었다. 트루먼 대통령은 그의 전임자인 루스벨트 대통령과는 달리 스탈린을 의심했고 서베를린 공수작전을 통해 자유민주주의 진영을 하나로 묶는 데 성공했다. 그해 미국의 대통령 선거에서 트루먼이 역전승을 한 것도 이런 분위기에 힘입었다고 할 수 있다. 트루먼 대통령이 한반도 전쟁에 개입하기로 한 것은 서유럽을 끝까지 방어하겠다는 미국의 의지를 스탈린에게 확인시켜주기 위함이었다고 할 수 있다.

유럽은 미국이 사활을 건 방어선이었다. 미국 문명의 발상지이고 2차 세계대전 직전까지 번영하던 산업화 지역으로 세계의 중심지였던 유럽을 소련에 대항해 지키려면, 유럽이 반드시 친미적이지는 않더라도 소련에 대항하는 세력이 되어야 했다. 독자노선을 취하는 거대 유럽의 세력화는 이때부터 구상되었다. 이를 돕기 위해 미국은 군사력을 제공했고 시장을 개방했으며 달러화에 대한 환율조작을 허용했다. 유럽은 달러에 대해 고정환율을 유지하면서도 불태환不兌換을 허락받았다.

한국전쟁으로 일어난 미국의 예상 밖 분열

한편, 한국전쟁 때문에 일본도 미국의 최전방 병참기지로 자리매김했다. 한국전쟁은 일본과 서유럽에 대한 미국의 정책이 말 그대로 '관대한 패권' 쪽으로 확정되도록 기여했다. 그러나 막상 한반도에서 일어난 전쟁은 미국의 국론 분열을 가져왔다.

더글러스 맥아더 Douglas MacArthur 사령관은 인천상륙작전을 성공한 뒤에 곧바로 38선을 넘었다. 미국 정가는 승리에 도취되어 맥아더 사령관의 북진을 저지하지 않았다. 이들은 이제 막 시작한 중화인민공화국, 혹은 중공이 미군의 북진으로 안보적 위기감을 가질 수밖에 없다는 것을 고려하지 못했다. 미군과 한국군의 북진은 결국 그해 가을 중국의 참전을 불렀고 미군은 서울을 포기하고 후퇴하기에 이르렀다. 미국은 만주에 대한 핵공격 위협 카드를 포기하지 말아야 한다고 주장하는 맥아더 사령관을 1951년 4월 1일 전격 해임했다. 매슈 리지웨이 Matthew Ridgway 사령관이 서울을 수복한 뒤로는 전선을 교착시키기 위해 제한적인 작전

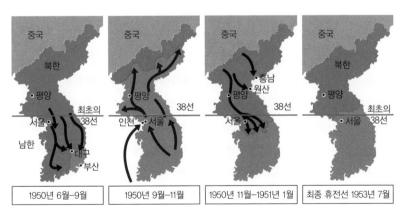

한국전쟁 전선의 변화

만 수행했는데, 전선의 교착이 전투의 교착은 아니었으며 평화는 더더욱 아니었다.

한국전쟁 전선의 역동성은 1951년 6월까지 이어졌고 이후 2년 동안 교착되었다. 키신저는 '맥아더 사령관이 인천상륙작전 이후 평양 원산선에서 멈추었다면 중국과 균형을 이루었을 것'이라고 했다. 평양과 원산을 잇는 선이 한반도에서 가장 좁은 지역이다. 여기를 봉쇄하면 소련과 중국 공산세력의 확장을 저지하는 데 있어 다른 곳보다 효율적이다. 그러나 소련과 중국의 기밀문서에 따르면 9월 30일 남한의 육군 3사단이 38선을 넘은 직후 중공군의 참전이 결정되었다. 평양 원산선에서 맥아더 사령관이 진군을 멈추었더라도 결국엔 중국이 참전했을 가능성이 높았다. 스탈린이 2개 사단 규모의 전비를 투입해 공군 엄호를 해주기로 한 약속을 번복했을 때, 마오쩌둥은 중국 단독으로 항미원조抗美援朝에 나서야 했다. 그런 결기에서 저우언라이 周恩來 에게 보낸 편지에 다음과 같은 문장이 있다.

"우리는 원산과 평양 경계선 이북의 방대한 산악 지역에 진지를 구축할 수 있다. (중략) 반면에 만약 우리가 군대를 파견하지 않아 적들이 압록강까지 이른다면 이들은 더욱 오만하게 나올 것이고, 이것은 우리에게 여러모로 불이익을 초래할 것이다. 특히 동북 지역은 심대한 타격을 입을 것이다. 모든 동북변방군은 그 지역에 발이 묶일 것이며 남만주 지역의 전력電力도 적들의 손에 넘어갈 것이다."

(출처: 〈중소동맹과 중국의 한국전쟁 개입〉, 천젠: 《한국전쟁의 거짓말》, 오일환 외 역, p.52, p.57에서 재인용)

1950년 남침한 북한군의 1/3가량이 중공군 출신이었다. 심지어 북한군 5사단의 전신인 중공군 166사단은 1949년 7월에 편성되어 북한에 들어왔다. 중국의 국가수립(1949년 10월 1일) 전이었다. 중국은 북한을 돕기 위해 적극적으로 움직였다. 한국전쟁 개시 2주 만에 군대의 편성을 결정했고 1950년 7월 말까지 조중 국경 부근에 배치를 완료했다.[32] 중국의 개입이 맥아더 사령관의 북진 때문이라기보다는 한반도에 대한 중국의 전략적 목표 중 하나였음을 알 수 있는 대목이다.

아무도 지정학적 이득을 얻지 못한 한국전쟁

한편, 해임된 맥아더는 미국으로 돌아가 미국인들에게 직접 호소하려 했다. 하버드대학 교수 니얼 퍼거슨 Niall Ferguson이 저서 《콜로서스》에서 미국이 하마터면 공화국에서 왕국으로 변질될 수도 있었다고 평가할 만큼 당시 맥아더에 대한 미국인들의 열광은 도를 넘었다.[15] 미국인들은 노장에게 한 번 더 기회를 주어서 공산주의를 박멸할 것을 기대했으나, 미국의 정치가들과 군 수뇌부는 한국전쟁을 '잘못된 곳에서 잘못된 때에 잘못된 적과 벌인 잘못된 전쟁'[16]이라고 생각했다.

맥아더와 미국 군 수뇌부의 시각 차이도 결국 맥아더의 '아시아 우선주의'에 대해 '유럽 우선주의', '대서양 우선주의'가 제동을 걸면서 첨예해졌다고 볼 수 있다. 유럽 전장을 대신해 한반도에서 전쟁을 수행한다고 믿은 유럽 우선주의 진영이 한반도에서 '미국의 희생이 과도하다'고 계산했던 것이다. 결국 한국전쟁 참전은 공산주의자인 스탈린에게 미국의 의지를 보여준 것이었으며, 이들은 유럽에서 소련을 봉쇄하고 국내 여론과 (유럽의) 우방들을 소련에 대항해 하나로 묶어내는 데는 성공했지만 한반도 자체에는 미국이 얻을 지정학적 이득이 거의 없다고 판단했다.

한반도 전선은 1951년 늦은 봄에 교착되었고 이후 2년 넘게 끌며 휴전에 이르렀다. 교착 상태에서 수많은 전투가 벌어졌고 전략적으로는 거의 무의미한 무수한 희생이 뒤따랐다.[17] 휴전은 쉽지 않았다. 심지어 트루먼 대통령은 중국과 북한이 휴전협상에 협조적으로 참여하지 않자 맥아더의 제안대로 중국에 핵무기를 쓸 수 있다는 최후통첩을 소련에 보내자고 제안했다. 니얼 퍼거슨은 트루먼 대통령과 합참이 맥아더 사령관의 주장을 묵살한 대가로 인해 원치 않는 전쟁을 2년이나 연장했다고 평가했다.[33]

휴전이 무난하게 이루어지지 않았던 데는 스탈린의 영향이 컸다. 스탈린은 중공군과 북한군을 직접적으로 지원하지 않으면서도 휴전에는 반대했기에 그가 죽고서야 휴전이 성사되었다. 스탈린은 지정학적으로 별로 가치가 없는 한반도에서 미국과 함께 중국의 국력이 소모되기를 희망했다. 중국은 소련과 같은 공산주의지만 지정학적으로는 소련과 긴 국경선을 맞대고 있다. 혁명의 성공으로 사기가 오른 중공군이 휴식을 취하고 회복하는 쪽으로 상황이 전개되는 것이야말로 소련에 좋을 게 없었다. 게다가 중국이 미국과 싸워서 돌이킬 수 없는 원수가 되는 편이 중국을 소련에 붙들어 놓는 데도 편리했다.

유고슬라비아의 요시프 티토Josip B. Tito[18] 대통령이 독자노선을 선언했을 때 스탈린은 적지 않은 충격을 받았다고 한다. 마오쩌둥은 국공내전이 한창일 때 소련이 국민당의 장제스蔣介石와도 협상하는 등 전적으로 중국혁명을 지원하지 않는다는 인상을 가지고 있었다. 그러나 그는 스탈린을 안심시키기 위해 중국 전역을 장악하고 나서 일변도정책一邊倒政策(외교에서 소련만을 우선시하는 정책)을 선언했다. 한마디로 전 세계 공산주의자들이 공산주의의 조국으로 삼는 모스크바와 스탈린에게 복종한다는 것이다. 그럼에도 스탈린은 한국전쟁에서 여러 차례 약속을 번복했고,[19] 이 과정에서 마오쩌둥은 소련을 지정학적 라이벌로 이해하기 시작했다고 할 수 있다. 이는 결국 20년 뒤 미·중 간의 데탕트로 이어졌으므로 중국 공산당에 대한 소련의 의구심은 현실이 되고 말았다. 즉, 미소 냉전의 판도를 바꾼 '중국변절'의 씨앗은 한국전쟁에서 뿌려졌다고 할 수 있다.[20]

07
베스트팔렌 평화 조약,
세계질서에서 도덕을 제거하라[21]

2차 세계대전 이후의 세계질서, 베스트팔렌으로 회귀

미국의 정치가와 국민은 한국전쟁이나 베트남전쟁에서 미국인들이 피를 흘린 이유가 민주주의 같은 보편적 가치를 위해서였다고 기억한다. 그러나 이는 진실의 일면일 뿐이다. 중국의 공산화를 지켜보기만 했던[22] 미국이 한국전쟁에 참전한 것은 소련과 중국, 북한이 오판할 정도로 의외의 일이었다. 2차 세계대전 직후 미국의 조야는 현실주의 노선이 지배적이었기 때문이다. 냉전의 설계자로 알려져 있는 조지 케넌George Kennan[23]은 소련에 대해 현실주의적인 정책을 펼쳐야 한다고 주장했는데 이는 큰 반향을 일으켰다. 그는 소련을 과거 러시아 제국 팽창의 연장선상에서 이해해야 한다고 생각했다. 소련제국의 팽창이 한계에 달했기 때문에 관리가 가능하다고 보았으며, 미국이 보편주의universalism를 버리고 거점전략으로 전환해 소련을 봉쇄하는 장기전략이 필요하다고 생각했다.

1949년 3월 월터 스미스Walter Smith 전 소련 주재 미국 대사는 "미국은 모스크바가 조종하지 않고 공격에 몰두하지 않는 공산주의라면 두려워하지 않는다"라고 말했다. 이런 현실주의는 1948년 6월 유고슬라비아의 티토가 공산주의자임에도 불구하고 민족주의를 내세워 소련과 결별하면서 더욱 힘을 얻었다. 티토가 소련과 단절하자 백악관은 그가 40만 명을 학살하는 등 자국 내에서 일으킨 문제가 미국과의 외교에 장애가 되면 안 된다는 정책을 재가했다. 즉, 미국의 한국전쟁 참전은 민주주의라는 이념에 대한 열정일 수도 있지만 군사지정학적인 계산일 수도 있다.

다음은 1947년 미국 의회에서 트루먼 대통령이 한 말이다.

"현재 강대국들 간의 관계는 어느 한 나라가 세계를 지배하는 상황을 배제한다. 그러한 권력 관계들은 어느 한 강대국의 일방적인 행동으로 크게 바뀔 수 없으며, 그렇게 바뀌면 UN의 구조 전체가 근본적으로 흔들리게 된다. 현상유지는 성역도 아니고 불변도 아니지만, 일방적으로 현상을 잠식하는 행위를 우리는 간과할 수 없다."

당시 세계질서를 책임진 국가의 대통령으로서 보편적 가치만큼이나 현상유지를 강조하고 있다. 트루먼 대통령이 한국전쟁 참전을 전격적으로 결정하면서 지키고자 했던 것은 바로 도덕적 보편주의보다는 세력균형이나 현상유지일 수 있다는 말이다. 미국 정치가들이 이상주의적인 언설을 즐겨 사용한다는 점과 유럽식 세력균형 이론에 거부감을 드러낸다는 점을 고려하면 트루먼 대통령은 예외적인 인물이다. 그도 현실주의자들처럼 현상유지가 바로 세계질서라고 믿었기 때문이다. 공산주의는 폭압적인 이념 때문이라기보다는 현상유지를 허무는 확장성 때문에 저지되어야만 했다. 현실주의적 전략가들은 냉전 초기 스탈린이 주도하는 국제공산주의 운동이 국민국가의 국경을 무시하며 결국은 세계질서를 허문다고 보았다.

2차 세계대전 이후 미국의 이상주의자들이 재건하려고 했던 국제질서는 국민국가에 기반한 국제적인 협력체제였다. 그러나 이는 현실주의자들이 국제정치의 준칙으로 여겨온 베스트팔렌 평화 조약으로의 복귀라고도 할 수 있다.[24] 각국이 서로 평등한 주권을 존중받으며 어떤 종교, 어떤 체제를 선택할지에 대해 외국의 간섭을 받지 않으며, 국제질서는 예측 가능한 규칙에 기반해 이루어져야 한다는 것이 1648년에 체결된 베스트팔렌 조약의 전제들이다. 세력균형을 훼손할 만한 힘과 야심을 가진 강대국이 부상하면 열강들은 힘을 합쳐서 강대국의 부상을 억제했다. 이런 세력균형 덕분에 베스트팔렌 조약은 명분과 더불어 이를 지킬 힘을 확보할 수 있었다.

유럽의 다원적 국제질서가 성립된 과정

유럽 문명이 세계의 다른 지역에 앞서 다원적 국제질서로 진입한 배경에는 독특한 역사적 과정이 있다. 이슬람이라는 이질적인 문명의 거센 도전에도 불구하고 유럽은 하나의 제국으로 통합되지 않았다. 외부의 힘을 끌어들여서까지 서로 경합했을 정도로 경쟁이 치열했고 이런 경쟁이 원심력으로 작용했다. 서기 800년 교황으로부터 대관을 받으며 신성로마제국이 형식상 서로마제국을 복구했으나 오래가지 못했고, 그 뒤로도 유럽 통합을 위한 노력은 계속되었다.

합스부르크 가문의 수장이자 신성로마제국 황제였던 카를 5세Karl V, 1500-1558는 신앙과 문명의 이름으로 유럽을 통합할 수 있다고 믿었다. 그가 사로잡았다가 놓아준 프랑스의 왕, 프랑수아 1세François Ier, 1494-1547는 카를 5세의 유럽 통합에 저항하고자 동쪽의 이슬람 세력인 오스만 튀르크와 연합했다. 카를 5세는 가톨릭 신앙을 중심으로 유럽 통합을 이루고자 했으나 가톨릭 국가인 프랑스의 왕은 아예 이슬람 세력과 손을 잡고 유럽 통합에 맞섰다. 유럽 통합이 불가능하다는 걸 깨닫고 절망한 카를 5세는 제국을 여러 개로 쪼개는 식으로 상속해 버렸다. 그는 이후 스스로 권좌에서 내려와 스페인의 수도원에 틀어박혔고 시계를 만들며 말년을 보냈다. 그의 제국 내에서 신교를 인정하는 화의를 매듭지었으나 그는 자기 대에 유럽의 종교가 분열된 것이 가장 애석하다며 종교재판을 강화하라고 아들에게 유언했다. 카를 5세가 죽은 뒤 유럽은 돌이킬 수 없을 만큼 절망적인 내전으로 돌입했다.

신성로마제국은 제국 내에서 벌어진 30년 전쟁1618-1648으로 돌이킬 수 없는 타격을 입었다. 30년 전쟁으로 신성로마제국은 실질적으로 해체되었다. 각 제후국의 독립성이 강화되어 황제의 권위는 크게 약화되었다. 1648년 베스트팔렌 조약은 제후들에게 외교권과 종교 자유를 보장했다. 이로써 신성로마제국은 가톨릭교의 수호자인 동시에 유럽의 상징적인 통합왕국으로서의 지위를 잃고 말았다.

베스트팔렌 조약은 어느 한 세력이 다른 한 세력을 압도할 수 없다는 현실을 반영했다. 중부 유럽을 유린한 뒤에야 구교와 신교 세력은 서로의 존재를 인정했으므로 베스트팔렌 조약은 이념적, 도덕적 질서를 지향한다기보다는 프로토콜을 지향한다. 이는 국제질서에서 도덕적 보편주의를 거세했다고 볼 수 있는데, 역설적이지만 옳고 그름에 대한 맹렬한 열정을 포기했을 때, 비로소 국가들 간에 평화로운 질서가 가능해진 셈이다.

수백 명의 대표들이 독일 북부, 소도시에 모여 북적거리며 조약을 만들었다. 전쟁의 참화가 과거의 영광과 그에 따른 위계를 없앴다. 황국, 왕국, 공국 간에도 주권국가는 본질적으로 평등하다는 개념이 도입되었다. 협상장소에서도 상대방을 기다리는 모습을 연출하지 않기 위해서 개별 문으로 동시에 들어가 상대방과 똑같은 속도로 걸어 동시에 테이블에 앉는 프로토콜 등이 만들어졌다.

이런 우스꽝스러운 의례야말로 어떠한 도덕관념보다 국제질서를 안정시키는 준칙이라는 것을 이후의 역사가 증명했다. 현실주의 국제정치학의 원류 중 한 명인 한스 모겐소는 "베스트팔렌 조약이 현대 국가체제의 초석을 놓았다"라고 말했다.[25] 베스트팔렌 조약은 유럽의 다자주의 세력균형이 흔들릴 때마다 그들이 애써 다시 돌아가고자 했던 준칙이다. 강대국들은 여러 가지 명분을 앞세워 주변 국가의 내치에 간섭하는 등, 실력을 반영하는 국제관계에서 '평등한 주권'이라는 개념 자체가 이상에 가깝다. 그러나 국가가 힘을 투영할 때 이를 그럴듯하게 포장해 줄 명분이 필요한 법인데, 이런 비용을 지불하게 할 만큼 베스트팔렌 조약의 전제들은 유럽 강대국들 사이에서는 상위의 명분으로 자리 잡았다. 평화를 유지하는 데 있어서 중요한 준칙이 됨으로써 이 역시 하나의 현실로 자리 잡았다. 유럽은 다른 문명권과 달리 국가들 간에 다자주의적 세력균형을 추구하려는 경향이 강하다. 바로 베스트팔렌 조약이라는 준칙이 나름 작동을 하고 있는 셈이다.

보편주의 VS 베스트팔렌 질서

이념은 집단 수준에서 옳고 그름을 구별하는 기준으로 작동한다. 그러나 이념을 따르는 사람들은 정치 체제와 가치 체제를 명확히 구별하지 못하는 경우가 많다. 자신들의 세계관이 보편적이라고 믿는 집단이 권력을 가지면, 다른 국가들의 정치 체제에도 자신들의 보편적 가치를 강요해야 한다고 생각한다. 그들은 이를 올바른 길이라 믿으며, 이를 통해 갈등이 해결되고 안정이 찾아온다고 확신한다.

독일 정치학자 칼 슈미트Carl Schmitt는 《정치적인 것의 개념》 서문에서, 인간이 적을 단순히 적으로만 바라보고 범죄자로 여기지 않는 것이 얼마나 어려운 일인지 강조했다.[34] 보편질서를 추구하는 사람들은 종종 정당한 전쟁이라는 이름 아래 적과 범죄자의 경계를 허물어 버린다. 그러나 이러한 행태는 1648년 베스트팔렌 조약이 지향했던 국제 질서를 퇴보시키는 결과를 낳는다.

베스트팔렌 조약의 원칙들은 보편적 질서를 추구하는 세계주의자들에게 줄곧 거부당해왔다. 예를 들어, 이슬람 세계 통일을 목표로 했던 오스만 튀르크의 술탄들, 혁명을 전 세계로 확산하려 했던 프랑스혁명의 사상가들과 이를 현실로 만든 나폴레옹, 그리고 국가보다 노동 계급의 단결을 우선시했던 공산주의 혁명가들이 그것에 도전했다.

하지만 세력 균형을 지키려는 국가들은 이러한 혁명과 사상의 강압적 확산에 맞서 연합했다. 이때 그들이 내세운 깃발은 도덕이 아니라, 도덕을 배제한 질서의 원칙, 즉 베스트팔렌 조약이었다. 도덕적 기준이 국경을 넘어 확산되지 않는다면 그것은 더 이상 보편주의가 아닐 수 있다. 그러나 인류는 국경을 존중하는 것과 평화를 유지하는 것 사이에 깊은 연관이 있음을 깨달았다. 완전한 통합이라는 이상보다는, 그때그때 세력 균형에 따라 만들어지는 불완전한 질서가 오히려 평화를 유지하는 데 더 효과적이었다.

베스트팔렌 조약은 국가 간의 평등한 주권과 외부 간섭 없이 사상과 체제를 선택할 권리를 명문화한 협정이다. 이는 오랫동안 평화를 위한 원칙이 되었다. 물론 정당성만으로 원칙이 지켜지는 법은 없다. 이 조약은 강대국들의 세력균형이라는 힘들 간의 경합에 의해서 유지되었다. 이로써 베스트팔렌 조약은 유럽식 세계질서의 밑그림이 되었다.

이 조약은 보편적인 교회가 사실상 존재할 수 없다는 현실을 받아들이며 만들어진 체계였다. 보편적 가치체계를 추구하는 문명권은, 세력들 간에 힘이 비등해져서 어쩔 수 없이 균형이 이루어져 평화에 도달하기 전까지, 혼란과 무질서의 과정을 거쳐야 하는 운명에 처하고 만다. 그때까지 보편적 가치체계는 무질서라는 용광로를 만들곤 한다.

베스트팔렌 조약을 무시하는 지역, 중동

현실의 다자질서, 즉 각국의 주권이 존중되는 질서가 정당성과 힘, 모두의 지지를 받지 않는 지역이 바로 중동이다. 중동의 국경선은 오스만 튀르크 제국이 약화되는 틈에 현지 토착세력을 끌어들이고자 했던 영국, 프랑스, 러시아 제국과 현지의 족벌, 파벌 집단 사이에 맺은 여러 약속을 통해 형성되었다. 중동의 국경선은 지리적 특성도 반영하지 않았으며, 개별 국가의 엘리트 집단은 역사적 정통성이나 민주적 정통성은 물론이고 심지어 민족적 정통성까지도 부족하다. 이 지역은 냉전시대에는 소련과 미국의 세력균형을 반영했고, 그 이후에는 세계에너지 공급의 안정이라는 대의 아래 미국의 예측 불가능한 개입 혹은 불개입으로 불안정한 질서를 이어가고 있다. 소련과 미국이라는 외부세력에 대해 품는 적개심 이상으로 서로에 대해 맹렬한 적대감을 가진 종파와 분파, 민족과 왕실들이 도무지 종잡을 수 없이 얽히고설켜서 이합집산하는 지역이다.

미국의 이상주의자들은 초기에는 이 지역에서 일어난 반정부시위를 민주주의라는 이유로 지지했으나 그들이 전복한 세력 이상으로 반인류적 폭력을 자행하는 광신적, 전투적 정치세력이라는 사실을 반복적으로 깨달으면서 당혹스러워하고 있다. 미국은 이란의 팔레비 왕조를 후견하면서도 아야톨라 호메이니 Ayatollah Khomeini 를 은밀하게 지원하기도 했다. 이란 혁명을 통해 권력을 잡은 호메이니는 이란 혁명이 이란이라는 국경에 제한되지 않는 영적인 전투라는 것을 강조했다. 이란의 혁명 정부는 미국 대사관 직원들을 400일 이상 억류하면서 베스트팔렌 조약 프로토콜에서 가장 중요한 외교관 특권을 깔아뭉개 버렸다.

2010년 이집트와 시리아, 레바논 등에서 발생한 반정부 시위는 미국 주류 언론의 지지를 받았다. 미국 오바마 대통령은 그때까지 중동의 파트너 정부들에게 한 약속을 뒤엎어버리고 소요가 발생한 국가의 정부를 공격했다.[26] 오바마 대통령은 회고록에서 비교적 냉정한 관점에서 카이로의 시위대를 바라보는 참모에게 "내가 20대 이집트인이었다면 저 사람들과 함께 거리에 있었을 것이다"라고 말할 정도로 시위대에 동정적이었다.[35] 그러나 호스니 무바라크 Hosni Mubarak 이집트 대통령이나 이스라엘의 베냐민 네타냐후 Benjamin Netanyahu 총리의 주장대로 독재정부를 전복하고 등장한 이들은 이슬람 형제단과 같은 전투적 광신조직으로서 중동 국가들의 국경선에 어떠한 가치도 부여하지 않는 세력이었다.

튀니지에서 시작되어 아랍 중동 국가 및 북아프리카로 확산된 반反정부 시위인 '아랍의 봄'은 가뜩이나 불안정한 이 지역을 더욱 불안정하게 했을 뿐만 아니라 유럽에도 불안정을 전파했다. 기존 질서를 허물자 이를 대체하고자 하는 세력들 간에는 한계 없는 잔혹한 싸움이 벌어졌다. 이런 무질서에 지친 중동 사람들은 지중해를 건너 유럽으로 왔다. 이 거대한 난민의 물결 때문에 와해 직전까지 몰린 것이 바로 유럽연합 EU이다.

국경까지 허물어버린 유럽의 보편주의

1997년에 체결된 셍겐 조약에 따라 EU 회원국 시민들은 여권 없이 자유로이 국경을 넘나들 수 있게 되었다. 유럽은 보편주의에 따라 국경을 허물고 싶어 했으며 이러한 거창한 이상이 결국 유럽 전역으로 난민 문제를 전파했다. 이탈리아는 튀니지 난민을 다른 나라로 보냈고, 이에 프랑스를 비롯한 국가들은 이탈리아로 난민을 돌려보냈다. 그러자 특수한 상황에서 국경을 되살리는 현실적인 방안을 모색할 수밖에 없었다. 유럽 각지에 반EU 정서가 확산되었으며 극우 정당들은 기회를 놓치지 않고 EU의 거창한 이상이 삶을 파괴할 것이라는 불안감을 확산시켰다. 따라서 유럽은 국경을 복구하는 방향으로 되돌아가게 되었다.[36]

유럽이 국경의 경계를 무시한 지 얼마 지나지 않아, 중동에서 밀려온 난민들로 인해 유럽식 보편주의는 또다시 위기를 맞았다. 아이러니하게도 유럽인들에게 국경의 중요성을 일깨워준 중동은 보편주의를 내세워 국경을 없애려는 세력들이 대립하는 지역이기도 하다. 국경선은 이 넘은 아니지만, 현실에서 그 어떤 이념보다도 질서를 유지하는 데 중요한 보호막임을 이보다 더 직감적으로 가르쳐 주기도 어려울 것이다.

석유를 비롯해 에너지 자립이 가능한 미국이 더 이상 중동에 군사력을 투사하지 않겠다고 선언한다면 중동의 베스트팔렌적 질서는 바로 붕괴되기 시작할 것이다. 중동에서는 각자 보편적 이슬람 세계를 지향한다는 신학적 교리 때문에 서로 간에 다름을 인정하지 못한다. 인종과 종파 간의 갈등을 완충할 사상의 통합이 존재하지 않는다는 의미다. 그럼에도 이 지역 대중과 엘리트들의 종교에 대한 헌신은 진심이다. 국경은 인종과 종파를 반영하지 못하고 신앙은 국경을 존중하도록 가르치지 않는다. 이는 곧 갈등의 확장에 한계를 그을 수 없다는 말이기도 하다. 형식에 불과한 프로토콜을 영구적인 이념으로 교체하려는 투사들로만 채워진다면 이 지역의 모든 체제와 가치는 용광로와 같은 맹렬한 무질서를 통과할 수밖에 없을 것이다.

08

베트남전쟁, 한국전쟁의
교훈을 잘못 적용한 실패

한국전쟁과 달리 모두가 결정을 주저한 베트남전쟁

한국전쟁은 1950년 6월 25일에 일어났다. 날짜를 확정할 수 있는 건 김일성이 첫 단추를 잘못 꿰었기 때문이다. 김일성은 원래는 38선 인근에서 총격전을 유발하고 후방으로 밀려났다가 다시 남쪽으로 밀고 내려오는 전략을 세웠다. 명백한 침략이 되어버리면 미국이 참전할지도 모른다고 스탈린이 우려했기 때문이다. 스탈린은 세계의 여론을 의식할 수밖에 없는 미국의 체면을 지켜주면서 남침하기를 원했다. 64년 후인 2014년, 러시아의 푸틴 대통령은 우크라이나의 크리미아를 점령할 때 러시아군을 표시하는 휘장이나 계급장을 뗀 군대를 보냈다. 서구 미디어와 유럽연합 수장들의 체면을 지켜주기 위한 배려였다. 그러나 1950년의 젊은 김일성은 확신에 차 있었다. 전쟁이 일어나면 남한에서 바로 봉기가 일어날 거라고 호언장담했다. 김일성은 남측에 '기만 전략'이 이미 노출되었다는 이유로 전격적으로 밀고 내려왔다.[27] 미국 트루먼 대통령의 참전 결정도 그만큼 전격적으로 이루어졌다.

하지만 베트남전쟁은 개시 날짜를 특정할 수 없다. 원래 베트남은 프랑스의 식민지였기 때문에 북베트남의 공산민족주의 게릴라와의 싸움은 프랑스군이 맡았었다. 때마침 한국전쟁에 참전하고 있었기 때문에 미국은 물자만을 지원했었다. 당시 상원의원이었던 존 F. 케네디는 베트남이 프랑스의 식민지인 한, 제국주의를 지원할 수 없다며 아이젠하워 정부의 1차 베트남전쟁 지원에 반대했었다. 미국의 이상주의자들은 프랑스가 인도차이나반도를 그들의 식민지로 복원하는 것에 반대했다. 그러니까 프랑스가 전력을 다해서 사나운 공산주의 게릴라들과 싸워서 이기더라도 프랑스는 베트남 식민지를 포기해야 했다. 사정이 이러하니 프랑스인들이 왜 인도차이나 반도 전쟁에서 피를 흘려야 하는지를 프랑스인들에게 설명할 사람은 아무도 없었다.[37]

디엔비엔푸 전투[28]에서 프랑스를 패퇴시킨 북베트남(월맹, 베트남민주공화국)은 1954년 스위스에서 열린 제네바 합의에 따라 공식적으로 인정받았고 북위 17도선을 기점으로 남베트남과 분단되었다. 그러나 북베트남은 남베트남을 공산화 통일하기 위해 남쪽에 게릴라를 내려보내고 지원하는 등 도발을 줄기차게 이어 나갔다.

미국, 줄기차게 베트남 개입을 이어나가다

미국은 사이공 정부를 지원했으나 한 번도 독립된 국가로 존재한 적 없었던 이 지역에는 통일국가를 구성할 정치적 토대가 없었다. 경제원조는 번번이 부패로 이어졌다. 민주국가를 세워서 공산화를 저지하려는 미국은 점점 더 많이 개입하게 되었다. 1951년 트루먼 대통령은 남베트남에 민간인 고문을 파견했다. 아이젠하워 대통령은 1954년 군사 고문을 따로 보냈다. 케네디 대통령은 1962년 민간인 지원 명목의 전투부대 주둔을 허락했고, 1965년 존슨 대통령은 50만명의 원정군을 파견해야 했다.[38]

케네디는 대통령으로 당선된 이후 인도차이나반도를 포기할 수 없다는 메시지를 던졌다.[29] 상원의원 시절에는 제국주의 프랑스를 지원하는 것에 반대했으나, 프랑스가 물러난 이상 인도차이나반도에서 공산주의 세력이 팽창하는 것을 막기 위해서라면 미국이 나서야 한다는 입장을 밝혔다. 케네디 대통령은 군사 기술교관과 각 분야의 컨설턴트를 베트남에 파견했다. 이들은 교전을 위한 병력은 아니었으나 현지의 미국인들을 지키기 위해서라도 실질적으로는 군인들을 투입할 수밖에 없었다.[30]

미국과 베트남이 한국전쟁을 이용한 방식

북베트남과 미국 모두 한국전쟁에서 얻은 교훈을 활용했다. 먼저 북베트남의 호찌민은 한국의 고지전에서 교훈을 얻었다. 중국군은 휴전선 부근에서 전선이 교착되었던 2년 동안 강원도의 능선에서 미군과 대치했는데 땅굴 안에 은신하는 방식으로 미군 폭격기의 공격을 무력화했다. 베트남전쟁에서도 북베트남과 베트콩들은 미국의 압도적인 제공권에도 불구하고 정글의 미로와 땅굴을 활용해서 소모전을 이어갔다.

호찌민이 군사전술적 교훈을 끌어냈다면 미국이 한국전쟁에서 얻은 교훈은 전략적이었다. 미국에는 38선을 넘어 적진 후방 깊숙이 올라가는 방식이 중국군의 개입을 불렀다는 트라우마가 있었다. 미국은 일단 육군의 파병을 최대한 주저했다. 아이젠하워 대통령의 국무장관 존 포스터 덜레스John Foster Dulles는 베트남이 제2의 한국이 되어서는 안 된다며 미 육군의 파병에 반대했다. 전쟁이 본격화되고 나서도 한국전쟁 트라우마는 계속되었는데, 미국은 북베트남까지 전선을 확대하거나 중국과 맞닿아 있는 북베트남의 동해안인 통킹만Gulf of Tonkin에서 대규모 상륙작전을 시도하지 않았다. 미국의 북베트남 후방에 대한 공격은 폭격뿐이었다. 그러니까 우리가 베트남전쟁에 대해서 가지고 있는 인상들, 할리우드 영화가 만들어낸 잔혹한 장면들은 거의 대부분 남베트남에서 일어난 전투들이다. 미 육군은 남베트남에서 북베트남 정규군 혹은 공산 게릴라들과의 힘겨운 싸움을 이어 나가야 했다.

베트남의 지정학적 특성을 몰라서 실패한 베트남전쟁

한국전쟁의 교훈이 미국에는 독이 되었다. 미국이 해양 세력이라는 사실과 베트남의 지정학적 특성을 종합적으로 고려하지 못하고 한국의 사례를 그대로 적용했기에 실패했다. 베트남은 한반도를 닮았다. 남북으로 길고 좌우가 좁다. 미국이 휴전선 인근에서 전선을 교착한 것은 그 지점의 폭이 비교적 좁기 때문이다. 가장 좁은 선은 평양·원산선이다. 미국 전략가들은 전쟁초기에 평양·원산선에서 전쟁을 교착하지 못한 사실을 못내 아쉬워했었다. 인천상륙작전을 성공하고 나서 무작정 밀고 올라가지 않고 평양·원산선에서 진군을 멈추었다면 한반도에서 가장 폭이 좁은 곳에 방어 전선을 만들어 남한이 한반도의 2/3를 차지한 상태에서 휴전할 수도 있었다.

전선이 좁을수록 화력을 집중하기에도 좋고 보급라인에도 무리가 없다. 전선이 길 경우 어느 한 곳이 뚫리면 전선이 둘로 분리되어서 적에게 포위되거나 보급라인이 끊기는 위험이 발생한다. 평양·원산선에서 멈추지 못하고 진군했다가 중공군의 개입을 불러와 결국 서울까지 내주고 남쪽으로 밀려났다가 다시 서울을 수복한 뒤로, 미국은 휴전선 인근에서 전선을 교착시키고 더 이상의 모험은 감행하지 않았다.

북베트남과 남베트남을 가르는 북위 17도 선도 좌우 폭이 좁다. 그러나 베트남은 한반도와는 달랐다. 한반도는 3면이 바다이고 남해를 통해 서해와 동해가 연결된다. 즉, 해상에서라면 압도적인 전력으로 주도권을 내줄 리 없는 미 해군이 전선을 우회해서 바다를 통해 후방으로 침투하려는 중공군과 북한군을 저지할 수 있었다. 한국전쟁에서의 교착도 소모전이었지만 후방은 비교적 평온했다. 전선만 지켜낸다면 후방에서는 전쟁 상태임에도 어느 정도 평화를 유지할 수 있었다. 그러나 베트남의 경우 동쪽은 바다지만 서쪽은 라오스와 캄보디아의 국경선이다. 북베트남의 호찌민은 라오스에 군사적 거점을 확보하고 라오스와 캄보디아를 통과해서 남베트남 후방 깊숙이 연결된 호찌민 루트를 활용해 게릴라를 끊임없이 내려보냈다. 전선이 교착된 뒤로 남한에서는 정치·사회·경제가 나름대로 안정을 찾았던 것과는 달리 남베트남은 베트콩의 도발에 노출되었다.

호찌민 루트는 라오스 및 캄보디아를 통과하는 북베트남과 남베트남을 이어주는 병참 도로와 오솔길의 복합망이다. 이 루트는 베트남 전쟁 기간 동안 베트콩과 베트남 인민군에게 병력과 군수품을 제공했다. 루트 건설은 1959년 7월 북베트남이 라오스를 침공한 이래 시작되었다. 베트남 연안에서 미 해군의 봉쇄가 시작된 후, 호찌민 루트의 전략적 가치는 비교 불가였다. 호찌민 루트를 활용하면 베트남 남부에서 싸우는 베트콩과 베트남 인민군 부대들에게 미군의 우수한 공군력과 해군력을 우회하여 효과적으로 보급품을 제공할 수 있었다. 북쪽에서 보내진 물자는 국경 지역의 은닉처에 저장되었다. 호찌민 루트는 베트콩과 베트남 인민군 부대의 은신처로 활용되었다. 이들은 미군을 공격하고 국경을 넘어가서 숨을 수 있었다. 그리고 다시 보급을 받아 남쪽 사회를 교란했다. 미국 국가안보국의 공식 전쟁사 기록에 따르면, 호찌민 루트는 '20세기 군사 공학이 이룩한 위대한 성과 중 하나'였다.

서쪽의 국경선을 봉쇄하지 못했기 때문에 전선을 교착하고 남베트

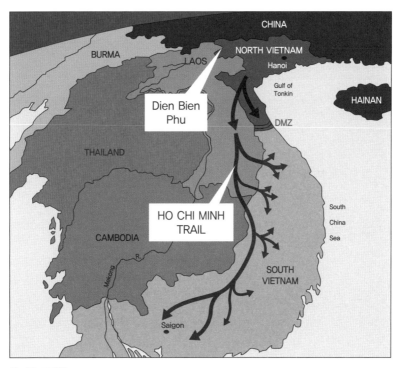

호찌민 트레일

남의 정치사회를 안정시키려 했던 미국의 전략이 엇나갔다. 즉, 전투와 정치공학을 결합한 작전이 실패로 돌아갔다. 북베트남으로부터 지원을 받는 베트콩들이 베트남의 관공서를 공격해 공무원, 경찰들을 암살했다. 1960년까지 매년 2,500명 이상의 베트남 공무원들이 테러로 사망했다.[39] 이런 상황에서 베트남이 서구적 기준에 미치는 민주제도를 운영할 수는 없었다. 그러나 미국의 이상주의는 수백 년 동안 자치나 민주주의를 모르고 지낸 지역에서 정치공학에 전념하느라[40] 그렇지 않아도 어려운 남베트남 상황을 더 악화시키는 쪽으로 몰아갔다.

09
미국의 이상주의가
베트남의 공산화를 앞당기다

똘똘 뭉친 북베트남, 혼란스러운 남베트남

북베트남은 구심점이 공고했다. 프랑스에 대항해 오랜 기간 투쟁해 온 공산주의 민족게릴라들이 중심이 되었고, 혁명가인 호찌민이 베트남에서는 누구도 도전할 수 없는 권위를 구축했다. 그러나 남베트남은 혼합된 사회였다. 과거 프랑스 식민정책에 협조한 이들과 프랑스에 대항했던 불교를 비롯한 민족주의자들 그리고 응우옌 왕실 세력도 있었다. 가톨릭을 제국주의의 주구로 몰아 탄압하는 북베트남에서 탈북한 가톨릭교도도 많았다. 심지어 사이공 외항도시 붕따우로 통하는 수로와 사이공의 경찰력까지 장악한 군벌 같은 범죄조직도 있었다. 물론 공산주의자들도 많았다.

1차 베트남전쟁의 종결로 만들어진 1954년 제네바 합의에는 1956년 7월 이전에 남북 전역에서 보통선거를 거쳐 통일된 베트남을 수립한다고 되어 있다. 그러나 미국은 이 문서를 채택하지 않았다. 남베트남의 전 황제 바오다이[Bao Dai, 1913-1997]에 대한 대중의 지지도를 볼 때 베트남 민중이 호찌민을 압도적으로 지지할 것이고 통일을 위한 선거가 베트남의 마지막 선거가 될 것이 거의 확실하다고 보았다.[41] 미국은 바오다이 전 황제 대신 프랑스 식민지 고위 관료였다가 민족투사의 길을 걸었던 응오딘지엠[Ngô Đình Diệm]을 후원했다. 달리 선택지가 없었기 때문이기도 하지만[31] 응오딘지엠은 한때 호찌민이 포섭을 시도한 적도 있을 만큼 반공 독립투사로서의 명성도 가지고 있었다.[32] 그러나 미국의 지원 아래 정권을 잡는 과정에서 그는 요직에 자신의 친인척을 앉히고 반공을 내세우며 독재로 나아갔다.

응오딘지엠 정부는 반공 재교육 캠프를 만들어 1만 5,000~2만명을 수감했고 1957년에만 7만~8만명의 정치범을 투옥했다. 정부는 "질서와 안보가 충분히 회복될 때까지 국가 방위와 공공질서에 위험하다고 여겨지는 사람은 누구라도 가택 연금하거나 수감할 수 있다", "국가안보를 파괴 혹은 침해하려는 목적을 지닌 범죄를 저지르거나 혹은 그에 대해 기도하면 사형에 처한다"라는 법령을 만들었다. 피고인에게 변론권도 주지 않는 악법들이었으니 당연히 프랑스 치하보다도 더 자유가 없다는 평가가 나왔다. 따라서 반정부 투쟁을 선동할 만한 일이 많았기에 투옥되는 이들도 많았다. 북베트남은 응오딘지엠이 16만명을 죽이거나 다치게 하고 24만명을 투옥했다고 비난했다.

남베트남은 사회통합을 이루기는커녕 질서를 회복하지도 못했다. 1년에 2,500명이나 되는 공무원과 경찰이 살해당하는 사회라면 인권이나 민주주의를 추구하기보다는 폭정을 통해서라도 질서를 유지하는 것이 급선무다. 그 과정에서 인권이나 자유 등 민주주의의 핵심 가치들이 훼손될 수밖에 없다. 그러나 당시 미국의 대통령은 존 F. 케네디John F. Kennedy였다. 이상주의자들이 많기로 유명한 미국의 평균적인 대통령들보다 훨씬 이상주의에 가까웠던 그는 베트남에서 미국이 달성하려는 목표는 두 개라고 말했다. 하나는 공산주의 세력의 팽창을 저지하는 것이고 하나는 모범적인 민주국가를 수립하는 것이었다. 이런 목표를 가지고 있는 이상주의 대통령으로서는 베트남 정부를 교체해서라도 민주화해야만 미국의 여론을 움직여 베트남 개입을 정당화하고 지속할 수 있을 것으로 생각하는 것도 당연했다.

특히 민족주의 공산주의자들을 은닉해주곤 했던 불교와의 대립이 문제가 되었다. 가톨릭은 프랑스의 종교였는데 전국의 7%에 불과한 가톨릭교도들이 국회의 22~27%를 차지했다. 그러니 불교가 차별당한다고 여길 만도 했다. 응오딘지엠 정부는 종교를 비롯한 사회단체가 깃발을 휘날리는 행위를 불법으로 규정했고 이에 반대하는 시위에서 폭력이 발생했다. 전통적으로 베트남의 불교는 정부 이상으로 권위적이었으며 정부와 권력다툼을 할 정도로 조직화되어 있었다. 승려들이 공개적으로 분신하는 장면은 외신 기자들에게 자극적인 볼거리를 제공했다. 당시 세계언론에 비친 남베트남의 모습은 일방적이었다. 미국의 돈에 중독된 부패한 정치가들이 판친다는 사실과 불교 승려들의 분신 사진들이 언론을 장식했다.

미국은 응오딘지엠 총통에게 불교탄압에 대해 경고했으며 특히 국가안전부를 맡아 폭력을 지휘하고 있던 그의 동생을 해임하라고 압력을 넣었다.[42] 응오딘지엠 정부는 미국이 현지 실태에 어둡다고 판단하고 케네디 행정부의 경고를 묵살했다. 특히 퍼스트레이디[33]는 '중들의 바비큐'라는 분별없는 말로 승려들의 분신을 폄하해 분노를 불러일으켰다. 응오딘지엠 총통과 그 가족은 가톨릭교도들이었는데, 프랑스의 식민지였던 만큼 가톨릭은 제국주의 외세의 앞잡이라는 오명을 썼으며 불교는 반외세 민족주의로 인식되었다.

케네디 행정부의 인내는 한계에 달했고, 베트남의 독재정부를 전복시켜야 한다는 결론에 이르렀다. 미국은 베트남 군인들의 쿠데타를 여러 가지 방식으로 독려했고 결국 응오딘지엠 총통은 쿠데타가 발생한 날 바로 살해당했다. 미국의 정보기관이 원했던 것은 쿠데타가 응오딘지엠 총통의 미국 망명으로 종결되는 것이었다. 그러나 당시 베트남은 저신뢰 사회였기에 먼저 죽이지 않으면 살해당하는 게임이 사회 전체를 휩쓸었고 정권 다툼은 말 그대로 생물학적으로 위험한 게임이었다. 군인들은 자신들의 상관이었던 총통과 그의 동생을 처형하고 그 앞에서 활짝 웃으며 기념사진을 찍는 엽기 행각을 벌였다.

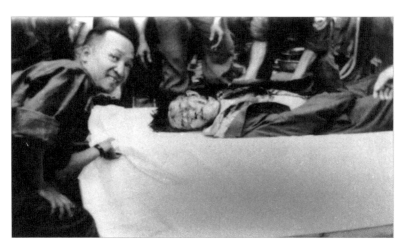

1963년 11월 2일, 응오딘지엠 총통의 시체 앞에서 기념사진을 찍는 군인들.　　　(출처: 腾讯网)

미국의 이상주의를 대변하는 〈뉴욕타임스〉는 이 쿠데타가 인도차이나반도에서 공산주의를 격퇴할 수 있는 길을 열었다며 이 비극적인 사건을 높이 평가했다.[43]

이후 베트남 정부는 더욱더 큰 혼란에 휩싸였다. 대안이 부재한 상황에서 그나마 정통성 있던 지도자를 살해하고 정부를 전복시키기로 결정했던 미국 정부 인사들은 두고두고 후회했다. 전쟁이 수렁으로 빠진 원인 중 하나가 바로 남베트남 사회의 혼란이었고 그 원인 중 하나가 끝없는 정쟁政爭이었기 때문이다. 미국은 베트남에 직접 개입하지 않을 수 있었던 마지막 희망을 응오딘지엠 정부를 전복시킴으로써 스스로 잘라냈다. 북베트남으로서는 남베트남 혁명과 통일을 위한 큰 장애물을 미국이 없애준 것과도 같았다. 이후 남베트남 정부는 스스로 자신을 지켜야할 정통성과 이유를 찾아낼 수 없었다.

쿠데타와 총통 살해사건은 앞으로는 그 어떤 일도 일어날 수 있다는 암시가 되었다. 남베트남 정치의 룰은 파괴되었다. 정권을 놓고 다투는 게임이라 할지라도 보이지 않는 룰이 있어야 하지만, 총통을 잔혹하게 죽임으로써 그 룰이 무너졌으므로 이후에 들어선 정부는 응오딘지엠 정부보다 더 민주적이지도 더 안정되지도 더 지속되지도 않았다. 이로 인해 미국은 결국 혹독한 대가를 치르고 말았다.

베트남전쟁은 미국의 자존심을 난도질했다. 당시 미국에서는 가정마다 TV가 보급되었는데 방송국은 남베트남에서 자행되는 시위와 폭력을 날마다 보도했다. 100만명에 이르는 이들이 북베트남 정부의 탄압과 사회 혼란을 피해 남쪽으로 탈북했지만 북베트남이나 베트콩의 폭력은 TV에 등장하지 않았다. 그 이유는 너무나 단순했다. 단지 기자들이 그곳에 가서 자유롭게 취재할 수 없었기 때문이다. 미디어의 일방적인 보도에도 불구하고 미국인들 다수는 공산주의에 대항하고자 하는 미국의 분투를 응원했으나 대도시의 교육받은 중산층과 대학생들은 격렬하게 반대했다. [34]

리처드 닉슨 Richard Nixon 대통령이 중국과 데탕트를 이루어내며 '영광스러운 철수'가 가능해졌고, 미국은 캄보디아의 호찌민 루트와 북베트남 하노이 폭격을 통해 북베트남을 협상 테이블로 이끌었다. 파리 평화회담의 진척이 없자 미국은 1972년 12월 B-52 폭격기로 북베트남의 수도 하노이와 항구도시 하이퐁을 공습했다. 대도시에 폭격하는 것을 마다하지 않는 닉슨이라는 광폭한 대통령이 권좌에 있는 한, 북베트남은 남베트남에 무력도발을 하지 않겠다는 약속을 지킬 수밖에 없을 것이라는 계산이 깔린 행보였다.

그러나 베트남전쟁으로 야기된 미국 사회의 분열은 미국 정신의 해체에까지 이르렀다. 정치적 완충지대가 협소해짐에 따라 미국에서도 정쟁 시에 암묵적 룰을 존중하지 않았다. 상대를 악마화하는 식으로 정쟁에는 한계가 없었다. 결국 케네디 대통령의 암살로 시작된 미국 정치와 사회의 혼란은 닉슨을 대통령 자리에서 끌어내렸다. 민주당의 이상주의 대통령이 생물학적 목숨을 빼앗겼다면 공화당의 현실주의 대통령은 정치, 사회적 생명을 빼앗겨야 했다.

미국의 이상주의자들은 '베트남전쟁의 베트남화'를 공약했고, 미군 철수와 북베트남의 평화협상을 성취했으며, 암묵적으로는 그 평화협상을 유지할 수 있는 '음침하고 무서운 대통령'을 기필코 권좌에서 끌어내렸다. 그뿐만이 아니다. 히피운동이 고스란히 의회를 전염시켰고 의원들은 현실성 없는 이상주의 법안들을 쏟아냈다.

북베트남의 무력통일 의지를 꺾기 위해 미국은 북베트남이 전면적으로 공격해오면 공군력과 해군력으로 대응해주기로 남베트남에 약속했다. 그러나 닉슨 대통령이 몰락하자 미국 의회는 남베트남에 대한 원조를 급격하게 줄이더니 1975년에는 완전히 끊어버렸다. 남베트남에 대한 원조와 북베트남의 군사적 움직임에 대한 감시와 대응을 해주겠다는 약속, 전투에서는 철수하는 대신에 미국이 휴전협정을 감시해주겠다고 한 약속, 미국이 자신의 동맹들뿐 아니라 적들에게까지 공약한 내용을 미국 의회가 나서서 집행하지 못하도록 명문화해 버렸다. 대통령의 호소에도 불구하고 미국 의회는 자신들의 동의 없이는 외국에 군대를 파병할 수 없다는 법안을 통과시켜 미국 행정부의 손발을 공개

1975년 4월 29일, 한 CIA 요원이 베트남 사이공의 한 아파트 옥상에서 미국 헬기에 타려는 사람들을 돕고 있다. 이들은 주로 미국 기관의 현지 피고용인들과 그 가족들이었다.　(출처: 腾讯网)

적으로 묶었다.[35]

이렇듯 미국 정치가 진행되는 일련의 과정을 지켜본 북베트남의 지도부는 자신들이 협정을 파기해도 미국이 더 이상 개입하지 않을 것을 확신하고 통일프로젝트에 박차를 가했다. 1975년 북베트남은 거의 모든 병력을 국경선 너머로 집결해 남베트남을 정복했다.[44] 미국인들은 공산주의자들이 사이공을 함락하는 모습을 TV로 지켜보아야만 했다. 사이공의 한 아파트 옥상에 위태롭게 내려앉은 헬리콥터를 향해 남베트남 사람들이 긴 줄을 선 광경만이 베트남전쟁의 마지막 기념사진처럼 남았다.

10
국익우선, 현실주의
대통령에 대한 반감

현실주의 대통령 닉슨과 베트남전쟁

미국 영화감독 올리버 스톤Oliver Stone 이 만든 〈닉슨Nixon〉이라는 영화가 있다. 이 영화에는 워터게이트[36]로 궁지에 몰린 닉슨 대통령이 백악관에 걸린 케네디 전 대통령의 초상화 앞에서 독백하는 장면이 나온다.

"전쟁을 시작한 건 당신이고 전쟁을 끝낸 건 나인데 국민은 당신을 좋아하고 나는 싫어한다. 당신에게서는 자신들이 보고 싶은 미래를 보지만 내게서는 잊고 싶은 현실을 보기 때문이다."

닉슨 대통령이 베트남전쟁과 관련한 미국 사회의 정치적 분쟁과 연결되어 기억되다 보니 베트남전쟁을 닉슨 대통령이 시작한 것으로 알고 있는 사람들도 많다. 그 이전에 아이젠하워, 케네디, 존슨 대통령을 거치면서 이미 답 없는 상태로 치달은 걸 알고 있는 이들조차도 닉슨 대통령이 인도차이나반도 전역으로 확전했다거나 휴전과 철군을 오래 끈 것으로 알고 있는 경우도 많다. 바로 철군하지 않은 건 맞지만 철군과 함께 베트남전쟁을 끝낸 것도 그다. 다만 미군이 무조건 철수할 경우 동맹들로부터 위신과 신뢰를 모두 잃어버리게 되고 그로 인해 국제지정학이 혼란의 늪으로 빠져들 수 있다는 것까지 고려하여 행동했기에 닉슨 대통령은 '무조건', '당장' 철군하라는 이상주의자들의 표적이 되었고 그들과 처절하게 맞서야 했다.

1969년 베트남전쟁 관련 대국민 연설에서 닉슨 대통령은 "동맹을 배반하고 우방을 실망시키면서 여전히 위대한 나라일 수 없다. 우리가 남베트남에서 패배하고 굴욕당하면 아직 세계를 정복하겠다는 목표를 포기하지 않은 강대국들이 무모한 행동을 하도록 조장할 것이 분명하다"라고 말했다.[45] 따라서 그는 철군을 하더라도 미국이 나약해 물러나는 것이 아니라 전략적 판단에 따라 스스로 내린 결정이라는 인식을 친구와 적들에게 심어주어야 했다.

1972년 대통령 선거에서 민주당 후보였던 조지 맥거번 George McGovern 은 "미국이여 돌아오라!"라고 주장했다. 이에 닉슨 대통령은 미국이 국제적 책임을 게을리한다면 본토에서도 실패할 게 분명하다고 응수했다. 그는 "미국이 해외에서 책임을 다하는 경우에만 위대한 국가로 남을 것이다"[46]라고도 말했다. '베트남전쟁의 베트남화'라는 닉슨 대통령의 목표는 경쟁자와는 달리 철군의 모양과 후과까지도 고려한, 심모원려한 '영광스러운 철군'이어야만 했다.

닉슨 대통령은 북베트남이 평화협상에 진지하게 임하도록 이끌어야 했기에 북베트남을 더 가혹하게 다룬다는 인상을 심어주려 했다. 그러나 북베트남에 본때를 보여주기 전에 중국과 관계를 풀어야만 했다. 한국전쟁에서 미국은 어떤 교훈을 얻었다. 전투에서 이겼지만 중공군의 참전을 불러서 결국 전쟁은 지는 결과로 이어졌다는 생각에 미국은 호찌민 루트가 있는 캄보디아와 라오스로 전선을 확장하지 못했다. 중국이 참전할 것을 우려해서다.

우리는 압도적인 화력을 보유한 미군이 베트남전쟁에서 애초에 왜 고전했는지를 기억해야 한다. 미국은 베트남 전선에 병력을 축차적^{逐次}_{的37}으로 투입했다. 이는 전략적으로 피해야 할 일이었다. 그러나 미국이 전략적인 실패를 거듭하며 베트남전쟁의 수렁에 그야말로 서서히 말려들어갈 수밖에 없었던 이유가 있다. 바로 한국전쟁의 트라우마다.

베트남전쟁에서는 맥아더 사령관의 과감한 전략, 즉 적의 후방에 대규모 병력을 투입하는 상륙작전을 수행할 수 없었다. 중국의 개입 때문이었다. 베트남의 동해안은 중국의 남해안이기도 하며 북베트남은 중국과 국경을 접하고 있다. 닉슨 이전의 미국 대통령들은 중국을 자극하면 안 된다는 강박 때문에 대규모 전투병력을 북베트남의 후방에 과감하게 투입해서 북베트남의 후방을 교란하는 과감한 전략을 구사하려 하지 않았다. 따라서 닉슨 대통령은 국제지정학적인 게임의 판도를 먼저 크게 움직여야만 미국이 베트남에서 빠져나올 수 있을 것으로 계산했다.

닉슨 대통령은 분열된 국론을 치유하기 위해서라도 베트남에서 반드시 철군해야 하는 상황이라는 것을 알고 있었지만, 국제정세 전반에 미치는 영향력까지 고려해야 한다는 책임감이 미국의 운명이라는 것 또한 알고 있었다. 당시 미국은 미로 안에 갇힌 셈이었다. 이 미로는 미래와도 연결되어 있어서 현실만을 고려해서는 헤처 나올 수 없을뿐더러 그랬다가는 미래로부터 응징을 당할 운명이었다. 즉, 냉정한 현실주의에 기반하되 미래에 대해서도 전략적으로 고려하는 결정적 성취를 통해서만이 미군이 베트남에서 철수할 수 있다는 것을 닉슨 대통령은 잘 알고 있었다.

자유주의, 미국과 서구의 대학을 점령하다

영화의 독백처럼 전쟁을 끝낸 것은 공화당의 닉슨 대통령이고 베트남전쟁을 본격적으로 시작한 것은 민주당의 케네디 대통령과 그 뒤를 이은 존슨 대통령이었다. 그러나 베트남전쟁에 대한 반대는 한편으로는 전후 베이비부머들의 자의식 형성과 맞물렸다. 이들은 미국이 본격적으로 세계의 패권을 쥐기 시작한 2차 세계대전 무렵에 태어나 전후 높은 경제성장 속에서 자랐다. 이때부터 대학 진학률이 급격하게 높아졌고 미국적 이상주의와 낭만주의가 대학가를 지배하기 시작했다. 미국 대학이 미국 이상주의의 해방구로 자리매김한 것도 이때였다. 이는 미국적 가치를 받아들인 국가들에서도 반복적으로 벌어질 일이기도 했다.

시카고대학 교수 앨런 블룸Allan Bloom 은 《미국 정신의 종언 The Closing of American Mind》이라는 논쟁적인 책을 써서 유명해졌다. 그는 미국 대학이 1950년대에 전체주의 체제로부터 탈출해온 망명자들을 받아들임으로써 세계 최고임을 자랑했으나, 1960년대 후반부터 평등주의에 매몰된 저급한 문화가 대학가를 지배하면서 고전 인문학을 멸시하는 풍토가 만연해졌다고 주장했다. 이는 대학교육의 대중화로 인해 필연적으로 대학의 질이 떨어졌음을 의미한다. 그의 주장에 대한 반발도 거셌다.

특히 그가 중요시하는 인문학의 고전이라는 것들은 이미 '무덤에 들어간 유럽 백인 남성들'이 쓴 작품들일 뿐이라고 비난받았다. 문화혁명이 중국의 고전을 파괴했다면, 미국의 반전운동은 비슷한 시기에 서구 대학가에서 서구 고전에 대한 무관심과 냉소를 퍼뜨렸다고 할 수 있다.[47]

이때 서구의 대학을 중심으로 형성된 전투적 자유주의가 이 세대의 사회진출을 따라 언론과 문화계로 퍼졌고 담론에서 주류의 자리를 차지해갔다. 서구 사회에서는 전투적 자유주의라는 이상주의가 강력한 정치세력으로 자리 잡았는데 미국의 베트남전쟁 반대 운동이 사실상 기점이라고 해도 크게 틀린 분석은 아니다. 현대의 서구 학계와 문화계를 주도하는 급진적 이상주의의 인적 뿌리가 베트남전쟁 반대 운동이라고 볼 수 있을 만큼 베트남전쟁은 의식적 차원에서도 현대사회를 규정하고 있다.

미국의 대통령들은 국익을 외교정책의 우선순위에 두는 수사를 사용하지 않는다. 이는 오래된 이상주의적 전통이다. 케네디 대통령은 특히 이상주의적인 수사에 능숙한 데다 아직 왕성히 활동할 젊은 나이에 암살로 생을 마감해, 낭만적인 서사의 주인공이 될 만한 자격을 갖추게 되었다. 반면 닉슨 대통령은 보기 드물게 현실주의적 수사를 자주 사용했다. 트럼프 대통령처럼 그도 미국 외교의 우선순위가 국익이라는 점을 여러 차례 강조했다.

> "우리의 목적은 건전한 외교정책으로 장기간에 걸쳐서 미국의 국익을 지탱하는 것이다. 우리의 이익 interests 이 우리의 (세계에 대한) 헌신 commitments 을 규정해야지 그 반대가 되어서는 안 된다."[48]

이 발언은 미국은 자유의 추구에 있어서 '친구만 있고 이익은 없다'고 말한 케네디 대통령의 도덕주의 외교 정책과 대비를 이룬다. 그는 대통령 취임사에서 다음과 같이 감동적으로 말했다.

> "우리는 자유의 생존과 성공을 보장하기 위해 어떤 대가도 치르고, 어떤 부담도 지고, 어떤 고난도 견디고, 어떤 친구도 지원하고, 어떤 적도 반대할 것이다."[38]

그러나 닉슨 대통령은 당시로서는 파격적이게도 미국이 소련이나 중국과 같은 적대적인 강대국들과 함께 힘의 균형을 이루어야만 세계가 평화로워진다고 주장했다.

> "우리는 세계 역사상 유일하게 장기간에 걸쳐 평화의 시대를 누린 시기가 바로 세력균형이 이루어진 시기였음을 기억해야 한다. 한 국가가 잠재적인 경쟁국가에 비해 한없이 더 강력해지면 전쟁의 위험이 발생한다. 그러므로 나는 미국의 힘이 강한 세상을 신뢰한다. 미국이 강하고 건전하며 유럽, 소련, 중국, 일본이 서로 맞붙지 않고 서로 균등한 균형을 이룬다면 세계는 더욱 안전해지고 더욱 살기 좋은 곳이 될 것이라고 생각한다."[49]

닉슨 대통령은 미국 현대사에서 가장 중요한 역할을 했다. 중국을 끌어들여 소련 봉쇄의 강도를 높였고, 군사지정학 게임의 판도 전체를 바꿔 베트남전쟁으로 실추된 미국의 리더십을 회복했다. 충격요법을 사용해 금태환을 중단했으나 어쨌든 달러체제의 해체에 따른 글로벌 금융 붕괴를 막았다. 오늘날 '페트로달러 petro dollar'로 널리 알려진 방법, 즉 사우디아라비아와 특수한 관계를 맺는 대가로 사우디아라비아가 원유 수출 대금을 모두 달러로 결제하는 식으로 달러의 지위를 유지, 격상한 것도 닉슨 대통령이다. 그러나 이러한 일련의 조치들은 국민에게 알려지기 전까지 대통령과 관련 당직자 몇몇만이 알고 있어야 했다.

혼자 있는 것을 좋아했던 닉슨 대통령은 독서와 사색은 많이 했으나 정치가가 갖추어야 할 중요한 덕목인 친근감을 주는 데는 실패했다. 특히 언론에 대해서 그랬다. 이러한 비밀주의는 그의 독특한 성격이자 전략적 무기이기도 했다. 그런데 이런 비밀주의가 민주정치 먹이사슬의 최상위에 자리한 언론들을 자극했고, 결국 닉슨 대통령이 스스로 물러난 직접적인 계기도 백악관 녹음테이프의 공개를 둘러싼 대법원의 결정 때문이었다.

정책을 공개해야 한다는 점은 소련이나 중국과 지정학 게임을 하는 미국이 안고 있는 태생적인 어려움이었다. 미국의 군사전략은 언론을 통해 쉽게 노출되었다. 자국민의 알권리를 충족시켜야 한다는 민주주의의 원칙에 따른 결과였지만 국민이 알면 적도 알게 되는 부작용이 있었다. 소련이나 중국은 이 점에서 확실히 미국보다 우위를 점하고 있었다. 즉, 소련이나 중국은 미국의 패를 보며 카드를 뽑을 수 있었다.

그러나 닉슨 대통령이 취한 정책들은 비밀스럽게 진행하지 않으면 안 되는 것들이었다. 그는 소수의 측근들과만 교류했으며 측근들 간에도 칸막이를 두어야 했다. 외교정책이 노출되는 것이 의심스러워 외교 참모였던 키신저 국가안보보좌관에게 부서 내 정보보안을 재점검하라고 지시했는데, 점검 결과 키신저의 최측근들이 스파이라는 사실이 드러나기도 했다. 닉슨 대통령은 결국 아무도 믿지 못했고, 이러한 의심이 그의 불안한 성격과 결부되어 비밀주의는 더욱 강화되었다. 닉슨 대통령은 행정부 내의 거대한 관료조직을 따돌리기 위해 부하들로부터 스스로를 고립시켰다. 키신저와 함께 비공식 경로back channel라고 불리던 악명 높은 방식으로 베트남 평화협상, 전략무기 제한협정, 중국과의 데탕트를 극비리에 진행했다.[50] 따라서 언론과 지식인들이 닉슨 대통령의 비밀주의를 '거대한 음모'로 보이도록 하는 음침한 내러티브를 만드는 데는 별로 어려움이 없었다.

키신저는 닉슨 대통령의 비밀주의야말로 북베트남을 협상테이블로 끌어내 그들로 하여금 미군 철수 이후에도 평화협정을 지키도록 강제하는 강력한 무기였다고 주장했다. 협상이 성공하려면 속도조절이 중요한데 비밀주의가 없으면 상대가 이쪽의 한계와 다음 수순을 미리 알게 된다. 관료제 절차에 따르면 협상을 망치기 쉽고, 게다가 동맹들이 사전에 자신들과 논의할 것을 다짐하라고 할 것이기에 협상을 시작하기도 전에 무산되고 만다.[51] 닉슨 대통령은 적들이 어디까지 손을 쓸지 알 수 없어야 공포감을 느끼고 미국이 그은 선 안에서 행동할 것으로 보았다. 1973년 북베트남의 하노이를 폭격한 후 전쟁 포로들이 석방되었을 때 그는 일기에 이렇게 썼다.

"북베트남인들이 미국 대통령은 제정신이 아니라고 생각하게 해야 했다. 절대로, 반드시, 그들이 그렇게 생각하게 할 필요가 있었다."[52]

닉슨 대통령이 기만전략을 펼칠수록, 전쟁에 반대하고 즉각 철군을 요구하는 미국 내 반전세력의 비난과 저항이 거세졌다. 의회는 대통령의 교전권을 제약하려는 움직임을 보였다. 닉슨 대통령은 이들의 동향을 감시하려고 했는데, 이 과정에서 워터게이트 사건이 불거졌고 이에 대한 수사를 정치공세라고 판단한 그는 수사를 방해했다. 그는 백악관에서 물러나 쓴 회고록에 "수단과 방법을 가리지 않고 행정부의 베트남 정책을 폄훼하는 반전운동 지도자들에 맞서다가 나 자신도 정당한 목적을 위해 모든 수단을 강구하는 잘못을 저질렀다. 그러나 정책을 지키는 것이 평화를 가져오는 최선의 방법이자 국가안보가 걸린 문제라고 믿었기 때문에 다른 선택이 없었다"라는 요지의 말을 남겼다.[53]

닉슨 대통령은 평화와 국가안보라는 목적을 지키기 위해 선택한 수단들도 역사의 심판에 맡긴다고 말했지만, 도청과 그 이후에 벌어진 수사 및 재판 과정에서 그가 저지른 불법과 대응 과정에서 벌인 과오들은 도덕적으로 비난받을 일임이 분명하다. 그러나 닉슨 대통령만 도청한 것이 아니었다. 도청은 한때 미국 중앙 정치에서 하나의 수단이었다. 백악관의 도청은 드와이트 아이젠하워 Dwight Eisenhower 대통령과 케네디 대통령 시절에도 이루어졌다.[39]

닉슨 대통령 이전에는 언론들이 '대통령 특권'쯤으로 관용해주던 사안을 유독 닉슨에게는 가혹하게 책임을 물었다는 점이 워터게이트 사건에서 더 중요한 사실일 수 있다. 즉, '닉슨 반대'라는 사건을 한 정치가의 일탈 행위만이 아니라 당시 미국이 앓고 있던 병리적 사회현상이라는 관점에서도 볼 필요가 있다는 말이다. 미국의 세계에 대한 역할 즉, 미국의 지정학적 리더십을 두고 벌어진 미국 내부의 갈등을 이해하는 것이 닉슨이 좋은 지도자였는지 아니면 나쁜 지도자였는지를 판단하는 것보다 우리(미국 이외의 세계인들)에게는 훨씬 더 중요하기 때문이다. 트럼프 시대를 살고 있는 미국인들에게도 닉슨에 대한 재평가는 필요하다. 트럼프의 대외정책과 관련된 수사들은 여러모로 닉슨의 수사를 떠올리게 하는 데다 트럼프는 닉슨이 만든 구조물을 철거하는 작업을 하려고 나섰기 때문이다.

닉슨 대통령이 아직까지도 부패하고 폭압적인 대통령으로 낙인찍힌 이유는 그가 현실주의적 수사를 사용하던 현실주의 대통령인 데다, 그를 권좌에서 끌어내린 세대가 아직도 미국의 주요 포스트를 장악하고 있으며 더구나 그들이 세대적 경험을 공유하고 있기 때문이다. 이들은 닉슨 대통령이 성취한 일들을 언급할 때는 닉슨이라는 주어를 생략하거나 닉슨 없이 키신저가 단독으로 행동한 것과 같은 뉘앙스를 풍기고, 유독 자신들이 역사의 전면으로 등장했던 워터게이트 사건을 언급할 때만 닉슨이라는 이름을 부각시키는 단순한 방식으로 기억을 조작한다.

빌 클린턴Bill Clinton 대통령의 선거 시절과 당선 이후에도 클린턴 정부의 홍보를 담당했던 조지 스테파노풀러스George Stephanopoulos는 닉슨 대통령이 백악관에 전달한 쪽지를 읽고 "자신들이 그토록 미워한 악마가 이런 고귀한 인격의 소유자일 수 있을까"라며 의아해했다고 한다. 어쩌면 미국의 전투적 자유주의 진영에는 닉슨 대통령이 악한으로 계속 남아줄 필요가 있었던 것일지도 모른다. 젊은 시절 거대한 악을 무너뜨리기 위해 '영광스러운 연대'를 이루었던 기억은 그들을 묶어주는 구심점이자 그중 성공한 엘리트들에게는 정치적 밑천이기도 하기 때문이다.

11
중국을 끌어안고
냉전의 판을 바꾸다

중국을 끌어들여 세력균형을 맞추기로 한 미국

1960년대에 중국은 문을 닫아걸고 문화혁명이라는 내부투쟁에 몰두하고 있었다. 죽의 장막 속에 있던 나라가 갑자기 문을 열고 미국 선수들을 초청했다. 일본에서 열린 탁구 대회[40]에서 우연히 일어난 어떤 사건 때문에 저우언라이가 미국 탁구선수들을 중국으로 초청하게 되었고, 중국 지도자가 미국 대통령과 만나고 싶어 한다는 메시지를 운동선수들을 통해 전달했다는 이야기는 정치동화에 가깝다. 미국의 현실주의 전략가들은 중국 공산당이 중국 전역을 장악했을 때 이미 소련으로부터 중국을 떼어놓는 전략을 구상했다. 유고슬라비아의 민족주의자이자 공산주의자인 티토 대통령이 소련과 선을 긋고 독자노선을 선택한 전례가 있었기 때문이다.

적대 세력이던 중국을 끌어들여 냉전의 판을 바꾸는 작업은 닉슨 대통령과 그의 외교부문에서 실무를 총괄지휘한 키신저가 주도했다. 닉슨 대통령은 대통령이 되기 전부터 전 지구적 세력균형에서 중국을 소외시킬 수 없다는 견해를 피력했고, 키신저는 더 나아가 기존의 냉전진략에는 한계가 있다고 지적했다. 그는 소련의 팽창이 한계에 달했기 때문에 봉쇄하면 변화시킬 수 있으리라는 전제가 잘못되었다고 보았다. 1960년대에 소련은 더욱 팽창했고 외부 압력에도 *끄떡*하지 않았다. 키신저가 보기에 소련과의 공존은 엄연한 현실일 뿐이었다. 그리고 미국은 이러한 현실에 적응하면서 다극체제로 나아가는 전략을 취해야 한다고 생각했다.

키신저는 미국의 힘에 한계가 있다는 것을 인정하고 중국을 끌어들여 세력균형에 힘써야 한다는 가정 아래 움직였다. 그는 중국의 대표들을 만나 미국의 아시아 전략 구도가 변화할 수 있다고 말했다. 주한 미군은 미국 외교의 항구적인 요소가 아니며, 미국은 일본을 경제적으로 성공하게 해준 것을 후회하고 있다고 그는 말했다. 그러면서 미국과 중국이 기본적인 부분에서 합의하면, 대만에 대한 중국의 기본적인 사태 진전을 방해하지 않겠다고 약속했다.[54] 미국 정부의 핵심 브레인들이 이런 생각을 가지고 있었다는 것은 미국과 중국의 화해가 일반적으로 알려진 대로 극적인 사건의 우연한 산물이 아니라는 것을 의미한다.

중국의 포용전략이 더뎠던 이유

중국을 끌어들이는 전략이 20년 동안 지연된 데는 한국전쟁의 영향이 컸다. 미국은 한국전쟁 전에는 공산당이 장악한 중국을 소련으로부터 떼어놓는 전략을 준비하기도 했으나, 맥아더 사령관의 북진에 따른 중공군의 참전으로 인해 미국과 중국은 서로 총부리를 겨누는 사이가 되었다. 이로 인해 미국 사회에는 반공정서가 고조되었고, 전쟁 이후에는 중국 내부 정치가 극좌로 치달았다. 단번에 서구 산업국가를 따라잡겠다는 집산주의 경제계획인 대약진운동의 실패로 마오쩌둥毛澤東 주석은 리더십에 상처를 입었다. 이를 만회하기 위해 일으킨 사회 전복이 문화혁명이다. 맹목적으로 공산주의를 추종하는 시골의 어린 소년, 소녀들을 앞세워서 도시의 교육받은 엘리트와 상인을 궁지로 몰아넣는 문명파괴의 과정이 10년 이상 이어졌다.

그런데 마오쩌둥 주석의 문화혁명은 소련으로부터 벗어나 독자적인 노선을 걷는 것이기도 했다. 그는 스탈린을 격하한 니키타 흐루시초프 Nikita Khrushchyov 를 경멸했다. 흐루시초프의 소련을 수정주의라고 부르며 공산주의의 종주국으로서 상징성을 본인이 가져오려고 한 것도 문화혁명이 극좌로 흐르게 된 이유다. 중국의 극좌적인 정치사회 분위기에도 불구하고 미국과의 협력이 절실해졌다는 사실은 지정학의 역동성을 잘 보여준다. 전통문화를 전복하려는 문화혁명을 주도한 마오쩌둥 주석과 미국 반공우파를 대표하는 정치가인 닉슨 대통령이 화해하는 모습은 당시로서는 상상하기 어려웠다. 그러나 마오쩌둥 주석이 소련의 공산주의 종주국 지위에 노골적으로 도전하면서 소련과 중국의 연대의식은 흐릿해졌으나 세계에서 가장 긴 국경선을 맞대고 있다는 두 거대국가 사이의 지정학적 운명은 변하지 않았다. 이때 터진 사건이 우수리강변 사건[41]이다.

동시베리아에서 소련과 중국 사이에 벌어진 이 총격전으로 양측이 정확히 얼마나 피해를 입었는지는 베일에 싸여 있다. 이후 소련과 중국 국경선에서는 긴장이 높아졌으며 1969년 여름 중국과 맞닿은 국경에

배치된 소련군 병력은 42개 사단, 100만명에 이르렀다. [55]

미국 정부는 사건 발생 자체를 모르고 있었으나 미국 주재 소련 대사 아나톨리 도브리닌 Anatoly Dobrynin 이 백악관 국가안보보좌관 키신저의 사무실에 찾아와, 중국이 전바오섬에서 소련군을 공격했고 소련군이 이에 응전하는 과정에서 총격전이 발생했다고 상세하게 설명했다. [56] 한편으로 소련은 만약 소련이 중국에 핵폭격을 가한다면 미국은 어떤 입장을 취할 것인지를 외교채널을 통해 은밀하게 물어왔다. 이를 보고받은 닉슨 대통령은 국가안보회의에서 소련이 중국을 공격하는 것을 좌시할 수 없다는 요지로 발언했다. 미국으로서는 소련이 중국을 강제병합하는 것을 지정학적 재앙으로 볼 수밖에 없는 입장이었다. 즉, 닉슨 대통령은 분명히 메시지를 던진 것이다. 미국과 중국의 관계에서 지정학적 고려가 우선한다고 말이다. 지정학적 계산은 전 세계 세력균형을 유지할 책임이 있는 미국에게는 이념이나 다른 모든 가치를 압도하는 요인이 될 것이 분명했다. [42][57]

중국과 소련을 대하는 닉슨 정부의 전략

중국과 소련 간의 국경 분쟁은 닉슨 대통령과 국가안보보좌관 키신저가 포착해야만 했던 결정적인 기회였다. 닉슨은 대통령이 되기 전부터 중국과의 데탕트를 구상했다. 1967년 10월 그는 외교전문지 〈포린 어페어스〉에 기고한 글에서 "10억 인구가 분노에 찬 고립 속에 살아갈 공간이 작은 지구에는 없다"라고 말했다. [58] 즉, 중국과 소련의 사이가 틀어질 가능성이 높기 때문에 소련의 팽창전략에 대항해 중국을 미국의 편으로 옮길 수 있는 기회가 찾아오거나, 설사 저절로 오지 않는다면 억지로라도 만들어내야 한다고 생각했다. 우수리강변 사건 이후 소련은 내심 자신이 미국의 숙적인 중국을 혼내줄 테니 구경만 하라고 선심 쓰듯 알려준 것이지만, 미국은 실제로 전쟁에서 맞서 싸운 적이 없는 소련이 아니라 적으로 싸웠던 중국을 전략적 파트너로 선택했다.

마오쩌둥은 소련의 팽창에 맞서기 위해 미국을 끌어들이려고 했는데, 그 증거가 미국 저술가 에드거 스노 Edgar Snow [43]와의 인터뷰에 나온다. 마오쩌둥은 1965년 스노를 베이징으로 불러 인터뷰를 했다. 스노는 마오쩌둥이 국민당에 밀려 대장정이라 불리던 퇴각 시절 함께 동행하며 쓴 저서 《중국의 붉은 별》로 마오쩌둥을 서구 세계에 알린 기자로 유명하다. 마오쩌둥은 베트남전쟁에서 헤매는 미국을 향해 "중국은 말은 험악하게 해도 한반도에서처럼 베트남에 직접 들어가서 미국에 맞설 생각이 없다"라고 말했다. [44] 그러나 스노와의 인터뷰를 통해 화해의 손수건을 흔든 마오쩌둥의 메시지는 미국에 전달되지 못했다. 워싱턴에서는 스노를 중국 공산당의 선전도구 정도로 생각했기 때문이다. [59]

만약 중국이 참전하지 않을 것이라는 사실을 알았다면 베트남전쟁의 양상이 달라졌을 수도 있다. 중국 근해인 북베트남 주요 도시에 미군의 해상전력을 집중했더라면 미국의 여론이 악화되기 전에 결정적인 승리를 쟁취할 수 있었을 것이고, 훨씬 부드러워진 호찌민을 협상테이블로 끌어내 남베트남이 독립된 국가로 설 때까지 시간을 벌 수 있었을 것이다. 그러나 한국전쟁에 중공군이 개입한 이후 전선의 교착과 휴전의 주도권을 위한 소모전이라는 트라우마에 시달리던 미국의 전략가들은 베트남에서는 같은 실수를 되풀이하지 않으려고 했다. 중국의 참전을 피하려던 그들은 결과적으로 선제적인 군사작전을 스스로 제약하느라 군사력 투입이 축차적인 양상을 띠었다. 이러한 미국의 제한작전은 병력 자원을 소모하게 만들었고 미국 정치를 분열시켰다.

닉슨 대통령은 한편으로는 철군을 진행하면서도 1970년에는 캄보디아로, 1971년에는 라오스로 전선을 확대했다. 이는 국내외에서 강한 반발을 불러왔지만 전세를 바꿔 미국이 원하는 대로 전쟁을 평화협상으로 종결하려면 필요한 과정이었다. 닉슨 정부는 베트남에서의 철군을 목표로 한 한시적 확전에 대해 중국의 양해를 받아냈다. 호찌민 루트와 이를 돕는 배후 세력을 무력화하기 위해서는 캄보디아까지 폭격해야 했기 때문에 중국의 묵인이 필요했던 것이다.[45] 닉슨 대통령은 북베트남을 협상테이블로 끌어내기 위해 전선을 확장해 폭격을 가했고 이로써 미국과 유럽에서의 반전시위는 극에 달했다. 그러나 닉슨 행정부의 군사전략은 유효했다. 호찌민 루트와 북베트남의 수도 하노이에 대한 폭격 이후 북베트남도 협상에 진지하게 임하기 시작했다.

미국과 중국의 데탕트가 불러온 결과

미국과 화해했다고 해서 중국이 극좌노선을 포기한 것은 아니었다. 중국이 개방으로 나서려면 마오쩌둥이 죽고 덩샤오핑이 정권을 잡을 때까지 기다려야 했고, 대략 10여년의 시간이 더 필요했다. 즉, 마오쩌둥은 개혁개방을 하기 위해 미국과 화해한 것이 아니었다. 중국의 오랜 전통, 즉 주변국을 관리할 때 사용하는 이이제이以夷制夷 책략을 쓴 것뿐이었다. 이는 오랑캐를 이용해 오랑캐를 치는 전략으로, 군사력과 경제력에서 경쟁자들과 비교 불가한 열세에 처했던 중국으로서는 미국과 소련이 서로 다투도록 하겠다는 계산이었다.

미국과 중국이 가까워지자 위기감을 느낀 소련은 중국의 예상과는 달리 미국에 접근했다. 소련과 중국이라는 공산권의 대국들이 서로를 믿기보다는 차라리 미국을 신뢰하겠다는 속내를 감추지 않았던 것이다. 소련과 중국은 원교근공遠交近攻이라는 지정학적 원리에 따라 역외의 힘인 미국을 이용하려 했다. 소련과 중국은 너무나 긴 국경선을 공유하고 있었으므로 두 강대국 사이의 갈등은 이념으로 봉합될 수 있는 성질이 아니었다.

지정학이야말로 바꿀 수 없는 한 나라의 운명이라는 말이 있다. 개인은 이웃 때문에 괴로움이 극에 달하면 이사할 수 있지만 국가는 이주가 불가능하다. 지정학을 선택하는 나라는 없지만, 어떤 나라와 이웃하는지가 나라의 운명에 지대한 영향을 끼친다는 의미에서 지정학은 한 민족이나 나라에 숙명적인 도전이다.

사실상 미국은 베트남전쟁에서 졌고 국내 여론도 분열되었다. 한때 마오쩌둥은 미국과의 화해를 연기하려(뒤로 미루려)고도 했는데, 그 이유는 TV를 통해 본 미국 사회의 모습이 혁명 전야와 유사했기 때문이다. 곧 무너질 정부와 협상하느라 헛수고하느니 사회가 전복되기를 기다리는 편이 낫지 않을지 주저할 정도로 당시 미국의 분열은 심각했다.[46] 마오쩌둥이 우려한 대로 그와 손잡았던 닉슨 대통령이 워터게이트로 인해 대통령 자리에서 쫓겨났다. 미국에서 혁명이 일어난 셈이다. 그러나 미국 정부는 중국과의 데탕트를 이어받았고 심지어는 인권을 최우선으로 하는 민주당의 카터 행정부도 이를 뒤집으려 하지 않았다.

중국과의 데탕트는 냉전 게임의 판도를 바꿨다. 여러 차례의 크고 작은 실패로 궁지에 몰린 미국에 현실주의 대통령이 구원투수로 나서서 판을 뒤엎은 셈이다. 미국은 서유럽을 비롯해 전통적인 동맹들로부터는 절대적인 신임을 잃어버렸으나, 체제가 다른 중국을 끌어안음으로써 유라시아의 지정학적 질서에 안정성을 부여했으며 현상을 유지했다. 도미노 이론[47]을 증명이라도 하듯이 인도차이나반도의 몇몇 나라가 공산화되었다. 그러나 미군이 철수하자 도리어 위기의식을 느낀 중국이 소련의 영향력을 차단하려 나섰고, 그 덕분에 인도차이나반도를 넘어 동남아시아 전역으로 소련의 영향력이 확장되리라는 암울한 예견은 어긋났다. 이 지역에서 공산주의의 확장이 멈춘 덕에 태국과 인도네시아, 필리핀은 공산화를 피할 수 있었다.

12
중국, 소련을 막다

쇼맨십 뒤에 숨은 덩샤오핑의 속내

마오쩌둥 주석이 사망한 이후 중국 정치는 곧장 소용돌이에 휘말렸다. 문혁 4인방[48]은 마오쩌둥 주석이 말년에 후계자로 점찍은 화궈펑華國鋒[49]을 압박해 덩샤오핑을 비롯한 정적들을 제거하려고 했다. 그러나 화궈펑은 이들 4인방을 체포했다. 이후, 중앙정치 무대에서 경력이 거의 없어 지지세력이 튼튼하지 않았던 화궈펑은 부총리인 덩샤오핑에게 실권을 빼앗겼다.

덩샤오핑은 스스로 부총리라는 타이틀을 달고 미국을 비롯해 여러 나라를 순방했다. 당시 미국 대통령은 지미 카터였다. 미국에서 덩샤오핑은 민주주의 국가의 정치인처럼 행동했다. 대중에게 손을 흔들며 카우보이모자를 쓰고 경기를 관람하기도 했다. 미국 농구선수들과 격의 없이 만나고, 코카콜라, 펩시, GM 같은 미국 기업의 인사들에게 다가가 선진국의 경험을 배우고 싶다고 말했다. 미국인들의 마음을 사로잡은 덩샤오핑의 쇼맨십은 개혁개방에 대한 그의 의지와 맞물려 서방 언론으로부터 강력한 지지를 이끌어냈다. 덩샤오핑은 1979년 2월 미국의 시사주간지 〈타임〉과의 인터뷰에서 "북극곰(소련)을 제어하기 위해서는 미국과 유럽, 중국이 뭉쳐야 한다"라고 했다.

지금까지 세계 여러 나라를 찾아간 중국 지도자는 없었다.[50] 덩샤오핑은 경호원 8명만 대동하고 미국과 여러 나라를 찾았다. 그러나 사실 덩샤오핑은 생각보다 잔인하고 무서운 전형적인 공산주의 지도자였다. 한 예로 1989년 천안문 시위를 군사적으로 제압했을 때 서구 세계는 그 잔혹함에 무척 당황했다. 10년 전 덩샤오핑이 미국을 순방했을 때 보여준 서구의 정치지도자 같았던 모습에서는 상상하기 어려운 잔혹한 면모를 보여주었기 때문이다.

사실 미국 순방 자체도 외교 파티를 위해서 한 것이 아니었다. 덩샤오핑은 군사지정학적 목적을 이루기 위해 미국을 찾았고 그 목표를 달성한 뒤로는 한 번도 외국에 나가지 않았다. 덩샤오핑의 목적은 소련을 군사적으로 도발하는 것이었다.

캄보디아를 둘러싼 중국과 소련의 힘겨루기

베트남전쟁에서 승리한 이후 소련은 베트남을 이용해 인도차이나반도 전역을 소련의 영향권에 넣으려고 했다. 베트남은 소련의 지원 아래 캄보디아를 침공했다. 베트남의 캄보디아 침공은 잔인무도한 크메르루즈[51] 정권을 전복하기 위해서이기도 했다.

덩샤오핑은 베트남의 야망이 캄보디아에서 멈추지 않고 태국과 동남아 전체를 위기에 빠뜨릴 정도로 커질 것이니 이를 막아야 한다고 미국을 설득했다. 중국은 베트남과 국경을 맞대고 있는 데다 베트남이 친소적이라 기를 꺾을 필요가 있었는데, 이 과정에서 미국의 힘을 이용하려 한 것이다.

중국은 베트남이 침공하려는 캄보디아의 크메르 루주 정권을 지원했는데, 크메르 루주는 자국민의 15%를 학살할 정도로 잔인무도했다. 이때 미국 정부는 인권을 중시하는 카터 행정부였으므로 크메르 루주 정권을 지원하는 중국을 계속 지지하는 것은 카터 행정부가 내세우는 인권주의에 어긋났다. 카터 대통령은 베트남에 반대하지만, 중국이 베트남을 선제적으로 공격하는 것도 반대한다고 밝혔다.

그러나 덩샤오핑은 카터 대통령에게 "당신들은 구경만 해라. 우리가 호랑이의 엉덩이를 만지겠다"라고 했다. 베트남 침공을 미국에 선포했던 것이다. 카터 대통령은 미국이 직접적으로 중국을 도울 수는 없다고 했지만 중국 국경선에서 소련군의 이상징후가 포착되지 않는다며 중국이 가장 필요로 하는 정보를 간접적으로 제공했다.[60]

중국은 베트남과 소련이 동맹을 맺자마자 보란 듯이 베트남을 침공하려 했다. 침공 대상은 베트남이었지만 정치적으로는 소련을 친 것과 다름없었다. 만약 이때 소련이 중국의 국경선까지 밀고 내려온다면 덩샤오핑으로서는 매우 큰 손실을 떠안아야 했다. 덩샤오핑은 카터 대통령에게 소련이 내려와도 걱정 없다고 말했지만 이 말 자체가 중국이 진짜로 걱정하는 것이 무엇인지를 미국에게 알리려는 의도에서 나왔다. 덩샤오핑은 베이징 북쪽의 주민들을 피난시키는 등 중국이 베트남을 응징할 경우 소련의 반격에 대비하고 있다고 말했다. 소련의 침공에 군사적으로 맞서기로 한 결정은 당시 힘이 강하지 않던 중국으로서는 대담한 모험이었다. 따라서 중국 국경에서 소련의 군사동향이 소극적이라는 정보를 미국으로부터 얻어낸 것만 해도 결코 작은 성과는 아니었다.

덩샤오핑은 미국을 방문한 뒤 일본을 방문했고 귀국하자마자 베트남을 쳤다. 그러나 중국의 군사력은 보잘것없었고 실제로 베트남한테조차 승리하지 못했다. 한 달간의 전투에서 사망한 인민해방군의 수가 미국이 몇 년 동안 치른 베트남전쟁의 희생자 수에 맞먹을 정도였다.[61] 그렇지만 덩샤오핑이 베트남과 소련에 던진 군사지정학적 메시지는 충분히 전달되었다.

인도차이나반도를 소련에 내주면 중국은 북쪽 국경만이 아니라 서쪽으로 통하는 바닷길도 소련의 통제를 받아야 한다. 소련과 중국은 유라시아대륙의 핵심 영토를 놓고 다투는 제국들이다. 이념의 생명력은 국가와 민족의 지리적 영속성에 비하면 찰나에 불과하다는 것을 덩샤오핑의 중국이 보여주었다. 덩샤오핑은 자국의 군사력이 허약한 상황에서도 소련의 확장을 경고하기 위해 소련의 우방인 베트남을 침공했고, 이를 위해 태국, 말레이시아, 싱가포르, 일본, 미국을 순방해 정신적으로 응원을 받으려 했다. 노구의 지도자는 자신의 마지막 외국 여행을 자국의 지정학적 미래를 위한 군사적 모험에 투자했던 셈이다.

결국 소련의 해양진출을 저지한 중국

인도차이나반도를 장악하고 말라카 해협과 인도양까지 진출하려 했던 소련의 야심은 같은 공산국가인 중국에 의해 저지되었다. 중국은 전투에서는 승리하지 못했지만 베트남을 이용한 소련의 남하를 저지했다. 소련은 중국과의 전면전을 각오하지 않는 한 베트남을 위성국가로 삼아 동남아시아 전역과 그 바다를 장악하려는 꿈을 접어야 했다.

소련은 1980년대에 아프가니스탄을 침공하고 파키스탄을 통제함으로써 따스한 인도양에 진출하려고 했다.[62] 그러나 아프가니스탄전쟁은 소련의 베트남전쟁이 되었고 소련이 몰락하는 원인이 되었다. 미국과 손잡은 뒤 중국은 자신감을 가지고 소련에 치받을 수 있었으며 소련의 해양진출을 저지할 수 있었다. 중국을 우회해야지만 남쪽 바다로 진출할 수 있게 된 소련은 지정학적 야심을 위해 무리한 계획을 추진하다가 수렁에 빠졌고 결국 몰락했다. 한편, 중국은 21세기에 들어서 호르무즈 해협과 직통으로 연결되는 파키스탄의 과다르 Gwadar 항을 개발해주는 대가로 40년 동안 전용할 수 있게 되었다.[52] 아프가니스탄 점령을 통해 소련이 나아가고자 했던 곳으로 중국이 30년 후에 진출한 셈이다. 지정학적 요충지는 이념과 국가를 뛰어넘어 항구적이다.

소련으로부터 지키려고 했던 말라카 해협 일대가 중국에 얼마나 중요한지는 개혁개방 이후에도 중국이 전 세계의 비난을 무릅쓰며 추진하고 있는 남중국해 영유권과 '일대일로' 프로젝트를 통해서도 알 수 있다. 인도차이나반도 주변 해역에 대한 지정학적 라이벌이 중국-소련에서 중국-미국과 미국의 동맹국으로 바뀌었을 뿐, 인도차이나반도와 인근 바다가 중국의 지정학적인 급소 choke point 라는 사실은 변하지 않고 있다(428쪽 지도 참고).

13
1989년 천안문 사태,
중국이 친 사고를 미국이 처리하다

중국에 '포용정책'으로 다가간 미국

1969년부터 1974년까지 재임한 닉슨 대통령의 대중국전략은 미국의 지정학적 활로가 되었다. 대중국전략의 목표는 포용적인 정책으로 중국을 자국 중심의 질서인 팍스 아메리카나로 끌어들이는 것이었다. 이는 닉슨 대통령을 혐오하는 이들로 구성되었던 이상주의 카터 행정부(1977~1981년)까지 무리 없이 이어졌다.

심지어 반공주의의 화신과도 같았던 로널드 레이건 Ronald Reagan 대통령도 중국을 찾았다. 레이건 대통령은 소련에 대해서는 혹독하게 발언했지만 중국에 대해서는 말을 아꼈다.

대중국전략은 베트남에서 위신을 잃은 미국이 위기를 모면하려고 임기응변으로 선택한 것이 아니라는 방증[53]이다. 중국은 여전히 제도와 인권에서 미국의 이상주의에는 한참 미치지 못했으나, 세계운영이라는 미국의 책무를 고려하면 거대한 중국을 소련에서 떼어내 미국 쪽으로 끌어당기는 것은 중요한 결정이었다. 이로써 미국은 자국에 유리한 세력균형 위에서 미국식 국제질서를 유지해나갈 수 있었다.

중국과의 데탕트는 미국 국내 정치에서의 '고립주의 발작'을 고려한 포석이었기 때문에 높이 평가받아야 한다. 고립주의는 미국을 특별하게 여기는 '미국 예외주의America exceptionalism'의 하나로서 신성하기까지 한 신조다. 고립주의자들은 미국이 하나의 거대한 섬으로서 얼마든지 자족적으로 민주적이고 풍요로우면서도 안전한 상태를 유지할 수 있다고 믿는다. 따라서 이들은 미국 입장에서는 먼 대서양과 태평양 건너에 존재하는 문제에 관여할 필요가 없다. 그곳은 서로가 서로의 지옥이라 할 수 있는 악연들이 오랜 기간 얽히고설킨 옛 대륙 유라시아인데 미국이 유라시아 문제로부터 대서양과 태평양만큼 멀리 외따로 위치하고 있다는 의미 자체가 미국이 유라시아의 야만적인 분쟁으로부터 자유로울 수 있다는 것이므로 미국은 마땅히 이 악연들로부터 자유로워야 한다고 주장한다.

베트남전쟁에 대한 회의적 태도는 미국 엘리트 계층에서 두드러졌다. 닉슨 대통령과 키신저는 확전을 통해 미국 국민에게 세계를 지키는 부담을 떠넘겼다고 비난받았다. 당시 미국의 고립주의는 '무장해제를 통한 평화'를 부르짖을 정도로 현실인식이 없는 이상주의와 손을 잡았다. 닉슨 대통령 재임시절 의회는 NATO에 대한 미국의 기여를 절반으로 줄이는 법안을 통과시킬 뻔했다. 실제로 전후시절을 통틀어 닉슨-포드 시절에 미국의 국방력(소련 국방력에 비해 상대적으로)이 가장 크게 줄었다. 대륙 간 탄도미사일ICBM을 비롯한 공격 무기개발에서는 소련이 앞서기 시작했다. 1970년부터 미국이 파병 가능한 군인을 20만명 줄이는 동안 소련은 20만명 늘렸다. 1977년 소련의 해군력은 미국에 맞먹는 수준이 되었다. 후세의 학자들이 닉슨 대통령과 키신저가 전쟁을 확장했다고 비난하는 대신 미국의 국방력을 축소했다고 비난할 가능성이 높을 정도다.[63]

점점 소외되고 약해지는 소련

중국이나 소련과의 데탕트가 소련의 체질을 바꾼 것은 아니었으나 소련의 도발이 국제질서에 미치는 영향력을 통제범위 안에 가둘 수는 있었다. 사실 닉슨 대통령의 데탕트 이후에 소련의 군사지정학적 도발이 멈추었다는 증거는 없다. 소련은 북베트남이 남베트남을 정벌할 때 수수방관했고 이집트가 이스라엘을 공습할 것도 미국에 알리지 않았다. 소련은 앙골라, 소말리아 등 아프리카에서 공산주의 세력이 정권을 잡도록 물심양면 지원했으며 1979년에는 아프가니스탄을 침공했다.[64] 그럼에도 미국이 중국을 포용한 전략은 유효했고, 결과적으로 미국은 자유진영의 리더십을 유지한 채 성공적으로 소련을 봉쇄할 수 있었다.

소련은 미국과의 경쟁에 국력을 소진하느라 점차 쇠약해졌다. 경제 시스템의 근간이 병들고 있었는데, 이는 오래전 냉전의 설계자로 알려진 조지 케넌의 예견대로 위성국들을 지원하느라 국력을 소진하는 팽창의 역설에 빠져들었기 때문이다. 또한 국내 정치에서도 리더십의 세대교체에 실패했다. 최고 권력자의 자리에 올랐던 혁명세대 지도자들 몇몇이 자리를 지키지 못하고 빠르게 사망했으며, 마침내 세대교체에 성공했을 때는 이미 소련의 국력이 막바지로 치닫고 있었다.

병약한 채로 서기장이 되었다가 1년 만에 사망한 콘스탄틴 체르넨코

Konstantin Chernenko 이후에 오래 살아남을 책무를 맡은 젊은 서기장으로 미하일 고르바초프Mikhail Gorbachev가 선택되었다. 그는 소련의 정치와 경제와 사회를 동시에 개혁하려고 했으며 부실해질 대로 부실해진 소련을 회생시키기 위해서는 역설적으로 미국의 도움이 절대적으로 필요했다. 그는 군축협상에 응하기 위해 레이건 대통령과 여러 차례 만났다. 소련이 더 이상 체제경쟁에서 미국에 맞설 상황이 아니라는 것이 고르바초프대에 이르러서야 공식화되었다. 결국 고르바초프는 베를린 장벽의 붕괴와 독일의 통일이라는 정치적 승리를 미국에게 안겨주어야 했다.

미국을 등 돌리게 한 중국의 천안문 사태

그러나 베를린 장벽이 붕괴되던 해에 그보다 앞서 미국의 대중국전략을 바꿀 만한 사건이 벌어졌다. 바로 중국의 천안문 사태다. 중국의 대학생과 시위대는 정부에 서구적 자유와 정치 시스템을 요구하며 천안문 광장을 점유했다. 심지어 미국의 상징인 자유의 여신상을 닮은 거대한 구조물을 만들어서 광장 한복판에 세우기도 했다. 외신은 중국이 동구처럼 변하고 있다는 기대감으로 연일 시위를

천안문 사태 시위 현장   (출처: AP images)

보도했다.

　대학생들은 중국 지도부의 설득을 거부했고, 원래 천안문 광장에서 열릴 예정이었던 고르바초프 환영식마저도 취소되었다. 사실 이는 중소 간 관계가 악화된 이후로 소련 최고지도자가 30년 만에 중국을 방문하는 중요한 이벤트였다. 역사적인 중소 정상회담을 취재하기 위해 1,500명의 외신 기자들이 베이징에 몰려든 상황이었다. 중국 지도부는 전 세계가 지켜보는 가운데 힘든 결정을 내려야 하는 상황으로 내몰렸다.

　전 세계가 보는 앞에서 시위대를 진압할 것인지 아니면 시위대가 해산하도록 타협안을 제시할 것인지를 놓고 중국 지도부는 분열되었다. 결국 덩샤오핑은 진압파의 손을 들어주었고 개혁파의 선봉이었던 자오쯔양趙紫陽[54]은 실각했다. 시위대는 진압되었으나 중국은 이미지에 큰 타격을 입었다. 피가 쏟아지는 시위 진압의 참상이 서구 미디어를 통해 전 세계에 생생하게 알려졌기 때문이다. 사태의 추이로 미뤄볼 때 1만명이 넘는 사상자가 발생했음을 알 수 있었다.[55] 이 사건으로 중국과 미국의 관계는 데탕트 이후 최대의 위기를 맞았다.

　사실 중국 지도부는 6주 동안이나 시위 진압을 주저했다. 그러나 중국 고위 지도자급 사이에서 개혁파의 입지는 크지 않았고, 덩샤오핑 역시 서구적인 정치인이 아니었으므로 천안문 사태의 유혈 진압은 중국 공산당의 어쩔 수 없는 혹은 자연스러운 선택이었다. 천안문 사태의 유혈 진압은 중국 지도부의 세계관에 따른 결과였고, 이로써 중국은 다시 고립의 길로 되돌아가야 할 운명이 되었다. 그러나 중국 지도부에 하나의 결정적인 행운이 따랐는데, 바로 천안문 사태 발생 반년 전에 미국 대통령으로 뽑힌 사람이 조지 허버트 부시George H. Bush(아버지 부시)라는 사실이었다.

부시 대통령은 닉슨 전 대통령이 중국 데탕트 직후 설립한 베이징 미국연락사무소의 초대 책임자 chief of the U.S. Liaison Office였다. 그는 베이징 근무 당시 자전거를 타고 출퇴근하면서 중국인들과 소통하려고 노력했다. 정보와 외교 쪽에서 경력을 쌓아 대통령이 되었으며 당시 미국 정치인 중에서 가장 친중적이었다. 하지만 아무리 친중적인 그도 미국 대통령으로서 천

1974년 천안문 광장의 조지 허버트 부시와 아내 바버라 부시, 베이징 연락사무소장 시절　(출처: 环球时报)

안문 사태 직후 미국 여론을 의식하지 않을 수 없었다. 예정되었던 미국과 중국의 고위급 만남은 모두 취소되었다. 미국은 군민양용 장비의 판매를 중단했고 세계은행 및 다른 국제금융 기관이 중국에 신규로 대출해주는 것에도 반대를 표명했다.

부시 대통령은 평균적인 미국인들의 도덕적 요구를 수용했고, 그러면서 한동안 중국과의 관계는 단절될 수밖에 없었다. 그러나 부시 대통령은 덩샤오핑에게 편지를 쓰고 비밀리에 국가안보보좌관을 중국으로 보냈다. 천안문 사태가 일어난 것은 6월 4일, 부시 대통령이 편지를 쓴 것은 6월 21일이었다. 그리고 7월 1일 국가안보보좌관 브렌트 스코크로프트 Brent Scowcroft와 국무차관 로렌스 이글버거 Lawrence Eagleburger를 베이징으로 파견했다. 대통령의 특사들은 군용기 C-141을 이용했는데 이 작

전이 어쩌나 비밀스러웠는지, 중국 공군은 수상한 이 비행 물체를 격추해야 하는지 국가 주석에게 전화로 문의했다.[65]

　부시 대통령의 측근을 만난 중국의 지도자는 자국의 내정에 아무렇지도 않게 간섭한다며 미국을 비난하고, 앞으로도 폭도들을 처벌하는 데 주저하지 않을 것이라고 주장했다. 그러나 부시 대통령의 편지 어디에도 중국의 처사를 비난하는 표현은 없었다. 미국이라는 나라의 특성과 미국인들이 존중하는 가치를 길게 서술했을 뿐이었다. 사고를 저지른 중국 지도자에게 미국 대통령이 자신의 처지에서 최선을 다하고 있다는 식으로 이해를 구했던 셈이다.

　자본주의 진영의 두목 닉슨 대통령과 공산당의 수괴 마오쩌둥 주석이 만나기 위해 탁구대회라는 극적인 무대가 필요했듯이 부시 대통령도 중국 지도자에게 전 세계 여론을 위해 함께 무대를 만들자고 제안했다. 미국의 제안은 6월 4일 진압 당시 정부의 표적이 될 것을 우려해 주중 미국 대사관으로 피신한 중국의 반체제 물리학자 팡리즈方勵之[56]를 중국 밖으로 추방하는 것을 허락하라는 것이었다. 이렇게 중국이 약간의 성의만 표시해준다면 "중국도 나름대로 변화하기 위해 노력하고 있다"라며 국제사회를 대상으로 설득력 있게 포장하는 일은 미국의 몫이었다. 우여곡절 끝에 덩샤오핑도 출구가 필요하다는 것을 인식했고 미국의 제안에 따라 팡리즈의 출국을 허용했다. 다만 서구 미디어와의 접촉을 최대한 줄이고 중국 정부를 비난하는 발언을 자제하도록 미국 정부가 팡리즈를 설득하라는 조건을 달았다.[66]

부시, 중국을 얻고 두 번째 대통령직은 잃다

그러나 부시 대통령은 중국 감싸기로 인해 정치적 대가를 치러야 했다. 그는 쿠웨이트를 침공한 이라크의 독재자 사담 후세인 Saddam Hussein 을 다시 이라크 국경 안으로 돌려보냈으며, 베를린 장벽 붕괴 뒤 이어진 동유럽과 소련 공산체제의 해체를 무리 없이 관리했다. 이렇듯 외교적으로는 필적하기 어려운 업적을 쌓았음에도, 그는 당시 무명에 가까웠던 클린턴 민주당 대통령 후보에게 패해 재선에 실패하는 굴욕을 겪었다.

당시 민주당의 클린턴 후보는 부시 대통령의 재선 가능성을 점치고 4년 뒤를 노리던 민주당 거물들의 계산 덕분에 기회를 잡을 수 있었다. 경제를 중시하는 그의 선거전략이 호소력 있었던 것은 사실이지만 일반적인 선거였다면 클린턴이 부시 대통령을 꺾지는 못했을 것이다. 당시 공화당 지지 세력은 부시 대통령과 억만장자 로스 페로 Ross Perot [57] 로 양분되었다. 도덕성을 중시하는 보수층이 현실주의 대통령의 무도덕한 중국 감싸기를 곱게 보지 않은 것이다.

물론 중국 이슈 하나만으로 공화당 지지자들이 분열한 것은 아니다. 페로는 캐나다와 미국이 멕시코와 함께 결성하려고 노력하던 북미자유무역협정 NAFTA [58] 을 맹렬하게 비난했다. 로스 페로는 트럼프보다 25년 먼저 등장한 트럼피즘의 선구자였다고 할 수 있다. 일자리 파괴라는 경제적 쟁점이 인권이라는 고상한 쟁점과 연대해서 부시 대통령을 코너로 몰았다. 클린턴 후보는 부시 행정부가 인권을 무시하고 중국을 감싸고 있다며 비난했고 부시 대통령에 대한 공화당 지지자들의 응집력을 약화시키는 데 성공했다.

전임자의 중국 감싸기를 비난하며 당선된 클린턴 대통령은 중국에 몇 가지 변화를 요구했으나 보기 좋게 거절당했다. 결국 클린턴 대통령도 중국을 '있는 모습 그대로' 품는 쪽으로 선회해야 했다. 중국이 세계무역기구WTO에 가입하며 경제적으로 비상한 시기가 바로 클린턴 대통령 임기 중이다. 페로가 비난한 NAFTA도 클린턴 대통령은 막지 않았고 결국 그의 서명으로 발효되었다. 부시 대통령과 맞선 두 후보의 공략은 성공적이었으나 이 쟁점들은 선거공학에 따른 책략이었을 뿐 정책화할 수는 없는 것들이었다.

천안문 사태와 반대로 닮은 코로나바이러스의 연구소 기원설

주목해야 할 것은 당시 중국에 대한 미국의 절절한 애정공세의 배후다. 미국이 중시하는 민주주의와 인권을 세상 사람들이 모두 보는 앞에서 탱크로 밀어버린 극악무도한 중국 정부를 수렁에서 건져준 것은 공화당의 부시 행정부와 민주당의 클린턴 행정부였다.

강대국이 우선으로 고려하는 것은 지정학적 질서에 영향을 미칠 세력균형과 관련한 사안이다. 민주주의나 인권 같은 고귀한 가치는 늘 순위에서 밀린다. 그렇다면 오늘날 미국과 중국이 서로 치고받는 여러 가지 쟁점들도 사실은 그 자체가 중요한 것이 아닐 수도 있다.

답은 간단하다. 천안문 사태 당시에는 미국이 중국과 협력을 절실히 필요로 했으나 오늘날에는 그렇지 않다는 것이다. 쟁점이 바뀐 것이 아니라 쟁점을 해석하려는 의지가 바뀐 것인데, 의지가 바뀐 이유는 세력균형이 변했기 때문이다. 세력균형이 변함없다면 지금의 미-중 대립도 겉으로만 그렇게 보이는 것일 뿐 물밑에서 무슨 일이 일어나고 있는지 현재로서는 모른다. 그렇다면 미-중 간의 데탕트는 앞으로도 지속된다는 쪽이 진실일 수도 있다.

천안문 사태에 뒤이은 미국의 행보는 지정학에서 원인과 결과의 관계가 어떻게 뒤틀릴 수 있는지를 보여주는 교과서와도 같다. 우리는 2년 넘게 전 세계를 동결시켰던 중국 우한발 코로나바이러스에 대한 책임공방을 통해서도 천안문 사태 이후 미국의 행보가 얼마나 특별했는지를 알 수 있다.

2024년 12월 2일, 미국 하원 '코로나바이러스 팬데믹 특별 소위원회'는 코로나19 바이러스의 기원에 대한 최종 보고서를 발표했다. 결과는 충격적이다. 보고서는 SARS-CoV-2 바이러스가 중국 우한의 실험실에서 유출되었을 가능성이 크다고 주장했다. 트럼프 1기 말년에 터진 코로나바이러스 사태는 트럼프 대통령의 재선을 막는 데 결정적이었다. 그래서 트럼프 대통령은 중국 바이러스라고 부르면서 중국책임론을 부각시키려 했는데 트럼프를 못마땅하게 여긴 미국의 주류언론과 민주당은 트럼프 대통령이 인종차별을 하고 있다며 중국을 두둔하는 입장에 섰다. 당시에도 코로나바이러스의 빠른 전파와 인체에 영향을 미치도록 특화된 구조 때문에 우한연구소 기원설이 있었다. 심지어 관련자의 폭로도 있었다. 그러나 한동안 이런 주장은 극우 파시스트들의 음모론으로 치부되었다.

그런데 정권을 잡은 바이든 행정부는 국가정보기관들에게 코로나바이러스의 인공제조설을 조사하라고 지시했다. 2021년 5월, 바이든 대통령은 정보기관들에게 코로나19 기원을 철저히 조사할 것을 지시하며, 실험실 유출설도 진지하게 다룰 것을 요구했다. 그는 "중국의 협조가 없이는 명확한 결론에 도달하기 어렵다"고 덧붙이기도 했다.

바이든 정부의 국가정보기관 역시 코로나19의 기원에 대해 실험실 유출설과 자연 유래설을 모두 비중 있게 다룰 필요성이 있다고 보고했다. 2021년 8월, 미국 국가 정보국ODNI은 코로나19가 자연적으로 동물에서 인간으로 전파되었을 가능성과 실험실 사고로 유출되었을 가능성 모두를 열어두고 있으며, 결론적으로 "명확한 증거가 없다"고 밝혔다.

3년 뒤, 공화당이 주도하는 미국 하원의 소위원회는 코로나19 바이러스가 우한 바이러스연구소WIV에서 발생했을 가능성이 높다고 평가했다. 해당 연구소의 연구자들이 2019년 가을에 코로나19와 유사한 증상을 보였다는 점을 근거로 들고 있다. 또한 소위원회는 2020년 〈네이처 메디신〉에 게재된 '야생 기원설'을 지지하는 논문이 앤서니 파우치 전 국립 알레르기·전염병연구소 소장의 유도로 작성되었다고 주장하며, 이러한 논문이 실험실 유출설을 음모론으로 폄하한 것은 잘못되었다고 지적했다. 사태 초기에 몇몇 과학자들은 바이러스가 자연에서 발생한 것 치고는 전염성이 너무 강하다며 인위적으로 제조되었을지 모른다고 의문을 제기했으나 파우치 소장과 이메일을 주고받고 나서 자연발생설 쪽으로 돌아서기도 했다.[59]

바이든은 퇴임 직전 몇 시간을 남겨놓고 자신의 가족들과 함께 파우치 소장에 대해서 포괄적으로 사면했다. 문제가 많았던 그의 가족들은 그렇다 치고 파우치 소장은 기소된 사건이 없는데도 사면을 얻었다. 코로나와 관련해서 파우치 소장이 진실의 편이 아닌 정치적 판단을 내렸을 가능성을 암시하는 해프닝이다.

중국의 정보 은폐가 이 모든 논란의 배경이다. 코로나19는 전 세계인의 삶과 생존에 영향을 미친 단일 사건으로 비교할 수 없는 위기를 초래했지만, 중국은 연구 조사를 위한 협조조차 거부하며 강경한 태도를 보이고 있다. 심지어 호주가 원인 조사를 요구하자 중국은 무역 보복으로 대응하기도 했다.

트럼프 2기 행정부가 코로나19 문제를 그대로 넘어갈 가능성은 낮다. 그 자신이 가장 큰 피해를 입은 정치인이기 때문이다. 그러나 코로나19 기원에 대한 책임 공방이 가열된다면 이는 단순히 트럼프의 개인적 복수나 과학적 열망 때문은 아닐 것이다. 만약 트럼프가 중국을 파트너로 삼아 글로벌 지정학적 문제를 관리하려 한다면, 바이러스 기원설은 학계 논의에 머물 것이다. 하지만 미국이 중국을 봉쇄하며 세계질서를 관리하려 한다면, 우한연구소 기원설은 정치적 쟁점으로 떠오를 가능성이 높다. 이는 중국 봉쇄를 도덕적으로 정당화하는 데 유리한 프레임을 제공하기 때문이다.

14
중국과의 결별,
이익이 바뀌면 생각이 바뀐다

중국 MFN에 대한 미국 정부와 기업의 입장

미국시장은 어느 나라나 진출하고 싶어 하는 거대한 소비시장이다. 미국시장에 접근하도록 허용하는 것은 일종의 특혜이며 미국은 이것을 외교에 적극적으로 활용한다.

냉전시대 미국은 공산주의 국가라도 개별적으로 무역에 관한 일반협정국 지위에 맞먹는 최혜국대우MFN: Most Favored Nation treatment를 부여할 수 있었다. 개혁개방 초기에 중국이 산업화를 지속적으로 추진하려면 경쟁력이 낮은 상태에서 생산한 저가의 제품을 팔 시장이 있어야 했다. 미국시장에 의지해야 하는 중국 입장에서 미국이 MFN 부여를 유지하는 것은 결정적인 사안이었다. 카터 대통령 당시 중국과 수교한 이후로 미국은 중국에 MFN을 부여했고 여러 대통령을 거치면서 논란 없이 매년 갱신되어 왔다.

천안문 사태 이후, 중국의 최혜국 대우MFN 갱신 문제를 둘러싸고 부시 행정부는 의회와 충돌했다. 미국의 노동운동가들, 민주당 의원들, 그리고 일부 공화당 내 강경파는 중국의 MFN 갱신을 중단하려고 힘을 모았다. 이에 부시 대통령은 갱신 중단에 대해 거부권을 행사하겠다고 선언했지만, 의회는 조건부 갱신을 추진하며 관련 법안을 두 차례나 상·하원에서 통과시켰다.[67] 결국 부시 대통령은 거부권을 행사했지만, 이로 인해 전통적인 공화당 지지자들의 마음을 잃게 되었다. 이후 대통령 선거에 나선 백만장자 로스 페로는 NAFTA와 함께 중국의 MFN 갱신에도 반대 입장을 표명했다. 그의 이유는 인권 문제가 아니라 미국 노동자들의 일자리가 위협받는다는 것이었다.

한편, 민주당의 클린턴 후보는 중국의 MFN 갱신을 무조건 허용하는 것에 반대하며, 갱신 조건으로 엄격한 인권 기준을 추가하겠다고 약속했다.

친중 성향인 부시가 물러나고 인권을 앞세운 클린턴이 대통령이 되었으나 결과적으로 중국의 MFN 갱신에 조건이 붙지는 않았다. 이는 인권 문제와 대중국 경제문제를 분리할 것을 요청하는 미국 산업계의 집요한 로비 덕이었다. 특히 보잉이나 GM을 비롯한 미국 기업들의 요구가 거셌다. 당시 중국시장이 그들에게 막대한 기회를 가져다줄 것으로 예측했기 때문이다. 그런데 여기에 디트로이트의 자동차 회사들이 포함된 것은 놀라운 아이러니다. 중국이 부상함에 따라 결국 미국 자동차 산업단지는 공동화空洞化되었고 디트로이트는 활력을 잃은 도시로 추락했기 때문이다.

미국 기업들의 로비 뒤에는 중국이 있었다. 중국 정부는 미국 기업들에 여러 가지 특혜와 우대를 약속했다. 보잉의 경우 MFN 갱신에 따라 중국으로부터 4조 6,000억달러의 항공기 주문을 따냈는데, 보잉의 국제담당자는 중국 정부가 보잉이 자신들을 대신해서 미국 정부에 로비하지 않을 경우 거래를 끝내겠다고 했으며 만약 그랬다면 '회사가 끝장났을 것'이라고 회고했다. [68]

중국의 협박이었든 기업들의 자발적인 로비였든 미국 기업들이 적극적으로 로비에 나선 덕분에 중국은 미국의 대중국 정책에서 인권문제와 경제문제를 분리하는 데 성공했다. 중국의 인권을 비난하며 당선된 클린턴 행정부 아래서 중국은 WTO에 가입하는 쾌거를 이루었다. 덩샤오핑이 부시 대통령에게 부탁했던 장쩌민江澤民의 미국 초청도 클린턴 대통령 시절에 이루어졌다.

규제는 피하고 혜택만 누리겠다!

그러나 중국시장에 대한 미국 기업들의 기대는 여러 측면에서 금이 가기 시작했다. 우선 중국은 자국에 진출한 외국 기업의 지배구조를 제한했다. 특히 통신과 같이 민감한 회사들의 경우 현지 합작법인의 지분율은 20~30%까지만 허용되었다. 열심히 로비했던 AT&T의 경우 상하이 시장에만 접근이 허용되었고 합작법인의 지분도 25%로 제한되었다. [69] 또한 중국은 지식재산권과 관련해서도 미국 기업들을 압박했다. 기술이전을 강제하거나 심지어 대놓고 기술을 훔쳤다. 게다가 기업이 중국 당국의 요청에 응하지 않으면 여러 규제를 동원해 괴롭혔다. 중국에서 활동하는 외국 기업들과 중국 현지 합작법인 사이에 문제가 벌어졌을 때 중국 법원으로부터 공정한 심판을 기대하기도 어려웠다.

WTO는 범세계적인 무역규범을 다루는 규약들의 집합이라 할 수 있는데, 여기에 가입하면 전 세계의 수백 개 나라와 일일이 협상할 필요가 없다. 자유무역을 하는 나라들이 서로 부여하는 특권이 중국에도 자동으로 부여되므로 중국은 반드시 WTO에 가입해야만 했다. 중국은 우여곡절을 거쳐 WTO에 가입했으나 가입 이후로는 반덤핑 제소[60]를 가장 많이 받은 국가다. 그만큼 중국은 오늘날 기준으로 봐도 자유무역을 추구하는 WTO의 기준에 미치지 못한다. 다만 WTO는 개도국에 점진적인 시장개방을 약속받고 가입을 허용하기도 하는데 중국에는 2001~2016년까지 15년이라는 기간이 주어졌다. 2017년에 임기를 시작한 트럼프 대통령이 "WTO가 중국 편을 들 뿐 중국의 불공정 행위를 제제하지 않는다"라며 몰아세운 것도 중국에 주어졌던 기한이 다 되었다는 맥락에서였다. 중국은 G2라는 지위를 즐기면서도 한편으로는 개도국의 지위를 유지하려고 노력한다. WTO의 이점은 누리는 한편 앞으로도 계속 규범적용의 예외를 인정받으려 한다. 시장개방이나 외국자본의 지배구조 등 구체적인 항목으로 들어가면 중국은 늘 "전례가 없다", "그럴 수 없다", "(중국도) 노력해왔다" 등의 답변으로 일관한다. 중국은 경제력 G2에 걸맞게 자유무역 규범을 지키는 데 솔선수범할 의지를 내보인 적이 거의 없다.[70]

중국시장이 급성장할 때는 외국 기업들에 대한 중국 사회의 차별과 지식재산권 침탈 같은 '중국 위험 China risk'들도 얻을 수 있는 과실에 비하면 작아 보였기에 불만을 억누를 수 있었다. 그러나 중국시장의 확장이 주춤한 데다 하이테크로 올라가려는 중국 기업들의 노력이 미국 기업들과의 마찰을 완화할 윤활유를 없애버렸다.

여기서 미국의 거대 기업들이 천안문 사태 이후 미-중 간의 위기를 봉합하는 아교 역할을 했다는 사실을 다시 한번 기억할 필요가 있다. 미국 기업들이 중국을 '기회 대신 위협'으로 느끼기 시작했다는 것은 미국과 중국을 묶어주었던 접착제가 말라 부서져 가루가 되었음을 뜻한다. 접착제가 힘을 잃자 미-중의 결별은 피할 수 없는 현실로 다가왔다.

이제 중국의 시대가 온다?

중국의 지도자급 인사들은 중국이 패권을 추구하지 않는다고 종종 공언한다. 이는 "힘을 감춰라"라는 덩샤오핑의 유언과도 일맥상통한다. 그러나 2010년으로 접어들면서 중국은 자신들이 사실상 세계질서를 떠받치고 있다는 자의식을 갖게 되었다. 특히 2008년 미국 월가가 만든 문제를 처리하는 과정에서 타의 추종을 불허하는 규모로 시장을 부양[61]하면서부터 중국인들은 자기나라가 세계를 떠받들고 있다고 인식하기 시작했다. 그러면서 특히 미국의 채권을 구입함으로써 망해 가는 미국을 중국이 지탱해주고 있다는 사실에 대해 중국인들은 새삼 분노했다.

2001년 9·11 사태 이후 본격화된 테러와의 전쟁 이후 미국은 중동에 발이 묶여 있었다. 중국을 비롯한 아시아 국가들은 미국이 아시아 문제에 개입할 의지와 역량이 있는지 의심하기 시작했고, 2008년 월가 위기를 계기로 이러한 의혹은 증폭되었다. 결국 한국을 비롯한 아시아동맹은 미국보다 중국의 눈치를 더 많이 보기 시작했다. 오바마 행정부가 '아시아로의 회귀 pivot to Asia'[71]를 외치며 미국의 반대편에 줄을 서면 안 된다고 설득[62]해야 할 정도로 중국의 위상이 하늘을 찔렀던 시기였다.

미국의 동맹들조차 '미국의 시대가 가고 중국의 시대가 온다'는 인식을 노골적으로 보여주는 사건이 일어나기도 했다. 아시아인프라투자

은행AIIB의 설립으로 미국은 자존심을 구겼고 중국은 자존감을 높였다. IMF, 세계은행, WTO(GATT의 후신)는 포스트 1945체제를 위해 미국이 공들여 만든 국제기구다. 미국은 이 기구들의 합의에 대해 거부권을 행사할 수 있는 특권을 가지고 있다. 미국이 세계은행에서 투표권을 더 많이 갖겠다는 중국의 요구를 수용하지 않자, 중국은 2013년 베이징에 자신들의 독자적인 체제인 AIIB를 설립하겠다고 선언했다. 놀란 백악관은 중국이 만든 은행에 가입하지 말라고 세계 각국에 압력을 넣었다.

그런데 2015년 은행이 문을 열기도 전에 이미 57개국이 가입했고, 가입국 중에는 미국의 핵심 우방국들도 있었다. 영국이 선두를 차지했으며 한국은 지분율 4%로 중국, 인도, 러시아, 독일에 이어 5위를 기록했다. 주요 우방 중에서는 일본만이 미국 편에 남았다.[63] 시장보다 낮은 이자율로 돈을 빌릴 수 있는 데다, 대형 건설 프로젝트의 계약을 따내기 위해서 많은 나라가 미국에는 '노no'로 중국에는 '예스yes'로 답했던 것이다. 이미 중국인민은행PBOC이 세계은행IBRD을 앞질러 개발프로젝트에 자금을 가장 많이 지원하고 있었기에 참여국들은 쉽게 수긍했다. 중국은 서방의 규칙에 따르기보다는 자체적인 클럽을 만드는 방식으로 대응한 셈이고 여러 나라가 중국의 깃발 아래 모여들었다.[72]

때마침 시진핑이 주석에 올랐는데 그는 덩샤오핑이 점지한 기술관료 출신의 지도자가 아니었다. 덩샤오핑이 장쩌민과 후진타오胡錦濤를 후계자로 낙점한 것에는 혁명운동가 중심에서 기술관료 중심으로 공산당 지도부의 무게중심을 옮기려던 의도도 있었다. 그러나 시진핑은 덩샤오핑의 후계자 그림에 어울리는 인물은 아니었다. 그는 혁명원로의 아들로,[64] 중화인민공화국 창업자의 아들이기 때문에 태생적으로 혁명의 정당성을 권력의 기반으로 삼으려고 애쓸 수밖에 없는 속성을 가졌다.

천안문 사태 이후 혁명을 중시하는 이들이 다시 정권을 잡았을 때, 덩샤오핑은 남순강화[65]를 통해 개혁은 계속되어야 한다고 외쳤다. 남순강화는 장쩌민 정부가 천안문 사태에도 불구하고 시장경제로 나아가는 데 정치적인 뒷받침이 되었다. 이후 개혁과 개방은 중국 정치의 거대한 흐름이 되었다. 그러나 시진핑은 권력을 손에 쥐자 과거 흐름과는 사뭇 결이 다른 방향으로 중국 정치와 사회를 이끌었다. 이는 미국의 이상주의자들이 기대했던 것과는 정반대 방향이었다.

미국의 이상주의자들은 중국도 부유해지면서 다원화될 것이고 결국 공산당 1당 체제도 연착륙하리라고 전망했다. 그러나 중국은 부유해질수록 대외적으로는 공격적인 태도를, 대내적으로는 집단주의 색채를 강화하며 더욱 경직되고 있다.

15
중국이 과연
베스트팔렌 조약 안에 머무를까?

필요할 때만 오려 쓰는 중국의 베스트팔렌 조약

2013년 중국 인민해방군 부참모장 치장궈는 '현시대의 주요 과제 중 하나는 1648년에 체결된 베스트팔렌 조약에서 확고하게 수립된 근대적 국제관계의 기본원칙, 특히 주권과 평등의 원칙을 유지하는 것'이라고 말했다.[73]

중국의 군부 고위급 인사가 베스트팔렌 조약을 언급한 것은 참신하다 못해 놀라운 일이다. 베스트팔렌 조약이 '균형'을 중시하는 현대 국제관계의 준칙이라고 할 때, 사실상 베스트팔렌 조약의 전통에 일관성 있게 어긋나는 한 나라를 꼽으라고 한다면 여러 나라가 중국을 꼽을 것이기 때문이다.

치장궈가 이 말을 할 당시, 중국은 남중국해의 배타적 영유권을 둘러싸고 동남아시아 국가들과 대립하고 있었다. 미국에도 '역내 국가가 아니니 간섭하지 말라'고 경고하며 맞서는 상황이었다. 중국은 1953년

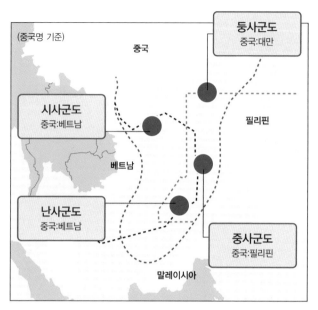

(중국명 기준)

둥사군도
중국:대만

중국

시사군도
중국:베트남

필리핀

베트남

난사군도
중국:베트남

중사군도
중국·필리핀

말레이시아

남중국 연안국 영해 분쟁

남중국해 주변을 따라 U자 모양으로 9개의 점선을 그어 그 해역에 대
해 영유권을 주장해 왔다. 여기에는 남중국해 해역의 90%가 포함된다.
2011년에는 자국의 근해에서 작업 중이던 베트남과 필리핀의 석유 탐
사선에 중국 경비정들이 다가와 위협을 가하고 해저 케이블을 절단했
다.[74] 2012년에는 필리핀으로부터 스카버러 암초를 빼앗고 필리핀 어부
들의 어업을 금지했다. 필리핀이 연안경비대를 파견하며 대치했으나,
태풍이 오자 양국이 함선을 물릴 것에 합의하고 필리핀 연안 경비선은
퇴각했다. 그러나 중국은 그대로 남아 실효적 지배를 지속하고 있다.

　사람이 거주할 수 없는 암초 주변에 대해서는 배타적 경제수역[EEZ][66]
을 둘 수 없으나 중국은 암초 주변에 필리핀 어선들이 접근하는 것까지
막고 있다. 이 때문에 필리핀은 2013년 1월 중국을 상설중재재판소[PCA]

에 제소했다. "해양의 경계는 수면 위로 나와 있는 육지를 근거로 설정한다"라는 UN 해양법의 원칙에 위배된다는 것을 근거로 삼았다. 2016년 PCA는 중국이 인공섬을 건설해온 남중국해 스프래틀리 군도(중국명 난사군도) 내 암초들을 섬으로 인정할 수 없으므로 남중국해에 대한 중국의 영유권 주장을 인정하지 않는다고 판시했다.[75] 그러나 중국은 이 결정을 무시했다. 중국 외교부는 "중국이 남중국해에서 갖고 있는 영토 주권과 해양의 권리와 이해 등은 그 어떤 상황에서도 이번 판결에 영향을 받지 않는다"라며 강하게 반발했다. 판결 직전에 시진핑 주석은 인민해방군에 전투태세를 지시했다고 알려졌다.

남중국해는 미국이 중시하는 글로벌 공공재의 핵심이다. 남중국해는 태평양과 인도양을 연결해 페르시아만의 자원과 유럽과 동아시아를 연결하는 항로의 핵심이다. 미국이 중국에 국제적 시스템의 틀 안에서 움직여야 한다고 말하는 저의는 무엇보다 남중국해에서 미 해군이 자유롭게 항행할 수 있는 권리를 인정하라는 뜻이다.[76]

국제기구의 판결과는 관련 없이 중국은 남중국해에 대해 일관된 입장을 고수하고 있으며, 이로 인해 항행의 자유를 중시하는 미국과 마찰을 빚고 있다. 미국은 이 지역에서 지속적으로 자유롭게 항행하는 작전을 펼치고 있으나 중국은 매번 성명을 통해 미국이 중국의 허락을 받지 않고 영해를 침범해 군사적 긴장을 고조시키고 있다며 비난하고 있다. 조 바이든Joe Biden 대통령과 시진핑 주석이 직접 만나 두 나라 사이의 긴장을 완화해보자며 덕담을 나눈 지 2주밖에 되지 않은 2022년 11월 29일에도 미 해군은 남중국해에서 항행의 자유 작전FONOP: Freedom of Navigation Operation을 수행했고, 중국은 미국이 불법을 저지르고 있으며 군사적 위기를 조장한다고 비난했다. 미군 7함대는 중국의 비난에 어깨를 으쓱하며 '거짓 false'이라고 일축했다.[77]

이 지역에서 중국은 베스트팔렌 조약에 따라 행동하지 않고 주변 약소국들의 주권을 노골적으로 무시한다. 중국이 베스트팔렌 조약을 존중하라고 말할 때는 미국에 국한해서다. 그래서 남중국해를 둘러싼 동남아국가연합ASEAN: Association of South-East Asian Nations은 미국의 영향력을 필요로 한다. 동남아시아 국가들 대부분이 오바마 대통령 때 발표한 '아시아로의 회귀'(후에 리밸런싱으로 개칭) 전략을 환영했다. 아시아 지역에서 미국의 군사적 존재감이 중국과 균형을 맞출 때에만 이들 나라들이 행동의 자유를 누릴 수 있기 때문이다.[78]

미국 대통령에게 즉흥적으로 허락한 황제 알현

1972년 중국의 공식적인 정부 수반인 저우언라이 총리로부터 초대받아 닉슨 대통령이 처음으로 중국을 방문했을 때의 일이다. 닉슨 대통령의 공식적인 회담 파트너는 저우언라이 총리였다. 미국 대통령이 초대받아 중국에 갔지만 중국의 최고 실력자인 마오쩌둥 주석을 만날 수 있을지도 확실하지 않았다. 두 나라의 실무진은 미국의 대통령과 중국의 실질적인 최고 지도자가 언제 어디에서 어떤 의제를 가지고 어떤 형식으로 만날지에 대해 합의한 적이 없었다. 국가안보보좌관 키신저의 회고에 따르면 그는 중국에 도착한 직후 마오쩌둥이 자신들을 초청할 수도 있다는 암시를 '느꼈다'고 한다. 그러니까 마오쩌둥 주석을 만난다는 확신 없이 미국 대통령과 참모들이 베이징으로 일단 향했던 셈이다.

현장에서 닉슨 대통령과 마오쩌둥의 만남이 일방적으로 미국 측에 통보되었다. 닉슨 대통령과 키신저는 중국이 제공하는 자동차를 타고 마오쩌둥 주석의 관저로 향했다. 보안요원을 대동하지도 못했고 언론에 알리지도 못했다. 미국 대통령에 대한 경호와 의전을 완전히 무시한 조치였음에도 불구하고 닉슨 대통령과 키신저는 순순히 응했다. 닉슨 대통령이 수수한 서재로 안내받아 들어갔을 때에야 마오쩌둥 주석은 비로소 안락의자에서 몸을 일으켜 손님을 맞이했다. 그는 두 손으로 닉슨과 악수하면서 둘도 없이 자비로운 얼굴을 연출했고 이 사진은 닉슨 대통령과 키신저의 중요한 외교적 성취를 상징한다. 그러나 키신저는 이 극적이고도 즉흥적인 연출이 마치 과거의 황제 알현을 연상시켰다고 회고했다.[79]

악수하는 마오쩌둥 주석(좌)과 닉슨 대통령(우)　　　　　(출처: AP 연합뉴스)

키신저가 말한 황제 알현은 1793년 영국 왕 조지 3세|George III, 1738-1820
가 보낸 특사 조지 매카트니 George Macartney 가 중국의 건륭제乾隆帝, 1711-1799
를 만난 일을 가리킨다. 매카트니는 '중국 황제에게 바칠 조공을 실은 영
국 대사'라는 깃발을 배에 걸고 베이징에 도착했지만 몇 주 동안이나 황
제를 만날 수 없었다. 황제를 만나면 이마를 땅에 박는 고두를 해야 했
는데 매카트니가 이를 거부했기 때문이다. 한쪽 무릎을 꿇는 것으로 합
의가 이루어졌는데, 알현 기회는 어느 날 새벽 갑자기 찾아왔다. 황제에
게 불려간 대사는 무릎을 꿇었다고 했지만 중국 측 기록에 따르면 매카
트니는 감복해서 스스로 머리를 땅에 조아렸다고 한다. 황제와의 만남
에서 공식적인 대화는 나눌 수 없었다. 며칠 뒤에야 조지 3세가 보낸 서
한에 대해 건륭제의 답을 칙서로 받았을 뿐이었다. 칙서를 받을 때도 예
복을 갖추어 입고 나오라는 지시를 받은 뒤 자금성에 나아가야 했고 황

조지 매카트니의 중국 황제 알현 모습　　　(출처: Wikimedia commons)

제를 알현할 때만큼이나 엄숙한 절차를 거쳐 무릎 꿇고 황제의 편지를 전달받았다.[80]

이 만남은 중국의 전통적 외교관을 시각적으로 잘 보여준다. 그리고 이러한 전통적 시각이 베스트팔렌 조약의 정신과 얼마나 먼지도 알려 주고 있다. 양국의 수도에 대사관을 두자고 한 영국 왕의 제안에 대해 중국 황제는 유럽의 (작은) 여러 나라가 일일이 대사를 보내겠다고 할 텐데 황제가 두루 살피는 것은 지나친 낭비라면서 거절했다. 중국 황제가 베푼 은총이 바로 유럽 나라들이 일일이 대사를 보내지 않아도 되는 것이었다.[67]

중국은 주변 국가들과 위계적인 관계를 맺어왔으며, 위계적 관계를 거부한 일본과는 공식적인 외교관계를 맺지 않는 방편을 택했다. 중국 조정에는 외교부가 없었다. 외교문제를 담당한 것은 조공의 예식을 다루는 예부禮部와 유목 민족과의 관계를 처리하는 이번원理藩院이었다. 19세기 중반이 되어 서양 열강의 침입에 시달리고 나서야 외무부를 설치했다.[81] 놀랍게도 마오쩌둥이 일으킨 문화혁명 시절, 중국은 옛 왕조처럼 대부분의 나라에서 외교관들을 소환했고 국제사회로부터 고립을 자초했다.

16
트럼프 현상의 대두,
불만의 계절

2023년 1월 미국 하원은 정부서열 3위인 하원의장 선출을 두고 몸살을 앓았다. 결국 15차에 걸친 투표 끝에 공화당의 케빈 매카시 Kevin McCarthy 가 하원의장에 당선되었다. 10차례 이상 투표를 거듭한 것은 1859년 이후 164년 만의 일이었다. 공화당이 다수당이 되었기 때문에 매카시 의원이 무난하게 하원의장이 될 예정이었으나, 미국 공화당 내 강경 우익 성향 하원의원들의 모임인 '프리덤 코커스 Freedom Caucus' 세력이 계속 어깃장을 놓았다. 매카시 의원은 결국 트럼프 전 대통령의 도움으로 반대파와 협상에 성공해 하원의장이 될 수 있었다. 하원의장은 취임 연설에서 중국에 대해 강경한 입장을 취하겠다고 선언하고, 중국을 중국 공산당 Chinese communist party 이라고 지칭했다. 그리고 중국이 미국으로부터 일자리를 가져갔다는 것을 전제로 하여 "중국 공산당에 대해 우리는 중국으로 간 수십만의 일자리를 어떻게 되찾아올지 조사하는 초당파적인 중국특별위원회를 만들 것이다"라고 말했다.[68]

트럼프의 당선이 상징하는 것들

2016년 트럼프 대통령의 당선은 여러 가지 측면에서 전후 질서에 충격을 가했다. 그의 당선은 그 자체가 문화적인 충격이었다. 하버드대학 국제정치학 교수 스티븐 월트 Stephen Walt 는 트럼프 대통령의 임기 중 외교정책은 선거기간 동안 그가 했던 연설과는 달리 미국 외교가의 전통을 이어받았기 때문에 실제로는 여러 사람을 안심시켰다고 평가했다. [82]

고상한 가치를 강조하는 이상주의적 수사를 내세우는 여타의 미국 대통령들과는 달리 트럼프 대통령은 미국우선주의 America first 를 본인의 정치 간판으로 내걸었다. 모든 나라의 정치가들이 자국의 이익을 중시하겠다고 말하지만 그것을 주된 공약으로 내세우지는 않는다. 너무나 당연하기 때문이다. 그런데 미국에서는 이 구호가 선거공약이 될 정도로 파격적인 데다 논란을 일으켰다는 점에서 미국 정치는 특이하다. 노골적인 미국우선주의는 트럼프를 따르는 지지자들에게는 강렬한 인상과 시원한 해갈을 안겨 주었지만 그를 반기지 않는 미국의 유권자들에게는 당혹스러움을 안겼다. 특히나 미국 대통령 선거에 투표권이 없는 외국 언론들은 경멸과 거부감을 드러냈다.

대통령 후보가 미국의 국익을 우선하겠다는 게 왜 그리 논란이 되었을까? 그리고 이렇게 당연한 구호를 내건 정치 신인이 수많은 정치 전문가들과 여론조사기관 절대다수의 부정적 전망 및 주류 언론의 거부감에도 불구하고 어떻게 대통령에 당선될 수 있었을까?

트럼프는 정치유세를 하는 내내 현장에 수많은 군중을 불러 모았는데, 그가 가장 많이 언급한 나라가 중국이었고 그다음이 독일과 일본, 한국이었다. 트럼프는 이 나라들을 가리켜 부자임에도 자신들의 책임을 다하지 않는다고 비난했다. 특히 독일과 일본, 한국은 미군이 주둔하고 있는 곳이다. 그는 자기 나라 방위에 무심한 부자 나라늘을 지켜주느라 미국의 젊은이들이 희생하고 있는데도 국제사회에서 미국이 제대로 대접받지 못하고 있다고 주장했다.[69] 또한 중국이 미국의 일자리를 빼앗아가는 것을 역대 미국 대통령들이 방치했다는 것이 당시 트럼프 후보 연설의 요지였다. 그의 이런 주장들은 주류 언론의 방해에도 불구하고 SNS를 타고 유권자들의 마음을 움직였다. 특히 전통적인 민주당 텃밭인 지역들, 그중에서도 러스트 벨트[70]로 불리는 주들에서 트럼프는 힐러리 클린턴 민주당 후보의 표를 빼냈다.

독일과 일본, 한국과 중국에 대한 언급은 2차 세계대전 이후 미국의 지정학적 역할의 놀라운 성취와 더불어, 그 성취에 가려진 미국의 평범한 국민의 고단함을 동시에 떠올리게 하는 영리한 선택이었다. 독일과 일본은 미국에 도전했다가 망한 나라였다. 그런 그들을 미국은 동맹으로 삼은 뒤 안보를 책임져주었고 경제적으로 지원했으며 거대한 미국의 소비시장을 개방해 번영하게끔 도와주었다. 그리고 한반도에 지정학적 이익이 크게 없었음에도 한국전쟁에 참전해서 자유민주주의 체제를 수호해주었으며 이후로도 자국 시장을 개방해주었고 권위주의 군사정부가 민주주의로 전환하도록 유도하기도 했다. 특히 중국의 경우 스스로를 가둔 거대한 고립에서 꺼내주어 미국시장을 비롯한 세계시장으로 나아가도록 독려해 부강한 나라가 되도록 도왔다.

이는 미국이라는 패권국가가 세계를 주도했기에 가능한 결과로 미국 리더십의 눈부신 성취인 셈이다.

거대한 제조업시장을 내준 미국

미국은 시장을 개방한 지 얼마 안 되어 일본과 독일, 한국과 대만 그리고 중국에 제조업 우위를 내주었다. 그리고 금융과 IT 등의 고도화된 산업으로 이동했으나 거대한 제조업만이 제공해 줄 수 있는 일자리를 잃을 수밖에 없었다. 이로써 고급교육을 받지 않은 국민이 정년퇴직을 할 때까지 괜찮은 임금을 받을 수 있었던 좋은 일자리들은 사라졌고, 고급교육을 받거나 창의적이거나 투자에 감각이 있는 이들을 위한 일자리는 새로 생겨났다. 즉, 성실하기만 하다면 달성할 수 있는 숙련도만으로 오랫동안 가족을 부양할 수 있도록 급여를 받는 일자리는 축소되었으나 한번 성공하면 엄청난 과실을 얻곤 하는 비정형적인 직업을 가질 기회는 늘어났다. 미국 경제가 계속 성장했음에도 중산층 이하의 실질소득이 수십년간 답보상태에 머문 것은 이 때문이다. 경쟁력 있는 대규모 제조업만이 제공할 수 있었던 안정되고 수입이 좋은 일자리가 축소된 탓에 고소득층의 수입이 늘어도 중산층 이하의 수입은 정체되었던 것이다.

스탠퍼드대학 정치학과 교수인 프랜시스 후쿠야마는 저서《대붕괴 신질서 The Great Disruption》에서 미국 제조업의 퇴조가 남성들에게 가한 충격을 다음과 같이 설명한다.

"1980년대에는 여성의 9%만이 블루칼라였으나 남성의 경우에는 그 비율이 41%에 달했다. 1970~1980년대에 직장을 다닌 여성들은 주로 비숙련 노동자였다. 그러나 제조업이 쇠퇴할 무렵 사회에 진출한 여성들은 남성보다 사무직이나 전문직에 종사하는 경향이 높아졌다. 탈산업화로 인해 블루칼라 남편들의 위상은 땅에 떨어졌다. 여성들이 결혼할 때 자신보다 사회적 계층이 높은 배우자를 선택하는 경향이 있다는 사실을 고려하면 제조업의 쇠퇴가 미국 블루칼라 남성들의 선택폭을 크게 줄였을 것으로 짐작된다. 실제로 제조업을 강조하는 일본이나 독일에 비해 탈산업화에 앞장섰던 미국과 영국에서는 이혼과 미혼모 비율이 빠르게 높아졌다."

따라서 제조업의 퇴조는 여성에 비해 남성에게 충격을 가했으며 전통적인 남녀관계의 경제적 기반을 허물어 가정해체를 증폭시켰다고 추론할 수 있다.[83]

뭔가 잘못되고 있다는 인식이 트럼프를 당선시켰다!

평범한 미국인들은 외국의 일이나 세계문제에 관심을 갖지 않는다. 그래도 될 만큼 미국 내부의 상황이 외국의 영향으로부터 독립되어 있기 때문이다. 미국 시민들은 세계 운영에서 미국의 역할이 특별하다는 것을 알지만 그런 일은 외교관이나 정치가와 같은 엘리트들의 몫이라고 생각한다. 그러나 트럼프가 대통령 후보로 나섰을 무렵에는 미국 시민들도 뭔가 잘못되고 있다는 것을 막연하게 느끼고 있던 차였다. 미국에 패전한 독일과 일본이 눈부시게 성장하고 이념이 다른 중국마저 미국의 도움으로 발전하고 있다는 사실을 각인할수록, 미국 국민만 발전으로부터 정체된 현상이 괴이하게 다가왔던 것이다. 기성 엘리트 집단에 대한 트럼프의 원색적인 비난이 정치공학적으로 유효했던 것도 이때문이다.

트럼프 후보는 세계를 관리하는 미국의 엘리트들이 과거 미국의 적국이었거나 현재도 적국인 나라를 부강하게 만들면서 정작 자국민은 소외시켰다는 불만을 의식의 영역으로 끌어올렸다. 미국 제조업 노동자들에게 트럼프 후보가 자주 했던 말은 바로 "내가 당신들의 목소리다 I'm your voice"였다.

J.D 밴스, 힐빌리의 노래

2024년 7월, 미국 제47대 대통령에 다시 도전하는 도널드 트럼프는 예상 밖으로 정치 신인인 J.D. 밴스를 부통령 후보로 선택했다. J.D. 밴스는 트럼프 현상의 상징성과 완벽히 부합하는 인물이다. 그는 트럼프가 대변해온 '소외된 미국 중산층'의 전형으로, 미국 사회의 경제적 쇠퇴와 도덕적 위기에 직면한 계층의 경험을 온몸으로 살아온 대표적인 사례다.

밴스는 미국 애팔래치아 산맥 인근의 광산 마을에서 태어나 자랐다. 이 지역의 백인들은 미국 전역에서 점점 잊혀진 존재가 되었다. 서부와 동부에서 성공한 백인들과는 처지가 완전히 달랐고, 심지어 소수 인종을 위한 제도적 지원이 강화되는 동안에도 "백인"이라는 이유만으로 소외되곤 했다.

이 지역은 한때 미국 제조업과 광산업의 중심지였으나, 산업 쇠퇴 이후 많은 가정이 무너졌다. 가장들은 가정에서 권위를 잃었고, 어머니들은 가정을 지키기보다는 포기하는 경우가 많았다. 학생들은 상급학교 진학 대신 단기적인 경제적 유혹에 흔들리며 지역사회는 도덕적, 경제적으로 쇠퇴하기 시작했다. 이와 함께 약물과 범죄가 만연하며 공동체는 점점 더 붕괴되어 갔다.

밴스는 자신의 경험과 지역사회의 문제를 담아낸 책《힐빌리의 노래》로 유명해졌다. 이 책은 드라마로도 제작되며 쇠락한 지역사회의 현실을 미국 전역에 알렸다. 밴스의 어린 시절은 가난, 가정 폭력, 약물 중독과 같은 문제들로 점철되었다. 그의 어머니는 알코올 중독자로서 여러 남자들 사이에서 불안정한 삶을 살았고, 어린 밴스는 외할머니의 거칠지만 강력한 사랑 아래에서 겨우 자립할 수 있었다.

외할머니 덕분에 밴스는 자신의 처지를 일찍 자각했고, 해병대에 자원입대하여 규율과 자기 통제의 중요성을 배웠다. 특히 그는 군대에서 건강에 해로운 습관들을 끊어내는 법을 배웠다. 제대 후, 밴스는 오하이오 주립대학교에서 학업을 마치고 예일 로스쿨에 진학해 변호사 자격을 취득했다. 이후 투자업계로 진출해 펀드매니저로 일하며 전문성을 쌓았고, 가정을 이루며 점차 정치에 발을 들이기 시작했다. 그러나 밴스는 극히 드문 성공 사례였다. 그의 또래 중 다수는 상급학교 진학을 포기하고 허드렛일을 통해 용돈이나 버는 데 만족하면서 약물과 도박, 범죄에 빠져 나이에 걸맞게 성장하지 못한 채 살아갔다.

밴스의 이야기는 단순히 개인의 성공 스토리가 아니라, 트럼프가 대변하는 미국의 '잊혀진 계층'의 집단적 현실을 상징한다. 이들은 경제적 쇠퇴와 사회적 소외 속에서 분노를 느끼며, 정치적 엘리트와 주류 언론이 무시한 자신들의 목소리를 대변해줄 리더를 원했다.

트럼프와 밴스는 이들의 희망과 분노를 정치적 동력으로 삼았다. 밴스의 선택은 트럼프의 정치적 메시지를 더욱 강화하며, 소외된 미국 중산층, 특히 애팔래치아와 러스트 벨트 지역의 백인 노동자들 사이에서 트럼프에 대한 열렬한 지지로 이어졌다. 이들은 단순히 지지자가 아니라, 트럼프의 가장 충성스러운 정치적 기반이 되었다.

17
일본, 미국의 고립주의를 깨우다

미국과 국경을 맞대고 미국 본토를 침공한 유일한 나라, 일본

보통 국경을 맞대고 있는 국가들의 관계는 하나의 사건이나 하나의 흐름으로 분석하기가 어렵다. 오랜 역사 속에서 상호작용이 복잡하게 얽혀 있기 때문이다. 일본과 미국의 관계도 마찬가지다. 이 두 나라는 태평양이라는 거대한 완충지대가 있다 뿐이지 국경을 맞댄 이웃나라로 두 나라 사이의 위도상에는 의미 있는 국력을 가진 국가가 없다. 따라서 이 두 나라의 상호작용도 국경을 맞댄 나라들처럼 복잡하다.

1853년 버지니아주 노퍽에서 파견된 미 해군 함선 4척이 도쿄만에 진입함으로써 200년 동안 쇄국정책을 펼쳐온 일본의 사회정치 시스템에 돌이킬 수 없는 정신적 충격을 가했다. 미국의 밀러드 필모어Millard Fillmore 대통령은 일본과의 무역을 원했지만 일본은 이때의 충격으로 세계관까지 바꾸었다.

일본은 쇄국이 더 이상 작동하지 않는다는 걸 깨닫고, 미국이 추구

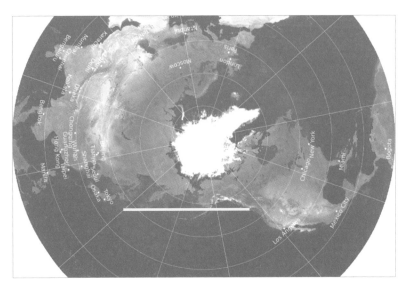

일본은 미국의 접경 국가다.

하는 변화에 대해 "우리 선조들의 법은 교역을 적극적으로 금지하는 것이지만, 우리가 그 오래된 법을 계속 고수하는 것은 시대정신을 오해하는 것처럼 보인다"라고 미국 대통령의 서신에 답했다.[84] 자국이 추구하던 쇄국정신과 달리 우수한 물질문명으로 자국의 세계관을 바꿔놓았지만, 미국은 일본의 이상적인 이웃이었다(적어도 일본이 조선에 했던 행태에 비하면 그렇다는 말이다). 이 충격을 준 얼마 뒤, 미국은 남북전쟁에 휘말리는 바람에 더 이상 일본을 추적 관찰하지 못했다. 미국이라는 이웃 덕에 옹졸한 세계관에서 벗어난 일본은 국력을 키웠고 수십 년 만에 열강으로 부상했다. 그 과정에서 청나라, 조선, 러시아가 일본의 현대적 시스템에 무릎 꿇어야 했다.

1941년 일본은 미국 태평양 함대의 본진인 진주만에 폭탄을 퍼부었

1941년, 일본의 진주만 공습 　　　　　　　　　　　　(출처: 미국 국립기록관리청)

다. 당시 일본과 미국의 국력 차이[71]를 고려하면 상상하기 어려운 기습이었다. 미국의 흑선이 일본의 세계관을 바꾼 지 90년 만에 일본은 아시아에서 서양 세력을 몰아낸다는 대의명분을 내세워 이웃나라인 미국을 공격한 셈이다. 미국이 일본의 세계관을 바꾸었듯이 일본의 진주만 기습도 미국의 세계관을 바꿔놓았다. 유라시아대륙의 전쟁에 휘말리는 것을 극도로 경계해온 미국의 고립주의는 한순간에 묻혔다. 미국의 엘리트들은 유라시아 문제와 미국의 안정이 태평양이나 대서양만큼 멀리 있지는 않다는 사실을 이웃나라 일본 덕분에 깨달았다.

　미국에게 일본은 복잡한 감정을 불러일으키는 이웃나라다. 일본은 미국이 강국으로 부상한 이후 미국 본토에 공격을 감행하고 미 해군에 당당히 맞서 한판승부를 벌인 유일한 나라다. 미국과 국경을 맞대고 있는 나라 중 앞으로도 그럴 만한 나라는 없다. 만약에 또 나타난다면 그 주인공은 또다시 일본이 될 가능성이 높다.

　태평양전쟁에서 미국은 일본군의 결기와 무도덕적 성향을 몇 번의 전투로 알아차렸다. 현실을 생각하지 않고 결사항전을 하는 그들을 일일이 제압하다가는 미군 병사들이 남아나지 않는다는 계산이 나왔을 정도다. 미국은 일본 육군과의 전면전을 피하기로 마음먹고 핵폭탄을 사용하기로 했다. 일본이 미국 본토를 침공한 유일한 나라임을 영원히 상기시키기라도 하듯이 미국은 일본에 핵폭탄을 투하했다. 이것은 살상용으로 사용된 최초이자 마지막 핵폭탄이기도 하다.

산업화에 불리했던 제국주의 일본

　일본은 산업화에 불리한 나라다. 평야도 자원도 없기 때문이다. 원유, 천연가스, 철광석, 인산, 보크사이트, 납, 구리가 없으면 공장이 멈추기 때문에 일본은 산업화에 필요한 투입물을 멀리서 들여와야 했다. 즉, 일본에서 산업화란 제국주의를 의미했으므로 대만과 한반도, 만주와 중국 그리고 동남아시아를 장악해 산업화에 필요한 식량과 자원을 확보했다.

　태평양을 놓고 미국과 맞선 행위도 일본의 산업구조를 놓고 보면 광기가 아니었다. 미국은 필리핀을 장악하여 일본의 행위를 견제했다. 일본은 미국이 서태평양에서 물러서지 않는 한 결판을 내야만 한다고 생각했다. 서태평양에서 미국을 용인하면 일본은 다시 농업국가, 그것도 여러 갈래로 쪼개진 섬나라로 추락한다고 생각했다.

　그런데 미국은 일본이 1870년부터 1945년까지 싸워서 쟁취하려고 했던 것들을 무상으로 주었다. 미국시장과 원자재를 위한 수송로에 접근하게 해준 것이다. 일본은 이 기회를 잘 살렸고 싸움에 투입해야 할 자원을 기계를 업그레이드하는 데 투입했다. 급기야 1980년대에는 평균적인 미국인들보다 평균적인 일본인들이 더 잘살게 되었다. 미국의 정치와 언론계, 학계는 이 문제를 놓고 불쾌하게 여기거나 분노했다.[85]

그간 유라시아대륙 문제에 개입하느라 지친 미국은 일본에 부담을 떠넘기려고 했다. 극동아시아 지역에서 '항행의 자유'를 얻기 위한 책임의 일부를 일본이 맡아야 한다는 것이다. 그런데 그 과정에서 일본이 군사력을 키워 다시 서태평양을 자기 바다로 만든다면 어떻게 될까? 오늘날 미국은 일본이 무장하는 것을 인정하는 쪽으로 방향을 잡았지만, 머지않은 미래에 태평양을 나누자는 일본 제국과 또 한 번 맞서게 될지도 모른다.

미국과 공동으로 중국에 대응하는 일본

2022년 12월 16일 일본 정부는 각의(국무회의)에서 적 미사일 발사 거점 등을 공격할 수 있는 '반격 능력' 보유를 명기하고 방위력을 대폭 강화하는 방향으로 안보문서를 개정했다. 반격능력의 보유는 원거리 공격무기의 확보를 전제로 한다. 이로써 일본은 자국이 직접 무력공격을 받을 때뿐만 아니라 동맹국에 대한 무력공격으로 일본의 존립이 위협받는 사태가 발생하면 반격능력을 행사할 수 있게 되었다.

일본은 원거리 타격무기를 확보하고, 현재 GDP의 1% 안팎인 방위에산을 5년 뒤 GDP의 2%까지 늘릴 계획이다. 5년 새 방위비를 2배로 늘리면 일본은 미국과 중국에 이어 세계 3위 방위비 지출국이 될 것이다.

또한 일본은 전투 지속능력을 높이기 위해 탄약 및 유도탄을 확보하고 유사시 신속한 의사결정과 미군과의 일체성 강화를 위해 자위대 상설 통합사령부도 설치하기로 했다. 아울러 방위 산업을 육성하고 방위 장비 수출 규제 완화를 검토한다는 내용도 담았다.[86]

이는 일본의 평화헌법과 그에 기초한 전수방위 원칙에 위배되지만 미국 백악관과 의회는 일본의 보통국가화를 향한 여정을 환영한다고 밝혔다. 또한 바이든 대통령도 일본을 방문해 일본의 군사력이 미국과 일본의 동맹과 함께 이 지역에 필요한 선한 힘을 강화할 것이라고 말한 바 있다.[72]

바이든 행정부는 2022년 국방수권법NDAA: National Defense Authority Act에서 중국의 부상에 대응하기 위해 '태평양 억지 구상PDI: Pacific Deterrence Initiative'을 제시했다. 여기에는 미국이 인도 태평양 지역에서 인도를 포함한 아시아 태평양 국가들과 협력해서 대중 포위 라인을 구축하겠다고 읽을 수 있는 내용이 포함되어 있다. 바이든 행정부가 일본의 방위력 증강을 지지하는 이유도 중국 억제와 관련 있다. 2022년 1월 바이든 대통령은 일본의 기시다 후미오岸田文雄 총리와 회담을 갖고 동중국해와 남중국해에서 현상 변경을 시도하는 중국에 공동 대응하기로 했다. 그리고 미국의 안전보장 조약이 일본의 센카쿠 제도에도 적용된다는 사실을 확인해주었다.[73] 일본은 중국 견제라는 미국의 구상에 적극 협력하기 위해 방위력을 꾸준히 증강함으로써 역내에서 미국의 조력자 역할을 자처하고 있다.[87]

2차 세계대전 이후의 일본

나폴레옹전쟁이 끝난 직후, 오스트리아의 클레멘스 폰 메테르니히 Klemens von Met´ternich 수상이 주도한 빈회의에서는 '문제의 원인'이었던 프랑스를 유럽의 세력균형을 지킬 강대국의 일원으로 복귀시켰다. 빈회의는 전 세계를 베스트팔렌 조약으로 복귀시키는 것을 목표로 '고통을 안겼던 프랑스'에 대한 적개심을 억제했다.

그런데 이런 유연성이 1차 세계대전 이후 강화회의에서는 독일에 대해 발휘되지 못했다. 주로 프랑스의 요구를 반영한 독일에 대한 가혹한 책임추궁은 결국 히틀러와 같은 국가주의 독재자가 정권을 잡는 길을 열어주었으며 마침내 2차 세계대전으로 이어졌다.

적어도 베스트팔렌 조약으로의 회귀라는 차원에서만 보면, 미국도 일본이 주권국가로 복귀하는 것을 막았다. 2차 세계대전 후, 미 군정이 주도한 일본이 평화헌법에 일본이 무력을 포기한다고 규정했기 때문이다. 즉, 보통국가의 권리인 전투력 확보와 교전권을 부정했다.

전쟁이 끝나고 미국은 일본을 가혹하게 다루었다. 일본군을 해산한 뒤 일본을 비무장 농업국가로 만들려고 했다. 그러나 한국전쟁이 일어나면서 미국의 정책은 바뀔 수밖에 없었다. 일본은 미군에 후방 기지를 제공하고 미군의 작전을 지원했다. 일본은 한국전쟁 중 한반도 주변 해역에서 기뢰를 제거하는 작전에 부대를 투입했으며 항만 및 철도 업무에서 미군을 지원하기 위해 자국민을 파견했다.

1954년 일본은 자위대를 창설했다. 자위대는 군사조직이지만 평화헌법의 정신에 따라 경무장 노선을 유지해왔다. 상대로부터 무력공격을 받았을 때만 비로소 최소한의 방위력을 행사하는 데 그치며, 보유하는 방위력도 자위를 위해 최소한으로 한정한다는 전수방위 원칙을 세웠다. 일본 정부는 1976년 국민총생산 GNP 대비 1% 이내로 방위예산을 편성한다는 원칙도 결정했다. 그러나 1980년대 미국의 태평양 전략은 일본 근해에서 소련의 핵잠수함을 차단하기 위해 일본의 방위역량을 키우는 쪽이었다. 미국은 태평양 전역에서 소련에 대한 압력을 강화하는 데 일본과 한국이 동참하기를 바랐다.

레이건 대통령은 일본이 방위역량을 키워 서태평양, 동북아 방위의 한 축을 담당해야 한다는 계획을 세웠다.[88] 레이건 행정부 초기 국방장관이었던 캐스퍼 와인버거 Casper Weinberger 는 걸프만과 호르무즈 해협에서 말라카 해협을 지나 극동까지 미국 군함이 석유수송선을 지켜준다는 점을 상기시키면서, 필리핀부터 대만을 지나 일본에 이르는 동북아 수송로는 일본이 맡아야 한다고 보고했다.[89]

나카소네 야스히로 中曾根康弘 내각 시절인 1987년, 방위비를 GDP의 1% 이내로 제한한다는 원칙이 폐지되면서 1987~1989년에는 일시적으로 방위예산이 GDP의 1%를 넘기도 했다. 특히 나카소네 총리는 취임 직후인 1983년 1월 미국 방문 중 "유사시 일본 열도를 적성국 항공기가 침입하지 못하도록 주변에 높은 벽을 세운 거대한 배처럼 만들겠다"라고 말했는데, 이 말을 통역이 '침몰하지 않는 항공모함 invincible aircraft carrier', 즉 불침항모로 의역했다. 나카소네 총리가 불침항모라는 단어를 직접 사용하지는 않았지만, 어쨌든 미국 조야가 일본에 대한 의구심을 떨쳐버리게 하는 데는 성공했다.

실제로 일본은 대잠초계기 P3C를 100기 이상 구입했다. 이는 당시 기술수준에서는 일본 방위와는 별로 상관이 없었다. 미국은 소련과의 핵전쟁 시나리오에서 지상에서 발사하는 대륙 간 탄도미사일이나 공군기를 이용한 핵미사일 투발에 대해서는 대비할 수 있었다. 그러나 소련이 일본 북부, 오호츠크해에 배치한 잠수함에서 미 본토를 노리고 발사하는 잠수함 발사 탄도미사일에는 별 대책이 없었다. 따라서 미국은 일본이 소련을 봉쇄하는 역할을 해주길 바랐고 나카소네 총리는 이에 호응했다.[90]

1990년대 이후의 일본

1990년대에 들어서며 소련의 붕괴로 미-소 냉전은 끝났다. 미국의 대소련 전략에서 일본의 역할은 자연스럽게 작아졌지만 미국은 일본의 해외파병을 요구했다. 1차 걸프전 때 일본이 돈만 보내자 미국 조야는 일본에 노골적으로 불쾌감을 드러냈다. 이후 일본의 육상자위대가 1992년 6월 UN 평화유지활동PKO으로 캄보디아에 파병되는 등 자위대의 해외 활동영역은 점차 확대되었다.

1990년대에 들어 북한의 핵·미사일 개발이 본격화하면서 한반도 인근에서도 자위대의 역할이 점차 확대되었다. 2015년 안보 관련법이 일본 국회를 통과하면서 동맹국이나 우호국이 무력공격을 받아 일본이 '존립 위기 사태'에 이를 경우 집단자위권 행사도 가능해졌고, 집단자위권이 인정되면서 전투 임무도 수행할 수 있게 되었다.[91]

일본의 국방비 규모는 2012년까지만 해도 중국과 같았다. 일본은 2000년 이후 경제난과 재정적자로 인해 국방비를 계속 축소했다. 미국 달러로 환산하면 2000년 일본의 국방예산은 중국보다 63% 많았지만 2019년 기준으로는 중국의 1/5에 불과했다. 10년간 절대액수가 5% 정도 축소되어 무기를 새로 구입하는 대신 유지관리에 더 중점을 두는 전략을 추구해왔다.[92] 서태평양 지역에서 일본의 국방력이 약해진 것은 미국에 안정감을 주는 요소가 되었다. 그러나 일본이 정체한 사이 중국의 국방비는 눈부시게 증가했고, 중국을 봉쇄하려는 미국에 국방비를 아끼는 일본의 행위는 자신들 덕에 부자가 된 동맹이 여전히 자신들에게 국방의 책임을 전가하는 무책임으로 인식되어 왔다.

미국의 지정학자 피터 자이한 Peter Zeihan 은 미국은 유라시아대륙으로부터 철수할 것이고 대만과 페르시아만의 문제는 일본의 문제라고 확언했다. 지리상의 이점과 미국과의 관계에서 오는 이점을 살펴볼 때 중국은 이 지역에서 일본의 적수가 되지 않을 것이기 때문이다. 일본은 원양해군에서 이미 미국 다음으로 세계 2위다.[93] 산업과 기술의 발전 정도로 볼 때, 병기와 군수물자 제조에 일본은 빠르게 적응할 것이 분명하다. 이미 미국 공군의 중추인 F35 스텔스는 미쓰비시 중공업이 생산허가를 받아 앞으로 일본에서 생산될 예정이다. 호르무즈 해협에 이상이 생길 때 일본은 미국 대신 전함을 파견할 수 있는 유일한 나라이며 중동의 여러 나라와 우호적인 관계를 맺어온 의미 있는 수요처이기도 하다.

그러나 일본은 미국과 이웃하고 있다. 미국 대통령 중에서 이채롭게도 지정학 전략가로 손꼽히는 시어도어 루스벨트 Theodore Roosevelt 대통령은 러일전쟁 당시 일본을 응원했다. 태평양을 넘보면서 사사건건 미국에 반대하는 러시아 제국을 일본이 막아주었다고 생각했기 때문이다. 러시아 해군이 일본에 무너지는 것을 보고 루스벨트 대통령은 일본이 "우리의 게임을 했다"라고 설명했다. 그러나 일본이 러시아의 입지를 압도할 조짐을 보이자 그는 생각을 바꾸었다. 그는 팽창주의적인 일본이 서태평양에서 미국의 입지를 위협하고 결국은 하와이를 요구할지 모른다고 '정확하게' 예견했다. 루스벨트 대통령에게 노벨평화상을 안긴 포츠머스 강화조약(1905년 러일전쟁의 강화조약)[74]은 사실 현실주의 전략가로서 그의 냉정한 생각을 반영한 것이었다. 이로써 그는 러시아의 붕괴를 막고 일본의 팽창을 제한하면서도 러시아와 일본이 직접 대면하게 만드는 결과를 달성했다.[94]

한반도의 지정학적 의미

미국의 국제정치 전략가 즈비그뉴 브레진스키[75]는 한반도의 현상유지에 미국이 이해관계를 갖는 이유를 일본 때문이라고 분석한다. 남한에서 미군의 존재는 일본에 더 많은 전략물자를 집중하지 않고도 일본을 보호하는 데 도움이 되었다. 지금까지 일본은 군사적으로는 미국에 보호를 맡기고 산업발전에 국가 역량을 집중했다. 그러나 이러한 일본의 상태가 항구적인 것은 아니다.

미국이 가장 원하지 않는 것은 중국과 일본이 손잡는 것이다. 가까운 미래에 중국과 일본이 손잡을 가능성은 크지 않다. 다만 현재의 중국 공산당 지도부가 일본과 손잡을 가능성이 크지 않음을 염두에 두면서도 지정학적 스케일에서 한번 상상해봐야 한다. 중국과 일본이 처한 지정학적 조건은 의외로 통합적 힘이 강하다. 조금 더 다원화된 중국이 일본과 느슨한 연대를 구성할 수도 있고, 극단적이지만 일본이 20세기 초처럼 중국의 동쪽을 장악할 수도 있다. 그러려면 먼저 중국 공산당의 장악력이 약해지고 현재의 중국이 와해되는 수순을 밟아야 한다. 어느 쪽이되었든 중국과 일본이 지정학적으로 가까워지는 상황에서 가운데에 위치한 한반도에 미군이 계속 주둔할 가능성은 적다. 브레진스키는 특히 한반도가 통일되는 과정에서 중국이 한반도에서 미군 철수를 조건으로 통일을 용인할 가능성이 크다고 전망한다. 이 경우, 미국의 고민은 깊어진다. 미군이 없는 상태에서 통일된 한반도보다는 북한의 위협 아래 놓인 채 미군이 한반도에 주둔하는 편이 미국의 지정학적 안보상 더 나을 수 있다는 걸 인식하게 될지 모른다. 즉, 주한미군이 지난 80년 동안 일본을 보호하는 힘이었다면 앞으로는 일본과 중국의 결합을 견제하는 힘으로서 미국에 의미를 갖는다는 것이다.[95]

역사는 반복되는 것이 아닐 수 있지만 역사를 통해 우리는 강대국이 선택할 수 있는 지정학 전략의 경계선을 추론할 수 있다. 한동안 미국의 현실주의는 일본을 통해 중국을 봉쇄하려 하겠지만, 중국의 위협이 쇠퇴하고 나서 정말로 고립주의가 현실주의를 압도한다면 어떻게 될까? 미국이 서태평양을 관리하지 않기로 하면 일본을 중심으로 하는 동아시아 블록이 형성될 수 있다. 그것도 일본의 군사력을 중심으로 말이다. 그때가 되면 서태평양으로 힘을 투사할 수밖에 없게 된 동아시아 블록이 미국의 새롭지만 '오래된 골칫거리'로 재부상할 것이다.

18
기술의 지정학

미국이 만든 국제질서 속에서 가장 빠르게 성장한 나라가 바로 일본이다. 1980년대 일본은 경제적 성공의 정점에 있었다. 반도체, 자동차, 전자제품 등 첨단 산업에서 일본의 이름은 세계를 선도하는 상징과도 같았다. 그러나 이러한 부상은 단지 자랑으로 끝나지 않았다. 미국이 이끄는 국제질서 속에서 일본은 성장했지만, 그 질서가 위협받는 순간 일본은 가장 먼저 경계의 대상이 되었다. 도시바-코콤 사건과 《No라고 말할 수 있는 일본》은 미국이 일본을 다시 바라보게 만든 계기가 되었다. 미국의 동맹국에서 경쟁자로, 심지어 도전자로 보이기 시작한 것이다.

첫 번째 사건이 바로 도시바-코콤 사건이다. 코콤CoCom, 대공산권 수출통제위원회은 냉전 시기 서방 동맹국들이 공산권(특히 소련)으로의 전략물자 및 첨단기술 수출을 통제하기 위해 설립한 기구다. 1980년대 초, 일본의 도시바 머신Toshiba Machine은 노르웨이 기업 콩스버그Kongsberg와 협력하여 코콤 규정을 위반하고 소련에 잠수함 프로펠러 부품 제작에 필요한 고정밀 CNC컴퓨터 수치 제어 공작기계를 수출했다. 이 기계는 잠수힘 프로 펠러의 소음을 줄이는 데 사용되어 소련의 잠수함이 서방의 음향탐지 SONAR에 덜 노출되도록 돕는 기술이었다. 결과적으로, 소련 잠수함의 은밀성이 대폭 강화되면서 미국과 서방의 잠수함 탐지 기술에 큰 위협 이 되었다.

잠수함을 이용한 소련의 핵공격에 대해서 마땅한 대비책이 없었던 미국은 소련의 잠수함이 일으키는 소음을 통해서 잠수함의 행방을 일 일이 확인하는 데 만족하고 있었다. 그러나 어느 때부터인가 소음이 사 라졌다. 그리고 그 원인이 미국의 우방인 일본의 기업이 핵심 기계를 소 련에 팔았기 때문이라는 것을 깨달았다.

이 사건은 냉전 시기 일본과 미국, 그리고 국제 관계에서 중대한 외 교 및 산업적 영향을 미쳤다. 1987년, 이 사건이 밝혀지자 미국은 이를 강하게 비난하며 일본과 도시바에 대한 제재를 요구했다. 미국 의회는 도시바 제품의 수입 금지와 같은 강경 조치를 논의했다.

도시바 사건 자체는 잠수함 기술 유출과 관련되었지만, 미국은 이를 일본의 반도체 산업에 압력을 가하는 데 활용했다. 당시 일본 반도체 산 업은 미국과 경쟁에서 빠르게 성장하며 위협적인 존재로 떠오르고 있 었기 때문이다.

마침 이 무렵에 미국의 정가를 자극하는 일이 또 벌어졌다. 1989년 일본의 보수 정치인인 이시하라 신타로와 소니의 설립자인 모리타 아키 오가 공동 저자로 이름을 올린 책《No라고 말할 수 있는 일본日本よ、のと言 える国》이 출간되었다. 책은 일본이 미국의 압력에 순응하지 않고, 자주적

이고 강력한 목소리를 내야 한다고 주장했다. 일본은 기술과 경제 분야에서 미국을 능가할 만큼 성장했으며, 이를 통해 미국에 독립적인 입장을 취할 수 있다는 것이다. 따라서 전후에 일본을 벌하는 데 주안을 두었던 미국의 일본에 대한 경제적, 정치적 압박은 부당하며, 일본은 이를 거부해야 한다고 주장했다. 일본의 첨단 기술, 특히 반도체와 전자제품, 자동차 산업은 세계를 선도하고 있으므로, 미국에 휘둘리지 않아야 한다는 내용이었다. 책 제목에서 드러나듯, "No라고 말할 수 있는 일본"이라는 표현은 당시 일본의 경제적 자신감과 민족적 자부심을 반영했다.

책은 일본에서 큰 인기를 끌며, 국민적 공감을 얻었다. 일본의 경제적 성공에 자부심을 느끼던 대중은 미국에 더는 굴복할 필요가 없다는 메시지에 열광했다. 그러나 이 책은 일본에게 해로운 결과로 이어지고 말았다. 책의 영어 요약본이 워싱턴 정가에 돌기 시작하면서 미국 정치권에서 경각심을 불러일으켰기 때문이다. 당시 미국은 일본의 경제적 성장, 특히 반도체, 자동차, 전자제품 분야에서의 약진을 위협으로 간주하고 있었다. 일본인들 사이에서 책이 유행했다는 사실이야말로 일본이 미국의 동맹국으로서 협력적 관계를 유지하기보다, 경제적 경쟁자로서 미국의 영향력에 도전하려 한다는 신호로 해석되었다.

'만약 일본이 반도체 산업을 지배할 수 있다면 그들이 미국의 지정학적 우위에 도전하고자 할 때, 무엇으로 막을 수 있을 것인가?'라는 근원적인 두려움이 워싱턴을 지배했다. 미국의 전 국방장관인 해럴드 브라운은 기고문을 통해서 미국이 첨단 기술의 우위를 잃어버린다면 대외정책에서의 지위 역시 위기에 빠질 것이라고 주장했다.[96] 이렇듯 워싱턴에서는 "일본을 가만두어서는 안 된다"는 여론이 확산되기 시작했고,

일본의 경제적 부상을 견제하기 위한 구체적 조치가 필요하다는 목소리가 커졌다. 미국의 정치권과 산업계는 일본을 내상으로 경제직, 산업적 압박을 가해야 한다는 데에 공감대를 형성했다.

1980년대 말, 일본은 DRAM(동적 램) 등 메모리 반도체 시장에서 50% 이상의 점유율을 차지하며 미국을 압도했다. '노'라고 말할 수 있는 자신감의 배경에는 미국이 자신들에게 의지할 수밖에 없다는 계산이 깔려 있었던 셈이다. 미국은 반도체 산업에서 일본이 지배적인 위치를 구축하는 것을 지정학적으로 심각한 위협이라고 판단하기에 이르렀다. 미국은 일본의 반도체 기업들이 덤핑을 통해 시장 점유율을 확대하고 있다고 주장하며, 일본을 압박해 반도체 가격을 높이고 미국 반도체 기업들이 일본 시장에서 차지하는 점유율을 확대하도록 강요했다. 미국은 일본의 기술 산업, 특히 반도체, 자동차, 전자제품 분야에 대한 규제를 강화했다. 하지만 미국의 대응은 단순히 일본을 억누르는 데 그치지 않았다. 일본을 대체할 대안을 만들어야 했다. 여기서 등장한 나라가 바로 한국과 대만이었다. 당시 한국과 대만은 일본과 달리, 미국의 의도에 반발할 여력이나 의지가 없는 신흥 경제 국가였다. 미국은 이들에게 기술을 이전하고 자금을 지원하며 일본 반도체의 대항마로 키우기 시작했다. 삼성전자와 TSMC의 부상은 이렇게 시작되었다.

삼성전자는 1980년대 후반부터 DRAM 생산에 뛰어들었다. 이때만 해도 일본 기업들에 비하면 후발주자에 불과했지만, 삼성은 대규모 투자와 지속적인 기술 개발로 빠르게 성장했다. 1990년대에 들어서는 일본의 NEC, 히타치 같은 기업들을 추월하며 DRAM 시장의 1위 자리를 차지했다. 오늘날 삼성전자는 메모리 반도체뿐 아니라 비메모리 반도체에서도 존재감을 키우며 세계 시장을 지배하고 있다.

한편, 대만의 TSMC는 파운드리라는 새로운 길을 개척했다. 설계를 전문으로 하는 미국 기업들에게 생산을 대신해주는 서비스를 제공하며, 첨단 기술력을 바탕으로 글로벌 반도체 산업의 필수적인 존재가 되었다. 애플, 퀄컴, 엔비디아 같은 기업들이 TSMC를 의존하게 되면서, 대만은 세계 반도체 공급망의 중심지가 되었다.

아이러니하게도, 미국이 일본을 견제하기 위해 만든 이 체제는 한국과 대만이라는 새로운 강자를 만들어냈다. 삼성과 TSMC는 이제 일본 기업들보다 훨씬 강력한 글로벌 경쟁자가 되었고, 일본은 반도체 시장에서 과거의 영광을 거의 잃었다. 일본의 반도체 기업들은 미국의 압박과 내부적인 구조적 한계를 극복하지 못하고 쇠락의 길로 접어들었다.

1980년대에 벌어진 사건들은 여전히 중요한 교훈을 남긴다. 기술은 단순히 경제적 도구가 아니라 지정학적 무기가 될 수 있다. 일본이 미국의 동맹국에서 경쟁자로 전환되었던 그 순간처럼, 오늘날 세계질서 속에서 한 나라의 기술적 부상은 단순히 그 나라의 성공으로 끝나지 않는다. 누군가의 성공은 다른 나라에게는 지정학적 위협으로 간주될 수 있다.

2018년, 트럼프 행정부의 마이크 펜스 부통령은 중국을 미국의 전략적 경쟁자로 규정했다. 이는 단순한 수사적 표현이 아니라, 이후 벌어진 일련의 사건들을 통해 구체화되었다. 트럼프 행정부는 중국의 부상을 억제하기 위한 강력한 조치를 단행했다. 그 대표적인 사례가 화웨이 사건이다. 2018년, 미국은 화웨이의 재무담당자인 멍안저우를 이란 제재 위반 혐의로 기소하려 했고, 그녀는 그해 12월에 캐나다를 방문하는 길에 체포되었다. 이는 미국이 서방 국가들과 협력해 중국 기술 기업의 도전을 차단하려는 의지를 상징적으로 보여주는 사건이었다.

화웨이는 단순히 중국의 성공적인 글로벌 기업이 아니라, 5G 네트워크 시장을 석권할 태세를 갖추고 있었다. 5G는 차세대 기술 경쟁의 핵심이었고, 화웨이는 이를 통해 글로벌 기술 주도권을 확보하려 했다. 그러나 미국의 제재 이후 화웨이는 타격을 받기 시작했다.

미국의 압력은 단순히 화웨이에 국한되지 않았다. 중국의 기술적 부상을 견제하기 위해, 미국은 일본, 한국, 대만, 네덜란드와 같은 핵심 동맹국들에게 협력을 요청했다. 특히 TSMC는 이 과정에서 중요한 역할을 했다. 한때 화웨이는 TSMC에게는 두 번째로 큰 고객이었다. 화웨이는 애플에 이어 TSMC의 매출에서 중요한 비중(약 15%)을 차지했으며, 최첨단 반도체 칩의 주요 구매자였다. 그러나 미국의 압력으로 인해 TSMC는 화웨이에 반도체를 공급할 수 없게 되었다. 모리스 창, TSMC의 설립자 겸 명예회장은 "세상 모두에게 서비스를 제공할 수 있던 좋은 시절, 그런 시절은 더 이상 없다. 더 이상 나빠지지 않기만을 바랄 뿐이다"라고 말했다.[97]

TSMC로서는 화웨이와의 관계를 단절하는 것이 고통스러운 일이었다. 그러나 다른 선택지는 없었다. 미국의 제재를 무시하는 것은 TSMC와 대만의 전체 산업에 치명적인 결과를 초래할 수 있었기 때문이다. 이 사건은 기술 패권을 둘러싼 국제 관계가 단순한 경제적 선택이 아니라 생존의 문제가 될 수 있음을 보여준다.

미국의 제재 이후 화웨이는 단순히 사세가 꺾인 것을 넘어 생존 자체가 위협받고 있다. 화웨이는 반도체 공급 부족으로 인해 5G 스마트폰

시장에서 사실상 퇴출되었고, 글로벌 시장 점유율도 급격히 감소했다. 이는 기술 패권 경쟁에서 중국의 후퇴를 의미하지만, 동시에 미국과 중국 간의 기술 냉전이 더욱 심화되는 계기가 되었다.

미국은 중국 기업의 부상을 저지하기 위해 동맹국들에 협력을 요청했다. 그러나 이 요청은 단순한 제안이 아니라 거부할 수 없는 강요였다. 일본은 1980년대, 미국과의 반도체 경쟁에서 한순간에 우위를 잃어본 경험이 있다. 당시 DRAM 시장에서 50% 이상을 점유했던 일본 기업들은 미국의 규제와 압박으로 쇠퇴의 길을 걸었다. 일본은 그때의 교훈을 통해 미국이 요구하는 협력에 순응하지 않을 경우 어떤 결과가 초래되는지 잘 알고 있다.

한국과 대만은 현재 글로벌 반도체 공급망의 중심에 있지만, 미국의 정책 방향에 크게 의존하고 있다. 특히 삼성전자와 TSMC는 첨단 반도체 기술을 통해 세계를 선도하고 있지만, 미국이 주도하는 규제와 동맹 구조 속에서 자유롭게 움직일 수 없는 상황이다.

1980년대 일본의 사례는 기술이 경제적 도구에 그치지 않고, 국가 간의 힘과 패권을 좌우하는 핵심 요소가 될 수 있음을 보여주었다. 그리고 오늘날, 중국을 견제하기 위해 TSMC와 같은 동맹국 기업들을 동원하는 미국의 전략은 그 연장선에 있다.

기술 패권 경쟁은 단순히 시장 점유율을 확보하는 싸움이 아니라, 국가 간의 생존과 지배력을 둘러싼 지정학적 전쟁으로 진화하고 있다. 일본이 미국과의 경쟁에서 겪은 좌절과, 중국이 미국의 제재로 인해 맞이한 현재의 위기는 기술이 단순한 산업적 성공의 척도가 아니라 국제 질서를 재편하는 도구임을 다시금 상기시킨다.

결국, 과거 일본이 겪었던 위기는 오늘날 한국과 대만, 그리고 나아가 중국에도 여전히 유효한 교훈을 제공한다. 기술 패권은 디는 특정 국가의 독립적 성공이 아닌, 국제 정치의 주요 전장으로 남아 있다. 이는 우리가 기술의 미래를 바라보는 데 있어 단순한 산업적 관점을 넘어, 지정학적 시각을 함께 고려해야 함을 시사한다.

19
마침내 고립주의 전성시대가
다가오는가?

미국은 계속 고립주의를 고집할 수 있을까?

트럼프 현상, 즉 미국의 이익을 대변하는 트럼프가 미국 내에서 호응을 얻은 것은 세계문제에 관여하는 일에 미국 국민이 얼마나 피로감을 느끼고 있는지를 대변한다. 미국에는 이상주의만큼이나 뚜렷한 정치적 흐름이 있는데 바로 고립주의다. 고립주의는 세계에 대한 개입 이후 뒤따라 목소리가 커지곤 한다. 대표적으로 1차 세계대전 참전 이후 고립주의가 미국을 휩쓸었다. 그 결과 영국 태생의 미국 시인인 위스턴 오든Wystan Auden이 '저급하고 불성실한 10년'이라고 지칭한 1930년대를 보내면서[98] 유럽과 세계는 다시 진창 속으로 빠져들고 말았다.

1차 세계대전 이후 미국에서는 유럽전쟁에 참여한 것이 금융가들의 음모였다는 음모론이 퍼졌다. 실제로 이런 여론은 제도권에서도 세력화가 되었다. 상원의원인 제럴드 나이Gerald Nye가 특위위원회Nye Committee, 1934-1936를 구성해 보고서를 냈는데, 이 보고서에 따르면 월가의 금융가들이 유럽에 떼인 돈을 받기 위해 윌슨 대통령을 설득했다고 한다. 이 보고서의 여파로 미국 의회는 유럽전쟁 참여를 금시하는 중립법[76]을 통과시켰다. 2차 세계대전이 벌어지자 루스벨트 대통령은 영국을 돕고 싶어 했으나 이 법안과 여론의 고립주의 때문에 많은 어려움을 겪었다.[77]

한국전쟁을 물려받은 아이젠하워도 노골적인 고립주의자는 아니었지만 세계에 대한 개입을 경계하는 태도를 보였다. 그는 대통령직에서 퇴임하면서 군과 산업의 복합체가 미국을 세계문제에 계속 개입시키려고 한다고 경고했다. 아이젠하워는 '군산복합체'라는 단어를 처음 사용한 대통령이다.

베트남전쟁의 수렁에 빠진 미국 정부를 흔든 것도 단지 비현실적인 이상주의만은 아니었다. 미국의 안보에 당장 위협이 되지 않는 인도차이나반도에 개입하는 것을 반대하고 당장 철수하라는 고립주의자들의 요구가 이상주의자들의 낭만적 세계관과 만나면서 당시 미국 정부의 발목을 잡았다. 그러나 전후 세계질서의 책무를 떠안은 미국에서 고립주의가 주도권을 잡기는 어려웠다. 단지 고립주의에 대한 열망이 도도한 흐름으로서 꺾이지 않고 이어질 뿐이었다.

고립주의가 전면에 나서기 어려운 데는 현실적인 이유가 있었다. 미국은 실제로 해외에 이해관계를 갖고 있었으며 특히 석유자원의 해외 의존도가 문제였다. 고대로부터 얽히고설킨 중동지역에 끝없이 관여해야만 했던 것도 따지고 보면 중동에 대한 석유의존 때문이었다. 고립주의자들도 미국이 석유자원을 포기하고 과거로 회귀해야 한다고 주장할 수는 없었다.

그러나 고립주의자들에게 좋은 기회가 찾아왔다. 이미 소련의 해체로 수많은 동맹의 안보를 책임져야 할 이유가 없어진 지 오래인 데다, 셰일가스Shale gas 혁명[78]으로 미국은 러시아와 사우디아라비아를 제치고 석유 매장량 세계 1위 국가가 됐다. 석유 자립만이 아니라 마음만 먹으면 석유수출 국가가 되는 것도 가능해진 것이다. 전통적으로 미국은 농업에 강했기 때문에 식량과 에너지 자급이 모두 가능한 강대국이 되었다. 미국이 외국의 에너지 안전으로부터 자유를 얻은 마당에 미국 국민으로서는 중동에서부터 극동까지 이어지는 석유수송로의 안전을 미 해군이 나서서 책임지는 현재의 구조에 대해 깊은 회의감을 가질 수밖에 없게 되었다.

해양 세력의 고립주의 방향은 '요새화 전략'이다

미국은 해양 세력이며 해양 세력은 거점을 지배하는 전략을 구사한다. 즉, 대륙 세력처럼 영토를 확장하고 실질적으로 지배하는 데 역량을 쏟지 않는다. 대신 급소choke point를 확보해 항행의 자유를 유지하려고 한다. 지브롤터 해협, 수에즈 운하, 호르무즈 해협, 말라카 해협이 유라시아의 대표적인 급소다. 해양 세력은 거대한 교통로로서 바다라는 공유재를 확보하는 데 깊은 이해관계를 갖는다. 넓은 배후지도 없고 인구도 많지 않았던 베네치아가 전투적인 육지 국가들에 맞서 1,000년이나 독립을 유지했던 것도 지정학적 지배에서 효율성을 추구했기 때문이다. 해양 세력은 바다라는 방벽을 활용하기 때문에 육지의 세력 다툼으로부터 자유롭기 위해 고립주의 전략을 구사하려고 한다. 영국이 그러했고 미국도 이 전통을 이어받았다. 기술의 발달, 특히 공군력의 발달에 따라 영불 해협이 불가능한 장벽으로 기능하지 않았기 때문에 영국의 고립주의에는 시효가 있었다.

미국도 마찬가지다. 미국의 고립주의는 '미국 요새화 전략fortress America'으로 포장되기도 한다. 이는 민주주의의 보루로서 병기창 역할만 맡는 안전한 전략이다. 루스벨트 대통령은 진주만 공격 이전까지는 '민주주의 병기창arsenal of democracy'의 지위를 군건히 지키려 했다. 미국이 군사력이 아니라 기술을 이용해 세계질서를 유지하는 데 효과적으로 기여할 수 있다고 확신했기 때문이다.[99] 이는 미국을 일종의 '대륙섬continental of island'으로 인식하고 자신의 해안선을 지키는 것에 초점을 맞추며 국제문제에 관심을 기울이지 않으려 하는 미국인들의 성향을 반영한 전략이었다.[100] 그러나 해양의 거점만 확보하고 미국 본토를 요새화하는 것만으로 세계문제로부터 자유로울 수는 없다.

남미의 경우를 살펴보자. 남미는 미국 바로 아래 있지 않고 남동쪽으로 치우쳐 있다. 브라질의 해안도시에서 뉴욕까지의 거리는 브라질 해안도시에서 유럽 서해까지의 거리와 비슷하다. 이는 곧 유럽을 장악한 대륙 세력이 남미를 세력권에 포함시킬 수 있다는 말이 된다. 미국이 요새화 전략에 안주하지 않고 유럽전쟁에 참여한 현실적인 이유는 유럽을 장악한 세력이 남미까지 힘을 투사할 수 있다는 우려 때문이다.[101] 영국인들이 미국을 대신해 나치와 싸워 주었다는 말이 완전히 빈말은 아니라는 것이 미국 전략가들의 생각이었다.

미국의 요새화 전략, 동아시아에서는 가능하다

그런데 동아시아는 다르다. 아시아의 부흥에 따라 동아시아는 군사전략적으로 의미 있는 지역이 되었다. 중국과 북한은 미국 본토를 노릴 수 있는 대륙 간 탄도미사일을 보유하고 있으므로 적어도 서태평양에서 미 해군을 밀어낼 수 있는 능력은 가지고 있는 셈이다. 게다가 중국이나 일본이 남미까지 힘을 뻗치기에는 거리상 무리가 있다. 파나마 운하 개통 이후 미국의 서해와 동해가 전략적으로 이어졌으므로 미 해군은 태평양에서 총력전을 펼칠 수 있게 되었다.[102] 동아시아 세력이 한동안 북미는커녕 남미에 힘을 투사하기도 어려울 것이라는 사실을 미국인들과 동아시아 전략가들 모두 인지하고 있다. 이런 인식은 브레진스키가 '만약 2차 세계대전에서 나치 독일이 승리했다면 하나로 통일된 유럽이 세계적 우월성을 획득했겠지만, 일본이 태평양전쟁에서 승리했더라도 일본은 지역패권국가로 남았을 것'이라고 주장한 것에서도 확인할 수 있다.[103] 즉, 미국의 군사적 고립주의는 대서양에서보다 태평양에서 현실화될 가능성이 크다고 예상할 수 있다.

중국이 미국의 패권에 도전한다지만 잘 생각해보면 중국의 팽창은 러시아, 인도, 한국, 대만, 일본의 문제이지 당장 미국의 코앞에 닥친 문제가 아니다. 반면에 미국이 인도와 한국, 일본이 해야 할 일을 대신해줌에도 불구하고 이 국가들로부터 그에 걸맞은 존경과 경제적 대가를 얻는 것 같지는 않아 보인다. 이런 관점이 이미 오래전부터 미국 일반 국민의 세계 인식에 자리 잡고 있었다는 사실이야말로 트럼프의 등장을 무시하거나 축소했던 미국 주류 언론과 정치, 관료 엘리트들이 놓쳤던 점이다. 트럼프는 한 개인이지만 트럼프 현상은 미국 정치의 수면 아래 잠들어 있던 고립주의가 기지개를 켜고 주류로 대두하는 과정에서 나온 현상일 수 있다. 미국이 없는 유라시아를 상상하는 것이 단지 지적 유희를 위한 사고실험이 아니라, 국제정치에서 구조화된 현실이 될 수 있다는 경보가 울려퍼진 지도 10년이 넘어가고 있다.

미국이 고립주의 요구에 대응하는 법, 지역문제의 지역화

2023년 8월 18일, 한국의 윤석열 대통령, 미국의 조 바이든 대통령, 일본의 기시다 후미오 총리는 미국 메릴랜드주 캠프 데이비드에서 정상회담을 열고 '캠프 데이비드 공동성명'을 발표했다. 이 성명은 동북아시아의 불안정한 안보 환경, 특히 북한의 핵·미사일 위협과 중국의 군사적 팽창에 대해 세 나라가 포괄적이고 체계적으로 협력하겠다는 내용을 담고 있다. 미국은 중국을 '전략적 경쟁자'로 규정하며 동맹국들과의 협력을 통해 중국의 팽창을 견제하고 있다. 이런 상황에서 한국과 일본은 미국의 인도·태평양 전략에서 빼놓을 수 없는 핵심 축이며, 양국의 관계 개선은 필수적이었다. 그러나 한일 간에는 과거사 문제, 독도 영유권 분쟁 등 민감하면서도 쉽게 풀리지 않는 갈등이 여전히 존재한다. 그럼에도 불구하고 윤석열 정부와 기시다 정부는 이러한 갈등을 넘어 공동의 위협에 맞서기 위해 협력해야 할 필요성을 절감했고, 이는 이번 정상회담에서 재확인되었다.

정상회담의 가장 큰 성과 중 하나는 '3자 안보 협의체'의 공식화였다. 북한의 위협에 대응하기 위해 3국 간 연합 군사훈련을 정례화하기로 합의했고, 북한 미사일 발사에 대한 실시간 정보공유체계를 구축하기로 했다. 이는 오바마 행정부 시절부터 강조되어 온 한미일 간 안보 정보 협력의 연장선상에 있다. 더욱 의미 있는 부분은 이 회담이 미국 땅에서, 미국 대통령의 중재 아래 이루어졌다는 점이다. 이는 그간 한국과 일본 간 갈등에 일정한 거리를 두었던 미국이 이제는 적극적으로 양국

2023년 8월 한국, 미국, 일본이 함께 발표한 캠프 데이비드 공동성명

간 화해와 협력을 촉진하겠다는 강력한 의지를 드러낸 것이다. 미국의 이러한 글로벌 전략 변화는 동북아에서만 나타나는 특수한 현상이 아니라, 중동에서도 유사한 패턴으로 반복되고 있다.

　미국은 글로벌 안보 전략을 위해 전 세계를 지역별로 나누어 전구사령부Combatant Commands를 두고 있다. 이 중 유럽사령부EUCOM는 유럽 및 러시아를, 중부사령부CENTCOM는 중동과 중앙아시아를 관할한다. 과거 이스라엘은 중동에 위치했음에도 불구하고 유럽사령부에 속해 있었다. 이는 이스라엘과 중동 국가들 간의 긴장 관계로 인해 군사적 협력체계가 원활하지 않았기 때문이었다. 그러나 2021년, 미국은 이스라엘을 중부사령부로 이관했다.

　이 변화는 단순한 행정 조정이 아니라, 중동 내 역학 관계의 변화와 미국의 새로운 전략적 의도를 반영한 것이다. 핵심 배경은 2020년 아브라함 협정이었다. 이 협정을 통해 이스라엘은 아랍에미리트UAE, 바레인, 모로코 등과 외교 관계를 정상화했다.

이스라엘은 이제 사우디아라비아, UAE, 바레인, 이집트 등 중동 내 미국 동맹국들과 군사적, 안보적 협력체계를 구축할 수 있게 되었다. 정보 공유, 연합 군사훈련, 미사일 방어체계 통합 등이 그 예다. 이러한 협력은 이란과 극단주의 테러 세력에 대응하기 위한 공동의 전략적 필요성에서 비롯되었다. 이스라엘이 중부사령부로 편입되며 중동 내 미국 동맹국들과 협력체계를 구축한 것처럼, 한미일 3국 협력 체제도 비슷한 맥락에서 진행되고 있다. 이스라엘과 걸프국가들이 공동의 위협인 이란에 맞서 협력해야 했듯, 한국과 일본도 북한의 핵·미사일 위협과 중국의 군사적 부상이라는 공통의 위협에 직면해 있다.

두 협력 체제는 미국의 강력한 리더십에 기반하고 있다는 공통점이 있다. 미국은 이스라엘과 중동 국가들을 연결하고, 동시에 한미일 협력을 통해 동북아 안보 체제를 강화하는 중재자 역할을 수행하고 있다. 특히 이 두 협력 체제는 단순한 군사적 협력에 국한되지 않고, 기술 협력, 경제 안보, 공급망 안정화 같은 포괄적 협력체계로 확장되고 있다. 중동 내 이스라엘과 걸프 국가들의 협력은 이란 및 극단주의 테러 단체에 대응할 필요 때문에 가능했다. 화해하기 어려워 보였던 이스라엘과 아랍 국가들이 이란의 위협 앞에 협력을 선택했다. 한미일 협력 또한 마찬가지다. 일단 북한의 멈추지 않는 핵과 미사일 위협이 한국과 일본 모두에게 시급한 사안으로 부상했고, 무엇보다 중국의 군사적 부상이 핵심이다. 중국이 대만 인근에서 군사적 야욕을 드러낼 경우 한국과 일본이 가장 큰 피해를 당하게 된다. 한국과 일본 사이에도 아직 풀리지 않은 역사적, 정치적 현안이 남아있지만 이스라엘과 아랍국가들 사이의 극단적 갈등과 비교하면 극복할 가능성이 훨씬 높다.

이런 패턴 속에서 미국의 글로벌 군사 전략의 변화를 읽을 수 있다. 과거 미국은 스스로 나서서 악당에 맞섰고, 글로벌 경찰 역할을 수행했다. 그러나 이런 독자적 군사 전략은 막대한 비용을 초래했고, 국제사회에서 미국의 이미지에 악영향을 미쳤다. 미국은 이제 지역의 문제를 지역화하는 쪽으로 전략을 전환하고 있다. 즉, 호르무즈 해협의 안전이나 대만 해역의 안보 문제는 미국보다는 한국, 일본, 대만, 이스라엘 등 당사국들에게 더욱 시급한 문제이며, 미국은 이들이 안보의 최전선에서 역할을 수행하도록 유도하고 있다.

미국은 국민들의 고립주의적 열망과 국제적 리더십 사이에서 균형을 잡아야 한다는 정치적 압력을 받고 있으며, 이에 지역 문제를 지역 동맹들이 해결하도록 유도하면서, 자신은 후방에서 지원과 중재 역할을 수행하려 한다. 이 전략을 성공적으로 실행하기 위해서는 각 지역마다 존재하는 질서 전복 세력(중국, 이란 등)에 맞서 폭넓은 연대를 구축해야 한다. 이스라엘과 중동 국가들이 이란에 대응하며 협력하듯, 한국과 일본이 중국의 부상에 대응해 협력해야 하는 이유가 여기에 있다.

결국 미국은 각 지역마다 협력체계를 설치하고 이를 '현지화된 동맹 시스템'으로 발전시키려 한다. 그 결과 미국은 군사적, 경제적 비용을 줄이면서도 글로벌 질서를 관리할 수 있는 중재자이자 촉진자의 역할을 수행할 것이다. 이는 단순한 지역 문제 해결이 아니라, 미국이 글로벌 패권을 유지하기 위한 새로운 전략적 해법이다.

20
아브라함 협정,
중동문제의 중동화

미국은 어떻게 중동에 빨려들어갔는가?

중동은 미국 외교정책의 한계를 고스란히 드러내는 역사적 박물관과도 같다. 미국이 중동에 본격적으로 개입하게 된 시기는 1950년대 드와이트 D. 아이젠하워Dwight D. Eisenhower 대통령 집권 시기로 거슬러 올라간다. 당시 중동은 영국, 프랑스, 소련이라는 세 열강의 영향력 아래 놓여 있었으며, 미국의 존재감은 지금과는 비교할 수 없을 정도로 미미했다. 하지만 1952년 이집트 혁명을 통해 중동의 질서는 급변하기 시작했다.

이집트에서 가말 압델 나세르Gamal Abdel Nasser가 이끄는 청년 장교들이 쿠데타를 성공시키고 권력을 장악하면서, 중동의 판도는 새로운 국면으로 접어들었다. 나세르는 아랍 민족주의Pan-Arabism라는 강력한 이념을 내세웠다. 그의 비전은 단순한 국가주의를 넘어 아랍 세계의 통합, 서구열강의 축출, 독립적인 경제 개발을 포함하고 있었다. 나세르는 이념적으로 소련의 지원을 받으며, 서방 열강의 영향력을 몰아내기 위해 적극적으로 행동했다.

1956년, 나세르는 아스완 하이댐Aswan High Dam건설을 위해 미국과 서방 국가로부터 지원을 얻어내려 했다. 그러나 소련과의 관계를 단절하라는 서방의 요구에 대해서 나세르는 중립 외교 정책을 유지하면서 소련과의 관계를 끊지 않았고, 이는 미국의 불신을 불러왔다. 결국 미국과 세계은행은 아스완 하이댐 건설 자금 지원을 철회했다. 이에 격분한 나세르는 서방에 정면으로 맞서기 위해 극단적인 결단을 내렸다. 1956년 7월 26일, 그는 이집트를 가로지르는 수에즈 운하Suez Canal를 국유화한다고 선언했다.

수에즈 운하는 1869년 프랑스의 페르디낭 드 레셉스Ferdinand de Lesseps가 건설한 후 영국이 관리하던 국제적 무역로였다. 이곳은 서유럽이 아시아와 인도양으로 진출하는 핵심 해상로로, 영국과 프랑스에게는 반드시 지켜야 할 전략적 요충지였다. 이집트의 수에즈 운하 국유화 선언은 영국과 프랑스를 충격에 빠뜨렸다. 두 나라는 이스라엘과 연합하여 군사 작전을 계획했다. 이들은 이스라엘을 선봉에 세워 이집트를 침공한 후, 영국과 프랑스가 수에즈 운하를 재탈환하는 작전을 구상했다.

1956년 10월 29일, 이스라엘군이 시나이반도를 침공하며 수에즈 위기가 본격화되었다. 그러나 이 작전은 아이젠하워 대통령의 강력한 반발에 부딪혔다. 아이젠하워는 영국과 프랑스, 이스라엘의 군사작전에 분노하며, 즉각 철수를 요구했다. 아이젠하워의 계산은 단순했다. 그는 소련의 확장을 막기 위해 중동에서 서방 연합군이 정당성을 유지해야 한다고 믿었다. 그러나 영국과 프랑스의 군사 개입은 제국주의적 야욕으로 비쳤고, 이는 냉전 상황에서 서방 진영의 도덕적 입지를 약화시킬 위험이 있었다. 아이젠하워는 영국과 프랑스가 철수하지 않으면 경제적 제재를 가하겠다고 경고했다. 영국은 당시 경제적으로 미국의 지원에 크게 의존하고 있었기 때문에, 이 경고를 무시할 수 없었다. 결국 영국과 프랑스는 수에즈 운하에서 철수할 수밖에 없었고, 이 사건은 서방 동맹 내에서 영국과 프랑스의 위상에 심각한 타격을 입혔다.

아이젠하워의 강력한 개입은 단기적으로는 성공한 것처럼 보였다. 그러나 이 사건은 나세르의 정치적 입지를 더욱 강화하는 결과를 가져왔다. 수에즈 위기를 통해 나세르는 중동 전역에서 아랍 민족주의의 상징적 지도자로 떠올랐고, 그의 카리스마와 메시지는 중동 전역으로 확산되었다. 이라크, 시리아, 요르단, 레바논 등 다른 아랍 국가에서도 반서방 정서와 민족주의 열기가 들불처럼 번져나갔다. 1958년, 나세르는 시리아와의 통합을 통해 아랍 연합공화국United Arab Republic, UAR을 출범시키며 아랍 세계의 통합을 현실화하려 했다. 그러나 이러한 통합 시도는 내부 분열과 권력 갈등으로 오래가지 못했고, 중동 지역에는 더욱 심각한 갈등과 혼란이 초래되었다.

이 혼란은 단순한 지역적 불안정성을 넘어 냉전의 전장으로 확장되었다. 나세르의 공화주의와 민족주의는 사우디아라비아를 비롯한 보수 왕정국가들과의 대립을 촉발시켰고, 이 갈등은 예멘 내전1962-1970과 같은 대리전으로 나타났다. 미국은 이 같은 상황을 공산주의의 확산으로 간주하며, 중동에서의 군사적·경제적 개입을 더욱 강화했다. 1957년, 아이젠하워는 아이젠하워 독트린Eisenhower Doctrine을 발표하며 중동에 대한 본격적인 개입을 선언했다. 이 독트린은 공산주의 세력의 확산을 막기 위해 필요하다면 군사력을 사용할 것이라는 원칙을 담고 있었다.

아이러니하게도, 미국은 영국과 프랑스를 몰아내고 중동에서 새로운 패권국으로 자리 잡았다. 하지만 이 과정에서 미국은 중동의 복잡한 종교적, 민족적, 정치적 갈등에 깊숙이 휘말리게 되었고, 이는 훗날 이란 혁명1979, 걸프 전쟁1990-91, 이라크 전쟁2003 등으로 이어지는 끝없는 개입과 갈등의 서막이 되었다.

결국, 아이젠하워는 나세르의 아랍 민족주의가 불러올 파급력을 과소평가했고, 나세르의 부상은 미국이 중동에서 겪게 될 긴 갈등과 치르게 될 막대한 비용의 시작점이 되었다. 그의 리더십은 중동 전역에서 쿠데타와 내전을 촉발시키는 계기가 되었고, 이는 오늘날까지 중동 불안정성의 뿌리가 되고 있다.

수에즈 위기에 대한 미국의 대응은 이후 반복되고 있는 미국 외교정책이 초래한 난맥상들을 압축적으로 보여준다. 미국은 자신의 외교정책에서 도덕적 우위를 지키고자 노력한다. 그러나 이런 접근은 도덕기준이 미국과 다르거나 도덕기준 자체를 무시하는 현실세력들을 효과적으로 제어하는 데 별로 도움이 되지 않는다. 오히려 적들은 물론 미국의 친구들도 미국의 도덕주의를 악용하려고 한다. 미국이 현실을 받아들였을 때는 사실상 미국이 주도권을 가지고 있지 않을 때이고 그때마다 미국은 수렁에 빨려들어가듯 혼란 가운데로 들어가서 고군분투하고 있는 자신을 발견하게 된다. 더구나 미국의 고군분투가 혼란을 해결하지 못하는데도 말이다.

미국의 전략이 미국의 족쇄가 되다

2001년 9월 11일, 전 세계를 충격에 빠뜨린 9·11 테러가 발생했다.

알카에다의 테러리스트들이 납치한 민항기 네 대가 미국의 핵심 상징물을 공격했고, 뉴욕 세계무역센터가 붕괴했으며 펜타곤도 타격을 입었다. 이 테러로 약 3,000명이 사망했으며, 이는 미국 본토에서 발생한 역사상 최악의 테러 공격이었다. 이 사건의 주동자 오사마 빈라덴Osama bin Laden은 사우디아라비아 출신이었으며, 테러리스트 중 15명이 사우디 국적자였다. 그러나 미국은 사우디아라비아에 책임을 묻기 어려웠다. 이유는 단순했다. 미국과 사우디는 지정학적 이해관계로 얽혀 있었기 때문이다.

사우디 극단주의자들이 미국 본토를 공격하기로 마음먹은 이유는 신성한 사우디에 미군이 주둔하고 있기 때문이었다. 미군이 사우디아라비아에 주둔하게 된 계기는 1990년 이라크의 쿠웨이트 침공이었다. 이라크의 지도자 사담 후세인Saddam Hussein은 이란-이라크 전쟁1980-1988으로 발생한 막대한 부채를 해결하기 위해, 부유하지만 군사력이 약한 이웃 나라 쿠웨이트를 침공했다. 쿠웨이트는 석유 매장량이 풍부하고 전략적 요충지였기 때문에, 후세인은 이곳을 장악함으로써 경제적 위기를 타개하려 했다. 그러나 이 침공은 국제사회의 강력한 반발을 불러왔다. 특히 미국으로서는 국제석유가격을 흔들 수 있는 생산점유율을 한 명의 독재자 손에 쥐어줄 수 없었다. 그래서 걸프전쟁1990-1991을 통해 이라크군을 쿠웨이트에서 축출했다. 이 작전을 수행하기 위해 미군은 사우디아라비아에 대규모 군사기지를 구축했다.

그런데 사담 후세인이 국경선을 바꾸려는 야망을 실천에 옮길 수 있었던 데는 미국이 자신의 뒷배이기도 하다는 자만심 탓도 있었다. 후세인은 미국의 지원을 받아왔었다. 1979년 이란 혁명으로 친미 왕정이 무너지고 호메이니 신정체제가 들어서면서, 미국은 이란의 확산되는 이슬람 혁명을 저지할 방파제가 필요했다. 사담 후세인이 이끄는 이라크가 그 대안이었다. 이란-이라크 전쟁 동안 미국은 공식적으로 이라크를 지원했지만, 뒤에서는 이란에도 무기를 공급하며 양국의 소모전을 유도했다. 미국의 목표는 두 나라가 서로를 소진시켜 중동의 균형을 유지하는 것이었다.

그러나 이 전략은 부메랑이 되어 돌아왔다. 전쟁이 끝난 후 사담 후세인은 이란과의 전쟁으로 발생한 엄청난 경제적 손실을 메우기 위해 쿠웨이트를 침공했다. 이는 미국이 유지하고자 했던 중동의 현상유지 balance of power를 노골적으로 깨뜨리는 행위였고, 결국 미국은 걸프전을 통해 이를 바로잡으려 했다.

하지만 걸프전의 여파는 또 다른 문제를 낳았다. 미군의 사우디아라비아 주둔은 많은 이슬람 근본주의자들에게 큰 충격과 분노를 일으켰다. 사우디아라비아는 메카와 메디나, 이슬람교의 두 성지가 있는 신성한 땅이다. 이 땅에 '이교도 군대'가 주둔한다는 사실은 많은 무슬림들에게 모욕과 도전으로 받아들여졌다. 특히 오사마 빈라덴과 알카에다의 지지자들은 이를 '신성모독'으로 간주했고, 미군의 사우디 주둔 철수를 요구했다.

미군은 철수하지 않았고, 이로 인해 빈라덴과 그의 추종자들은 미국을 '사탄의 세력'으로 규정하며 테러를 통해 미국에 타격을 가하기로 결심했다. 2001년 9월 11일, 그들은 자신들의 목표를 실행에 옮겼다.

9·11 테러는 미국이 이상주의적 외교 정책을 중동에 적용하게 되는 계기가 되었다. 조지 W. 부시 행정부는 '테러와의 전쟁 War on Terror'을 선언

하며 2001년 아프가니스탄 침공을 시작했다. 이후 2003년 이라크 침공으로 이어졌다. 미국은 이라크에 민주주의를 심겠다고 수장했다.

그러나 이라크 침공은 또 다른 문제를 불러왔다. 사담 후세인의 수니파 정권이 붕괴되면서, 이라크 내 시아파 세력이 권력을 잡았다. 이로 인해 같은 시아파인 이란의 영향력이 이라크 내부에서 급속히 확장되었다. 아버지 부시 대통령이 이라크 정부군을 쿠웨이트 국경 밖으로 밀어낸 이후, 이라크 본토까지 진입해서 이라크의 후세인 정권을 붕괴시키지 않은 것에는 나름대로 지정학적 계산이 깔려 있었던 셈이다. 이라크의 후세인 정권은 이란의 확장을 막는 방파제로서 국제사회와 미국에게 의미가 있었다.

권력을 잃은 수니파들은 알카에다와 같은 극단주의 단체로 흡수되었고, 나아가 이슬람국가ISIS라는 초국가적 무장조직이 탄생하게 되었다. ISIS는 2014년 이라크와 시리아 국경을 무너뜨리고 '이슬람 국가Islamic State'를 선포하며 중동을 공포에 몰아넣었다. 미국은 결국 이라크, 터키, 러시아, 이란과 협력하여 ISIS를 격퇴하는 데 성공했지만, 이 과정에서 중동은 더욱 파괴되고 분열되었다.

이렇듯 미국이 중동에서 하나의 문제를 해결할 때마다 새로운 문제가 발생하는 '악순환의 고리'에 갇혀 있음을 보여준다. 처음에는 이란의 혁명을 제어하기 위해 이라크를 지원했고, 후에는 이라크를 제거한 뒤 이란이 강성해졌으며, 이란의 영향력을 억제하기 위해 다시 이라크와 시리아에서 작전을 수행해야 했다.

중동같이 복잡한 역사적 배경을 갖는 곳에서는 미국 외교 정책이 얼마나 일시적이고 결과적으로 자기파괴적일 수 있는지를 보여주고 있다. 결국, 미국의 중동 전략은 단기적 목표 달성에 급급하여 장기적 결과를 고려하지 못한 채 움직였다. 중동에서 미국이 유지하려 했던 '균형'은 결국 미국 스스로를 족쇄로 묶는 결과를 초래했다. 9·11 테러는 단순한 테러 사건이 아니라, 미국 중동 정책이 낳은 모순의 결과물이며, 이후 이어진 모든 갈등과 개입은 그 연장선상에 있다.

아브라함 협정, 이스라엘과 아랍은 동맹으로 가는가?

2020년 9월 15일, 미국 백악관에서는 역사적인 협정이 체결되었다. 아브라함 협정Abraham Accords이라 불리는 이 협정은 이스라엘과 아랍에미리트UAE, 바레인 간의 외교 관계 정상화를 공식화한 합의였다. 이 협정은 도널드 트럼프 당시 미국 대통령의 중재와 강력한 의지로 성사되었으며, 이는 중동의 외교적 지형에 큰 변화를 가져왔다. 협정의 주요 골자는 아랍에미리트와 바레인이 이스라엘을 공식적으로 국가로 승인하고 정상 외교 관계를 수립하며, 대사관 설치, 경제 협력, 항공편 운항 등 다양한 분야에서의 협력을 확대하는 것이었다.

이 협정을 통해 이스라엘과 UAE는 직항 항공편을 개설했고, 양국은 기술, 보건, 에너지, 관광 등 다양한 분야에서의 협력 강화를 약속했다. 특히 이 협정은 이스라엘과 걸프 국가들이 공동의 위협인 이란의 군사적 부상에 대응하기 위해 안보 협력을 강화하는 중요한 발판이 되었다.

이스라엘과 아랍 국가들 간의 적대 관계는 오랜 역사를 가지고 있다. 1948년 이스라엘 건국 이후, 많은 아랍 국가들은 이스라엘의 존재 자체를 인정하지 않았고, 1948년 제1차 중동전쟁, 1967년 제3차 중동전쟁 6일 전쟁, 1973년 제4차 중동전쟁용키푸르 전쟁을 포함한 수차례의 전쟁이 벌

2020년 9월 15일 화요일, 미국 백악관 남쪽 잔디밭에서 도널드 J. 트럼프 대통령, 바레인 외무장관 압둘라티프 빈 라시드 알자야니, 이스라엘 총리 베냐민 네타냐후, 아랍에미리트 외무장관 압둘라 빈 자예드 알 나흐얀이 아브라함 협정에 서명했다.

(출처: Official White House Photo by Shealah Craighead)

어졌다. 이 갈등의 핵심에는 팔레스타인 문제가 있었으며, 이스라엘이 요르단강 서안, 가자지구 등의 점령지에서 철수하지 않고 있다는 점이 갈등의 불씨였다.

그러나 2000년대 들어 중동의 역학 관계는 변화하기 시작했다. 가장 큰 원인은 이란의 군사적 부상이었다. 이란은 시아파 세력을 중심으로 중동 지역에서 강력한 영향력을 행사하며 사우디아라비아, UAE, 바레인과 같은 수니파 왕국들과 대립각을 세웠다. 이란의 세력 확장은 이스라엘과 걸프 국가들 모두에게 공통의 위협으로 다가왔다. 이로 인해 양측은 경제적·안보적 이해관계를 바탕으로 협력의 필요성을 절감하게 되었다.

아브라함 협정의 성사는 중동에서 외교적 돌파구로 평가받았지만,

이 협정이 쉽게 이뤄진 것은 아니었다. 걸프 국가들의 배후에는 사우디아라비아가 있었다. 사우디아라비아는 공식적으로 협정에 서명하지 않았지만, 사실상 이 협정을 승인했으며 UAE와 바레인이 협정을 체결할 수 있도록 묵인했다. 이는 향후 이스라엘과 사우디아라비아 간의 외교관계 정상화를 위한 초석으로 해석되었다.

그러나 아브라함 협정은 팔레스타인 문제를 외면한 채 체결되었다는 점에서 큰 논란을 불러일으켰다. 팔레스타인 자치정부PA는 이 협정을 "아랍의 배신"이라고 규정하며 강력히 비판했다. 팔레스타인은 이 협정이 이스라엘의 점령 정책을 묵인하고, 팔레스타인의 권리를 약화시키는 것이라고 주장했다. 팔레스타인인들과 강한 유대감을 지니고 있는 아랍인들에게도 이 협정은 부도덕한 배신으로 여겨지고 있기 때문에 이들 나라들이 미국이 원하는 민주주의 국가라면 아브라함 협정은 훨씬 더 시간이 오래 걸려서 모습을 드러냈거나 아니면 아예 불가능했을지 모른다.[79]

이스라엘과 팔레스타인의 갈등은 단순한 영토 분쟁을 넘어, 정체성과 생존권의 문제로 확대되었다. 이스라엘은 중동전쟁을 통해 확보한 요르단강 서안, 가자지구, 골란고원과 같은 전략적 요충지를 포기할 의사가 없었다. 문제는 이 지역들이 단순히 빈 땅이 아니라 팔레스타인인들이 거주하는 지역이라는 점이다. 이스라엘은 이 지역에 유대인 정착촌을 건설하며 실질적인 지배력을 강화해왔다. 이스라엘 정부는 정착촌을 확장했다가, 국제사회의 압력에 따라 일부 철거하기도 하는 모순된 정책을 수십 년간 반복해왔다.

팔레스타인 문제가 중동 외교의 핵심이 아니다

팔레스타인 문제는 중동의 반이스라엘 정서를 결집시키는 핵심 쟁점이다. 1960~1970년대 아랍 민족주의 운동을 이끌었던 가말 압델 나세르Gamal Abdel Nasser는 반서구 제국주의와 반이스라엘 정서를 통해 아랍 국가들을 통합하려 했다. 이 과정에서 여러 차례의 전쟁이 발발했고, 이스라엘은 매번 승리했으며 영토를 확장했다. 하지만 이스라엘은 국제 사회의 철수 요구를 무시했고, 팔레스타인 문제는 해결되지 않은 채 남아 있다.

아랍 국가들, 특히 UAE와 바레인의 왕국들은 팔레스타인 문제에 대해 자국민들의 여론을 무시할 수 없는 상황에 처해 있다. 아무리 경제적, 안보적 실리를 추구한다고 해도, 팔레스타인 문제는 여전히 아랍 세계에서 민감한 이슈로 남아 있기 때문이다.

이러한 복잡한 상황 속에서 팔레스타인 무장단체들은 이스라엘이 아랍 국가들과 외교 관계를 진전시킬 때마다 무력 투쟁을 격화시키는 패턴을 반복해왔다. 이스라엘이 이러한 공격에 대해 강경하게 군사 대응을 하게 되고, 그 결과 중동의 반이스라엘 여론은 급속히 확산된다. 이로 인해 이스라엘은 다시 외교적 고립을 경험하게 되는 악순환에 빠진다.

하마스Hamas는 가자지구를 거점으로 활동하며 이스라엘과의 무력 충돌을 주도해왔다. 이들은 이스라엘이 중동 국가들과 외교 관계를 개선할 때마다 이를 무력화하기 위한 공격을 감행했다. 2023년, 하마스는 다시 한번 이러한 패턴을 반복했다. 그해 10월 7일, 하마스는 이스라엘을 기습 공격하며 민간인 수백 명을 학살하고 다수를 납치했다. 이 공격은 국제사회에 큰 충격을 주었고, 이스라엘은 즉각 가자지구를 폭격하며 보복에 나섰다.

이 공격은 팔레스타인 입장에서는 전략적으로는 오판이라고 평가받고 있다. 당시 이스라엘 내부의 정치 상황 때문이었다. 네타냐후 총리는 사법 개혁 문제로 이스라엘 사회를 둘로 분열시키고 있었고, 반정부 시위가 연일 이어지는 상황이었다. 네타냐후 정부는 거의 붕괴 직전에 놓여 있었으며, 하마스는 이 혼란을 기회로 삼았다.

하마스의 전략은 단순한 이스라엘 내부의 불안을 증폭시키려는 시도를 넘어서 아브라함 협정을 무력화하려는 목적을 가지고 있었다. 당시 조 바이든Joe Biden 미국 대통령은 재선을 앞두고 있었고, 이스라엘과 사우디아라비아의 외교 정상화를 자신의 외교적 업적으로 삼고자 했다. 이스라엘과 사우디의 외교 정상화는 단순한 협정 이상의 의미를 지니고 있었다. 이는 반이란 연합을 공고히 하고, 중동 내 미국의 전략적 입지를 강화하는 핵심 프로젝트였다. 그래서 하마스 지도부는 네타냐후의 퇴진을 기다리기에는 시간이 없다고 판단했던 것으로 보인다. 특히 하마스는 이스라엘과 사우디의 외교 정상화를 어떻게든 저지해야 한다는 이란의 다급한 요청에 응한 것이라는 게 중론이다.

하마스의 공격 이후, 네타냐후 총리는 이 기회를 이용해 가자지구의 하마스를 완전히 제거하고, 이란이 후원하는 반이스라엘 무장단체들을 척결하려는 대대적인 군사작전을 개시했다. 이로 인해 수천 명의 팔레스타인 민간인이 희생되었고, 국제 여론은 처음에는 이스라엘에 동정적이었지만 시간이 지나면서 반이스라엘 정서로 급격히 돌아섰다.

하마스의 공격과 이스라엘의 군사 대응으로 인해 바레인과 UAE에서도 반이스라엘 시위가 발생했다. 특히 바레인에서는 수천 명의 시위대가 거리로 나서 "아브라함 협정 파기"를 외쳤다. 하지만 이 협정은 예상과 달리 파기되지 않았다. 사우디아라비아는 이스라엘과의 외교 정상화를 '무기한 연기'했지만, 외교정상화 정책을 완전히 파기하지는 않았다.

사우디의 실권자인 모하메드 빈 살만Mohammed bin Salman 왕세자는 공개적으로 팔레스타인 지도부를 비판하며, 그들이 스스로 기회를 차버리고 시간을 낭비했다고 말했다. 이 발언은 아랍 지도자들이 팔레스타인 문제에 더 이상 과거처럼 열정적으로 접근하지 않으리라는 것을 보여주는 상징적인 장면이었다.

현실주의자 네타냐후, 그리고 트럼프

사실, 아브라함 협정의 기안자는 이스라엘 내에서도 가장 강경한 정치인으로 평가받는 베냐민 네타냐후 총리다. 그는 팔레스타인 문제에 대한 아랍 국가들의 접근이 명분에 불과하며, 실질적으로는 팔레스타인 독립국가 건설에 진심이 아니라는 점을 꿰뚫어 보았다.

팔레스타인 독립국가 건설은 수십년간 중동 평화 협상의 핵심 의제였지만, 현실적으로 이는 거의 불가능한 목표에 가깝다. 그 이유는 단순한 영토 분쟁을 넘어서는 지정학적, 정치적, 인구학적 복합성 때문이다. 팔레스타인인들이 독립국가를 수립하기 위해서는 최소한의 군사적 독립성도 확보되어야만 한다. 그러나 팔레스타인 독립국가가 자치정부 수준을 넘어서 독립적인 군대를 운영하는 것은 현재의 지정학적 구조에서는 허용되기 어려운 사안이다.

이스라엘 분쟁 지역

(출처: pat)

    1967년 6일 전쟁 이후 이스라엘은 요르단 서안West Bank과 골란고원 Golan Heights을 점령했다. 이 지역들은 팔레스타인 독립국가 수립을 위한 핵심 영토로 간주되었지만, 이스라엘은 안전 보장과 전략적 이점을 이유로 이 지역을 포기하지 않았다. 특히 요르단 서안은 이스라엘의 중심부와 밀접하게 연결되어 있으며, 군사적 요충지로서도 중요하다. 피를 흘리고 점령한 군사적 요충지를 대의를 위해서 양보할 국가는 거의 없다.

표면적으로 요르단은 팔레스타인 독립국가를 지지하는 입장을 취하고 있다. 그러나 현실적으로 요르단은 팔레스타인 독립국가가 자국의 안정을 위협할 가능성이 높다는 것도 잘 알고 있다. 요르단 인구의 약 40%는 팔레스타인 출신이다. 이들은 역사적으로 요르단 내에서 중요한 정치적, 경제적 세력으로 자리 잡고 있다.

팔레스타인 독립국가가 수립될 경우, 요르단의 팔레스타인인들이 새로 수립된 팔레스타인 국가로 이주할 가능성은 낮다. 오히려 그들은 팔레스타인 독립국가와 연대하여 요르단 왕정을 흔들거나 심지어 전복하려고 할 가능성이 크다. 이로 인해 요르단 왕국은 팔레스타인 독립국가의 수립을 '잠재적 위협'으로 간주한다. 요르단 왕정은 이스라엘이 자국 내 팔레스타인 공동체를 통제하는 편이 자국 입장에서는 팔레스타인 독립국가를 관리하는 것보다 더 낫다고 판단할 가능성이 높다.

사우디아라비아는 요르단 왕국의 안정을 자국의 북부 국경선 안보와 직결된 문제로 본다. 요르단이 불안정에 빠지면, 사우디는 자국 국경을 보호하기 위해 요르단에 군사적, 정치적으로 더욱 개입해야만 한다. 문제는 요르단 너머에는 이스라엘이 자리 잡고 있다는 점이다. 사우디아라비아는 이스라엘과 직접 국경을 맞대고 싶어 하지 않는다. 이는 종교적·역사적 배경과 함께 현실적 안보 문제 때문이기도 하다.

결국 사우디아라비아도 요르단과 마찬가지로 이스라엘이 팔레스타인을 억누르고 있는 현 상태가 자국 안보에 더 유리하다고 판단할 가능성이 크다. 사우디아라비아는 공공연히 팔레스타인 독립국가를 지지한다고 말하지만, 실제로는 팔레스타인 독립국가의 수립이 가져올 정치적 불안정성을 두려워하고 있다.

이러한 상황에서 팔레스타인 무장단체들의 주요 후원자는 시아파 이란이다. 이란은 팔레스타인 무장단체를 전략적 자산으로 활용해 이스라엘을 지속적으로 괴롭히고, 동시에 반이스라엘 정서를 자극함으로써 이란 혁명의 도덕적 정당성을 중동 전역에 확산시키고 있다. 팔레스타인 무장단체들은 이란의 지원을 받아 하마스Hamas, 헤즈볼라Hezbollah 등으로 대표되며, 이들은 이스라엘과의 무력 충돌을 통해 아랍 세계의 반이스라엘 여론을 증폭시키고 있다. 이는 이란이 중동에서 시아파의 헤게모니를 구축하기 위한 장기적 전략의 일부다.

이스라엘의 베냐민 네타냐후 총리는 중동의 복잡한 지정학적 역학관계를 누구보다 정확히 이해하고 있었다. 그는 아랍 국가들, 특히 아랍에미리트, 바레인, 그리고 사우디아라비아가 팔레스타인 문제에 대해 보여주는 '공식적 지지'가 실질적 이해관계보다는 명분적 성격이 강하다는 것을 꿰뚫어 보았다. 이러한 통찰은 2020년 체결된 아브라함 협정을 통해 현실화되었다. 이 협정은 이스라엘과 걸프 아랍국가들이 이란이라는 공동의 적 앞에서 경제와 안보 협력을 강화할 필요성에 공감하면서 탄생했다.

네타냐후는 이 협정이 단순한 외교적 제스처가 아니라 중동의 안보 지형을 재편하는 핵심 축이 될 것임을 예상했다. 그러나 그의 정치적 이미지와 개인적 평판은 국제사회와 중동 지역, 심지어 이스라엘 내에서도 부정적이었다. 네타냐후는 부패 혐의로 수차례 재판을 받았고, 그의 사법 개혁 추진은 이스라엘 사회를 둘로 나눌 정도로 큰 갈등을 불러일으켰다. 아마도 아브라함 협정이 네타냐후의 정치생명보다 더 질길 가능성이 크다. 때마침 미국도 다시 트럼프의 시대로 전환되었다.

사실 트럼프는 네타냐후를 개인적으로 좋아하지 않는다. 2020년 대선에서 패배를 인정하지 않은 상태에서 네타냐후가 조 바이든에게 축하 메시지를 보냈기 때문이다. 트럼프는 사석에서 네타냐후를 '배신자'라고 비난한 것으로 알려졌다. 이는 트럼프가 재임 중 미국 대사관을 예루살렘으로 이전하고, 골란고원을 이스라엘 영토로 공식 인정하는 등 역대 미국 대통령 중 가장 친이스라엘 정책을 펼쳤기 때문이었다.

그러나 국제정치는 리더들 사이의 개인적인 감정이나 이해관계를 넘어서는 냉혹한 현실의 무대다. 네타냐후와 트럼프의 개인적 갈등이 있더라도, 이스라엘과 걸프 국가들 간의 협력체제는 그 어떤 외교적 오해나 개인적 감정보다 훨씬 더 중요한 전략적 가치가 있다. 그만큼 중동의 새로운 질서는 시급하게 새로운 균형점을 찾아 움직이고 있으며, 이란이라는 공통의 적이 이스라엘과 걸프 국가들을 하나로 묶어주는 강력한 접착제 역할을 하고 있다.

지역문제의 지역화

이란은 중동 질서를 위협하는 '수정주의 세력Revisionist Power'으로서 기존의 국가 간 경계를 무시하고 시아파 종교 네트워크를 통해 중동 전역에 영향력을 행사하려 한다. 이란 혁명의 도덕적 정당성을 확산시키기 위해 헤즈볼라, 하마스와 같은 무장 단체들을 지원하며, 이스라엘과 걸프 국가들에 끊임없는 위협을 가하고 있다. 이 때문에 이스라엘과 걸프 국가들은 전략적 차원에서 이란을 억제하기 위해 안보 협력 수준을 군사적 동맹 수준으로 끌어올리는 노력을 하고 있다.

이는 마치 중국의 부상이 동북아시아에서 한국과 일본의 안보 협력을 촉진하는 것과 매우 유사한 양상을 보인다. 중동과 동북아시아는 각각 이란과 중국이라는 강력한 수정주의 세력에 맞서기 위해 오랜 갈등을 뒤로하고 새로운 협력 체제를 구축하는 과정을 겪고 있다. 두 지역 모두 미국의 '지역 문제의 지역화Localization of Regional Issues' 전략이 본격화되면서 중요한 실험장이 되고 있다.

트럼프 2기부터 이 전략은 더욱 가속화될 것으로 보인다. 트럼프의 미국은 미국의 직접적인 개입보다는 동맹국들이 스스로 지역 문제를 해결하고, 미국은 이를 후방에서 지원하는 역할에 집중할 가능성이 크다. 이는 미국의 비용을 절감하면서도 지정학적 영향력을 유지하는 효율적인 전략이기 때문이다. 그리고 그 실험장이 바로 중동에서 아브라함 협정의 지속적 이행과 발전이 될 것이다.

네타냐후는 이러한 지정학적 흐름을 명확하게 이해하고 있었다. 그는 아랍 왕국들이 이스라엘보다 이란을 더 큰 위협으로 간주하고 있으며, 팔레스타인 문제는 이제 과거처럼 강력한 외교적 지렛대가 되지 못한다는 점을 간파했다. 걸프 국가들은 팔레스타인 문제를 지지하는 듯 보이지만, 실제로는 자국의 안보와 경제적 이익을 우선시한다. 더구나 팔레스타인 독립국가가 수립될 경우, 요르단과 사우디아라비아의 내부 정치적 균형이 무너질 가능성이 높기 때문에 현실적으로는 반대에 가깝다.

아브라함 협정은 이러한 현실주의적 외교의 산물이며, 이 협정의 생명력은 개인 리더들의 감정이나 정치적 이해관계를 뛰어넘어 작동하고 있다. 하마스의 공격, 이란의 도발, 팔레스타인의 반발에도 불구하고 협정은 여전히 유지되고 있으며, 이는 중동이 변화를 향해 나아가고 있음을 보여준다.

결론적으로, 아브라함 협정은 중동 외교의 새로운 패러다임을 제시했다. 이는 이스라엘과 걸프 국가들이 공동의 안보와 경제적 이익을 바탕으로 전략적 협력을 강화하는 중요한 이정표다. 네타냐후의 정치적 계산, 트럼프의 현실주의적 외교, 그리고 이란의 끊임없는 도발이 얽히고설켜 만들어낸 이 협정은 중동이 새로운 균형을 찾아가는 실험장이자, 미국의 글로벌 전략 변화의 축소판이라 할 수 있다.

1장 미주

01. 지정학의 시대가 돌아오다

1) 번영하고 경제적으로 상호의존적인 국가들은 서로 싸울 가능성이 작다. 클린턴 대통령 재임시절(1993~2000), 미국의 외교정책은 다음과 같은 논리를 따랐다.
   1. 민주주의 국가들끼리는 서로 전쟁하지 않을 것이다.
   2. 국제제도(조직)는 국가들이 전쟁을 회피할 수 있도록 하며 협력적인 관계를 형성하게 할 수 있다(출처: 강대국 국제정치의 비극, 존 J. 미어샤이머, p. 44).

2) 역사학자 존 네틀(John. P. Nettl)과 저명한 정치학자 새뮤얼 헌팅턴(Samuel P. Huntington)이 지적한 것처럼, 유럽대륙의 국가들은 국가 state 란 시민의 특정 이익보다 '우선하는 공익'의 수호자라는 개념을 가지고 있다. 이 개념은 일반적으로 영속적인 관료제도를 통해서만 실현될 수 있는데, 그 이유는 때로는 엘리트들이 민중의 열망에 반하더라도 진정한 공동이익을 사수해야 하기 때문이다. 이런 관점에서 국제기구를 바라보는 미국과 유럽의 시각은 다르다. 미국인들은 UN이나 WTO 같은 국제기구가 합법적인 국가들의 이익을 대변하지 못할 때를 대비해 국가들의 주권에 의해 권한을 제한해야 한다고 생각한다. 그러나 유럽인들은 지구적 공공이익(global common interests)을 위해서라면 국제기구가 우월적 지위를 가져야 한다고 믿는 경향이 있다. (출처: State-building, Francis Fukuyama, p. 110)

3) 원제는 The World Is Flat: A Brief History of the Twenty-First Century로 21세기 초반의 세계화를 분석한 베스트셀러. 역사적, 지리적인 분리가 점점 더 무관해지는 세계시장에서 국가, 기업, 개인이 경쟁력을 유지하기 위해서는 세계관을 바꿔야 한다고 조언한다.
   이 책의 내용은 인도의 방갈로에서 시작되는데 이곳은 세계화가 경제개념을 바꾸고 있는 대표적인 현장으로 소개된다. 프리드먼에 따르면 수평화(flattening)는 광섬유 케이블로 이어진 개인 컴퓨터와 소프트웨어의 폭발적 증가가 결합한 산물이다. 프리드먼은 개인들이 연결된 이러한 시대를 세계화 3.0으로 명명하고 이전의 세계화 1.0의 시대(국가와 정부가 주요한 주인공이었던 시대) 그리고 세계화 2.0의 시대(다국적기업이 세계적인 통합을 이끌어왔던 시대)와 구별했다. (출처: 위키피디아)

4) 음식이나 값나가는 물건을 미래로 보내려면 성능 좋은 냉장고나 창고가 필요하

다. 그러나 냉장고로 보낼 수 있는 시간은 제한적이며 창고는 쥐와 도둑들의 약탈에 취약하다. 수평직 교환을 통해 금융현상을 창출하는 메커니즘에 대해서는《비트코인은 강했다》(오태민 저)의 2부 '박쥐 이야기'에서 상세하게 서술했다.

5) 스위프트(SWIFT): 국제은행 간 통신협회로 은행 같은 금융기관들의 모임이 아니라, 이들 금융기관이 서로 안전하게 금융 거래와 결제를 할 수 있도록 도와주는 고도의 보안을 갖춘 '전산망'이다. 스위프트가 만들어지기 전, 국가 간 금융 거래는 주로 수동 결제 시스템인 텔렉스Telex를 통해 이루어졌다. 1970년대에 접어들면서 좀 더 쉽고 안전하며 통일된 결제 시스템이 필요하다는 요구에 부응하고자 벨기에 금융계를 중심으로 스위프트가 출범했다. 1973년 5월 15개국 239개 은행을 회원으로 하여 시작된 스위프트는 텔렉스 등 기존의 결제 시스템을 빠르게 대체하며 강력한 국제 결제 시스템으로 자리 잡았다. 오늘날 스위프트에 참여하고 있는 금융기관은 전 세계 200여 개국에서 1만 1,000여개에 달한다. (출처: VOA)

6) 2011년 초에는 미국인의 3%만이 세계화를 긍정적으로 여겼고 53%가 자유무역이 미국 전반에 피해를 주고 있다고 생각했다. 이렇듯 자유무역에 대한 부정적인 응답은 1999년에는 30%, 2007년에는 46%였으나 계속 증가하는 추세다. (출처: Dustin Ensinger, "Globalization Increasingly Viewed as a Bad Things", Economy in Crisis, 2011.1.28: 리더가 사라진 세계, 이언 브레머, p.338에서 재인용)

02. 지정학적 인간, 인간은 무리 지어 행동하는 영역동물이다

7) 경제학에서 전제하는 합리적 인간이라면 과거가 선택을 좌우하도록 허용하지 않는다. 현재와 미래만이 의사결정에 영향을 미쳐야 한다.

03. 현실주의 VS 이상주의, 그리고 미국의 기질

8) 모가디슈 전투는 1993년 10월 3일부터 10월 4일까지 소말리아의 수도 모가디슈에서 모하메드 파라 아이디드(Mohammed Farah Aidid)의 민병대와 미군 사이에 벌어진 전투다. 작전명 고딕 서펀트(Operation Gothic Serpent)의 목적은 아이디드의 체포였다. 모가디슈를 장악한 아이디드는 UN의 평화유지군으로 활동하던 파키스탄 군인 26명을 살해했다. 미국은 아이디드의 목에 2만 5,000달러의 현상금을 걸었다.

아이디드의 참모들이 회의하던 올림픽호텔을 급습해 다수를 체포했으나 작전 중

UH-60 블랙호크 2대가 민병대가 발사한 RPG-7에 격추되었고, 총 3대가 손상됐다. 병사들 중 일부는 부상한 채로 귀환했지만, 나머지는 추락한 UH-60 조종사들을 구출하기 위해 추락 현장에서 머물렀다. 아이디드를 지지하는 민병대가 사방에서 미군을 압박하면서 시가지 전투는 날이 샐 때까지 계속됐다. 다음 날, 임시로 급조된 다국적군이 모가디슈 시내로 투입되어 첫 번째 추락 현장에 도착해 갇혀 있던 병사들을 구출했다. 두 번째 추락 현장에서 민병대에 피격되어 유일하게 생존한 조종사인 준위 마이클 듀랜트는 전쟁 포로가 되었으나 추후에 석방됐다.

소말리아 희생자 숫자는 확실히 알 수 없으나 미국에서 제시한 추정치를 보면, 모가디슈 전투에서 소말리아 민간인과 민병대 1,000명에서 2,000명이 죽고 3,000명에서 4,000명이 다쳤다. 미군 측에서는 19명이 전사하고 80명이 다쳤다. UN 평화유지군 UNPF 측에서는 말레이시아군 1명이 전사하고 7명이 다쳤으며, 파키스탄군은 24명이 전사하고 2명이 다쳤다. 아이디드는 1996년 내전에 휘말려 전투 중 피격되어 전사했고 미군 지휘관이었던 장군 윌리엄 개리슨도 아이디드가 전사한 다음 날 퇴역했다. 결국 모가디슈 전투에서 미군이 거둔 소득은 전혀 없었다.

마크 보든은 저서 《블랙 호크 다운》에서 '당시 미국 군대 철수는 잘못이었으며 세계의 테러분자들에게 미국은 병사 몇명이 죽으면 퇴각한다는 인상을 심어 주었을 뿐'이라고 주장했다. 《블랙 호크 다운》은 영화로도 만들어졌다. (출처: 위키피디아)

04. 전투적 자유주의

9) 미어샤이머는 저서 《미국 외교의 거대한 환상》에서 자유주의를 일상적 자유주의와 진보적 자유주의로 분류했다. 흔히 '리버테리언'으로 알려진 경제선택에서의 자유주의자는 그의 분류에 따르면 일상적 자유주의자다. 일상적 자유주의는 소극적 권리에 방점을 둔다. 소극적 권리란 주로 정부가 개인의 행위에 간섭하는 것으로부터의 자유를 의미한다. 그런데 미국 사회에서 일상적 자유주의는 다수가 아니다. 미국 사회에서는 흔히 '리버럴'로 통칭되는 진보적 자유주의가 지정학적으로 의미 있는 세력을 구축하고 있다. 진보적 자유주의는 경제에서는 평등정책을 중시하며 적극적 권리를 옹호한다. 적극적 권리란 뭔가를 할 수 있는 권리로서, 국가가 나서서 개인의 권리를 실질적으로 보장해주어야 한다는 주장을 내포한다. 반면 사회적 이슈, 특히 인종, 출산, 가족, 성별의 선택에서는 국가나 사회의 간섭을 배제하며 이러한 배제를 제도화하려고 한다. 이 책에서 언급하는 전투적 자유주의는 미어샤이머의 진보적 자유주의의 분류와 겹친다. 전투적이라는 수식어를

사용한 이유는 진보적 자유주의자들이 국내외적 정치에서 자신들의 어젠다를 추구하는 방식이 관용적이지 않다는 데 빙점을 찍기 위해서나.

10) 선택압력(selective pressure) 혹은 (evolutionary pressure): 종의 번식을 감소시키거나 증가시키는 생존 요인을 가리킨다. 이런 요인들은 특정형질이 퍼져 나가거나 사라지도록 함으로써 자연 선택을 유도한다.

11) 남북전쟁 당시 100만명이 넘었던 군사력을 전쟁 이후 모두 해산하고 6만 5,000명 정도로 줄였다. 1890년 미 육군은 불가리아 다음인 세계 14위를 차지했고, 미 해군은 산업 능력이 미국의 1/13 수준인 이탈리아보다도 규모가 작았다. (출처: 헨리 키신저의 세계질서, 헨리 키신저, p.277)

05. 미국이 주도하는 세계체제의 두 기둥

12) 영국의 발명가 하이럼 맥심(Hiram Maxim, 1840~1916) 경의 이름을 딴 최초의 자동발사 기관총이다. 현대적인 기관총의 개념을 정립한 무기로서 전장의 양상을 바꾸었다고 평가된다. 후일에 나온 자동소총, 자동권총, 기관단총 등도 결국은 맥심 기관총의 개념을 응용해 만들어졌다. 기관총이 나오기 전까지 서구 군대의 무장은 원주민들보다는 당연히 선진화되었지만, 총기의 발사속도에는 한계가 있었기에 일당백의 압도적인 우세를 점하진 못했다. 비서구권 군대도 유럽산 총기를 사들여 무장하면서 서구 열강 군대와 비서구권 군대의 전투력 격차는 점차 줄어들었다. 덕분에 아프리카의 줄루족이나 남아메리카의 마푸체족은 19세기까지 독립을 유지할 수 있었다. 특히 비서구 군대는 홈그라운드의 이점으로 수적-지형적 우세를 점하고 있었기 때문에 무장이 선진적이란 이유만으로 전장에서 승리한다는 보장은 없었다.

맥심 기관총이 도입되면서부터 서구 군대는 식민지 원주민들을 확실히 제압할 수 있게 되었다. 대표적인 예시로 남아프리카의 마타벨레족이 영국군과 벌였던 전쟁을 들 수 있다. 1893년 맥심 기관총 4정을 배치한 영국군 50명이 지키는 영국군 진지 앞 1km 이내로 단 한 명도 진입하지 못한 채 원주민 5,000명이 전사했고, 3년 뒤에 일어난 전쟁에서도 영국군 전사자는 400명인 데 비해 원주민은 5만명이나 전사해 교환비 1:125라는 결과를 기록했다. 수단의 마흐디군도 기관총 앞에서는 속수무책이었다. 옴두르만 전투에서 기관총이 버티고 있는 곳으로 돌격했던 마흐디군은 5만 2,000명 중 1만여명이 전사한 반면, 영국군은 고작 47명만 전사해

1:200을 넘는 교환비를 기록하며 압승을 거두었다.

이렇듯 기관총의 위력이 실전에서 증명되자, 기관총을 가진 유럽인들끼리 싸우면 어떻게 될 것인지에 대해 의문을 품은 사람들이 맥심 경에게 질문했다. 이에 대한 그의 답변은 너무나도 이상적이었다. "아뇨, 기관총은 전쟁을 불가능하게 만들 겁니다(No, it will make war impossible)." (출처: 나무위키)

13) 미국이 1차 세계대전에 늦게 참전한 데는 국제지정학에서 현실주의자였던 시어도어 루스벨트(Theodore Roosevelt)가 1912년 선거에서 대통령에 당선되지 않았다는 우연도 한몫을 했다. 루스벨트는 독일이 영국 함대를 박살내고 영국 제국을 무너뜨리고 나면 1, 2년 안에 남아메리카에서 지배적인 지위를 차지하고자 대서양을 건널 것으로 예견했다. 그는 세계질서의 본질이 열강들의 경쟁적인 야망의 결과라고 믿었다.

그러나 1차 세계대전 당시 대통령이던 우드로 윌슨(Woodrow Wilson)은 세력균형을 회복하기 위해서가 아니라 '민주주의를 위해 세계를 안전한 곳으로 만들고자' 전쟁에 개입했다고 선언했다. 미국인들보다 훨씬 능수능란하고 노회한 유럽의 정치인들은 윌슨이 보낸 미국의 군사력을 받아들이기 위해 윌슨의 주장에 귀 기울였을 뿐이다. 윌슨이 윌리엄 브라이언(William Bryan) 국무장관을 통해 구축한 '새로운 외교 정책'은 30여개의 중재조약으로 결실을 맺었지만 이 조약이 구체적인 문제에 적용된 적은 한 번도 없었다. (출처: 헨리 키신저의 세계질서, 헨리 키신저, p. 287, p. 291)

14) 존 메이너드 케인스의 협상 파트너였던 덱스터 화이트(Dexter White)는 실제로 소련에 포섭된 간첩이었다. 그는 미국과 일본이 전쟁으로 치닫길 원했던 모스크바의 공작에 가담한 것으로 추정되며 실제로 소련 에이전시로부터 뇌물을 받았다. 미국 엘리트들의 소련 사랑은 언론의 영향이 컸다. 리버럴 언론들은 소련에 대해 은폐, 미화를 일삼았다. 1933년 영국 소설가 조지 오웰(George Orwell)은 미국의 리버럴 언론들이 소련을 미화하고 변호하는 태도를 비꼬며 '검은 진실을 말잔치로 하얗게 칠해버리는 대표적인 예'라고 지적했다.

특히 1930년대에 700만명이라는 아사자가 발생한 우크라이나의 기근은 부농을 청산해 땅을 빼앗으려 했던 모스크바의 의도대로 재앙이 되었지만 〈뉴욕타임스〉의 모스크바 통신원으로 1932년 퓰리처상을 수상한 월터 듀랜티(Walter Duranty)는 우크라이나 기근과 관련한 보도가 '어이없는 괴담'이며 '실제로 기아 따위는 없으나 영양 부족 때문에 전염병이 번져서 사망자가 많이 나오는 것'이라고 소련의 주장을 그대로 읊었다. (출처: 피에 젖은 땅, 티머시 스나이더, p. 113)

한편, 우크라이나 단체들은 당시 소련 주재 〈뉴욕타임스〉 특파원이었던 듀랜티가 우크라이나 기근 사태의 원인을 알고 있었음에도 스탈린 정권의 비위를 맞추기 위해 이를 고의로 무시했다며 그에 대한 퓰리처상 수상을 철회하라고 요구해왔다. 2006년 퓰리처상 위원회는 뚜렷한 은폐증거가 없다며 듀랜티의 퓰리처상 수상을 철회하지 않을 것이라고 발표했다. (출처: 한국경제)

06. 한국전쟁, 새끼도 못 얻는 수망아지

15) 맥아더는 트루먼 행정부에 노골적으로 도전했다. 맥아더는 해외파병 전우회에 보낸 편지에서 '아시아에서 휴전과 패배를 지향하는 사람들'을 비난했다. 또한 그는 중국과 협상하려는 트루먼 대통령의 계획을 좌절시켰다. 하원의원이 대신 낭독한 편지에서 맥아더는 중국에 최대한 반격해야 하며, 승리를 대신할 수 있는 것은 없다는 결론을 내린 바 있다. 1951년 4월 11일 해임통지를 받은 맥아더는 미국으로 돌아가 난장판을 만들기로 결심했다. 미국 전역에서 맥아더를 지지하는 데모가 벌어졌다. 트루먼 대통령의 지지율은 26%로 추락했고, 맥아더의 지지율은 69%로 나타났다. 맥아더의 국회 연설을 3,000만명이 시청했고, 그의 가두행진에 몰려든 인원만 700만명에 달했다고 한다. 그야말로 로마의 카이사르에게 뒤지지 않는 영광이었다.

16) 1951년 오마 브래들리(Omar Bradley) 합참의장이 미 의회 청문회에서 한 말.

17) 미군 희생자의 60%가 맥아더 사령관이 해임되고 나서 제한전(휴전을 위해서 전선을 교착시키고 치른 2년간의 전쟁) 이후에 나왔다. (출처: 한반도에 드리운 중국의 그림자, 복거일, p. 39)

18) 1945년 3월, 요시프 브로즈 티토를 대통령으로 하는 유고슬라비아 연방 정부가 설립되었다. 티토는 다른 동유럽 공산당 지도자들과 달리 소련의 종주권에 반기를 들었다. 2차 세계대전 종전 이후 티토는 주변 국가들과 독자적인 외교관계를 구축했다. 티토는 종주국 노릇을 하려는 스탈린에게 이렇게 말했다. "만약 당신이 우리를 도와줄 수 없다면, 쓸데없는 충고로 방해나 하지 마시오."

이후 티토를 제거하려는 스탈린의 음모가 발각되었고 티토는 당과 경찰, 군대에서 8,400명을 소련의 간첩행위 혐의로 체포했다. 참모 총장은 총살했다. 스탈린은 국제

공산주의 운동, 코민포름(소련·불가리아·체코슬로바키아·헝가리·폴란드·루마니아·유고·프랑스·이탈리아의 9개국 공산당을 회원으로 1947년 창설된 기구)에서 유고 공산당을 축출했으며 티토의 암살을 암시했다. 그는 유고의 민족공산주의 노선을 티토이즘으로 몰아 숙청작업에 나섰다. (출처: 모던타임스2, 폴 존슨, p.155) 당시 미국 국무성과 국방부는 유고에 철강분괴 압연기를 수출하는 문제를 두고 격론을 펼친 결과, 압연기술이 공산권으로 넘어감으로써 생기는 안보적 손실보다 유고를 소련의 공격으로부터 보호해 티토이즘을 확산시키는 쪽의 이익이 더 크다고 판단했다. (출처: 미국의 봉쇄전략, 존 루이스 개디스, p115)

19) 한국전쟁이 시작되면 중국은 육군을, 소련은 중국의 방공우산을 제공하기로 상호 합의했다. 그러나 소련은 공군 파견을 망설였다. 1950년 10월 중국 공산당 지도부는 한반도 진군 직전에 총사령관인 펑더화이를 베이징으로 불러들여 소련의 엄호 없이 참전할 것인지 결정해야 했다. (출처: 중소동맹과 중국의 한국전쟁 개입, 천젠: 한국전쟁의 거짓말, 오일환 외 역, p.56에서 재인용)

20) 한국전쟁에서 가장 많은 것을 잃은 측은 미국이 아니라 소련이었다. 중국과 결별하는 계기가 되었기 때문이다. 반면에 미국은 서유럽에서 신속하게 재무장에 착수했다. 한편, 중국은 한반도 북쪽에서 의문투성이의 동맹을 건져주는 대가로 대만을 병합할 기회를 영구적으로 놓쳐버렸다. (출처: 키신저의 세계질서, 헨리 키신저, p.330)

한국전쟁은 미국이 2차 세계대전 이후 축소된 방위비를 다시 늘릴 수 있는 환경을 조성해주었다. 1950년 미국의 방위비는 177억달러였으나 1952년에는 440억달러가 책정되었고 다음 해에는 500억달러가 넘었다. 이로써 미국은 독일에 추가로 4개 사단을 주둔시키고 세계 여러 곳에 고성능 무기를 배치할 수 있게 되었다. 미국의 동맹국들 또한 군비 확장에 나섰고 이로 인해 독일의 군사 재무장이 현실화되었다. (출처: 모던타임스2, 폴 존슨, p.160)

07. 베스트팔렌 평화 조약, 세계질서에서 도덕을 제거하라

21) 글의 요지와 핵심 서술을 《헨리 키신저의 세계 질서》 1, 2, 3장에서 가져왔다.

22) 중국의 공산화가 기정사실이 되었던 1949년, 미국 국무성에서 신임 공산당 정부를 승인하자는 권고가 나왔다. 마오이즘은 소련과 독립된 운동이었기 때문에 중국을 키우면 소련의 현상타파를 저지할 수 있을 것으로 기대했던 것이다. 1949년 11월

애치슨이 임명한 자문단은 중국 공산당 정부를 인정할 준비를 하라고 권고했다. (출처: 미국의 봉쇄선략, 존 루이스 개니스, p.117)

23) 대소련 봉쇄정책을 구상했던 외교관이자 국제정치학의 대가였다. 1933년 케넌은 3등 서기관으로 모스크바 주재 미국대사관 창설에 참여해 1937년까지 소련에서 근무했고, 1946년 2월에는 소련 주재 미국 대리 대사가 되었다. 이때 그는 당시 동유럽 지역에 대한 소련의 팽창주의의 저지를 호소하는 '장문의 전보'를 워싱턴으로 보냈다. 이 전보를 통해 인정받은 케넌은 1947년 4월 국무부에 신설된 정책기획실의 실장을 맡아 마셜플랜 입안에 참여했다. 같은 해 7월 케넌은 'Mr. X'라는 필명으로 〈포린 어페어즈〉에 「소련 행동의 연원」이라는 논문을 발표했다. 이 논문은 1947년 3월 12일 발표된 것으로, 고립주의로부터 벗어나 국제문제에 적극적으로 개입하겠다고 천명한 트루먼 독트린을 정당화했다. (출처: 이춘근, 월간조선 2005년 5월호)

24) 미국 엘리트들은 유럽식 세력균형의 산물이라는 이유로 베스트팔렌 조약을 달가워하지 않는 경향이 있다. 포스트 1945체제의 국민국가 체제가 베스트팔렌 조약이 추구하는 세계와 형태적으로 비슷함에도 베스트팔렌 체제라고 일컫지 않는 이유다. 그러나 9·11 테러가 발생한 이후로 불량국가들이 세계체제에 도전하는 시대에 베스트팔렌 조약이 다시 소환되면서 포스트 1945체제가 사실은 베스트팔렌 체제였다는 것을 간접적으로 증명했다.

테러리즘과 전쟁하는 시대가 되다 보니, 베스트팔렌 조약이 전제하는 주권의 절대적 평등성 개념이 더 이상 통용되지 않는다고 생각할 만했다. 테러리스트들은 미국에 선전포고를 하지 않은 상태에서 군사적 도발을 감행했다. 테러단체를 교전상대국, 즉 국민국가로 대우하면서 전쟁을 할 수는 없는 노릇이었다.

물론 인권이나 민주주의 같은 보편적 개념이 개별 주권보다 상위 개념이라는 주장도 이전부터 있었다. 이상주의자들은 무엇보다 국민에 의해 합법적으로 선출되지 않은 폭압적 정부가 통치하는 국가의 주권을 보호하는 것을 상위개념으로 두어서는 안 된다고 주장해왔다. 따라서 이들은 오래전부터 베스트팔렌 조약을 절대시하지 않았다. (출처: State-building, Francis Fukuyama, p.97)

국민국가가 세계체제를 지탱함으로써 확장적 공산주의를 극복한 시대에 이르러 베스트팔렌 조약이 다시 한번 거센 공격을 받은 것은 단순한 우연이 아니다. 그야말로 역사의 종말로 부를 만한 시절이었다.

25) "국가 간의 관계에서 국가의 권리와 의무를 규정하는 국제법의 핵심 규칙들은 15세기와 16세기 내내 발전돼왔다. 이러한 국제법 핵심 규칙들은 1648년에 완성되었다. 베스트팔렌 조약은 종교전쟁에 종지부를 찍고, 영토 국가체제를 현대 국가체제로 바꾸는 초석을 놓았다."

26) "그를(당시 이집트 대통령이었던 무바라크) 대체할 지도자가 누구든 미국의 파트너로 그보다 못하리라는 것, 어쩌면 이집트 국민에게도 그보다 못하리라는 것을 나는 알았다. (중략) 나는 임기 초기에 이란 정권이 녹색운동 시위대를 잔혹하게 탄압할 때 나서서 영향력을 행사하지 않았다. 중국이나 러시아가 자국의 반체제 인사들을 짓밟아도 속수무책이었을 것이다. 하지만 무바라크 정권은 미국인이 낸 세금 수십억달러를 받았다. 우리는 그들에게 무기를 공급하고 정보를 건넸으며 군 장교의 훈련을 지원했다. 그런 원조를 받은 자가, 우리가 동맹이라 부르는 자가 전 세계인이 지켜보는 가운데 평화시위에 불필요한 폭력을 저지르도록 내버려두는 것, 그 선만은 넘고 싶지 않았다. 그것은 미국의 이념에 너무 큰 피해를 입히리라고 생각했다. 내게도 너무 큰 피해를 입힐 터였다." (출처: 약속의 땅, 버락 오바마, p.820)

08. 베트남전쟁, 한국전쟁의 교훈을 잘못 적용한 실패

27) 1950년 4월, 김일성이 박헌영과 모스크바를 방문해서 스탈린과 나눈 대화에 대한 기록이 해제되었다. 기록에 따르면 김일성은 전쟁을 3일 만에 끝낼 수 있다고 스탈린에게 확언했다. 남한에서 남로당원 20만명의 총궐기를 예상한 것도 승리를 확신한 논거였다. (출처: "무엇이 두려운가?" 스탈린의 대미 전쟁 위험 감수, 캐스린 웨더스비: 한국전쟁의 거짓말, 오일환 외 역, p.77, p.83에서 재인용)

28) 디엔비엔푸 전투(Dien Bien Phu, 1954년 3월 13일~1954년 5월 7일): 제1차 인도차이나전쟁의 승패를 결정지은 전투다. 호찌민군은 2차 베트남전쟁에서 미군을 애먹였던 '호찌민 루트'처럼 라오스를 이용해 중부 베트남을 우회하여 게릴라 부대와 힘을 합쳐 사이공 정부를 전복하려고 했다. 프랑스군은 이를 저지하기 위해 베트남의 서북변경을 봉쇄하려고 디엔비엔푸를 선택했다.

1953년 11월, 프랑스는 하노이를 비롯한 홍강 삼각주 일대에서 라오스로 가는 길목을 차단하기 위해 베트남 서북부 산간지역인 디엔비엔푸에 주둔했다. 너무나 외진 곳이었기 때문에 비행기로만 병력과 물자를 수송할 수 있었다. 프랑스의 나바르 장군은 호찌민 정부군 1개 사단 정도가 공격해올 것으로 예상했으며, 이 경우 프랑스군의 우세한 화력과 공군력을 통해 충분히 승리할 수 있다고 판단했다. 그러나 호찌민군의 총병력은 5만명에 달했다. 호찌민군은 우거진 밀림과 산악지형을 활용해 은폐하며, 프랑스군에게 발각되거나 저지당하지 않고 디엔비엔푸 진지를 포위했다. 1954년 3월 13일, 호찌민군은 디엔비엔푸 진지에 포격을 개시했으며, 2개월에 걸친 치열한 격전 끝에 5월 7일 프랑스 정

베트남, 라오스 그리고 디엔비엔푸(Dien Bien Phu)

부군이 항복함으로써 전투는 막을 내렸다. 이 전투로 말미암아 프랑스의 대인도차이나 정책은 철수로 완전히 굳어졌고, 1차 인도차이나전쟁은 막을 내리게 되었다. (출처: 위키피디아)

29) 1956년 프랑스가 인도차이나반도에서 물러나고 베트남이 독립하자 케네디 상원의원은 "우리가 낳은 국가이기에 포기할 수 없다(This is our offspring-we cannot abandon it)."라고 말했다. (출처: Diplomacy, Henry Kissinser, p.648)

30) 케네디 대통령의 전임자인 아이젠하워 대통령의 임기가 끝날 때까지 미국은 베트남에 10억달러의 보조금과 1,500명의 인력을 파견했다. 692명의 군사자문관이 파견되었는데 이는 제네바 합의의 한도를 넘어서는 숫자다. 케네디 대통령이 임기를 시작할 때 베트남에는 900명의 군인이 있었고 그 숫자는 1961년 말에 3,164명, 케네디 대통령이 암살되던 1963년에는 16,263명으로 늘었다. (출처: Diplomacy, Henry Kissinser, p.639, p.653)

09. 미국의 이상주의가 베트남의 공산화를 앞당기다

31) 아이젠하워 행정부의 국무장관이었던 덜레스는 응오딘지엠 총통을 가리켜 "우리에게 다른 말은 없다(The only horse available)"라고 했다. (출처: Diplomacy, Henry Kissinger, p.638)

32) 아이젠하워 대통령은 그의 회고록《Mandate for Change》에서 다음과 같이 말했다. "어떤 프랑스인이 나에게 말했듯이 베트남이 필요로 하는 인물은 이승만과 같은 지도자다. 설사 그런 인물의 존재가 필연적으로 수반할 모든 곤란한 문제를 고려하더라도 그렇다(As one Frenchman said to me, What Vietnam needs is another Syngman Rhee, regardless of all the difficulties the presence of such a personality would entail)."

33) 쩐레쑤언은 응오딘지엠 총통의 동생이자 정보부장관 응오딘뉴의 아내다. 응오딘지엠 총통이 미혼이었으므로 동생의 아내가 퍼스트레이디 역할을 했다.

34) 1972년 연임을 결정하는 대선에서 닉슨 대통령은 압도적으로 승리했다. 득표율 60.7%로 49개 주에서 승리했고 워싱턴 D.C.와 매사추세츠만을 내주었다. 그의 상대는 민주당 상원의원 맥거번이었다. 맥거번은 닉슨의 베트남 정책을 열렬히 비판한 상원의원으로, 반전시위에도 적극적으로 얼굴을 내보인 인물이다. 1970년 국방예산안에 '1년 이내 미군의 베트남 완전철수'를 추가할 것을 건의하기도 했으며, 주한미군의 전면철수 및 유럽 주둔 미군의 감축을 주장했다. 철저하게 민주당 내 자유주의자들의 생각을 외친 셈이다. 반면 1972년 닉슨 행정부는 북베트남의 주요 거점을 무차별적으로 공습했으며 닉슨 대통령은 "안보 문제에서 전혀 타협하지 않겠다"라고 말했다. 당시 동부 미디어와 대학가의 외침과는 달리 미국의 전반적인 여론은 미국이 동맹을 포기하지 않으며 책임감 있는 전략으로 '베트남전쟁을 베트남화(Vietnamization)'하려는 닉슨 대통령의 정책을 압도적으로 지지했다고 보아야 한다.

외부인들이 미국 정치를 볼 때, 대도시 중산층, 대졸자 이상에 맞춰진 주류미디어와 대학가의 여론만을 미국의 주류 담론으로 간주하는 행태를 고집하면 실체파악에 실패하게 된다. 대표적인 오류가 2016년 트럼프를 당선시킨 대통령 선거라고 할 수 있다.

35) 전쟁권한 결의안(전쟁권한법, The War Powers Act, 1973년)은 국회 동의 없이 미국을 무력 충돌에 투입하도록 하는 미국 대통령의 권한을 제한하는 법이다. 대통령이 군대를 투입한 후 48시간 이내에 의회에 통보할 것을 요구하고, 군대가 의회의 승인 없이 60일 이상 주둔을 금지하는 내용이다. 이 결의안은 닉슨 대통령의 거부권을 무시한 채 하원과 상원에서 각각 2/3 찬성으로 통과되었다.

10. 국익우선, 현실주의 대통령에 대한 반감

36) 워터게이트 사건(Watergate scandal)은 1972년부터 1974년까지 2년간 미국 정치를 뒤흔들었던 사건으로 대통령에 의한 도청 및 수사방해 공작이다. 사건 이름은 당시 민주당 선거운동 지휘 본부(Democratic National Committee Headquaters)가 있었던 워싱턴 D.C.의 워터게이트 호텔에서 유래했다. 처음 닉슨 대통령과 백악관 측은 '침입 사건과 정권은 관계가 없다'는 태도를 고수했으나, 1974년 8월 '스모킹 건'으로 불리는 녹음테이프가 공개되면서 마지막까지 남아 있던 측근도 곁을 떠났다. 닉슨 대통령은 탄핵안 가결이 확실시되자 1974년 8월 9일 대통령직을 사퇴했다. 이로써 그는 미 역사상 최초이자 유일하게 임기 중 사퇴한 대통령이 되었다. (출처: 위키피디아)

37) 일렬로 줄 세워 보낸다는 의미로, 한꺼번에 압도적인 전력을 투입하는 대신 조금씩 계속 투입하는 방법이다.

38) "We shall pay any price, bear any burden, meet any hardship, support any friend, oppose any foe to assure the survival and the success of liberty." (출처: Inaugural Address of President John F. Kennedy, 1961.1.20.)

39) 1973년 7월 13일, 백악관 참모가 닉슨 대통령의 모든 대화가 자동으로 녹음된다는 사실을 시인했다. 이로써 닉슨에 대한 공격은 임계점을 넘었다. 법원은 녹음테이프를 요구했다. 리버럴 언론들이 전임자들에 대해서는 열렬히 옹호했던 '대통령 특권'이라는 개념이 닉슨에게는 적용되지 않았다. 루스벨트 대통령은 집무실 밑에 조그만 방 하나를 만들고 속기사를 두어 백악관을 찾는 방문객들의 이야기를 몰래 기록했는데, 1982년에 이 사실이 밝혀졌다. 트루먼 대통령에게도 녹음테이프가 있었다. 아이젠하워 대통령도 녹음테이프와 벨트형 녹음기를 사용했다. 케네디 대통령도 방문객의 대화를 녹음했으며 존슨 대통령은 상습적인 도청자였다. (출처: 모던타임스2, 폴 존슨, p.538)

11. 중국을 끌어안고 냉전의 판을 바꾸다

40)   1971년 4월 6일에 열린 제31회 나고야 세계탁구선수권 대회.

41)   1969년 3월 2일~3월 17일에 우수리강 전바오섬(다만스키섬)에서 중국과 소련 사이에 군사 충돌이 일어나 중국군은 68~800명이, 소련군은 58~99명이 전사했다. 우발적인 1차 충돌이 끝나고 중국측은 장갑차를 비롯해 4대의 차량에 나눠 탄 소련군 70명이 선제공격을 해왔다고 주장했고, 소련측은 중국군의 기습으로 소련군 30명이 전사하고 14명이 중경상을 입었다고 발표했다. 2차 충돌에서는 다연장 로켓포와 박격포가 동원되었다. (출처: 나무위키)

42)   미국에 적대적인 세력들이 서로 싸울 때 미국이 세력균형을 위해 한쪽을 편들거나 개입하려 한 것이 이때가 처음은 아니다. 1962년 중국과 인도 간에 국경분쟁이 전쟁으로 비화된 중·인전쟁 당시 미국은 인도의 요청으로 7함대를 인도양에 투입해 중국과 인도 간에 휴전을 종용했다. 인도나 중국 모두 반미국가였으나 미국은 냉정하게 역외균형자(offshore balancer)로 행동했다.

43)   미국 미주리주 출신으로 스물두 살에 중국으로 가서 12년간 거주하며 기자로 활동했다. 베이징 옌징대에서 강의하며 훗날 사회주의 중국의 지도자가 된 학생들과 우정을 쌓기도 했다. 특파원으로서 중국과 미얀마, 인도, 인도차이나를 취재하며 〈시카고 트리뷴〉, 〈뉴욕 선〉, 〈뉴욕 헤럴드 트리뷴〉, 〈런던 데일리 헤럴드〉 등에 기고했다. 이어 〈새터데이 이브닝 포스트〉의 부편집장으로서 아시아와 유럽의 전시 및 전후 사건들을 보도했으며 중국, 인도, 소련 전문가로서 명성을 쌓았다. 11권의 저서를 발간했고 1972년에 사망했다. (출처: 네이버 지식백과)

44)   "중국은 국내 문제로 바빠서 정신이 없다. 국경 너머의 싸움에 개입한다는 것은 범죄 행위나 다름없다. 왜 중국이 그런 짓을 해야 하는가?" 이런 언설을 통해 마오쩌둥 주석이 미국 정부를 안심시키려 했다는 것이 키신저의 해석이다. 그에 따르면 당시 마오쩌둥 주석은 "우리는 흰소리를 하거나 공포를 쏴 대는 것은 좋아하지만, 실제로 부대를 투입하지는 않을 것이다"라는 메시지를 전달했다. (출처: 헨리 키신저의 중국 이야기, 헨리 키신저, p. 257)

45)   중국의 저우언라이 총리는 전략적 철군을 뒷받침하기 위해 그러한 전술적 확전을 마음 놓고 진행해도 좋다는 의사를 미국에 은밀하게 전달했다. (출처: White House Years, Henry Kissinger, p. 1304: 미국의 봉쇄전략, 존 루이스 개디스, p. 466

에서 재인용)

46) 1968년 호주 공산당 당수를 만난 자리에서 마오쩌둥 주석은 서구의 혼란상에 대해 어리둥절한 심정을 다음과 같이 표현했다. "미국이 베트남 북부의 폭격을 중단했을 때, 베트남에 주둔한 미군들은 기뻐했고 환호성을 지르기도 했다. 이는 그들의 사기가 높지 않다는 뜻이다. 학생들의 수업 거부는 유럽 역사에서 처음 보는 현상이다. 자본주의 국가의 학생들은 보통 수업을 거부하지 않는다. 그런데 지금 하늘 아래 모든 것이 혼란스럽다." (출처: "All Under the Heaven Is Great Chaos: Beijing, the Sino-Soviet Boder Clashes, and the Turn Toward Sino-American Rapprochement", Chen Jian and David L. Wilson, pp. 1968-1969": 헨리 키신저의 중국 이야기, 헨리 키신저, p. 259에서 재인용)

47) 한 개의 도미노가 쓰러지면 주변 도미노들이 연쇄적으로 모조리 쓰러지듯이 특정 국가가 공산화되면 인근 국가들도 연쇄적으로 공산화된다는 이론이다. 1954년 미국 아이젠하워 대통령과 덜레스 국무장관이 주장한 것으로 냉전시대 미국 외교의 근간이 되었다. 베트남전쟁 이후로 베트남, 라오스, 캄보디아 등이 잇달아 공산화되면서 이 이론이 사실로 나타났다는 시각이 지배적이었다. (출처: 위키피디아)

12. 중국, 소련을 막다

48) 문혁 4인방은 중화인민공화국의 문화혁명 기간에 마오쩌둥 주석의 주위를 맴돌며 권력을 장악한 네 사람을 가리킨다. 각각 마오의 부인이자 정치국 위원이었던 장칭(江青)과 중국 공산당 중앙위원회 부주석이자 정치국 상무위원이었던 왕훙원(王洪文), 정치국 상무위원이자 국무원 부총리였던 장춘차오(张春桥), 문예비평가 겸 정치국 위원인 야오원위안(姚文元)을 가리킨다. 이들은 중국 공산당의 선전부서와 언론을 장악해 홍위병을 선동하고, 대장정 시대부터 이어져온 당주류들을 공격했다. 이들의 두목 역할은 마오의 부인이었던 장칭이 맡았고, 왕훙원은 상하이에서 혁명지지위원회를 결성해 세력을 키우는 임무를 맡았다. 언론인이었던 장춘차오는 혁명지도소조의 요직을 맡아 이 폭동의 이론화 및 체계화를 담당했고, 야오원위안은 각종 논설에서 반대파에 대한 공격을 맡았다. 방(帮)이라는 글자는 중국어로 '깡패', 또는 '패거리'라는 뜻인데, 파생되어 '암흑가'를 의미하기도 한다. (출처: 나무위키)

49) 중화인민공화국의 제2대 국무원 총리로 마오쩌둥 주석의 직계 후계자. 그러나 결

국 생전 마오쩌둥 주석의 뜻과 달리 1978년 실권을 장악한 덩샤오핑에 의해 축출되었고, 이후 당 고위직에 머물긴 했지만 권력은 없었다. 마오쩌둥 노선을 열렬히 지지했고 마오쩌둥의 고향 후배였다는 점에서 그의 신임을 받았다. 1976년 초대 총리 저우인라이가 사망하자 마오쩌둥 주석이 지명해 마오쩌둥의 공식 후계자가 되었으며 마오쩌둥의 사후 중국 공산당 중앙위원회 주석, 국무원 총리, 중앙군사위원회 주석이란 당/정/군의 최고위직 3자리를 모두 거머쥐었다. 이 3자리를 모두 가지고 있던 사람은 화궈펑이 유일한데, 마오쩌둥은 행정부 수반인 국무원 총리를 저우언라이에게 양보했고, 덩샤오핑은 화궈펑 총리 시절 부총리였다. 덩샤오핑 이후에는 아예 당 주석과 국무원 총리를 겸직하지 못하게 되었다. (출처: 나무위키)

50) 마오쩌둥은 스탈린 시절에 몇 차례 모스크바에 갔었다.

51) 크메르 루주(Khmers rouges): 캄푸치아 공산당의 무장 군사조직으로, 당 자체를 지칭하기도 한다. 1968년 북베트남의 베트남 인민군에서 떨어져 나와 조직되었다. 1973년부터는 중국의 후원을 받았고 1975년에서 1979년까지 캄보디아를 장악했다. 지도부는 폴 포트, 누온 찌어, 이엥사리, 손 센, 키우 삼판이었다. 크메르 루주는 집단학살(일명 킬링필드)로 악명 높다. 이들이 정권을 잡은 4년간 농업 개혁은 심각한 기아를 불러왔으며, 의약품 부족으로 많은 사람들이 죽었다. 게다가 무차별적인 처형과 고문이 난무했다. 크메르 루주는 과거의 동맹이었던 베트남에 철저하게 패배하여 1979년 실각했다. 이후 캄보디아에는 캄푸치아 인민공화국이 세워졌다. 크메르 루주는 밀림에 망명정부를 세워 1993년까지 UN에 의석을 유지했다. 그러나 1993년 시아누크 국왕이 왕정에 복귀하자 정통성을 잃었고, 이듬해 크메르 루주 수천 명이 밀림에서 나와 항복했다. 항복하지 않고 남아 있던 크메르 루주는 1990년대 중반을 지나며 거의 와해되었고, 1999년에 정부군에 항복했다. (출처: 위키피디아)

52) 파키스탄은 과다르 항 건설자금의 80%를 중국에서 빌렸다. 중국 차관이 620억달러였고 차관은 연 13%의 고금리, 상환기간도 10년 미만으로 짧았다. 상시 외환위기를 겪는 파키스탄이 부채를 갚을 길은 없었다. 중국은 해외항만 지주회사를 설립하고 2059년까지 항만 매출의 91%를 회사가 갖는 조건으로 과다르 항을 40년간 장기 임차했다. 운영수익 중 일부는 파키스탄 중앙정부에 흘러들어가지만 과다르 항의 건설로 강제 이주당한 이 지역 어민들과 과다르 항이 위치한 발루치스탄주에 대한 보상계획은 없었다.

파키스탄은 외환위기를 겪으면서도 지정학적 입지를 이용해 친중과 친미를 오가는 외교를 펼치고 있다. 과다르 항 프로젝트도 파키스탄이 먼저 제안한 것이다. 2000년대 초에 무샤라프 파키스탄 대통령은 중국 자금을 끌어와 경기를 진작하고자 중국의 지정학적 약점을 파고들었다. 중국 당국은 당시 파키스탄에 대한 투자가 경제성이 없고 위험이 높다고 판단했으나, 파키스탄에서 서중국으로 이어지는 자원 수송루트가 말라카 해협이라는 급소가 미국에 의해 차단될 때를 대비해 반드시 필요하다는 인식에서 과다르 항 건설을 추진했다. (출처: China's western horizon, Danel Markey)

13. 1989년 천안문 사태, 중국이 친 사고를 미국이 처리하다

53) 사실을 직접 증명할 수 있는 증거가 되지는 않지만, 주변의 상황 등을 밝힘으로써 간접적으로 증명에 도움이 되는 증거.

54) 덩샤오핑의 유력한 후계자로 거론되었다. 총리에 이어 당 총서기에 올랐으나 천안문 사태 당시 시위대에 동정적이었다는 이유로 1989년에 실각한 후 가택연금 상태로 생활하다가 2005년 호흡기 및 심혈관질환으로 사망했다. 당 총서기 재임 시절 안정성장보다는 고도성장에 방점을 두고 과감한 경제개혁을 추진했다. 그러나 1989년에 이르러 경제상황은 더욱 악화되었고, 이는 천안문 사태의 한 원인으로 작용했다. (출처: 나무위키)

55) 2014년 해제된 미국의 기밀문서에 따르면 당시 1만 454명이 사살되었다.

56) 1986년 12월, 안후이성 허페이의 중국과학기술대학 학생들이 전인대 선거 결과를 놓고 항의집회를 열자, 당시 팡리즈는 학생들을 향해 "프롤레타리아 독재는 아래에서 쟁취한 것이다. 위에서 준 것이 아니다"라는 내용으로 연설했다. 학생들은 다음 날 성 정부 청사까지 행진하며 시위를 벌였고 베이징과 상하이에도 학생 시위대의 물결이 번졌다. 다음 해 1월 덩샤오핑은 공개적으로 팡리즈를 비판했고, 팡리즈는 덩샤오핑에 의해 중국 공산당 당원과 부교장직에서 제명되었다. 1989년 1월 팡리즈는 덩샤오핑에게 공개서한을 보내 덩샤오핑 집권 이후 감옥에 갇혀 있던 중국 공산당 인사들을 석방하라고 촉구했다. 그해 4월 천안문 사태가 시작됐을 때 팡리즈는 시위에 직접 관여하지 않았지만 당국은 그를 반정부 시위의 배후 인물 중 하나로 지목했다. 6월 4일 인민해방군이 시위를 진압하자, 다음 날 팡리즈는 아내와 함께 베이징의 미국 대사관으로 피신했다. 1990년 6월 중국 당국은 팡리즈

부부의 망명을 허가했다. 이후 팡리즈는 애리조나대학에서 물리학과 교수로 일했고 2012년 애리조나주에서 76세로 사망했다. (출처: 위키피디아)

57) 미국 텍사스 출신의 억만장자로 1992년 대선에서 제3당 후보로 나섰다. 주로 IT 산업에 종사했으며 IBM에서 일하다가 1962년에 나와 Electronic Data Systems EDS를 차려서 크게 성장시켰다. 1984년 EDS를 제너럴 모터스에 매각한 이후 퇴사했으며, 그 뒤에 스티브 잡스가 세운 NeXT에 출자하기도 했다. 대선공약으로 내세운 것은 균형 재정, 총기규제 반대, 보호 무역 등이었다. 1992년 대선에서는 18.87%의 득표율을 보였으며 1995년 '미국 개혁당'을 창설하고 1996년에 다시 대선에 도전했지만, 이전보다 낮은 8.40%의 득표율로 다시 낙선했다. (출처: 나무위키)

58) 북미자유무역협정(NAFTA: North American Free Trade Agreement): 1992년에 캐나다, 멕시코, 미국 정부 사이에 체결된 북미자유무역협정이다. 북미자유무역협정은 세계에서 가장 큰 무역블록 중 하나이며, 인구수가 4억 7,196만 4,016명에 이르는 거대한 단일시장이다. (출처: 위키피디아)

NAFTA는 노동계와 환경단체를 포함한 각 이익단체 등의 저항과 하원의 반대에 직면해 좌초될 위기를 맞았다. 그러나 클린턴 행정부의 총력전에 힘입어 1993년 11월 17일 가까스로 하원을 통과하고 곧이어 상원 인준에도 성공해 1994년 1월 1일자로 발효되었다. NAFTA 찬성론자들은 NAFTA가 북미 전 지역에 걸쳐 효과적인 생산기반을 구축하는 데 크게 기여할 것으로 보았다. 이들은 미국의 대멕시코 수출증대 효과와 노동집약적 산업의 고용감소 효과를 능가하는 자본·기술 집약적 산업의 고용증대 효과, 역내 노동시장 재편과 산업 구조조정에 의한 국제경쟁력 향상, 역내 자본 이동의 증대로 인한 후생증대 효과 등을 주장하며 NAFTA의 체결을 지지했다.

반면에 NAFTA 반대론자들은 NAFTA가 미국의 노동시장에 막대한 손실을 끼칠 것으로 예상하고, NAFTA가 체결되면 미국 내 일자리가 낮은 임금과 허술한 환경법규 및 노동법규 등을 가진 멕시코로 이동하는 것이 불가피할 것으로 전망했다. NAFTA에 대한 조직적인 저항세력 중 또 다른 하나는 환경론자들이었다. 이들은 멕시코와 미국 국경에 위치한 멕시코 내의 관세 면세지역인 마킬라도라(Maquiladora)에 만연한 환경오염 사례, 멕시코시티 및 대도시의 공기오염 실태, 멕시코만 일대에 증가하는 화학폐기물질 방출사례 등을 제시하며 NAFTA의 부당성을 제기했다. (출처: 미국의 NAFTA 비준 과정의 경험과 시사점, 안세영, 2013년

12월호, KDI)

59) COVID-19 ORIGINS: Experts Consulted by Fauci Suddenly Changed Their MindsSep 6, 2023 heritage foundation.

14. 중국과의 결별, 이익이 바뀌면 생각이 바뀐다

60) 반덤핑제소(anti-dumping suit): 수출국의 국내시장가격보다 낮은 가격으로 수출하는 경우를 말한다. 관세 및 무역에 관한 일반협정 GATT 1947년의 덤핑규정에는 동종물품의 수출가격이 국내시장에서의 정상가격(normal value)보다 낮은 경우에 해당 물품은 덤핑된 것으로 간주하고 있으며 세계무역기구 WTO 체제하에서도 이런 기본적인 원칙이 그대로 승계되고 있다. 이러한 덤핑수출에 의해 수입국 산업이 피해를 입을 경우 수입국의 동종제품 생산자 등이 반덤핑 제소를 하게 되며, 수입국이 이를 받아들여 해당 물품에 부과하는 특별관세를 반덤핑관세라고 한다. 지난 수십년 동안 미국이 가장 많이 반덤핑관세를 부과한 수입품은 중국산이다. (출처: 한경 경제용어사전)

61) 중국 정부는 월가 위기 발생 직후에 신속하게 6,000억달러에 버금가는 부양책을 발표해서 글로벌 자산시장 안정에 기여했다. (출처: "China unveils $586 billion stimulus plan", David Barboza, the New York Times, 2008.11.10)

62) 2013년 12월 바이든 대통령은 부통령 시절 방한해서 박근혜 대통령을 예방했다. 그는 "It's never been a good bet to bet against America"라고 했는데, 한국에서는 이 발언을 두고 논란이 일었다. 당시 통역은 "미국의 반대편에 베팅하는 것은 좋은 베팅이 아니다"라고 통역했다. 미국 부통령이 대놓고 한국 대통령에게 "중국 편을 들지 말라"라고 공개적으로 거론했다는 해석이 나왔고 이런 식의 압박은 외교적 결례라는 논란도 일었다. 그러나 바이든 부통령이 오바마 행정부의 '아시아 회귀 전략'을 설명한 다음에 한 발언이므로, 아시아를 중시하려는 '미국의 의지를 의심하는 것은 어리석다' 정도로 완화해서 번역해야 옳다는 해석이 한국과 미국 정부의 공식적인 인식이었다.

사실상 이때부터 한국이 미·중 사이에서 어떤 입장을 취해야 할지를 분명히 해야 할 만큼 미·중관계가 대립구도 쪽으로 움직이기 시작했다. '미국 반대편에 베팅하지 말라'는 직역이건 '미국의 아시아 중시 전략을 과소평가하지 말라'는 의역이건 큰 차이가 없는 상황이 전개되었다.

박근혜 대통령은 중국이 한반도 통일의 키를 잡고 있다고 생각했기에 중국 전승절에까지 참여하는 등 중국중시전략을 취했다. 그러다가 중국이 협조적으로 나오지 않자 결국 사드 배치를 결정해서 중국으로부터 강한 반격을 받고 얼마 뒤 정부 자체가 몰락했다.

63) 2017년 일본은 아시아개발은행(ADB)에 4,000만달러(약 454억 6,000만원)를 출연한다고 선언했다. 중국이 주도하는 아시아인프라투자은행(AIIB)의 영향력 확대를 견제하려는 조처로 해석할 수 있다. 2017년 5월 일본 요코하마에서 열린 아시아개발은행 총회에서 일본의 아소 다로 부총리는 '아시아의 인프라 수요는 앞으로 15년간 26조달러에 이를 것으로 보인다. 질 높은 인프라 정비를 위해 아시아개발은행을 강화할 것'이라고 말했다. 이를 위해 아시아개발은행에 '고도기술지원기금'을 설립하고 이 기금에 앞으로 2년간 4,000만달러를 내놓겠다는 계획이다.

아시아개발은행은 일본이 2차 세계대전에서 패전한 뒤 전후 부흥에 성공한 1966년에 미국과 함께 설립한 금융기관이다. 역대 총재가 모두 일본인이라는 사실에서 알 수 있듯이 일본의 주도로 아시아 지역에서 큰 영향력을 행사해 왔다. 하지만 중국이 2015년 아시아인프라투자은행을 설립하면서 역내 주도권 경쟁이 시작됐다. 중국이 주도하는 이 은행은 설립한 지 2년도 채 되지 않아 회원국 수가 70개국으로 늘며 67개국인 아시아개발은행을 앞섰다. 아시아개발은행에는 중국도 참여하지만, 일본은 아시아인프라투자은행에 참여하지 않고 있다. 아소 부총리가 연설에서 '질 높은 인프라'를 언급한 것도 중국 주도의 아시아인프라투자은행을 의식해서였다. 일본이 물량에서는 중국에 뒤지지만, 기술력을 기준으로 한 투자의 질은 일본이 앞선다는 것을 강조하려는 의도에서 나온 발언이었다. 일본이 중국보다 앞서 있다고 보는 환경기술 등의 지원을 통해 중국이 주도하는 아시아인프라투자은행과는 다른 존재감을 드러내려 한 것으로 보인다. (출처: "일본, ADB에 4,000만달러 출연…중국 AIIB 견제", 한겨레, 2017. 5. 7.)

64) 시진핑 주석은 국무원 부총리를 지낸 혁명 원로 시중쉰의 아들이다. 시중쉰은 대장정에 참가하지 않았지만, 대장정으로 쫓기던 홍군의 도피처가 된 옌안 해방구를 만드는 데 큰 역할을 했다. 중화인민공화국 건국 후에는 중앙으로 올라와 국무원 부총리와 국무원 비서장을 역임했다. 문화혁명 시기에 모든 공직을 박탈당하고 허난성으로 하방(下放)되어 노동자로 일했다. 1978년 덩샤오핑이 권력을 장악한 후 복권되어 광둥성에 부임해 선전시를 경제특구로 지정할 것을 중앙에 건의해

관철시켰다. 1981년부터 국회부의장 격인 전국인민대표대회 상무위원회 부위원장을 맡아, 당 8대 원로로 꼽히기도 했으나 실제 존재감이 크지는 않았다. 천안문 사태 이후 권력투쟁에서 밀려 은퇴한 뒤 잊힌 인물이 되었고 2002년에 사망했다. (출처: 나무위키)

65) 남순강화(南巡讲话): 1992년 1월 말부터 2월 초까지 덩샤오핑은 자신의 딸과 함께 중국의 해안 도시를 순시했다. 그는 천안문 사태 이후 중국 지도부의 보수적 분위기를 타파하기 위해 상하이, 선전(深圳), 주하이(珠海) 등 남방 경제특구를 순시하면서 더욱더 개혁과 개방을 확대할 것을 주장하는 등 여러 가지 담화(谈话)를 했다. 당시 베이징의 권력자들이 이를 탐탁하게 여기지 않아 여행하는 동안에는 중국 매체들이 보도하지 않았으나 몇 개월 뒤 대대적으로 보도하기 시작했다. 같은 해 10월 개최된 제14차 공산당 대표대회 보고서에 거의 전문이 수록되었고, 사회주의 시장경제론을 천명하게 되는 기초가 되었다. (출처: 중국시사문화사전, 이현국)

15. 중국이 과연 베스트팔렌 조약 안에 머무를까?

66) 배타적 경제수역(EEZ: Exclusive Economic Zone): 1982년 '해양법에 관한 국제연합 협약'의 규정에 근거하여, 영해기선으로부터 최대 200해리까지의 해역으로서 영해를 제외한 해역을 말한다. 배타적 경제수역에서 연안국은 다음과 같은 주권적 권리와 관할권을 가진다.
1. 주권적 권리
- 해저의 상부수역, 해저 및 그 하층토의 생물이나 무생물 등 천연자원의 탐사, 개발, 보존 및 관리를 목적으로 하는 주권적 권리
- 해수, 해류 및 해풍을 이용한 에너지생산과 같은 이 수역의 경제적 개발과 탐사를 위한 그 밖의 활동에 관한 주권적 권리
2. 관할권
- 인공섬, 시설 및 구조물의 설치와 사용, 해양과학조사, 해양환경의 보호와 보전 (출처: 나무위키)

67) "지금부터는 이 먼 길에 더 이상 특사를 보낼 필요가 없다. 여행하느라 힘만 헛되이 낭비하는 결과만 생길 뿐이기 때문이다. 만약 그대들이 순종적으로 봉사하겠다는 마음을 보여줄 수 있다면, 일정 기간 동안 왕실에 특사를 보내지 않아도 된

다. 그것이 문명으로 향하는 진정한 방법이다. 그대들이 영원히 복종할 수 있기 때문에 우리는 지금 이 칙령을 발표한다." (출처: "The Emperor of China", Chinese Recorder 29, no. 10: 헨리 키신저의 세계 질서, 헨리 키신저, p. 248에서 재인용)

16. 트럼프 현상의 대두, 불만의 계절

68) "We'll also address America's long-term challenges, the debt and the rise of the Chinese communist party.", "As for the Chinese communist party, we will create a bipartisan select committee on China to investigate how to bring back the hundreds of thousands of jobs that went to China, and then we will win this economic competition." (출처: CNN, 2023. 1. 7)

69) "We need to put some of the bill for this transformation to advance U.S military on the Saudi Arabians, the South Koreans, the Germans, the Japanese, and the British. We're protecting them, after all, and they should share in the costs." (출처: Great Again, Donald J. Trump, p. 47)

70) 러스트 벨트(Rust Belt): 미국의 중서부 지역과 북동부 지역의 일부 영역을 가리키는 호칭. 자동차 산업의 중심지인 디트로이트를 비롯해 미국 철강 산업의 메카인 피츠버그와 그 외 필라델피아, 볼티모어, 멤피스 등이 해당하며 대체로 미시간, 인디애나, 오하이오, 펜실베이니아주에 속한다. 이 지역은 중공업과 제조업에서 국민경제의 중요 부분을 형성하고 있으며, 1870년대에 미국 제조업의 호황을 구가했던 중심지였으나 제조업이 사양길로 접어들며 불황을 맞은 지역이다. 2016년 미국 대통령 선거에서 도널드 트럼프 후보의 승리를 결정지은 지역이기도 하다. (출처: 위키피디아)

17. 일본, 미국의 고립주의를 깨우다

71) 미국의 산업력지수는 일본의 5배였고 철강 생산량은 일본보다 20배 많았다.

72) "일본의 방위력 강화를 위한 기시다 총리의 의지에 박수를 보낸다. 강력한 일본과 강력한 미·일 동맹은 이 지역에서 좋은 힘이다. 나는 대만 해협 전역에서 평화와 안정이 확장되는 것과 동중국해와 남중국해에서 항행의 자유를 증진하는 것을 지지한다. 그리고 조선민주주의인민공화국을 억제하는 것을 지지한다(I applaud Prime Minister Kishida's determination to strengthen Japanese defense

capabilities as well. A strong Japan and a strong U.S.-Japan alliance is a force for good in the region. I support the peace and stability that's going to continue and, we hope, increase across the Taiwan Straits; promote freedom of navigation in the East and South China Seas; and to deter the Democratic People's Republic of Korea)." (출처: Remarks by President Biden and Prime Minister Kishida Fumio of Japan in Joint Press Conference, 2022.5.23.)

73) 2023년 1월 7일자 일본 니혼게이자이 신문 보도에 따르면 일본 방위성은 센카쿠 제도를 포함하는 난세이 제도에 미사일과 탄약 등을 보관할 무기고를 전면 배치할 계획이다. 난세이 제도는 대만과 110km 거리에 있는 요나구니섬을 포함해 오키나와·이시가키·미야코 등 200여개 섬으로 구성된 곳이다. 일본 본토에서 대만까지 연결하듯이 섬들이 늘어선 제도로, 중국이 동중국해에서 태평양으로 나갈 때 지나치는 전략적 요충지다. 일본 방위성은 그동안 비축 무기의 70%를 홋카이도에 집중 보관해온 전략을 변경해 난세이 제도에 무기고를 대폭 증설할 계획이다. 이 신문은 "대만 유사 사태(중국의 대만 침공)에 대한 대응을 염두에 두고, 난세이 제도의 섬 지역에 탄약을 분산해 보관할 방침"이라고 전했다. (출처: "일본, 대만 유사시 대비 인근 난세이 제도에 미사일, 탄약 배치키로", 조선일보, 2023.1.9.)

74) 포츠머스 조약(Treaty of Portsmouth): 1905년 9월 5일 미국의 시어도어 루스벨트(Theodore Roosevelt) 대통령의 중재로 미국 뉴햄프셔주에 있는 군항 도시 포츠머스에서 맺은 러일전쟁의 강화조약이다. 루스벨트 대통령은 이 조약의 주선으로 노벨평화상을 수상했다. 러시아 제국은 만주와 조선에서 철수하고, 일본 제국에 사할린 남부를 할양하지만 전쟁배상금에는 일절 응하지 않는다는 조건으로 협상을 체결했다. 일본 제국은 남만주 철도와 영지의 조차권, 대한제국에 대한 배타적 지도권 등을 획득했지만, 군비로 쏟아부은 국가 예산 1년 치의 약 4배에 달하는 20억엔을 상쇄할 만큼 전쟁배상금을 얻지는 못했다. (출처: 위키피디아)

75) 폴란드 출신의 미국의 정치학자. 1973년 데이비드 록펠러와 함께 전 세계 파워 엘리트들의 모임인 삼극위원회를 창립했다. 지미 카터 행정부에서 1977년부터 1981년까지 백악관 국가안보 보좌관을 맡았으며, 후에 전략국제연구센터 CSIS에서 활동했다.

19. 마침내 고립주의 전성시대가 다가오는가?

76) 중립법(Neutrality Acts, 1937): 무기와 기타 전쟁물자의 수출 및 수입과 교전국에 대한 대출을 금지하는 법이다. 이로써 국제분쟁이 발발했을 때 미국 혹은 미국령의 어느 누구도 대통령이 지목한 교전국과 교전국이 이용할 수 있는 중립국을 포함 모든 지역에 군수품을 매각하거나 수송하는 것이 금지되었다.

77) 무기대여법(Lend-Lease Act, 1940~1945년): 미국이 제2차 세계대전 동안 영국, 소련, 중국 등의 연합국에 막대한 양의 전쟁물자를 제공할 수 있게 만든 법이다. 제1차 세계대전 때와 달리 이 법을 적용받는 전쟁물자는 미국이 해당국에 무료로 운송했다. 이 법은 미국이 1941년 12월 세계대전에 직접 참여하기 약 9개월 전인 1941년 3월에 발효되었다. 무기대여법은 전쟁물자 구입 시 해당국이 선불로 지불하고 직접 운송하도록 요구했던 기존의 고립주의 법안을 무효화했다. 미국이 이 법을 만든 이유는 전쟁과 공습으로 인해 영국을 비롯한 연합국들의 경제가 피폐해져 더 이상 무기를 구입하고 운송할 능력이 없었기 때문이다. 이 법은 미국이 1차 세계대전 이후로 지속하던 고립주의 정책을 포기하고 국제 정세에 개입하는 쪽으로 돌아서는 계기가 되었다.

처칠 수상은 루스벨트 대통령에게 영국의 보급로를 보호해줄 것을 요청했다. 루스벨트 대통령은 결국 1차 세계대전 때 사용했던 구축함 50척을 영국에 파견하기로 결정했고, 그 대가로 영국으로부터 캐나다와 카리브해에 이르는 해군과 공군기지의 사용권을 받았다. 그는 미국의 직접적인 참전 없이 추축국에 대항하는 연합국을 도울 수 있는 방법을 고안했다. 이 고안은 1941년 1월 10일 'H. R. 1776'이라는 명칭으로 하원에 상정되었는데, 이것이 바로 미국 외교정책을 고립주의에서 개입주의로 전환한 '무기대여법(Lend-Lease Act)'이다. 이 법안은 결국 격렬한 논쟁 끝에 '미국방어 증진법안(Act to Promote the Defense of the United States)'이라는 이름으로 통과되었고, 1941년 3월 11일 루스벨트 대통령의 서명으로 발효되었다. 이 법에 의해 미국 대통령은 자국의 방어에 필요하다고 인정하는 특정 국가에 군수품을 판매하거나 이양, 교환, 임대할 수 있는 권리를 지니게 되었다. 루스벨트 대통령은 독일과 전쟁을 치르는 연합국에 군수물자의 물품비만이 아니라 운송비까지 무료로 지원하기 시작했다.

미국의 전체 전쟁 지출의 11%인 총 501억달러(2018년 기준 5,650억달러)가 연합국에 투입되었다. 영국에 314억달러(2018년 기준 3,540억달러, 전체의 60%), 소련에 113억달러(2018년 기준 1,274억달러, 전체의 22%), 프랑스에 32억달러(2018년 기준 361억달러), 중국에 16억달러(2018년 기준 180억달러), 나머지 연합국에 26억달러(2018년 기준 180억달러)가 투입됐다. (출처: 위키피디아)

처칠 수상은 '인류 역사상 가장 이타적인 법'이라고 극찬했으나 영국의 보수당 정치가들은 '미국이 해야 할 일을 늦게 했다'면서 미국의 고립주의 성향에 대해 불편한 속내를 드러내기도 했다. '자기들이 할 일을 남에게 시키고 관용을 베푸는 척하는 능력이 있는 사람들'이라는 생각이야말로 영국인들이 참전은커녕 무기원조에조차 미적거렸던 미국에 대해 가진 진짜 속내일 가능성이 크다. 실제로 미국의 모겐소 장관을 비롯한 정치가들은 '영국이 무기대여법을 이용해 전쟁 중에는 무기를 빌려 쓰고 영국의 금과 자원은 제국의 훗날을 위해 남겨둘 것'을 걱정했다. 따라서 무기대여법의 조건으로 영국이 제국 내에서 주는 특혜 관세를 포기할 것을 종용하는 등 영국 제국의 근간을 허무는 수단으로 이 법을 사용했다. (출처: 브레턴우즈 전투, 벤 스틸, p. 165)

78) 셰일가스는 퇴적암인 셰일이 형성된 지층에 포함되어 있는 천연가스나 석유를 말한다. 미국, 캐나다, 멕시코 등 북아메리카와 브라질, 아르헨티나, 칠레, 우루과이 등 남아메리카, 오스트레일리아, 중국, 튀르키예, 카자흐스탄, 카타르, 알제리, 리비아, 수단 공화국, 나이지리아 등에 주로 매장되어 있으며 미국을 시작으로 각국에서 개발하고 있다. 미국에서는 텍사스주와 동부의 애팔래치아산맥 일대에 많다. 영국의 〈이코노미스트〉는 2012년 7월호에서 이렇게 표현했다. "미국의 셰일 가스의 부흥에는 여러 가지 요인이 있지만, 조지 미첼이라는 한 사람의 노력이 가장 컸다. 그는 수압 파쇄(Hydraulic fracturing) 공법의 잠재적 가능성을 알고 있었다. 대형 유전회사들이 셰일오일과 가스에 관심을 가졌지만 이 채굴 공법을 개발해 내지 못했다. 미첼은 수십년의 세월과 600만달러를 허비했는데, 이는 아마도 석유와 가스 개발 역사상 최대의 투자비였을 것이다. 많은 사람들이 그에게 그저 시간과 돈을 낭비할 뿐이라고 조롱했지만 그는 마침내 그 문제를 해결했다." 미첼은 셰일가스층에서 원유와 가스를 경제적으로 채취하는 방법을 찾아냈다. 그 방법은 바로 지하에 묻혀 있는 셰일가스층에 파이프를 박은 후, 고압의 물을 분사해 셰일암석층을 파쇄하는 것이었다. 그가 수압파쇄공법의 개발에 성공한 해는 미국이 금융위기로 빠져든 2008년이었다.

한편, 화학약품과 물을 섞어 고압으로 지층을 파쇄해 가스를 추출해내는 공법의 특성상 채굴 후 지하수가 폐수로 오염될 수도 있고 지반 침하 우려도 있어서 반대

운동도 일어나고 있다. 환경을 중시하는 바이든 행정부가 들어선 2020년 이후로 셰일 붐이 꺼지며 셰일 기업들이 줄줄이 도산했다. 경기후퇴 우려에 따른 원유가 하락도 미국의 중소 석유생산자들이 도산한 원인 중 하나다.

미국 에너지 정보원(EIA: Energy Information Agency)의 평가에 따르면, 미국은 현재 100년 이상 사용 가능한 오일과 천연가스를 보유하고 있다. 기술이 더 개발되고 더 많은 유정을 발견할 경우 보유량은 더욱 늘어날 것이다. 전문가들은 기술이 발전하면서 300년은 더 사용할 수 있을 것으로 본다.

2008년에는 하루에 500만배럴에 불과하던 미국의 원유생산은 2011년 12월 기준으로 하루에 600만배럴을 넘어섰고, 2012년 11월에는 700만배럴, 2014년 1월 800만배럴, 그해 9월 900만배럴을 돌파했다. 미국의 원유생산은 사우디아라비아의 공격적인 유가 하락으로 2015년 이후 다소 주춤했지만, 유가가 상승세로 전환되면서 2016년 10월부터 다시 증가하기 시작했다. 2017년 12월 1,000만배럴을 돌파하면서 미국 원유생산에서 셰일오일이 차지하는 비중은 50%를 넘어섰다. (출처: "[셰일혁명②] 석유수입국에서 수출국으로", 김현민, 아틀라스뉴스, 2019. 5. 8)

20. 아브라함 협정, 중동문제의 중동화

79) 2019~2020년 아랍국가 국민들 28,300명을 대상으로 한 여론조사(the Arab Opinion Index)에 따르면 사우디 국민의 6%, 쿠웨이트와 카타르의 12% 만이 이스라엘과 외교정상화를 지지했다. 아랍의 압도적 다수는 이스라엘과 협력에 반대했고 그 이유는 팔레스타인 대한 이스라엘의 억압 때문이다. (출처: The Abraham Accords, Elham Fakhro, p193)

2장

세계체제의 비용

21
트럼프, 비트코인을
전략무기화하다

미국, 비트코인에 대해 생각을 바꾸다

비트코인에 대한 미국 정부의 정책 변화는 그야말로 롤러코스터와 같다. 바이든 정부는 비트코인이 금융시스템에 미칠 영향을 우려하며, 미국 금융 기업들이 비트코인과 같은 암호화폐에 투자하거나 노출되는 것은 국가안보 차원에서 위험한 선택이라고 경고한 바도 있다. 특히 비트코인과 암호화폐가 북한의 핵물질의 구입이나 미사일 도발에 도움이 되고 있다고 적시했다.[104] 그러나 2024년 대선에서 승리한 트럼프 대통령은 선거 기간 동안 미국을 "암호화폐의 수도"로 만들겠다고 공언했다. 구체적으로 여러 가지를 말했다. 비트코인의 나머지 채굴이 미국에서 이루어지기를 바란다고도 했고, 비트코인이 돈과 같은데 가격이 올랐다고 자본이득세를 매기는 것이 부당하다고도 했고 미국 정부가 보유한 비트코인을 전략적으로 비축할 생각이라고도 했다.

이 같은 공약에 대해 일부 전문가들은 트럼프가 1,800만 명 이상으로 추정되는 미국의 암호화폐 투자자들을 의식해서 단지 선거 전략 차원에서 암호화폐를 활용했을 뿐, 실제로 정책 변화를 이끄는 것은 쉽지 않을 것이라고 분석했다. 특히 암호화폐는 여전히 검증되지 않은 투기적자산이므로 국가가 나서서 부양했다가 가격이 폭락할 경우 정부에 대한 신뢰저하 등 뒷감당이 어렵다는 점이 그 이유로 꼽혔다. 하지만 트럼프는 이를 비웃기라도 하듯, 당선 직후 정부 주요 요직에 친암호화폐 인사로 분류되는 인물들을 지명했다.

이 같은 트럼프 행정부의 초기 행보는 시장에 강력한 신호를 주었다. 투자자들의 기대감은 급격히 높아졌고, 트럼프가 대통령으로 공식 취임하기도 전에 비트코인 가격은 사상 처음으로 10만달러를 돌파하기도 했다.

결론적으로 말하자면, 비트코인에 대한 미국의 행보가 트럼프 선거팀이 어쩌다 일으킨 해프닝으로 남지 않을 가능성이 크다. 트럼프와 그를 둘러싼 전략가들은 달러가 위기에 빠지고 있는 현실을 고려할 때, 비트코인이 달러의 지위를 보조하는 유력한 수단일 수 있다고 판단했을 가능성이 높고 특히나 중국과 같이 미국 중심 글로벌 시스템의 변경자를 자처하는 국가들에게 비트코인이 전략적인 무기가 될 수 있다는 점까지 간파하고 있는 것으로 보인다.

비트코인 10만달러 돌파보다 더 중요한 사건

비트코인이 10만달러를 넘어선 것은 분명히 역사적인 사건이다. 이로 인해 비트코인은 금과 같은 전통 자산을 포함한 전 세계 자산 중 시가총액 7위를 넘어서 6위를 넘보게 되었다. 전 세계 언론은 "언제 사라져도 이상하지 않다"고 평가받던 비트코인이 새로운 자산군으로 자리 잡은 데 대해 놀라움을 금치 못했다.

그러나 비트코인 역사에서 가장 중요한 순간을 꼽으라면, 많은 이들이 주목하고 있는 10만달러 돌파가 아니라, 1달러를 돌파한 사건이었다고 할 수 있다. 당시 비트코인이 1달러를 돌파했을 때, 지구상의 대다수 사람들은 이 사실을 전혀 알지 못했다. 오직 암호화폐에 열광하던 초기 사용자들만이 이를 인지했다.

비트코인이 1달러를 넘어선 순간은 기술적, 심리적으로 매우 중요한 전환점이었다. 이는 단순한 코드 조각으로 여겨졌던 비트코인이 처음으로 '가치'를 인정받은 순간이었기 때문이다. 이 시점부터 비트코인은 단순히 실험적인 프로젝트에 머물지 않고, 기존 금융 질서를 잠재적으로 전복시킬 수 있는 새로운 형태의 금융 도구가 되었다고 말할 수 있다.

1달러를 돌파한 것은 단순한 가격 상승 이상의 의미를 지닌다. 만약 비트코인이 1달러를 진정으로 넘어섰다면, 10만달러라는 엄청난 가격도 단지 시간의 문제일 뿐, 피할 수 없는 결과라고 과감하게 예측할 수 있었다. 비록 1달러와 10만달러는 비교가 불가한 규모처럼 보이지만, 비트코인이 10만달러를 돌파한 지금도 여전히 많은 사람들은 1달러를 처음 넘었던 시점과 유사한 의문을 던진다는 사실에 주목할 필요가 있다.

"비트코인은 정부가 보장하지도 않고, 특별히 쓸모 있는 물건도 아닌데 어떻게 가격을 가지고 유지될 수 있을까?"

"단순한 코드 조각이 어떻게 가격을 형성하며, 사람들이 그 가치를 인정할 수 있을까?"

이 질문들은 비트코인이 본질적으로 가격을 가져서는 안 된다는 전제를 내포하고 있다. 다만, 그 가격이 1달러가 아니라 10만달러로 변했을 뿐, 비트코인이 10만달러가 넘는다 해도 이런 근본적인 의구심은 여전히 남아 있다. 이를 뒤집어 생각해보자면, 1달러가 된 비트코인을 진심으로 이해한 사람은 10만달러짜리 비트코인도 수용할 수 있다는 논리가 된다. 1달러를 넘어선 순간은 단순히 숫자의 문제가 아니라, 비트코인이 가치를 가진 자산으로 재정의된 순간으로서, 이후 이어진 가파른 성장의 출발점이었다. 아무튼 비트코인 현상을 제대로 이해하려면 '그것이 엄청난 가격이 되었으니, 이제는 받아들일 수 있다'가 아니라 '도대체 그것이 무엇이길래 1달러를 넘어서 유의미한 가격을 가지고 있는가?'부터 해결해야만 한다.

비트코인은 전송수단이자 전송물

비트코인이 1달러를 넘었다는 사실은 비트코인을 이해하는 데 중요한 단서를 제공한다. 당시 비트코인의 가치를 믿었던 소수의 사람은 이 자산이 기존 금융시스템의 대안이 될 가능성을 봤고, 나아가 탈중앙화 금융의 상징이 될 수 있다고 확신했다. 하지만 비트코인은 아무것도 보장하지 않는 자산이었다. 이 점이 문제였다.

비트코인 이전에는 사람들은 전송수단과 전송물을 명확히 구분했다. 이건 너무나 당연한 일이어서 의식조차 하지 않았다. 신용카드는 결제수단이지만 실제로는 원화나 달러를 전송한다. 애플페이와 삼성페이도 마찬가지다. 그런데 비트코인은 다르다. 비트코인은 전송수단이자 동시에 전송물이다. 전기의 속도로 지구 반대편까지 보낼 수 있는 전송수단인데, 무엇을 보내느냐 하면 바로 비트코인 그 자체를 보낸다.

이게 말이 되는가? 이 부조리함 때문에 많은 사람들은 비트코인을 이해하려고 시도조차 하지 않고 사기라고 단정했다. "아무런 가치도 없는 걸 보내면 무슨 의미가 있는가?" 이런 상식적인 질문으로 접근한 결과 대부분의 사람들이 결국 큰 기회를 놓쳤다. 상식을 포기하지 않고서는 비트코인을 이해할 수 없었던 셈이다. 비트코인 현상 자체가 우리의 상식을 파괴해 버렸기 때문이다.

비트코인의 1달러 돌파는 단순한 수치적 변화가 아니라 차원적 변화를 의미한다. 아무런 가치도 없던 디지털 코드가 단순히 존재만으로 가치물이 된 것이다. 0에 1억을 곱하면 여전히 0이지만, 1에 1억을 곱하면 1억이다. 0과 1의 차이는 단순한 숫자의 변화가 아니라, 완전히 새로운 세계로의 진입을 의미한다. 비트코인이 1달러를 넘어서면서 비트코인은 폭발적인 힘을 발휘하기 시작했다. 그 힘은 미국, 러시아, 중국 같은 강대국들조차 어찌할 바를 모르게 만들었고, 결국 차례로 비트코인에 굴복하기 시작했다.

가치가 0인 비트코인을 제아무리 많이 보낸다고 해도, 아무런 의미가 없다. 비트코인이 0달러일 때는 이를 지구 반대편으로 보낸다 해도 아무 일도 일어나지 않는다. 단지 무의미한 데이터를 전송하는 행위에 불과하다. 하지만 비트코인이 1달러의 가치를 가지게 되면 이야기는 완전히 달라진다. 비트코인이 가치물이 되었다는 사실만으로도 이를 통해 100만달러를 지구 반대편으로 손쉽게 보낼 수 있는 가능성이 생겼기 때문이다. 100만달러를 지구 반대편으로 순간이동시키고 싶은 사람은 100만 개의 비트코인을 전송하기만 하면 된다. 비트코인은 무게가 나가지 않기 때문에 1비트코인을 보내든지 1만 비트코인을 보내든지 전송속도나 수수료에 차이가 없다.

이는 기존 금융시스템이 제대로 해내지 못하던 일이다. 비트코인은 금융 기업이나 국가의 협조는 물론, 그들의 방해를 받더라도 목적지까지 안전하게 도달할 수 있는 전자적 가치물이다. 무게가 나가지 않으니 어디로든 보낼 수 있고, 썩지도 않으니 유효기간도 없다. 이는 선례가 없던 일이다. 굳이 비유적으로 설명하자면 과학자들이 금괴 금을 코드화해서 전파에 실어서 멀리 보내고 그 코드를 수신한 쪽에서 그 코드를 가지고 다시 금괴를 조합하는 것과 같은 기술적 도약이다. 사실 이보다도 한 단계 더 나아간다. 실물 금을 배나 비행기로 보내지 않고 전기신호로 보낸 다음에 다시 실물 금을 조합하는 방식으로 이동시키는 것이지만 보낸 쪽에서는 실물 금이 사라져야만 한다. 한번 보내면 다시 보낼 수 없어야 하기 때문인데 비트코인이 바로 이 일을 가능하게 했다. 비트코인은 기존 세계의 질서를 뒤흔들 힘을 가지고 있다. 그리고 이 변화는 이미 돌이킬 수 없게 진행 중이다.

변제의 최종성(the finality of settlement)

2021년, 세계경제포럼World Economic Forum은 비트코인과 암호화폐의 부상이 제기하는 규제적 도전들을 다루었다. 특히 '소비자 보호의 부재'가 핵심이었다.[105] 비트코인의 속성 중 한번 지불되면 돌이킬 수 없다는 특성이 있다. 이 때문에 다른 지불수단에서는 제공하는 소비자 보호 조치가 불가능하다. 될 수 있으면 개인이 직접 자신의 비트코인을 관리하지 않도록 하고, 대신에 믿을 수 있는 금융기업들이 수탁서비스를 제공하면 개인들은 소비자 보호를 받을 수 있고 규제당국은 금융기업을 통해서 비트코인 규제가 가능하다. 이 보고서가 나온 시점부터 비트코인을 대신 보관해주는 사업들에 대한 제도가 체계적으로 만들어지고 있다. 그 정점은 아마도 2024년 1월의 '비트코인 현물 ETF' 승인일 것이다.

규제당국을 난감하게 하는 비트코인의 특성이 바로 '변제의 최종성' 이다. 비트코인은 변제의 최종성(결제의 최종성)을 가진 새로운 지불 수단이다. 그러나 이 최종성은 기존 금융망이 제공하지 못하는 서비스를 제공하면서 동시에 여러 가지 위험을 수반한다.

변제의 최종성은 자금 이체가 최종적이라서 되돌릴 수 없다는 의미이다. 기존 금융망에서는 자금이 여러 금융기관을 거쳐 최종 수령자에게 도달한다. 이 과정에서 중간에 참여한 금융기관 중 하나가 도산하거나 송금 과정에서 문제가 생기더라도, 금융망 전체는 이를 책임지고 변제를 이행한다. 금융시스템의 신뢰 유지를 위한 일로서 금융기관의 경우, 강제적인 법적 의무에 의해 이루어진다.

예를 들어, A은행이 C은행으로 자금을 송금할 때, B은행을 거친다고 해보자. 그런데 B는 A로부터 돈을 받은 뒤에 도산했다. C은행은 B은행으로부터 돈을 받을 가능성이 크게 줄어들었지만 손해를 감수하면서 C은행은 최종 수령자에게 자금을 보낸다. 이는 선의로 하는 것이 아니라 강제적인 규칙이다. 또한 금융망이 변제의 최종성을 지향한다는 것은 문제가 있는 송금의 경우라 해도 금융망은 이를 수행하고 문제의 해결은 금융망 밖에서 처리하라는 뜻도 있다. 예를 들어, 착오나 사기에 의한 송금인 경우라고 해도 송금행위에 어떤 형식적 하자가 없다면 금융망은 (사기꾼에게) 변제를 이행하고 사용자는 금융망 밖에서 법원의 도움을 받아 피해를 복구해야 한다. 만약 문제가 있을 때마다 송금을 지연시킨다면 송금은 한도 끝도 없이 늘어질 것이고 그렇게 되면 금융망 전체가 불신을 받기 때문이다.

비트코인의 독특한 점이다. 법적 강제 조치 없이도 스스로 변제의 최종성을 구현한다. 비트코인의 네트워크에서 한번 거래가 승인되면, 그 거래는 되돌릴 수 없다. 기존 금융망처럼 은행들이 연대 책임을 지게 하고 이를 이행하지 않는 금융기업을 처벌할 필요가 없다. 이러한 특징은 비트코인을 기존 금융시스템과 비교했을 때 절대성, 최종성을 띠는 지불 수단으로 자리매김시킨다. 그러나 동시에 여러 가지 문제를 유발한다.

변제의 최종성을 가진다는 건 간단히 말해 현금다발을 주는 행위와 같다. 현금은 한번 건네주면 그것으로 끝이다. 받는 사람이 손에 쥐는 순간, 돈은 이미 전해진 것이다. 비트코인도 마찬가지다. 비트코인은 전자적인 코드 형태의 현금과 같아서 지구 어디로든 전송이 가능하다. 비트코인을 전송하면 상대방은 즉시 해당 금액을 받게 되며, 이를 되돌릴 방법은 없다.

하지만 이런 시스템의 한계도 분명하다. 만약 누군가에게 돈을 보내다가 도중에 잃어버린다면, 예를 들어 실수로 잘못된 계좌로 보냈다면, 어떻게 될까? 현금다발처럼 한번 잃어버리면 다시 찾는 것이 거의 불가능하다. 이는 수표나 어음, 신용카드와는 크게 다른 점이다.

수표나 어음은 분실하더라도 특별한 절차를 거쳐 지불을 취소하거나 무효화할 수 있다. 신용카드 역시 잃어버렸다고 해서 곧바로 돈을 잃는 것은 아니다. 카드사에 신고만 하면 부정 사용을 막고 설사 부정사용이 있더라도 신고자는 피해를 면할 수 있다. 소비자 보호가 가능하다.

비트코인은 소비자 보호 기능이 없다. 비트코인은 중개인이 없는 현금 전송과 같기 때문이다. 예를 들어, 실수로 잘못된 주소로 비트코인을 보냈다고 하더라도 이를 취소하거나 되돌릴 방법이 없다. 상대방이 비트코인을 받으면 거래는 그대로 끝난다.

이 때문에 비트코인은 많은 사람들에게 냉정하고 인정머리 없는 시스템처럼 보일 수 있다. 특히 한국처럼 전화 사기와 같은 범죄가 빈번한 곳에서는 "한번 전송하면 끝"이라는 규칙이 불안을 야기할 수 있다. 전화 사기에 속아 비트코인을 보낸다면 이를 되찾는 것이 사실상 불가능하기 때문이다. 하지만, 비트코인의 이러한 특성이 꼭 나쁜 것만은 아니다. 허위로 신용카드 분실 신고를 하고서 사용하는 부정 사례는 매년 엄청나게 보고되고 있다. 카드 정보를 도난당하거나, 분실된 카드가 악용되는 경우도 비일비재하다. 소비자 보호 기능을 유지하거나 이를 악용해서 이익을 취하는 이들 때문에 신용카드는 상당히 비싼 지불수단이 될 수밖에 없다. 신용카드 수수료에는 이런 사기행각과 오류에 대한 피해복구 비용이 포함된 셈이다. 은행을 통한 전송도 마찬가지다. 그러나 비트코인은 네트워크 사용료 이외에는 소비자 보호를 위한 제반 비용이 필요 없다. 엄청나게 큰 금액을 지불할 경우 비트코인은 여타의 지불수단과 달리 수수료가 미미하며 생태계가 지금보다 더 커져서 기술적으로 조금만 보완한다면 거의 제로 수준까지 수수료를 낮출 수도 있다.

비트코인의 변제의 최종성과 국경을 초월하는 특성을 이해하면 쉽게 떠오르는 우려가 있다. 바로 국제적인 범죄에 비트코인이 활용될 수 있다는 점이다. 현재 국제적인 범죄조직들은 종종 금융제재를 받고 있어 금융시스템에 접근할 수 없는 경우가 많다. 아동 성착취물을 제작하거나 배포하는 조직, 마약 밀매 네트워크, 테러 단체 등이 대표적이다.

이들 조직은 은행 계좌를 동결당하거나 글로벌 금융망에 접근하지 못해 자금 조달이 제한되고 있다.

이와 마찬가지로 특정 국가 역시 금융제재를 받고 있다. 북한과 이란과 러시아가 금융제재를 받는 국가들이다. 이러한 국가들은 국제 금융망에서 고립되어 외환 거래가 차단되거나 제한된 상황에 놓여 있다. 이처럼 정상적인 금융망에 접근하지 못하는 개인, 조직, 국가에게 비트코인의 변제의 최종성은 새로운 숨통이 되어준다.

비트코인을 활용한 변제는 중개기관이나 제3자의 승인 없이도 가능하며, 국경을 넘어 자유롭게 이루어진다. 바로 이 점이 범죄 단체나 금융 제재를 받은 국가들에게 큰 매력으로 다가간다. 실제로, 러시아는 우크라이나 전쟁 이후 서방의 강력한 경제제재를 받으면서 비트코인을 적극적으로 수용하고 있다.

러시아 의회의 한 의원은 최근 비트코인을 "전략 자산"으로 비축해야 한다는 제안을 하기도 했다. 이는 비트코인이 단순한 디지털 화폐를 넘어 제재를 회피하고 국제 거래를 지속할 수 있는 수단으로 사용될 수 있음을 시사한다.

비트코인은 실제로 범죄 단체와 제재 대상 국가들에게 자금 조달의 수단으로 활용된 사례가 많다. 대표적으로 북한은 비트코인과 암호화폐의 효용성을 일찍부터 인식하고 적극적으로 활용해왔다. 2014년 무렵부터 북한의 해커 그룹들은 비트코인을 타깃으로 삼기 시작했다. 이들은 2016년에는 전 세계를 대상으로 한 랜섬웨어 공격을 통해 막대한 양의 비트코인과 여러 가지 암호화폐를 획득했다.

랜섬웨어는 피해자의 컴퓨터를 감염시켜 데이터를 암호화한 뒤 이를 풀어주는 대가로 비트코인을 요구하는 방식이다. 비트코인의 익명성과 추적이 어려운 특성 덕분에, 범죄조직과 해커그룹은 이를 자금 세탁이나 협박 갈취의 도구로 사용했다.

　미국은 오랫동안 금융시스템을 국제제재의 주요 수단으로 활용해왔다. 특히 SWIFT 시스템을 통해 글로벌 금융망에서 특정 국가나 조직을 배제하는 방식으로 제재를 가해왔다. 하지만 비트코인은 이 같은 기존의 제재 메커니즘을 우회할 수 있는 도구로 부상했다. 바이든 정부가 비트코인과 암호화폐에 부정적인 입장을 취했던 배경에도 이러한 우려가 깔려 있다. 비트코인이 범죄 단체나 제재 대상 국가들에게 금융 제재를 무력화하는 방어 수단으로 활용되고 있다는 점 때문이다. 범죄조직과 제재 대상 국가들이 비트코인을 통해 자금을 조달하고 있다는 점은 암호화폐를 미국의 국가안보 위협으로 간주하게 만들었다. 바이든 정부는 이런 점을 문제 삼아 비트코인을 포함한 암호화폐에 대해 규제를 추진해왔다.

비트코인은 개별국가의 통화주권을 훼손한다

　비트코인의 변제의 최종성은 각국의 통화관리 능력을 심각하게 훼손할 잠재력을 가지고 있다. 통화관리는 경제 주권의 핵심 중 하나로, 한 국가가 자국 화폐를 통해 경제를 조율하고 안정시키는 주요 수단이다. 이를 위해 국가들은 국민들이 자국의 화폐를 가치 저장 수단으로 사용하도록 유도하고, 화폐 유통을 통제하며, 이를 기반으로 통화정책을 수행한다. 통화정책은 경기 부양이나 과열 억제를 통해 경제를 안정화하는 국가의 주요 도구다. 그러나 비트코인의 확산은 이러한 정책을 방해할 수 있다. 전통적으로 국가는 자국 영토 내에서 자국 통화를 활성화시킴으로써 통화정책의 기초를 마련한다. 그러나 비트코인은 경계가 없기 때문에, 국민들이 자국 화폐 대신 비트코인을 선호하면 통화정책의 실효성이 떨어진다.

국가가 통화관리를 효과적으로 수행하려면 국민들이 대부분 자국 화폐로 자산을 저장하고 거래를 해야 한다. 만약 국민들이 자산을 외환, 즉 외국 화폐로 보유하기 시작한다면, 국가가 자국 화폐를 더 발행하더라도 의도한 대로 유동성이 공급되지 않을 가능성이 높아진다. 이는 통화정책이 정상적으로 작동하지 못하게 하는 주요 요인이 된다. 예를 들어, 중앙은행이 금리를 조정하거나 화폐 발행량을 늘리는 방식으로 경기 진작을 시도하더라도, 국민들이 자국 화폐 대신 외환이나 다른 자산 (예: 금이나 비트코인)을 선호하면 정책의 효과가 현저히 감소한다.

특히, 국민들이 비트코인과 같은 대체 자산을 선호하게 되면, 자국 화폐의 신뢰도와 유용성이 크게 저하될 위험이 있다. 이로 인해 국가의 통화 가치가 하락하고, 결과적으로 물가가 상승하며 인플레이션이 심화될 가능성이 커진다. 더구나 비트코인은 탈중앙화된 특성상 국경의 제약을 받지 않기 때문에 자유롭게 이동할 수 있다. 이로 인해 자본 유출이 가속화될 수 있으며, 이는 국민경제에 큰 부담으로 작용한다.

비트코인은 국경이라는 개념이 없는 디지털 자산이다. 이는 특정 국가의 통화가 아닌 글로벌 자산으로 작동하며, 그 사용과 보유는 국가의 통제를 벗어난다. 이러한 특성은 외국 자본의 출입을 제어하려는 국가의 노력을 무력화시킬 수 있다. 예를 들어, 전통적으로 국가는 자국 경제를 보호하거나 금융 안정성을 유지하기 위해 자본 통제 정책을 시행한다. 이는 외국 자본의 과도한 유입이나 유출을 제한함으로써 자국 통화와 경제를 안정적으로 운영하기 위한 필수적인 조치다.

그러나 비트코인을 포함한 암호화폐는 이런 자본 통제 정책을 어렵게 만든다. 암호화폐는 온라인 지갑을 통해 국경 너머로 쉽게 이동할 수 있으며, 정부의 감시나 규제에도 불구하고 사용될 수 있다. 이로 인해 자국 통화가 아닌 비트코인을 활용한 거래가 활성화되면, 국가의 통화정책 기반이 약화될 수밖에 없다.

미국, 지연전략에서 적극적인 포용으로

소비자 보호, 범죄 사용, 통화주권 훼손이라는 세 가지 주요 문제의 근원이 바로 변제의 최종성이다. 그리고 이 모든 논란은 비트코인이 1달러를 넘기면서 현실적인 문제로 부각되었다. 비트코인이 하나의 "게임"이라면, 이 게임의 결론은 이미 14년 전(2011년), 비트코인이 1달러를 넘었던 그 순간에 정해졌다고 할 수 있다.

비트코인이 기존의 화폐 금융시스템에 중대한 도전을 제기하고 있음은 분명하다. 만약 국가들이 비트코인을 완전히 없앨 수 있었다면, 특히 미국 같은 주요 국가들은 이미 그렇게 했을 것이다. 그러나 지금의 현실은 그들이 비트코인을 제거할 수 없었다는 사실을 역설적으로 증명하고 있다.

미국을 포함한 여러 국가는 비트코인을 없애는 대신, 지연전략을 선택했었다. 이는 비트코인의 확산과 그로 인한 변화를 최대한 뒤로 미루기 위한 임시방편이었다. 비트코인 가격의 변동성이 크다는 점을 강조하며, "화폐로 적합하지 않다"는 논리를 펼치고, 일반인들의 접근을 제한하려는 노력이 대표적이다.

하지만 비트코인의 변제의 최종성이라는 파괴석인 속성은 이런 지연전략에도 불구하고 변하지 않았다. 설령 가격 변동성이 대중화에 장애물로 작용하더라도, 비트코인이 기존 금융 질서를 흔들고 새로운 가능성을 열어간다는 사실은 막을 수 없었다.

2024년 미국 대선에서 트럼프 대통령 당선자가 선거 기간 동안 비트코인과 암호화폐에 대한 적극적인 수용을 천명한 것은 매우 중요한 신호다. 이는 미국 엘리트들 중 일부가 지연전략의 유효기간이 끝났다는 점을 인식하기 시작했음을 보여준다. 비트코인을 선거쟁점화했던 트럼프의 당선은 비트코인을 적극적으로 수용하는 방향으로 정책전환이 일어날 것임을 예고한다.

미국이 비트코인을 수용하기 시작한 이유는 비트코인이 이미 막을 수 없는 힘으로 자리 잡았기 때문이다. 비트코인은 미국의 기존 금융시스템에 위협이 되지만, 아이러니하게도 비트코인은 미국에게 있어서는 나쁜 선택들 중 가장 좋은 대안이 될 수 있다.

달러의 위기와 중국의 수정주의

달러의 위기는 비트코인과 상관없이 이미 시작되고 있다. 2024년은 이 변화를 상징적으로 보여주는 해다. 미국이 국채 이자로 지출하는 돈이 국방 예산을 초과했다는 사실이 그것이다.[80] 금융사학자 니얼 퍼거슨은 역사적으로 제국들이 부채 이자 비용이 방위비를 넘어서는 순간부터 제국의 의무를 소홀히 하게 되었고, 결국 쇠퇴로 이어졌다고 말한다. 이러한 일이 미국에서도 가속화되고 있다. 원래 2030년대 중반쯤

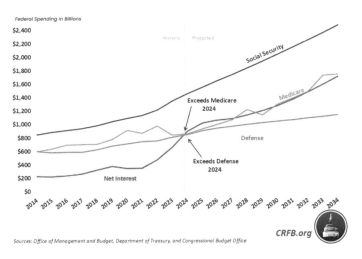

Federal Spending in Billions

2024년을 기점으로 미국이 국채 이자로 지급하는 돈이 국방 예산을 초과했다.
(출처: Committee for a Responsible Federal Budge)

예상되었던 일이 코로나 팬데믹으로 10년 앞당겨진 셈이다. 물론 이자율을 낮추면 국채의 이자 비용이 다시 국방비를 밑돌 가능성도 있다. 일회적인 사건일 수도 있으나 국가부채가 감당하기 어려운 수준에 도달하고 있다는 신호는 분명하다.

미국은 기축통화국으로서 달러에 대한 수요가 지속적으로 유지될 것이라는 가정하에 통화를 운용할 수 있는 유일한 나라다. 일반적으로 모든 국가가 국채를 무한정 발행할 수 있지만, 문제는 그 수요다. 만약 국채의 공급이 수요를 초과하면 국채 가격은 하락하고, 그 결과 이자율이 상승한다. 이자율 상승은 경기 둔화나 심각한 경우 공황으로 이어질 수 있다. 따라서 국채 발행에는 항상 제약이 따른다.

그러나 미국은 이런 제약이 없었다. 미국 국채는 법적으로 한도를 정하고 있지만, 이는 시장의 제약이 아니라 정치적 합의의 문제였다. 양당이 합의하면 국가부채 한도를 늘릴 수 있었다. 그리고 미국의 민주, 공화 양당은 이 문제에 있어서 줄곧 극적인 합의를 이루어냈다. 미국의 국채 시스템은 국제정치와 밀접하게 연결되어 있다. 미국과 무역에서 흑자를 내는 국가들은 이자를 받지 못하는 단순한 달러 대신, 이자를 받을 수 있는 미 국채를 매입한다. 독일, 일본, 그리고 과거 중국이 그랬다.

달러가 제3국 간의 무역 결제수단으로 사용되는 것과 미국 항공모함이 세계 바다를 누비며 치안을 유지하는 것은 따로 떼어 생각할 수 없다. 국제무역이 확장되면서 달러 수요가 증가했다. 미국은 무역적자를 통해서 외국의 상품이나 자원을 수입하면서도 국가부도를 염려하지 않는다. 이는 국제무역이 교묘한 세금 시스템 위에서 작동했음을 의미한다. 즉, 미국의 해군력에 의지해서 무역의 안정성을 유지하는 데는 비용

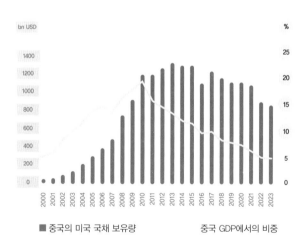

■ 중국의 미국 국채 보유량 　　　중국 GDP에서의 비중

점진적으로 미국 국채 보유량을 줄이고 있는 중국　　　(출처: US Treasury, IMF)

이 들어가는데 국가들은 이 비용을 분담하고 있었다. 국가들이 무역에서 미국 달러를 사용하는 것과 미국에 무역흑자를 낸 국가들이 미국으로부터 번 달러로 미국의 국채를 매입하는 순환의 형태가 일종의 교묘한 세금이었던 셈이다.

그러나 중국의 부상이 이 시스템에 균열을 가져왔다. 중국은 시진핑이 주석직에 오른 2012년 이후 미국 국채를 축적하지 않고 있다. 미국에 대한 무역흑자는 계속 늘고 있지만, 중국이 보유한 미국채 총량은 정체 상태다. 중국은 이 돈으로 일대일로와 같은 지정학적인 프로젝트에 투입하고 있다. 미국의 입장에서 보면, 중국은 미국이 제공하는 안보 시스템 위에서 힘을 키워 미국에 대항하는 체제를 구축하고 있는 셈이다.

미국 국채는 무역흑자를 내는 국가들뿐만 아니라 글로벌 기업들까지도 중요한 자산으로 여긴다. 하지만 전문가들은 이제 국채 수요가 임계점에 다다랐다고 보고 있다. 최근 몇 가지 징후도 나타났다. 미국 연방준비제도Fed는 기준금리를 인하했지만, 장기 국채의 수요가 줄어들면서 국채 가격이 하락했다. 이에 따라 장기 이자율이 상승하는 현상이 나타났다.[81] 보통 기준금리를 내리면 장기 이자율도 낮아지기 마련인데, 이번에는 반대의 일이 벌어진 것이다. 이는 미국 국채 시스템의 구조적 한계를 보여준다.

트럼피즘과 달러 시스템

중국의 반란으로 허약해진 달러 시스템에 트럼피즘은 마지막 일격을 가할 가능성이 크다. 트럼피즘은 단순히 트럼프라는 개인을 넘어선, 미국 사회의 구조적 변화와 연결된 현상이다.

전통적으로 미국 중서부 제조업 지역은 노조의 영향으로 민주당을 지지해왔다. 그러나 2016년 트럼프의 첫 번째 대선에서, 할아버지 세대를 거쳐 민주당을 지지하던 이들이 등을 돌리고 공화당을 선택했다. 2024년 대선에서 트럼프가 부통령으로 낙점한 정치 신인 J. D 밴스가 바로 전형적인 인물이다. 그는 애팔래치아 산맥 기슭의 광공업 지역에서 태어나고 자랐다. 이 지역은 산업이 붕괴되면서 가정들이 붕괴된 곳이다.

미국의 달러 시스템은 기본적으로 미국이 달러를 공급하는 방식에 의해 유지된다. 미국은 경상수지 적자를 통해 다른 나라에 달러를 공급한다. 이 과정에서 미국은 달러로 다른 나라의 원자재와 공산품을 구매할 수 있다. 겉으로 보면 특수한 종이에 특수한 잉크를 뿌려서 만든 돈으로 글로벌 자원을 거의 공짜로 살 수 있는 미국에게 일방적으로 유리해 보인다. 그러나 이 시스템은 미국 내부를 갉아먹었다. 제조업이 외국으로 이전되면서 중산층을 위한 양질의 일자리가 사라졌다. 미국 정부는 국채를 발행해 복지를 늘릴 수는 있었지만, 준수한 일자리 회복에는 실패했다. 결국, 세계화에 불만을 품은 중산층의 목소리가 커졌고, 이를 대변하고 정치세력으로 만든 사람이 바로 트럼프였다.

트럼프가 대통령직에 다시 오르지 못했더라도, 트럼피즘은 이미 민주당에 의해 부분적으로 계승되고 있었다. 하물며 트럼프가 2024년에 다시 대통령에 당선되면서 그 방향은 더욱 명확해졌다. 더 이상의 일자리 수출을 용인하지 않겠다는 것, 이를 위해서 미국의 무역적자를 줄이거나 최소한 현 상태를 유지하겠다는 것이 트럼피즘의 핵심이다.

달러 공급이 줄어들면 달러의 가치는 오를 가능성이 크다. 지정학적 위기 시에 기업들이 달러를 구하는 데다가 달러의 공급이 줄어들기에 달러의 위기는 먼저, 강달러로 나타날 가능성이 크다. 달러가 비싸기 때문에 강달러는 오히려 '달러 질서의 위기'를 감춘다. 그러나 달러 공급이 멈추고 국채 순환마저 끊긴다면, 달러는 무역결제의 주요 수단으로서의 입지를 잃게 될 것이다.

한국과 일본이 상호 무역에서 원화나 엔화를 사용하는 것은 미국 입장에서 큰 문제가 아니다. 그러나 제3국 간 결제에서 위안화가 사용된다면 상황은 달라진다. 이는 미국 입장에서 용납하기 어려운 일이다. 위안화의 확장은 달러 체제의 직접적인 도전으로 여겨질 수 있다.

반면, 한국과 일본이 금이나 비트코인을 결제수단으로 사용하는 것은 미국이 용인할 수 있는 선택지다. 위안화 뒤에는 지정학적 라이벌인 중국이 있지만, 비트코인 뒤에는 그런 세력이 없기 때문이다. 말하자면 비트코인은 미국 입장에서 나쁜 선택지들 가운데 가장 좋은 선택일 가능성이 크다. 더 나아가, 비트코인은 달러 체제를 위협하려는 중국을 역으로 견제할 수 있는 전략적 수단이기도 하다.

왜 비트코인이 중국 정부를 외통수로 몰아넣는가

2024년 초, 〈파이낸셜타임스Financial Times〉는 영국 정부가 61,000개의 비트코인을 압수한 사건을 보도했다. 이는 중국 여성 지안 웬Jian Wen이 2021년 5월 영국에서 자금 세탁 혐의로 체포되면서 드러난 사건이다. 그녀는 중국에서 발생한 50억파운드(약 8조 4,355억원) 규모의 투자 사기와 관련된 비트코인을 세탁한 혐의를 받았다.

영국 경찰은 이 사건으로 61,000개 이상의 비트코인(당시 약 30억파운드 상당)을 압수했고, 지안 웬은 2024년 5월 24일 자금 세탁 혐의로 징역 6년 8개월의 형을 선고받았다. 지안 웬은 중국 부호들의 자금을 해외로 유출하는 데 비트코인을 활용한 대리인 중 한 명에 불과했다. 2014년부터 2017년까지 약 13만 명의 중국 투자자들로부터 50억파운드(약 84,355억원)를 편취한 야디 장Yadi Zhang의 지시에 따라, 각국에서 비트코인을 현금 및 기타 자산으로 전환하는 역할을 수행한 대리인 중 한 명에 지나지 않는다.

이 사건은 2014년부터 중국 부호들이 비트코인을 알고 있었을 뿐 아니라 이를 통해 자본 유출을 시도했다는 점을 보여준다. 특히, 2012년 시진핑 주석이 집권한 이후 부정부패 척결 캠페인이 강화되면서 매년 2만 명 이상의 공직자가 숙청당하던 시절이었다. 이런 상황에서 자산 동결에 대한 불안감이 커지자, 중국 부자들은 다른 나라의 부자들보다 훨씬 일찍 비트코인을 발견하고 이를 자산 보호와 유출 수단으로 활용하기 시작했다.

중국 정부는 이러한 흐름을 막기 위해 비트코인 시장에 적극적으로 개입했다. 2013년, 비트코인 가격이 상승하자 중국 인민은행장은 중국 기업들의 비트코인 노출에 대해서 강하게 경고하며 가격 하락을 유도했다. 2017년, 중국 정부는 모든 비트코인 거래소를 폐쇄하며 상승장을 억제했다. 2021년, 채굴을 전면 금지하며 비트코인 생태계를 중국에서 제거하려 했다.

이처럼 중국 정부는 비트코인의 상승장 때마다 적극적으로 시장을 억눌러 왔다. 그러나 중국인들의 비트코인에 대한 열정과 자본 유출 욕구는 이를 쉽게 막을 수 없었다. 중국 부자들이 비트코인을 포함한 다양한 방법으로 자본을 해외로 유출하고 있다는 사실은 여전히 문제로 남아 있다. 2023년 뉴욕 타임스에 따르면, 중국에서 월평균 500억달러의 자본이 해외로 빠져나가고 있다.[106] 이는 중국의 월간 무역흑자에 맞먹는 금액이다. 비트코인 외에도 외국 부동산, 금, 보험 상품 등이 자본 유출 수단으로 사용되고 있다. 비트코인을 억제했음에도 자본 유출이 계속되는 상황에서, 비트코인 시장이 다시 상승장을 맞이한다면 중국 정부는 더 큰 압박을 받을 것이다.

2025년 비트코인 상승장이 펼쳐질 경우, 중국 정부가 선택할 수 있는 카드는 소유 금지라는 극단적 조치밖에 없다. 그러나 실효성을 담보하기는 어렵다. 2017년 거래소 폐쇄로 인해 중국 정부는 중국인들의 비트코인 보유 현황을 파악하기 어렵게 되었다. 소유 금지를 강력히 추진한다 해도, 비트코인의 탈중앙화 특성상 이를 완전히 차단하기는 쉽지 않다.

미국은 이러한 상황을 활용할 가능성이 크다. 비트코인을 막을 수 없다면 오히려 이를 활성화해 중국을 외통수로 몰아넣으려 할 것이다. 비트코인은 탈중앙화 특성상 특정 국가나 세력이 통제할 수 없으므로, 국제 결제 수단으로 부상할 경우 중국 정부를 곤란하게 만들 수 있다.

중국 정부는 비트코인에 대해 방어적, 폐쇄적 정책을 더욱 강화하든지, 아니면 완전히 방향을 전환해 미국처럼 개방적인 정책을 취해야 하는 갈림길에 서 있다. 하지만 자본 통제를 핵심으로 하는 중국의 체제에서는 비트코인을 자유화하는 것이 체제의 파괴로 이어질 가능성이 크다.

트럼프와 그의 핵심 참모들은 자본 자유화capital liberalization가 중국 체제의 안정성을 위협할 수 있다고 판단하는 것으로 보인다. 이는 중국 경제가 상당 부분 엄격한 자본 통제capital controls에 의존하고 있기 때문이다. 중국은 위안화 환율 관리, 외환 보유고 통세, 해외 투자 제한 등을 통해 자본 유출을 억제하고 경제적·금융적 안정을 유지하고 있다.

그러나 만약 이러한 자본 통제가 약화되거나 자본 자유화가 급격하게 진행된다면, 중국 내 부유층과 기업들은 대규모로 자산을 해외로 이전할 가능성이 높다. 이는 중국 금융시스템에 유동성 위기liquidity crisis를 초래할 수 있으며, 더 나아가 위안화 평가절하currency devaluation를 비롯해서 금융시장의 불안을 야기할 수 있다.

중국 공산당은 1997년 아시아 금융위기와 2008년 글로벌 금융위기를 거치며 금융 개방과 자본 자유화의 위험성을 깊이 인식하게 되었다. 이들은 특히 한국과 인도네시아가 국제 자본 이동의 변동성에 휩쓸려 경제 위기를 겪고, 그로 인해 정치적 지도부까지 교체된 사례에서 중요한 교훈을 얻었다.

1997년 아시아 금융위기는 한국과 인도네시아를 비롯한 여러 아시아 국가들에 심각한 타격을 주었으며, 경제뿐 아니라 정치적 지형에도 지대한 영향을 미쳤다. 당시 한국은 1996년 OECD경제협력개발기구에 가입하면서 자본시장을 대거 개방했다. OECD 가입은 선진국 대열에 합류하는 상징적 사건으로 여겨졌지만, 한국 정부는 자본시장 개방의 부작용에 대해서 충분한 대비 없이 개방을 단행했다. 이로 인해 한국 시장에는 단기 외채short-term foreign debt가 급증했고, 외국인 투자자본이 급속도로 유입되었다. 초기에는 외국 자본의 유입이 경기 활성화와 경제 성장에 긍정적인 역할을 했다. 그러나 한국의 금융기관과 기업들은 외국 자본에 의존하여 무분별한 투자를 이어갔고, 많은 자금이 부실한 대기업과 비효율적인 사업에 투입되었다. 결국, 태국 바트화 폭락으로 시작된 금융위기가 한국으로 확산되면서, 외국 투자자들은 빠르게 자본을 회수하기 시작했다. 1997년 11월, 한국은 외환보유고가 급속히 고갈되었고, 국가부도의 위기에 처했다. 결국 1997년 12월, 한국 정부는 국제통화기금IMF에 구제금융을 요청했다. IMF는 약 580억달러 규모의 구제금융을 제공하는 조건으로 고금리 정책, 긴축재정, 금융 구조조정 등을 강력하게 요구했다. 결국 한국 경제는 극심한 불황에 빠졌고, 수많은 기업들이 도산했으며, 실업률은 급격히 상승했다. 이는 정치적 변화로 이어졌다. 당시 김영삼 정부는 경제 위기의 책임을 피할 수 없었고, 국민의 신뢰를 상실했다. 이로 인해 1997년 12월 대선에서 야당 후보였던 김대중이 당선되었고, 이는 대한민국 헌정사상 최초로 선거를 통해서 정당 차원의 정권교체가 이루어진 사건이었다.

인도네시아의 상황은 더 심각했다. 당시 수하르토Suharto 대통령이 이끄는 장기 독재 정권은 금융위기 직격탄을 맞았다. 인도네시아는 외환보유고가 급속히 고갈되었고, 통화 가치가 폭락하면서 루피아화IDR는 하루가 다르게 가치가 떨어졌다. 경제적 혼란은 곧 정치적 위기로 이어졌다. 1998년, 인도네시아에서는 대규모 반정부 시위가 발생했고, 경제적 고통과 부정부패에 분노한 국민들은 수하르토 정권 퇴진을 요구했다. 결국, 1998년 5월 수하르토는 대통령직에서 물러났고, 그의 장기 독재 정권은 종식되었다. 그러나 수하르토 이후에도 인도네시아는 정치적 혼란과 권력 공백 속에서 수년간 어려움을 겪었다.

비트코인은 중국에게 독이다

중국은 한국과 인도네시아가 경험한 경제 붕괴와 정치적 혼란을 통해서 금융개방이 체제안정에 미칠 해악에 대한 교훈을 얻었다. 중국은 외환 시장 개방과 자본 이동에 대해 철저한 통제 정책을 유지하고 있다. 중국은 위안화의 자유로운 국제화를 제한하고 있으며, 자본 계정의 자유화도 단계적으로만 추진하고 있다. 중국 기업과 개인의 해외 자산 구매 및 투자는 정부의 엄격한 감시와 승인을 거쳐야 한다. 이는 중국 당국이 경제적 안정을 유지하면서도 급격한 자본 유출로 인한 금융 혼란을 방지하기 위한 전략이다.

중국은 홍콩 금융시장을 활용하여 위안화의 부분적 국제화를 추진하고 있다. 홍콩은 국제 금융 허브로서 비교적 자유로운 시장 환경을 제공하면서도 중국 본토와 긴밀하게 연결되어 있다. 이를 통해 중국은 위안화 국제화의 충격을 최소화하면서 신중하게 통제된 금융 개방을 진행하고자 한다. 동시에 대규모 외환보유고를 유지하여 외환 시장의 급격한 변동에 대비하고 있다. 그러나 홍콩이 홍콩이었던 이유는 정치적으로도 자유로운 곳이었기 때문이었다. 홍콩을 장악하기로 한 시진핑 정권의 노력으로 홍콩은 정치적으로 중국에 예속되었고 홍콩이 과거처럼 중국 본토의 자본통제로부터 자유로운 곳이라는 것을 외국 자본가들이 믿도록 설득하기란 몹시 어려워지고 말았다.

중국의 금융 통제는 경제의 효율성을 저해하고, 시장이 자율적으로 산업 구조를 조정하는 기능을 약화시키고 있다. 특히 부동산 부채 위기는 이러한 문제를 극명하게 드러내고 있다. 에버그란데Evergrande를 비롯한 부동산 재벌들의 부도 위기는 금융권 전체로 확산될 위험이 있지만,

중국 정부는 외국 자본 유입을 통한 위기 극복이나 부실 은행을 과감하게 정리하는 방식을 선택하지 않고 있다. 외국자본에 대한 차별대우와 감시는 자본의 유입을 어렵게 만들었는데 이는 모두 체제안정을 최우선으로 삼았기 때문이다. 중국은 정치적 안정이 경제적 논리보다 우위에 있다.

이로 인해 중국 경제의 위기는 수면 아래에서 서서히 확산되고 있으며, 현재는 경기 침체와 소비 위축으로 표면화되고 있다. 대규모 경기부양책이나 외자 유입에 대한 기대감은 낮아지고, 경제 시스템의 구조적 문제는 더욱 심화되고 있다.

이러한 상황에서 미국이 비트코인을 제도화할 경우, 중국 금융시스템은 더욱 큰 위기에 직면하게 될 것이다. 미국의 비트코인 제도화는 글로벌 자본 시장에서 새로운 투자처를 열어주고, 이로써 기관 투자자들이 대거 비트코인이나 가상자산 시장에 참여할 것이다. 그에 따라 비트코인 가격은 급등할 것이고, 이는 중국 내 투자자들에게 강력한 유혹으로 작용할 것이다.

중국 정부는 이미 비트코인 거래소를 금지했지만, 중국인들은 글로벌 네트워크와 비공식적인 채널을 복합적으로 활용해서 비트코인을 구매하고 있다. 향후, 중국 정부가 비트코인 소유를 금지하는 극단적인 정책을 취하더라도 중국인들은 해외에 거주하는 친척이나 인적 네트워크를 통해 비트코인을 확보하고, 이를 통해 자산을 해외로 이전하려고 시도할 것이다. 국경을 자유롭게 넘나드는 비트코인의 속성상 중국 당국의 엄격한 통제에도 불구하고 자본 유출을 막기는 어려울 것이다.

자본 유출이 가속화되면 중국 경제 내부에서는 다음과 같은 문제들이 연속적으로 발생할 것이다. 외환 유출이 가속화된다. 결국 비트코인을 통한 자본 유출은 중국 내 외환 부족 사태를 야기한다. 인플레이션이 심화된다. 자본 유출은 경제주체들이 위안화를 버리고 비트코인이나 달러 표시 자산을 확보하는 식으로 진행되기 때문에 위안화의 가격이 떨어지면서 물가 상승 압력이 커질 것이다. 금융기관의 유동성 위기가 심화된다. 은행권에서는 예금 인출 사태가 발생할 수 있다. 위안화의 가치가 떨어지고 예금 이자는 높지 않기 때문이다. 중국 정부는 위기를 방지하기 위해 이자율을 급격히 인상하거나 예금 인출을 제한하는 극단적 조치를 취해야 하는 상황으로 몰린다. 자본을 유인하기 위해서 이자율을 높이면 경제회복이 더뎌서 기업들의 부도가 늘어나고 이는 결국 은행들의 부실화로 이어질 것이다.

이러한 악순환이 지속되면, 중국의 금융시스템은 심각한 불안정 상태에 빠질 수 있다. 중국 당국의 통제 시스템이 한계에 도달할 경우, 금융 혼란이 정치적 위기로 번질 가능성이 크다. 중국은 자본 통제를 통해 금융 안정을 유지하고 있지만, 이는 구조적 비효율성과 시장 기능의 왜곡이라는 문제를 동반한다. 특히 미국이 비트코인을 제도화하고 글로벌 자본이 비트코인 시장으로 몰리면, 중국의 금융시스템은 심각한 스트레스를 받을 가능성이 크다.

중국 정부는 금융 위기 확산을 막기 위해 통제력을 더욱 강화할 가능성이 높지만, 이 과정에서 경제 성장 둔화와 사회적 불만이 누적될 수 있다. 그러다가 임계점을 넘거나 아주 큰 충격을 받으면 중국 체제는 통제력을 상실할 것이다.

15년 전 익명의 발명가가 만든 비트코인은 나비의 날갯짓처럼 바다 건너서 커다란 폭풍우를 만들지도 모른다. 비트코인이 야기할 수도 있는 이런 거대한 연쇄작용을 이해하기 위해서는 우리가 살고 있는 포스트 1945체제에 대한 이해가 필요하다. 국민국가와 글로벌 규모의 서플라이체인, 그리고 이를 가능케 하는 자본의 움직임에 대한 포괄적인 그림을 그려놓고 그 속에서 미국과 중국, 그리고 비트코인의 움직임을 읽어야 한다.

22

달러 CBDC와 보편질서의 갈망

달러 스테이블코인의 대두

2024년 미국 대통령 선거를 앞두고, 폴 라이언 전 미국 하원의장_{공화}당, 2015-2019은 월스트리트저널WSJ 기고문을 통해 달러 스테이블코인이 미국의 부채 문제를 완화하고 달러의 글로벌 위상을 유지하는 데 핵심적 역할을 할 수 있다고 주장했다. 그의 주장은 단순한 금융 혁신을 넘어 스테이블코인이 미국 경제 안정성과 글로벌 금융 질서를 재편하는 전략적 도구로 기능할 수 있다는 의미를 담고 있다.

폴 라이언은 기고문에서 "미국의 재정 문제는 국채 경매 실패로 시작될 가능성이 높으며, 이는 경제에 신뢰 충격을 주고 성장 전망을 위태롭게 할 것이다. 이 문제를 해결하기 위해서는 달러 기반 스테이블코인을 진지하게 고려해야 한다. 현재 달러 스테이블코인은 미국 국채의 중요한 순매입자로 떠오르고 있으며, 만약 이들이 하나의 국가라면 국채 보유국 순위에서 상위 10위권에 진입할 것이다."라고 강조했다.[107]

2025년 1월 트럼프 취임 후, 트럼프 행정부는 곧바로 스테이블코인 제도화에 착수했다. 2월 4일 테네시주 공화당 상원의원 빌 해거티^{Bill} Hagerty는 미국 달러에 연동된 스테이블코인에 대한 규제 프레임워크를 마련하는 '미국 스테이블코인 국가 혁신 지침법^{GENIUS Act}'을 발의했다. 이 법안은 스테이블코인 결제를 미국 달러, 재무부 채권, 연방준비제도 이사회 발행 지폐로 100% 담보하도록 요구하며, 발행업체가 매월 준비금에 대한 보고서를 제출하도록 규정한다. 또한 시가총액이 100억달러를 초과하는 스테이블코인 발행자는 연준의 감독을 받도록 하고 있다.

해거티 의원은 "이 법안이 안전하면서도 성장 친화적인 규제 체계를 구축해 혁신을 촉진할 것이며 트럼프 대통령이 내세운 '세계 암호화폐의 수도' 공약을 실현하는 데 기여할 것"이라는 의견을 밝혔다. 백악관 AI 및 암호화폐 정책담당 특사 데이비드 색스^{David Sacks}도 기자회견에서 이 법안을 지지하며 "스테이블코인은 국제적으로 미국 달러의 지배력을 유지하는 데 중요한 역할을 할 것이며 디지털화된 기축통화로서 미국 국채 수요를 증가시킬 가능성이 크다"고 강조했다. 이번 법안 발의는 스테이블코인 발행에 대한 규제 문턱을 낮춰 미국 디지털 자산 산업의 성장을 촉진하고, 글로벌 금융시장에서 미국 달러의 지배력을 더욱 강화하려는 움직임으로 해석된다.

달러 스테이블코인은 이름 그대로 미국 달러에 가치를 고정한 디지털 토큰이다. 대표적인 스테이블코인으로는 USDT(테더)와 USDC(USD 코인)가 있으며, 이들은 각각 68%와 26%의 시장 점유율을 차지하고 있다. 두 코인의 시장 지배력은 전체 스테이블코인 시장의 90% 이상을 차지하며, 이는 글로벌 디지털 금융에서 달러 기반 스테이블코인의 중요성을 방증한다.

스테이블코인이 1:1 비율로 달러와 교환되기 위해서는 발행사가 달러 또는 미국 국채와 같은 안정적인 자산을 준비금으로 보유해야 한다. 현재 USDT는 준비금의 약 48%를, USDC는 약 55%를 미국 국채로 보유하고 있다. 이 때문에 스테이블코인의 성장은 곧 미국 국채 시장의 안정성 강화와 수요 증대로 이어진다.

그러나 이러한 구조는 발행사의 투명성과 신뢰성을 전제로 한다. 테더USDT는 과거 준비금 관리와 관련된 불투명성 문제로 뉴욕 남부 검찰청의 조사를 받았다. 특히, 테더는 환금성이 부족한 자산에 투자하거나 유동성 위기를 숨긴 혐의를 받았으며, 이로 인해 2021년 2월, 테더와 비트파이넥스는 뉴욕주 검찰에 1,850만달러(약 206억원)의 벌금을 지급하며 합의한 바 있다. 이 사건은 스테이블코인의 신뢰성 문제와 함께, 발행사 관리 체계의 투명성이 얼마나 중요한지를 단적으로 보여준다.

트럼프 정부의 변화

2024년 트럼프 대통령은 뉴욕남부지검장에 제이 클레이튼 전 SEC 의장을 임명했다. 제이 클레이튼은 SEC 위원장 재임 당시 암호화폐 산업에 엄격한 규제를 적용했지만, 퇴임 이후에는 "비트코인 현물 ETF는 결국 승인될 것"이라고 언급하며 암호화폐에 대해서 보다 유연한 태도를 보였다. 그의 이러한 변화는 트럼프 행정부의 암호화폐 정책 방향과도 연결될 가능성이 있다.

더불어 트럼프 대통령은 상무부 장관으로 하워드 러트닉Howard Lutnick을 지명했다. 그는 글로벌 투자은행 캔터 피츠제럴드Cantor Fitzgerald의 CEO

로, 이 회사는 2023년에 테더Tether의 지분 약 5%를 인수한 것으로 알려졌다. 러트닉은 트럼프 대통령의 인수위원회 공동위원장을 맡을 정도로 트럼프 행정부의 핵심인사로 분류되는데 러트닉이 제이 클레이튼의 뉴욕남부지검장 선임에도 깊게 관여했다고 알려져 있다. 이는 자칫 자신이 주식을 가진 회사를 감독할 사람의 인사에 개입한 것으로 보일 수 있어 대외적으로는 공식화하고 있지 않지만 분석가들은 이 두 명의 인선이 우연이 아니므로 트럼프 행정부가 스테이블코인에 대해 보다 친화적인 태도를 보일 가능성을 높이는 중요한 신호라고 해석한다.

달러 스테이블코인의 확장은 중국을 겨냥한 전략으로 보이지만, 가장 직접적인 영향을 받을 곳은 유럽일 가능성이 높다. 유럽연합EU은 달러 스테이블코인에 대한 의존도가 매우 높으며, 이는 유로화의 구조적 불안정성 때문이라고 할 수 있다.

유럽은 스테이블코인의 수용도가 비트코인을 앞지르고 있다.

특히 유럽에서 달러 기반 스테이블코인이 인기를 끌고 있는 이유는 유로화에 대한 불안감 때문이다. 2023년 유럽 스테이블코인 거래 중 약 60%가 USDT를 통해 이루어졌다. 유럽 규제 당국은 유로화 기반 스테이블코인(EURC 등)을 부양하고 달러 기반 스테이블코인을 억제하려는 움직임을 보이고 있지만, 실질적인 성과는 미미하다. 유럽 시민들은 유로화의 구조적 취약성에 대한 불신을 가지고 있으며, 이는 달러 스테이블코인 선호로 이어지고 있다. 유럽연합은 2023년에 MiCA 규제안을 도입해 스테이블코인을 규제하려고 했지만, 여전히 달러 스테이블코인의 시장 지배력을 약화시키는 데는 실패했다. 특히 프랑스, 독일, 이탈리아

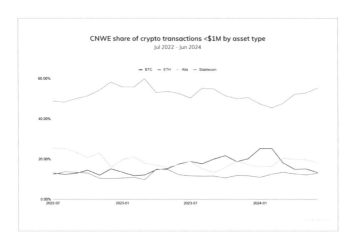

CNWE share of crypto transactions <$1M by asset type
Jul 2022 - Jun 2024

100만달러 이하의 거래를 자산 유형별로 분석
2022년 7월부터 2024년 6월까지 스테이블코인은 평균 52.36%의 거래 비중을 차지하며 다양한 자산 유형 중에서 가장 큰 비중을 보였다. 지난 1년 동안 중부 및 서유럽CNWE 지역에서는 법정화폐를 사용한 스테이블코인 거래 비중이 비트코인BTC 거래 비중보다 불균형적으로 높게 나타났다.[108]

등 주요 경제국에서는 유로화 스테이블코인보다 USDT와 USDC가 훨씬 더 널리 사용되고 있다.[82]

트럼프 행정부는 스테이블코인을 단순한 암호화폐가 아니라 미국 경제 안정화와 글로벌 금융 패권을 유지하기 위한 전략적 도구로 보고 있다. 달러 스테이블코인이 미국 국채 시장의 핵심 수요처로 부상한다면, 글로벌 금융시스템 내에서 디지털 달러로서 역할을 수행하게 될 것이다.

향후 트럼프 행정부가 스테이블코인에 대해 명확한 규제체계를 구축하고 이를 전략적으로 지원할 경우, 스테이블코인은 미국 경제의 핵심 자산이자 글로벌 금융시장에서 달러의 입지를 더욱 공고히 하는 도구로 자리 잡을 가능성이 크다. 이는 단순한 기술적 혁신을 넘어 글로벌 금융 질서의 재편을 의미하는 중요한 변화가 될 것이다.

스테이블코인이 미국 경제와 국채 시장에 미치는 긍정적 효과가 분명하다면, 미국 연방준비제도Fed가 직접 디지털 달러CBDC를 발행하는 것이 더 나은 선택일까? 그러나 트럼프 대통령은 CBDC 도입에 강력히 반대하는 입장을 밝혔다. CBDC는 중앙은행이 모든 금융 거래를 실시간으로 추적할 수 있는 구조로 인해 정부의 과도한 통제와 개인정보 침해 문제가 발생할 우려가 있다. 이에 반해, 스테이블코인은 민간 주도의 디지털 금융 혁신으로, 정부의 직접 개입 없이도 디지털 달러 역할을 수행할 수 있다는 점에서 정치적 이점이 있다.

미국이 달러 CBDC를 발행한다면

중앙은행이 전자적으로 이동하는 토큰을 만들 수는 없을까? 이 프로젝트를 통칭해서 CBDC Central Bank Digital Currency 라고 한다. 미국이 달러 CBDC를 만들어 발행하면 비트코인을 비롯한 모든 암호화폐는 그날부터 내리막을 걸을 수밖에 없다고 믿는 사람들이 많다. 이들은 일단 비트코인과 CBDC의 차이를 정확히 모른다. CBDC는 비트코인처럼 발행량을 정해 놓지 않았고, 정부가 통제하지 못하도록 공개된 분산장부를 사용하지도 않는다. 중앙은행들이 발행량을 늘리지도 줄이지도 못하는 통제불능한 돈을 만들 이유가 없다. 인플레이션과 실업률을 통제하려면 통화량과 이자율을 조절해 거시경제적 차원에서 조작하는 것이 정부의 중요한 경제 정책이기도 하기 때문이다.

그러나 CBDC가 갖춰진다면 비트코인을 대체할 것이라는 기대가 완전히 틀렸다고 볼 수도 없다. 암호화폐 진영은 암호화폐가 메타버스 세계에서 디지털 화폐로 통용될 거라고 주장해왔다. 미국 정부의 공신력을 등에 업은데다 디지털로 누구나 사용할 수 있다는 점까지 더해지면 달러 CBDC가 WEB 3.0 시대에 메타버스를 지배하는 통화로 자리매김할 가능성은 충분하다. 게다가 가격도 1달러로 고정될 테니 가격이 큰 폭으로 변하는 암호화폐보다는 보편적으로 사용될 가능성이 크다.

그런데 사실 달러 CBDC는 암호화폐를 몰아내기 전에 세계 시스템을 파괴할 가능성이 크다. 달러 CBDC가 메타버스 세계의 기축통화가 된다는 것은 국경을 무시하고 경계없이 넘나드는 고성능 세계통화가 탄생한다는 의미다.[83] 오늘날 세계 시스템(통화와 금융이 복합적으로 연결된 세계 시스템)은 국민국가의 주권을 전제로 구축되어 있는데, 달러 CBDC는 국경을 마음껏 넘나들 수 있기 때문에 국민국가의 통화주권을 무력화한다. 극단적인 경우 미국이나 EU, 일본을 제외한 국가의 중앙은행들이 모두 문을 닫을 수도 있다.

통화에 대한 국민주권은 단지 화폐에 자기 나라 위인의 초상을 그려넣을 수 있는 권리만을 의미하지 않는다. 각국의 중앙은행은 경기를 진작하거나 경기과열을 막기 위해 통화량을 조절할 수 있다. 달러 CBDC가 유통되면 대다수 나라의 국민들은 자국 통화 대신 달러를 선택하려할 것이다. 대다수의 국가들이 수십년간 거시경제를 조작해 경기변동을 부드럽게 만드는 데 통화주권을 사용하는 대신, 국민들의 저축을 훼손해 특정한 계층에 이익을 몰아주는 방편으로 이를 활용해온 탓에 자국 통화보다 달러를 더 신뢰하기 때문이다.

달러 CBDC는 개개의 국민국가에 기초해 세계 시스템을 구축한 포스트 1945체제(혹은 브레턴우즈 체제)의 근간을 미국 정부가 나서서 무너뜨리는 모양새로 보인다. 참고로 포스트 1945, 브레턴우즈 체제를 다시 한번 정리하면 국제무역의 성장과 안정을 위해 달러 가치를 금에 맞춰 태환하고, 다른 통화의 환율은 달러에 고정시킨 제도다.

유럽통화의 특이성

조지프 스티글리츠Joseph Stiglitz 같은 케인스주의 경제학자들은 유로화가 오히려 문제를 악화시키고 있다고 주장한다.

그 이유는 간단하다. 국가마다 경제적 경쟁력이 다르기 때문이다. 경제적으로 어려움을 겪는 국가는 자국 통화 가치를 낮춰 수출 경쟁력을 높이고 실업률을 낮추는 방식으로 경제를 회복해야 한다. 그러나 유로존은 모든 나라가 단일 통화(유로화)를 사용하기 때문에 개별 국가의 유연한 대응이 어렵다.

노동력과 자본 이동의 불균형이 문제를 악화시키곤 한다. 예를 들어, 경제가 어려운 나라에서는 일자리를 찾기 위해 사람들이 경제적으로 안정된 나라로 이동하려고 하지만 현실에서는 언어 장벽, 문화적 차이, 행정 절차, 복지 시스템의 격차 등 여러 가지 요인들이 사람들의 이동을 가로막는다. 반면, 자본은 사람보다 훨씬 빠르고 자유롭게 이동한다. 경제적으로 불안정한 국가에서는 투자자들이 자본을 더 안전한 곳으로 옮기기 때문에 해당 국가의 경제 위기가 더욱 심화될 수 있다. 반대로 노동력의 이동은 훨씬 제한적이어서 경제적 불균형을 해소하기가 어렵다.

결국, 경제적으로 어려운 상황에서 각 국가가 자국 통화정책을 자유롭게 사용할 수 없다면, 위기를 해결할 수 있는 방법이 제한된다. 유로

존은 경제 상황이 서로 다른 나라들이 하나의 통화를 사용하면서 정책적 유연성을 잃었고, 그로 인해 경제적 문제는 해결되지 못한 채 쌓여가고 있다. 이로 인해 경제적 불균형은 더욱 심화되고, 위기 상황은 반복될 가능성이 높아진다. [109]

그러나 기 소르망 Guy Sorman 같은 프랑스의 석학은 경제적 논리만을 앞세워 유럽통화에 접근해서는 안 된다고 말한다. 유로화가 경제적으로는 문제를 일으키더라도 정치적으로는 유럽을 하나로 묶는 역할을 하기 때문이다. 실제로 EU에서도 뒤처진 나라들의 국민이 오히려 더 유로화를 지지한다. 2013년 마커스 워커 Marcus Walker 와 알레산드라 갈로니 Alessandra Galloni 는 〈월스트리트저널〉에 기고를 통해 그리스를 비롯한 유럽 남부 국가의 국민들이 자국통화보다 유로화를 원하는 이유를 다음과 같이 설명했다.

"유럽의 남부 국가들을 보면, 사람들은 자국통화로 돌아가자는 주장 앞에 뒷걸음질을 친다. 그렇게 할 경우 인플레이션이 살아나고 부패에 대한 감시가 소홀해지며 유럽의 국가적 야망이 무력해지는 것은 아닌지 두려워한다. 사람들의 두려움은 미국과 영국의 수많은 경제학자가 유로화의 몰락을 예고하도록 자극했던 암울한 경제성장 전망보다 훨씬 더 강력하다."[110]

달러시스템은 지구에서 가장 광범위한 금융규칙이다

달러 CBDC 같은 고성능 세계통화를 선택하려는 개인들의 열망은 역사적으로 보편적 질서를 추구하려 해왔던 역사적 맥락으로 설명할 수 있다. 대다수의 인류는 지역 실력자의 자의적 지배 아래서 살아왔다. 개인이 이러한 지배에서 벗어나 예측가능한 광역廣域의 질서로 편입되었던 때는 제국이 지역에 중앙의 힘을 투사했던 시절인데, 이런 시기는 역사에서 상대적으로 짧다. 유럽의 경우 지역적으로 권력이 파편화된 기간에 비해 로마제국의 지배 아래 통합된 시기는 짧았다. 따라서 대다수 인류가 처했던 환경에서는 지역의 실력자에 의해 자신의 운명이 정해졌다. 이때 지역의 실력자는 가부장일 수도 있고 지주일 수도 있고 영주일 수도 있고 도둑떼와 해적일 수도 있다.

보통법Common Law이라는 이름은 영국 왕령Common Realm에서 통용되었으며, 특히 런던과 주요 대도시를 중심으로 발전한 법체계를 의미한다. 이 법은 영국 전역에 걸쳐 공통적으로 적용된다는 의미에서 '보통'이라는 단어가 사용되었다.

보통법의 발전에 중요한 역할을 한 인물로는 에드워드 코크 경Sir Edward Coke, 1552-1634이 있다. 그는 보통법이 단순히 국가나 입법부가 새롭게 만들어낸 법이 아니라, 오랜 시간 동안 축적된 경험과 법관들의 이성적 판단을 통해 구축된 법이라고 믿었다.

코크는 "일부 법은 문서화되지 않은 상식에 기반하며, 그 기원은 인류의 기억이 닿을 수 없는 아주 오래된 과거로 거슬러 올라간다"고 주장했다. 따라서 그는 자유의 기초는 국가가 발명한 법이 아니라, 법관의 이성과 판례를 통해 발견된 법이어야 한다고 강조했다.[111] '보통Common'이라는 단어에는 봉건 영주의 영향력이 미치는 지방 재판소가 아니라, 왕이 직접 통치하는 중앙 권력의 재판소에서 적용된 법이라는 의미가 담겨 있다. 또한, 이는 특정 시기에 국한되지 않고 오랜 시간 동안 유지되어 온 보편적인 법체계라는 의미도 포함하고 있다.

에드워드 코크의 이러한 사상은 보통법이 오랜 전통과 판례에 기반 히여 점진적으로 발진해온 법제게임을 보여준다. 그의 생각은 현대 영 미법체계의 기초를 이루었으며, 오늘날까지도 법관의 해석과 판례가 중 요한 역할을 하는 이유를 잘 설명해준다.

규칙은 사람들이 무리를 이루어 살아가는 데 필수적이다. 개개의 시 민에게 선택권을 주면 자기 부락에서만이 아니라 널리 통용되는 규칙, 즉 비록 세계적이지는 않을지라도 조금이라도 더 광범위한 지역에서 통하는 규칙을 선택하려고 한다. 지역화된 규칙은 공정하기 어렵기 때 문이다. 지역적 규칙은 규칙을 지탱하는 이해관계가 적어서 감시자도 적다. 이 말은 규칙을 만들고 집행할 때마다 지역 엘리트들이 관여한다 는 뜻이다. 고로 지역적 규칙은 지역의 세력자들과 가까운 이들에게 유 리하다. 지역의 세력자를 중심으로 인맥이 똬리를 트는데 지역적인 규 칙은 이러한 특권 세력으로부터 자유롭기 어렵다.

광범위한 지역의 규칙일수록 이런 변수에 조금이라도 덜 노출되고 이해관계자가 많아서 감시자도 많다. 제국은 통치 지역 모두를 아우르 는 규칙을 제정하고 집행하려고 하기 때문에 투명성을 유지하려고 한 다. 절차적, 형식적 수준에서라도 법률의 반포나 개정을 정당한 방식으 로 투명하게 공포한다. 이는 제국의 엘리트들이 더 착해서가 아니다. 제 국의 규칙에 영향을 받는 세력이 다채롭기 때문인데, 제국은 그 정의상 여러 민족과 지역을 통합해서 유지해 나가야 하므로 세력들 간에 힘의 균형을 유지하려고 한다. 따라서 제국의 중앙권력은 나름대로 공정한 심판자를 자처하기 마련이고 투명한 규칙을 내세워 지역 간의 갈등을 최소화하고 그들 간의 이해관계를 조정하면서 제국을 통합하려고 한다.

화폐도 일종의 규칙이다. 무리생활에 필요한 규칙들 중에서 단연 중요하다. 즉, 지구촌 시민들에게 선택권이 주어진다면 세계 시스템을 상징하는 달러를 선택하려 할 것이다. 정부들이 운영하는 여러 통화들 중에서는 그래도 가장 예측 가능하게 운영되기 때문이다.

23
달러와 국민국가의 공존

케인스와 화이트가 설계한 세계통화 금융시스템

달러 CBDC의 발행을 지나치게 낙관하는 사람들은 종종 1945년 이후 만들어진 세계통화 금융시스템이 각국의 주권을 기반으로 설계되었다는 사실을 간과하는 경우가 많다.

이들은 달러 CBDC가 발행되었을 때 발생할 수 있는 혼란, 즉 CBDC가 기존의 국제 금융 질서를 뒤흔들 위험성에 대해서는 깊이 고민하지 않는다. 달러 CBDC가 도입되면 기존의 포스트 1945체제를 유지해온 미국 스스로가 그 질서를 무너뜨리는 상황이 벌어질 수 있다. 이는 미국이 자국이 주도해 구축한 글로벌 금융시스템을 스스로 붕괴시키는 것과 같다.

세계통화 금융시스템에 크게 기여한 것은 제국주의 시대를 끝장내려고 2차 세계대전에 참전했던 미국의 이상주의였고, 케인스라는 걸출한 경제학자도 영향을 미쳤다. 그 출발점부터 이야기하자면, 전후의 세계

통화 금융시스템은 영국의 존 메이너드 케인스와 미국의 덱스터 화이트가 기본 골격을 설계했다. 이 둘 모두 전후 세계체제에서는 각국 정부가 좀 더 활발히 시장에 개입해야 한다고 생각한 케인스주의 경제학자들이었다.[84]

고전학파 경제학자들은 시장이 자율적으로 균형을 찾아간다고 믿었다. 하지만 케인스는 이런 주장이 특수한 경우에만 성립한다고 반박했다.[85] 그의 주장은 간단하다. 경기가 침체되면 실업이 늘어나고, 이는 소비와 투자를 더욱 위축시켜 경기 침체를 심화시키기 때문에 정부가 개입해 경기를 부양해야 한다는 것이다.

특히 1929년 대공황 당시, 금융 엘리트들과 정치인들은 이 위기에 적절히 대응하지 못했다. 그 결과 경제는 오랫동안 침체에 빠졌고, 이 혼란 속에서 케인스의 주장이 설득력을 얻었다. 여기에 더해서 화이트는 대공황의 여파 없이 성장을 지속했던 소련의 국가 주도 경제 모델에 주목했다. 그는 소련식 경제가 시장 중심 경제보다 더 안정적이고 건강하다고 생각했다.[112]

케인스와 화이트는 특히 자본시장이 규제 없이 방치되어서는 안 된다고 믿었다. 그 이유는 자본이 자유롭게 움직일 경우, 균형을 무너뜨리고 경제 전반에 부담을 줄 가능성이 높기 때문이다. 두 사람은 단기 자본이 자유롭게 국경을 넘나들면 금융 및 통화 위기를 일으킬 수 있다고 우려했다.

케인스는 나아가 자본 이동의 통제control of capital movement를 영구적인 정책으로 만들어야 한다고 주장했다. 즉, 정부가 일정 부분 자본의 국경 간 이동을 통제함으로써 금융시장이 불안정해지는 것을 방지해야 한다

고 본 것이다.[113]

한 국가의 경제가 침체되면 그 국가의 정부는 이자율을 낮추어서 투자와 소비를 진작할 필요가 있다. 그런데 이자율을 낮추면 이자율이 높은 나라로 자본이 유출되고, 이렇게 되면 가뜩이나 자본이 필요한 나라에 자본이 부족해지는 상황이 발생한다. 그래서 국가들은 자본유출이 두려워 경제 상황이 비교적 양호한 나라의 높은 이자율을 따라갈 수밖에 없는데, 또 이렇게 되면 투자가 줄어들어 실업이 늘어나고 경기가 위축되므로 정부는 딜레마에 빠진다. 따라서 하나의 국민경제가 이자율을 낮추어도 자본이 유출되지 않도록 하려면 자본이 국경을 자유롭게 넘지 못하도록 정부가 국경을 통제해야 한다. 이것이 케인스와 화이트의 생각이다.

개별 국가의 통화주권과 고정환율

"달러 CBDC는 미 연준의장이 마음만 먹으면 언제든 발행할 수 있다"라는 오해는 오늘날의 글로벌 경제 시스템과 국가의 통화 주권이 함께 작동하는 복잡한 현실을 현실 그대로 받아들이지 못하는 데에 기인한다.

겉으로 보기에는 국제무역과 각국의 통화 주권이 서로 충돌하는 것처럼 보인다. 각국이 자신의 통화 주권을 행사하면 환율이 변동할 수밖에 없고, 이는 국제무역에서 추가 비용을 발생시킨다. 예를 들어, 변동환율제를 도입하면 환율이 시장 상황에 따라 수시로 바뀌기 때문에 국제 교역 비용이 증가할 가능성이 크다.

반대로, 고정환율제를 유지하면 각국의 통화 가치는 달러 등 특정 통화에 고정되기 때문에 무역의 거래 비용이 줄어든다. 이러한 고정환율제는 2차 세계대전 전후, 특히 세계 대공황 이후 국가들이 보호무역주의와 자국 경제만 살리려는 근린궁핍화 정책[86]을 막는 데 중요한 역할을 했다.

케인스와 화이트는 고정환율제가 국제무역을 활성화하기 위한 중요한 조건이라고 생각했다. 이들은 안정적인 환율이야말로 국제무역의 신뢰를 높이고, 세계 경제가 균형 있게 성장하는 데 필수적이라고 믿었다.

1차 세계대전과 2차 세계대전 사이의 시기를 '전간기戰間期'라고 부른다. 이 시기에는 세계 경제가 크게 위축되었고, 국제 교역이 급격히 줄어드는 아픔을 겪었다.

특히 1929년 대공황이 발생하자 많은 나라들이 자국 산업을 보호하기 위해 자국 화폐 가치를 인위적으로 낮추는 경쟁에 돌입했다. 이렇게 되면 수출품 가격이 낮아져 다른 나라보다 더 많이 팔 수 있을 것이라는 계산이었다. 하지만 이 경쟁은 결국 국제 경제를 더욱 불안정하게 만들었고, 서로에게 피해만 주는 결과를 낳았다.

훗날 많은 경제학자들은 만약 당시 브레턴우즈 협정과 같은 국제 환율을 안정시키는 시스템이 있었다면, 이런 위기의 확산을 막고 더 나아가 2차 세계대전을 예방할 수 있었을지도 모른다고 평가했다.[114] 즉, 안정적인 국제 통화 시스템이 없었기 때문에 각국이 각자 살 길을 찾다 보니 글로벌 경제 질서가 붕괴되었고, 이것이 결국 더 큰 갈등과 전쟁으로 이어졌다는 것이다.

개별 국가들이 자국 기업의 수출경쟁력을 위해 환율을 인위적으로 낮추면 전 세계적으로 n번째 통화에 대해 다른 모든 통화가 평가절하된다. n번째 통화마저 평가절하해 버리면 이론적으로는 통화들 간의 상대적 가치가 결국 제자리로 돌아온다.[115] 그러나 이 과정에서 혼란이 야기되고 거래비용이 올리기므로 케인스와 화이트조차 고정환율로 통화수권을 어느 정도 제약해야 한다고 생각했다.

개별 국가가 경제적 자율권을 발휘하는 데는 한계가 필요하다. 그 국가의 무역불균형을 해소하고 궁극적으로는 고정환율제를 유지하기 위해 약간의 조정이 필요하다는 것을 다른 국가들이 납득하는 범위에서만 통화 가치에 대한 재량권을 발휘할 수 있어야 한다.[116]

케인스와 화이트는 국제무역을 활성화하면서도 각 나라가 자국 경제를 조정할 수 있는 능력을 유지해야 한다고 생각했다. 얼핏 보면 두 가지 목표가 서로 모순되는 것처럼 보이지만, 이 생각은 1945년 이후 세계 경제 질서(포스트 1945체제)의 핵심 원리가 되었고 지금까지도 유지되고 있다.

하지만 이 체제에서는 자본이 자연스럽게 이동하는 흐름이 막히는 문제가 발생한다. 과거 금본위제에서는 무역 흑자나 적자에 따라 자본이 자동으로 이동했지만, 현대 체제에서는 각국이 자국 통화 가치를 조정해 시장 원리에 따르지 않을 수 있기 때문이다.

이런 방식은 때로 다른 나라에 피해를 주거나 불공정한 결과를 초래할 수 있다. 특히 경제적으로 취약한 이웃 국가에는 약탈적인 효과를 낳고, 자국민들에게도 경제적 부담을 전가할 수 있다. 대표적인 예로, 보호무역주의나 중상주의 정책이 있다. 이런 정책들은 수출을 최대한 늘리고, 수입을 억제해 경제 성장을 도모하지만, 결국 다른 나라에 경제적 부담을 떠넘기게 된다.

또한, 개인이나 기업들은 달러에 대해서 평가절하하려는 자국통화보다 달러를 더 신뢰하고 선호하는 경향이 있다. 하지만 미국 외부에 있는 경제 주체들이 달러를 사용하는 것은 쉽지 않으며, 그 과정에서 비용이 발생한다.

이렇듯 국제무역 체제와 각국의 경제 정책은 여전히 긴장 관계에 놓여 있으며, 이로 인해 글로벌 경제는 복잡한 균형을 유지해야 하는 어려움에 직면해 있다.

미국 이외의 정부들은 미국이 종이와 특수잉크만으로 다른 나라의 부를 마음껏 약탈한다고 볼멘소리를 하면서도 현재의 시스템을 다른 대안보다 선호한다. 즉, 달러가 국제무역의 기축통화로서만 기능하고 개별 국가가 독립적인 통화를 운영하는 식의 균형을 선호한다. 더구나 케인스와 화이트가 설계했을 당시와는 달리 오늘날에는 개별 국가 로컬화폐의 달러에 대한 변동이 폭넓게 허용되고 있다. 변동환율제의 영어인 floating exchange rate의 플로팅은 마치 물 위에 둥둥 떠다니는 부유물을 연상시킨다. 달러에 대한 개별 국가의 로컬통화 가치와 관련해 개별 정부의 선택지가 훨씬 넓어졌다. 경제정책에 관해 정부의 엘리트들의 권한이 커지는 셈이므로 일반적인 경우 당연히 개별 국가들은 현재의 시스템을 금본위제보다 선호한다.

사람들의 말을 액면 그대로 받아들이면 안 되는 것처럼 국가들의 주장도 마찬가지다. 달러체제를 비판하는 국가들도 세계화폐로 회귀하기를 원하지는 않는다. 오히려 달러보다 더 반자율적(정부통제적), 비시장적 시스템을 꿈꾼다. 이런 사정을 두루 살필 때 세계통화로 부상할 수 있을 것으로 예상되는 달러 CBDC는 현재 시스템을 떠받치는 행위자들, 특히 국민국가들의 지지를 받기가 매우 어려울 것이다.

미국 달러패권에 대해 불만을 토로하는 국가들은 대안을 제시하기보다는 이 체제의 모순을 있는 그대로 서술하고 있을 뿐이다. 그들은 세계화폐는 원하지 않지만 무역에 사용할 기축통화는 원한다. 다시 말해 달러를 포기하고 19세기식 금본위제로 돌아가기를 진심으로 희망하는 국가는 많지 않다. 금본위제 아래에서는 개별 국가의 화폐가 달러체제보다 훨씬 엄격한 금이라는 규칙에 얽매여야 하기 때문이다. 그 국가들은 지금의 체제에서 기축통화를 발행하는 미국과 같은 나라가 무역적자를 통해 유동성을 풍부하게 공급해주기를 원한다. 그러나 한편으로는 미국이 달러를 찍어내 손쉽게 원자재와 외국산 물건을 수입하는 것은 못마땅하게 여기며, 종이에 잉크만 발라서 엄청난 가치물을 빨아들이고 있다고 비난한다. 그렇다고 미국이 무역흑자로 돌아서기를 원하느냐 하면 그것이야말로 가장 원하지 않는 일이다. 미국을 상대로 더 이상 막대한 무역흑자를 쌓지 못한다는 말은 미국으로부터 가져온 일자리를 도로 토해내야 한다는 의미이기 때문이다.

국제통화 시스템이야말로 너무나 복잡한 이해관계의 산물이다. 이 시스템은 알렉산드로스 대왕Alexandros the Great, 재위 기원전 336~기원전 323이 싹둑 잘랐다고 전해지는 복잡한 고르디우스의 매듭과 같다. 달러 CBDC가 복잡한 매듭을 단번에 잘라버릴 가능성이 높은 건 사실이다. 그러나 그 매듭이 풀리면서 어떤 기둥이 무너져 내릴지 도무지 예측할 수 없다는 것이 문제다. 그 기둥이 세상을 떠받치고 있었을지도 모르기 때문이다.

24
유로달러,
자본이 국경을 뛰어넘다

달러 스테이블코인은 유로달러다

팀 모시드Timothy G. Massad 전 미국 상품선물거래위원회CFTC 위원장은 "스테이블코인은 유로달러와 유사하다"고 주장했다.[117]

그는 스테이블코인과 유로달러의 공통점을 다음과 같이 설명했다. 두 자산 모두 미국 달러를 기반으로 하지만, 규제된 미국 은행 시스템 외부에서 발생한 부채다. 초기 유로달러 시장은 미국 정책 입안자들로부터 큰 관심을 받지 못했다. 시장 규모가 작았기 때문이다. 그러나 유로달러 시장은 빠르게 성장했고, 결과적으로 미국 달러의 국제적 위상을 더욱 공고히 하는 역할을 했다. 현재 스테이블코인 시장도 마찬가지다. 지금은 그 규모가 미미하지만, 빠르게 성장해 향후 미국 달러의 안정성을 뒷받침하는 핵심 도구가 될 가능성이 있다.

유로달러는 미국 외부에서 발행된 달러 표시 부채offshore dollar-denominated liabilities를 의미한다. 이 자산은 해외 은행이 발행했으며, 미국의 규제 시스템을 벗어난 영역에서 운용되었다.

1940년대 후반, 소련과 중국은 서방과의 교역을 위해 달러가 필요했지만, 뉴욕에 있는 달러 자산이 압류될까 두려워했다. 그래서 이들은 달러를 파리의 '유로뱅크BCEN'나 런던의 은행에 예치했다.

유로달러 시장은 빠르게 성장했다. 해외 은행들은 미국 은행보다 더 높은 이자를 제공하며 달러 예금을 유치했고, 이를 통해 막대한 수익을 창출했다. 초기에는 미국 정부가 이 시장을 규제할 필요성을 느끼지 못했다. 그러나 1960년대에 이르러 유로달러 시장은 10억달러 규모로 성장했다. 1970년대에는 유로달러 시장이 더욱 커지며 50억달러 규모로 확대되었고, 중동 오일쇼크가 발생하면서 더욱 주목받게 되었다. 유로달러는 오일머니의 순환petrodollar recycling을 가능하게 했고, 이로 인해 국제 금융시스템의 핵심 요소로 자리 잡았다.

현재 유로달러 시장의 정확한 규모는 파악하기 어렵다. 일각에서는 그 규모를 10조~15조달러로 추정하지만, 다른 견해에 따르면 미국 외금융 및 비금융 기관이 보유한 달러 부채 규모인 29조달러를 전체 규모로 보기도 한다. 한편 2025년 2월 1일 〈포브스Forbes〉 보도에 따르면, 뉴욕대학교 스턴 경영대학원 교수인 오스틴 캠벨Austin Campbell은 "향후 20년 동안 유로달러 시장 전체가 스테이블코인으로 이동할 가능성이 높다"고 말했다. 이는 현재 2,100억달러 규모의 스테이블코인 시장이 최대 100배에 달하는 유로달러 시장을 흡수할 수 있다는 의미로 해석될 수 있다.

결론적으로 미국이 과거 유로달러 시장을 막지 않았던 것처럼, 달러 스테이블코인 시장을 막을 가능성도 크지 않다. 그러나 스테이블코인은 민간 기업이 발행했다는 점만 다를 뿐, 유통 방식은 달러 CBDC와 상당히 유사하다. 그렇기 때문에 달러 스테이블코인은 기존의 국제 금융 질서를 뒤흔들고, 예상치 못한 부작용을 초래할 가능성도 높다.

거대한 자금통로가 된 유로달러

'가난한 부자'는 앞뒤가 안 맞는 말이지만 때로는 미묘한 진실을 내포한다. 이런 표현을 형용모순이라고 하는데 이는 포스트 1945체제의 특징 중 하나다. 금융사학자인 니얼 퍼거슨은 '제국주의를 부정하는 제국'이라고 미국이 주도하는 세계체제를 정의하기도 했다. 또 혹자들은 금에 고정된 달러체제가 '유연한 고정환율'을 지향한다고 하거나 '국민국가에 기초한 세계화'가 브레턴우즈 체제의 목표라고도 했다.[87] 화이트는 '국제무역과 금융을 촉진'하면서도 '개별 국가의 정책결정 자율'을 허용해야 한다고 생각했다.[118]

형용모순은 상충하는 가치들 사이에서 조율이 쉽지 않다는 현실을 반영한다. 특수한 경우에만 바꿀 수 있도록 한 유연한 고정환율은 고정환율로 남을 수 없었다. 금에 대한 달러의 고정환율을 폐기하자 모든 국가의 통화가 서로에 대해 요동치기 시작했다. 마찬가지로 국민국가 정부들의 정책자율권과 국제무역과 금융을 동시에 촉진하다 보니 미묘한 현상이 생겨났다. 바로 국민국가의 통제를 벗어난 돈뭉치인 유로달러라고 불리는 현상이다.

유로달러는 세계 다국적 기업과 정부들을 위한 '명동 사채시장'이라고 표현하면 쉽게 와닿는다. 실제로 한국의 삼성 같은 기업들도 런던에 지사를 두고 돈을 구걸해야 할 때가 많았다. 한국의 고도성장기를 주도

했던 대기업의 런던지점장으로서 '시티오브런던'을 경험한 사람의 생생한 이야기를 들어보자.

> "나는 거의 매일 시티 City 에 갔다. 시티는 런던의 동쪽에 있는 금융가를 지칭하는 말로 런던 안에 위치한 이곳에는 시장市長 이 별도로 존재했다. 뉴욕시 안에 월스트리트 시장이 따로 있는 거나 마찬가지였다. 그때나 지금이나 시티의 금융 거래량은 세계 1위다. 나는 금융 거래를 만들기 위해 그 거리의 은행들을 문턱이 닳도록 들락거렸다.
> 당시 삼성건설은 삼성전자, 삼성중공업과 더불어 그룹 내에서도 '3대 거지 회사'로 불릴 만큼 자금이 모자랐다. 해외에서 건설을 하려면 불도저나 굴착기, 크레인, 덤프트럭, 크래싱 플랜트Crashing Plant(자갈이나 돌을 깨는 장비) 같은 중장비를 수입해야 하는데 돈이 없으니 제대로 사질 못했다. 바로 그때 내가 발견한 것이 현금을 바로 지불하지 않고도 건설 중장비를 살 수 있는 유럽 각국의 금융 프로그램이었다."
>
> (출처: 창조바이러스, H2C, 이승환 전 삼성물산 대표, p.69)

유로달러Eurodollar는 이름과 달리 유럽연합EU 의 통화인 유로Euro와는 아무런 관련이 없다. 심지어 '유럽Euro'이나 '달러Dollar'를 직접적으로 의미하지도 않는다. 보다 정확한 표현은 '역외 달러offshore dollars'나 '역외 금융offshore finance'이다.

그럼에도 불구하고 '유로달러'라는 이름에는 그만큼의 역사적 배경이 담겨 있다. 유로달러의 기원은 영국 런던의 금융 중심지 '시티 오브 런던City of London'이라고 알려져 있다. 이곳의 은행들은 미국도, 영국도 아닌

제3국의 정부, 기업, 개인들이 보유한 달러 예금을 관리하기 시작했다.

유로달러 시장이 처음 형성된 배경에는 소련과 중국의 전략적 선택이 있었다. 두 나라는 수출로 벌어들인 달러를 미국이 동결하거나 압류하지 못하도록 안전하게 보관할 수 있는 장소가 필요했다. 결과적으로, 유로달러는 규제의 사각지대에서 자유롭게 거래되며 국제금융시스템에서 중요한 역할을 담당하게 되었고, 이후 빠르게 성장해 오늘날 글로벌 금융시장의 핵심 요소로 자리 잡았다.

외국인이 해외에 큰 금액을 예금할 때는 '소버린 리스크Sovereign Risk, 국가 신용 위험', 즉 해당 국가가 빚을 갚지 못할 위험에 노출될 수 있다. 하지만 런던이 금융 중심지로 성장할 수 있었던 가장 큰 이유는 이 소버린 리스크가 거의 0에 가까웠기 때문이다.

물론 영국도 과거에 여러 차례 파운드화 위기를 겪었지만, 런던은 유로달러 시장을 규제하거나 봉쇄하지 않았다. 이것이 런던이 국제 금융 중심지로 자리 잡을 수 있었던 중요한 이유 중 하나다.

특히 유로달러는 영국의 외환보유고에 포함되지 않는다. 왜냐하면 외국인들이 런던에 있는 은행에 달러를 예치하면, 이 달러는 다시 다른 외국 기업이나 정부에 대출되는 방식으로 사용되기 때문이다.

결국, 런던은 그 자체가 하나의 거대한 자금 통로conduit 역할을 한다. 런던의 은행들은 예금된 달러를 보유하고 있는 것이 아니라, 필요한 곳으로 흘려보내는 중개자 역할을 한다. 이 때문에 유로달러 시장은 영국 경제에 직접적인 부담을 주지 않으면서도 거대한 금융 거래가 가능한 시스템으로 자리 잡았다.[119] 영국이 외국인들의 자금에 손대지 않는 것은 그들이 오랫동안 금융의 허브로 기능하면서 터득한 중립성에 대한 감각에서 기인한다.

미국의 통제 밖에서 덩치를 키우다

유로달러 규모는 계속 증가했는데 오일머니로 불리는 산유국들의 외국환 자산도 유로달러의 시드머니로 흡수되어 다시 순환되었다. 1973년 석유수출국기구 OPEC는 원유가를 1년 만에 4배나 인상했다. 1973년까지 66억달러에 불과했던 OPEC 국가의 경상수지 흑자는 다음 해에 10배 늘어난 640억달러로 불어났다. 원유거래 대부분이 달러로 이루어졌으며 대부분의 흑자가 유로달러 시장으로 흘러들어갔다. 1980년 유로달러 시장은 1970년 초반에 비해서 거의 4배나 팽창했다.[120]

유로달러의 안전한 투자처는 정부들이었는데 원유가격 인상으로 고전하는 여러 국가의 차관으로 오일머니가 재순환되었다. 결국 유로달러는 유럽이라는 위치를 벗어났으며 달러뿐만이 아니라 마르크, 엔화 등도 활용되었다.[88] 유로달러 시장의 가장 큰 예금자는 각국의 중앙은행이었다. 중앙은행들이 달러화를 예금하는 형태로, 혹은 필요한 외환의 조달을 위해 통화스와프의 형태로 달러화의 핵심 공급자가 되었던 것이다.[121] 나중에는 전 세계 단기금융 이자율의 기준점이 되었다.[89]

유로달러는 미국의 규제가 키웠다고 할 수 있다. 미국은 은행들이 예금에 대해 이자를 주는 경쟁을 하지 않아야 은행의 부실을 막을 수 있다고 보았다. 미국의 규제 Q Regulation Q는 단기예금에 이자를 주는 것을 금지한 것이다. 따라서 막대한 유휴자금이 있을 때 하루나 며칠만 은행에 넣어두면 적지 않은 이자를 얻을 수 있는 방법이 미국에는 없었지만 런던이라면 얘기가 달랐다.

1960년대 미국 은행들의 평균 예금이자율은 3.0~3.5%였고 대출자가 부담하는 이자는 5~5.6%였다. [90] 반면 유로달러의 예금 이자율은 4.1%였다. 대출이자율이 미국 은행과 같아도 유로달러는 규제가 없어서 더 높은 이자를 줄 수 있었기 때문이다. [122] 유로달러 시장이 커지자 미국 은행들도 런던에 지점을 두었다. 해외 자금을 유치하기 위해서였다. 1960년대 유로달러 시장의 성장에 크게 기여한 것이 바로 미국 은행들의 해외 지점들이었다. [91] 미국 은행들은 자국 기업들에 달러화 대출을 확대하기 위해 외국에서 달러 예금을 유치했다. 특히 미국의 다국적 기업들이 유로달러의 큰 대출자이며 예금자이기도 했다. [92] [123]

나중에는 미국에도 비슷한 제도가 생겼다. [93] 1978년 미국 의회는 국제은행법IBA: the International Banking Act을 통과시켰는데, 이 법에 따라 외국 은행의 미국 대리기관은 미국의 금융규제나 지불준비금 제도로부터 면제해주었다. [124] 이 덕분에 외국인들은 외국 은행의 미국 대리기관에 예금하고 이 예금을 다시 외국 기업에 대출할 경우 미국인과 미국 금융기관이 받아야 할 여러 가지 규제로부터 자유로워졌다. [94]

오일쇼크[95]를 거치면서 산유국은 점점 더 부유해졌고 개발도상국(개도국)은 석유수입을 위해 자금이 필요했다. 이러한 순환을 중재한 금융이 바로 유로달러다. 유로달러와 오일머니 덕에 국제금융에는 유동성이 넘쳐났다. 은행들은 높은 예금이자를 충당하기 위해 누군가에게 높은 이자를 받고 돈을 빌려줘야만 했기에 동구권과 개발도상국에 대한 대출을 늘렸다.

유로달러 시장에 미국을 개입시킨 멕시코의 국가부도

은행들은 돈을 빌려주기 전에 기업의 회계장부를 보고 상환능력을 평가하고 자기 자본과 자산과 부채의 상태를 확인한다. 그러나 국가에 돈을 빌려줄 때는 기업에 적용하던 기준을 사용할 수 없다. 국가는 영속적인 존재이므로 아무리 부채가 많다고 해도 국가가 보유하고 있는 영토와 자원과 총자산(만약 인적자산도 평가가 가능하고 포함시킬 수 있다면)에 비하면 아무것도 아니다. 따라서 이론상이긴 해도 국가가 상환 의지만 가지고 있으면 부채 상환이 가능하다. 일시적으로 유동성 위기를 겪을 수는 있지만 생산물 GDP의 일부를 오랫동안 상환하는 식으로 부채를 청산할 수도 있다.

당시 시티그룹Citigroup을 이끌었던 월터 리스턴Walter Wriston은 "국가는 부도를 낼 수 없다Countries don't go bankrupt"고 말했다. 그의 주장은 국가에 돈을 빌려주는 것은 안전하다는 의미였다. 게다가 기업에 대출할 때처럼 복잡하게 대차대조표를 분석할 필요도 없었다.

은행마다 국가에 대출하는 방식은 조금씩 달랐지만, 시티그룹은 이를 성장의 기회로 활용했다. 시티그룹은 국제 대출 부문에서 미국 은행 중 선두를 달리며, "시장은 스스로 균형을 맞출 것이니 정부는 개입하지 말라"는 입장을 유지했다.[125]

마침 개도국들의 성장률이 높았고 이자를 잘 상환했기에 주저하던 다른 은행들도 넘쳐나는 예금을 개도국에 대여했다. 당시 개발도상국들은 높은 경제 성장률을 기록하고 있었고, 대출받은 자금을 기반으로 이자도 잘 상환했기 때문에 다른 은행들도 주저 없이 넘쳐나는 예금을 개도국에 대출하기 시작했다. 라틴아메리카의 경우, 1970년대 초만 해도 대외 채무가 GDP의 약 8% 수준이었지만, 1981년에는 무려 25%로 급증했다. 특히 개도국의 채무 중 약 60%는 달러화로 표시된 부채였다.

당시 은행들은 개도국에 대한 대출이 안전하다고 믿었고, 이로 인해 국제 대출 시장은 빠르게 성장했다. 그러나 이 같은 낙관론은 나중에 채무 위기debt crisis로 이어지는 원인이 되었다.

이때 미 연준이 이자율을 올리면서 1982년 실질 이자율이 11%로 급등했다.[126] 급기야 같은 해에 멕시코는 채무불이행을 선언하기에 이르렀고, 이를 시작으로 부채위기가 남미를 휩쓸었다. 멕시코는 산유국이어서 미래가 밝았기 때문에 은행들은 위험을 감지하지 못했다. 그러나 석유가격이 떨어지고 멕시코의 부채가 늘자 멕시코 관료들이 경고음을 울렸다. 그들은 로베스 포르티요 당시 대통령을 찾아가 외채를 줄이자고 건의했다. 그러나 경기 성장을 멈추는 정치적 모험을 할 수 없었던 대통령은 이들을 해고하고, 1981년 한 해에만 외채를 150억달러나 더 늘렸다.[127] 멕시코가 진 빚은 600억달러였는데 이는 연간 국민총생산의 약 40%에 해당하는 규모였다.

국가가 빚을 갚지 못하겠다고 하면 어떤 일이 벌어질까? 만약 제국주의 시대에 피보호국의 정부가 은행의 빚을 갚지 못한다고 하면 은행들은 제국의 각료들을 찾아가 제국 전역의 금융망이 붕괴할지도 모른다며 징징댈 것이다. 제국은 그 변경 국가의 상황을 알아보고 부채를 청산할 수 있는 자산들을 검토할 것이고, 금광이나 석탄, 철광석 혹은 유정, 심지어는 생산력이 좋은 농토를 압수할 것이다. 그리고 이를 시장에 내놓아 번 돈으로 은행들의 연쇄부도를 막을 것이다. 그런데 변경국가가 이에 쉽게 동의할 리 없으므로 이 모든 과정에 군사력이 동원될 것이고, 제국 금융망에 혼란을 야기한 피보호국의 정부는 교체될 것이다.

그러나 포스트 1945체제는 공식적으로 제국주의가 아니었고, 멕시코나 남미의 부채위기가 변방의 위기도 아니었다. 국제금융망에서 일어난 일이므로 미국 은행들도 깊게 연루되어 있었다. 1982년 말 개도국에 대한 대출 잔액 3,650억달러 중 1/3이 미국 은행들로부터 나왔다. 미국 9개 대형 은행들이 멕시코에 내준 대출금만 해도 자기자본의 45%에 달했다.[128] 잘못하면 전 세계로 금융위기가 전염될 수 있었다. 미국 정부는 멕시코 정부와 채권단인 은행들을 중재해야 했다.

은행들은 공동으로 기금을 만들어 멕시코를 당장의 위기로부터 벗어나게 해주어야 했고 그 대가로 이자와 원금을 돌려받으려면 오래 기다려야 했다. 그러나 한번 신뢰를 어긴 정부에 더 돈을 빌려주려는 은행이 있을 리 없었다. 그러면 멕시코는 회복할 방법이 없으므로 빚을 갚지 못한다. 채권자들이 원금이라도 건지려면 멕시코에 더 많은 대출을 해주어야 하는 고약한 상황에 몰린 셈이다. 그러나 한 은행이 선의로 대출을 해주면 다른 채권자 은행들은 앉아서 과실을 얻을 수 있다. 결국 자기은행이 솔선수범할 필요가 없다. 기다리다 보면 가장 힘든 은행이 멕시코에 더 많은 대출을 해주고 말 테니 말이다. 이런 식으로 은행들 간에 죄수의 딜레마 상황이 펼쳐지다 보니 미국 정부의 강력한 중재가 필요했다.

멕시코 정부는 완화된 조건에서 빚을 갚을 것이고 IMF가 권유하는 대로 재정건전성 회복을 위한 개혁에 착수하겠다는 의지를 표명해야 했으며, 은행채권단은 더 많은 기금을 만들어 지원하고 모두 다 같이 더 오래 기다리는 조건에 합의했다. 이런 합의를 위해 미 연준은 멕시코에 스와프를 제공했다. 스위스와 유럽의 중앙은행들도 미 연준의 요청에 따라 이에 참여했는데, 미국 다음으로 큰 규모를 지원한 정부는 일본이었다.[129] 아무튼 고삐 풀린 국제금융이 무분별하게 대출해줬다가 사고가 나자 뒷수습은 미국과 여러 나라 정부, IMF 같은 국제기구의 몫이 되었다.

유사한 국가부도 사태가 발생할 때마다 멕시코에서의 합의가 선례가 되었다. 그러나 모든 국가가 멕시코처럼 순응한 것은 아니었다. 채무국들은 원금을 탕감해주지 않으면 지급을 중단해서 국제금융에 타격을 가하겠다는 식으로 협상력을 높이려는 유혹을 받곤 했다. 브라질의 재무장관은 1987년 이자지급을 중단했고, 페루는 수출액의 10%를 넘는 대출 이자는 지급하지 않겠다고 일방적으로 선언했다. 이런 행위가 불러온 효과는 즉각적이었다. 외국에 이자를 갚지 않으므로 향후 얻을 이익보다 당장 자국에서 유출되는 자본이 더 많았다. 외국 기업과 은행들은 투자를 포기했으며 부자들은 자국 정부가 재산권을 보호할 의지가 없다는 위기감에 휩싸여 자신들의 자산을 해외로 빼돌렸다. 이런 정책은 빠르게 경제를 거덜냈고[130] 신뢰를 회복하는 데도 많은 시간이 걸렸다.

25
칼 폴라니의
자본과 국민국가의 이중운동

유로달러는 미국의 통제를 벗어나고자 한 지정학적 산물

유로달러Eurodollar는 '자본 이동을 통제하겠다'는 목표를 가진 브레턴우즈 체제의 원칙과는 맞지 않는 현상이었다. 브레턴우즈 체제는 각국이 자본 흐름을 통제하면서 안정적인 국제금융시스템을 유지하려고 설계되었기 때문이다.

그러나 영국은 파운드화의 가치가 약화되자, 오랫동안 유지해온 세계 금융 중심지로서의 지위를 유지하기 위해 달러를 기반으로 한 금융거래를 적극적으로 받아들이기 시작했다. 영국은 런던으로 유입되는 달러 예금을 규제하지 않았고, 이로 인해 런던은 유로달러 시장의 중심지로 떠올랐다. 이 같은 상황은 영국이 제국주의 시대에 누렸던 금융 패권을 달러를 통해서라도 유지하려는 전략의 일환이었다.

1956년 수에즈 위기는 유로달러 시장 형성에 중요한 계기가 되었다. 이집트의 가말 압델 나세르Gamal Abdel Nasser 대통령이 주도한 쿠데타 이후,

수에즈 운하가 국유화되었다. 이에 반발한 영국과 프랑스는 이스라엘과 손을 잡고 군사작전을 개시해 수에즈 운하를 되찾으려 했다. 그러나 당시 미국 아이젠하워 대통령은 유엔에서 영국과 프랑스의 군사행동을 강력하게 비난했고, 영국이 더 이상 버틸 힘이 없도록 영국 국채 매각을 경고하면서 경제적 압박을 가했다. 결국 영국은 수에즈 운하를 포기할 수밖에 없었다.

수에즈 운하에서 발생하던 수익이 끊기자, 영국은 파운드화를 사용하는 국가들에 더 이상 무역 자금을 융자해 줄 수 없게 되었다. 이런 상황에서 영국은 달러를 새로운 금융 거래의 중심으로 삼아 국제 금융 허브로서의 지위를 유지하려고 했다. 수에즈 사태 직후, 런던 외환은행London Foreign Exchange Bank이 공식적으로 미국 달러 예금을 수령하면서 유로달러 시장이 본격적으로 출범하게 되었다.

결론적으로, 유로달러 시장은 영국이 자국 금융 산업을 유지하기 위한 전략적 선택이었으며, 이는 브레턴우즈 체제의 규제 틈새를 활용한 결과물이었다. 이로 인해 런던은 미국 달러가 자유롭게 거래되는 국제 금융의 핵심 허브로 자리 잡게 되었다.

유로달러는 단순한 금융 현상이 아니라 지정학적 상황에서 탄생한 결과물이기도 하다. 이 현상은 1945년 이후 형성된 국제 경제 질서(포스트 1945체제)가 국가의 통제에서 벗어나 자본이 자유롭게 이동하는 방향으로 변질되었음을 상징한다. 원래 이 체제는 국가주권을 기반으로 설계되었고, 각국 정부가 자본의 흐름을 통제할 수 있을 것처럼 보였다. 그러나 유로달러 시장은 이러한 통제에서 벗어나 자유롭게 움직이는 자본의 힘을 보여주는 대표적 사례가 되었다.

국가가 모든 것을 통제할 수 있을 것처럼 보였던 체제에서, 규제의 틈을 비집고 유로딜러 시장이 성장했다는 사실은 흥미로운 지적 미스터리라고 할 수 있다. 이 현상은 국가주권과 글로벌 금융시장의 자유로운 움직임 사이의 긴장 관계를 잘 보여준다.

19세기, 두 개의 상반된 운동의 태동

비엔나 출신의 사회철학자인 칼 폴라니Karl Polanyi는 그의 저서《거대한 전환The Great Transformation》에서 19세기 자유화를 '이중운동Double Movement'이라는 개념으로 설명했다.[131] 이는 경제적 자유화와 이에 대한 사회적, 정치적 반발이 동시에 발생하는 현상을 의미한다. 첫 번째 운동은 자유 시장의 확장을 가리킨다. 19세기는 산업혁명과 함께 자유 시장 경제가 급격하게 확산된 시대였다. 특히 금본위제Gold Standard는 자본과 상품이 국경을 넘어 자유롭게 이동할 수 있도록 국제적 기준을 제공했다. 이 시스템은 시장이 자율적으로 작동할 경우 경제가 효율적이고 번영할 것이라는 믿음에 기반을 두었다.

그러나 이러한 경제적 자유화는 한편으로는 엄청난 경제적 성장을 이끌었지만, 다른 한편으로는 노동자와 일반 시민들의 생계를 위협하고 사회적 불평등을 심화시켰다. 노동자들은 일자리의 불안정성에 시달렸고, 공동체는 해체되기 시작했다. 경제적 번영이라는 목표 아래 '시장 원리'가 사람들의 삶을 지배하게 된 것이다. 그래서 사회적 보호와 정치적 반발이라는 두 번째 운동이 동시에 진행되었다. 사람들은 시장이 모든 것을 해결할 수 없으며, 국가가 공동체와 사회적 약자를 보호해야 한다고 주장하기 시작했다. 이는 사회주의, 노동운동, 복지국가 모델과 같은 형태로 나타났다.

폴라니는 이 현상을 '사회적 자기방어Social Self-Protection'라고 설명했다. 시장의 논리가 사람들의 생존을 위협할 때, 사회는 스스로를 보호하기 위해 국가와 제도를 통해 시장을 규제하려 한다. 그러나 이러한 움직임은 종종 시장의 자유와 충돌하면서 끊임없는 긴장을 만들어낸다.

폴라니는 이 두 가지 운동, 즉 경제적 자유화와 사회적 보호가 항상 긴장 상태에 놓여 있으며, 완전한 균형을 이루기 어렵다고 보았다. 자유시장은 효율성을 추구하지만, 그 과정에서 사회적 불평등과 경제적 불안을 초래한다. 반대로, 사회적 보호는 안정성을 제공하지만 경제적 성장과 시장의 자율성을 억제할 가능성이 있다. 이 두 운동은 항상 서로를 견제하면서 균형을 찾으려 한다. 그러나 이 균형은 절대적인 것이 아니라, 시대적 상황과 지정학적 맥락에 따라 달라진다.

반자유주의 운동이 '자연스럽게' 널리 확산된 것은 자유주의가 가지고 있는 치명적인 문제 때문이었다. 모든 사물을 상품화해 가격을 매기는 '보편주의'에 대해 인간 삶의 조건을 경제적 요소 이외의 것에서 찾는 '지역주의적 집단주의'의 반발도 거세게 일어났다고 설명할 수 있다. 특히 19세기 말부터 보통선거가 확산되면서 국민경제는 노동조합이 힘을 투사하는 정당정치에 노출되었다. 금본위제에서라면 자동으로 조절되어야 할 시장균형이 작동하지 않는 하나의 원인도 하방경직성인데 노조의 힘이 강할수록 임금이 시장에 적응하기까지 마찰이 커졌다.[96] 보통선거권의 확산에 의해 대중의 정치적 참여와 함께 노동조합 발언권의 신장이 고전학파가 전제한 유연한 적응을 막아 시장의 자율적 균형을 어렵게 했다. 따라서 민주주의 시대에는 정부의 조절능력을 강화해야 한다는 케인스 이론의 설득력이 고전학파 이론보다 더 강력했던 것이다.

2차 세계대전을 전후한 국제 시스템에 대해 칼 폴라니는 "경제적 자유주의가 참담한 실패를 맛보았다"라고 했다.[132] 이는 아마도 자본의 자유로운 이동을 국경이라는 지니의 마술램프 안에 쑤셔 넣으려고 했던 화이트와 케인스의 논의를 익히 알고서 한 말일 것이다. 자본을 통제해서 로컬통화의 환율 안정을 추구하는 것은 칼 폴라니의 분석에 따르면 예측된 흐름이었다. 그런데 결과적으로 자본시장은 국민국가라는 통제를 벗어나 지구적 운동으로 재기하는 데 성공했다. 과연 시장은 정부들의 권력을 어떻게 극복할 수 있었을까?[133]

한편, 수잔 스트레인지 Susan Strange 같은 국제정치학자들은 금융의 세계화가 국가들의 묵인이나 허가 아래 진행되었다고 주장한다. 그는 "(국제금융)시장은 국가의 권위 아래서 국가의 허가를 통해 존재하며, 국가가 지시했거나 허락한 조건 속에서 굴러간다는 점을 너무나 쉽게 간과하고 있다"라고 했다.[134] 실제로 미국은 종종 유로달러 시장을 규제하려고 했지만 결국 포기했으며, 미국 내에도 유로달러와 비슷한 역외금융을 유치하는 데 열을 올렸다.

고정환율이 중심인 브레턴우즈 체제가 지속할 수 없을 정도로 압력을 받게 된 데도 유로달러의 영향이 있었다. 환율공격을 위해서는 판돈이 많이 필요하다. 평가절상된 화폐에 대해 거대한 자본력을 활용해서 집중적으로 반대매매를 하면 결국 해당 정부는 고정환율을 포기하게 되므로 공격자들이 이익을 얻는 게임이 펼쳐졌다. 즉, 자본을 통제하지 못해 브레턴우즈 체제의 고정환율 제도가 중단되었다고 볼 수도 있다.

그럼에도 세계가 자본을 통제하지 않고 오히려 자본자유화 쪽으로 나아간 이유는 무엇이었을까?

미국은 기본적으로 자본 통제에 반대해온 나라다. 1945년 이후 형성된 국제 경제 질서(포스트 1945체제)에서는 국가마다 자본을 통제할 수 있는 권리를 인정했지만, 미국 내에서는 이런 자본 통제를 두고 반대 의견이 많았다.

그럼에도 미국이 유럽과 일본의 자본 통제를 허용했던 이유는 당시 미국이 압도적인 경제적 지위를 가지고 있었기 때문이다. 유럽이나 일본이 자본을 통제한다고 해도 미국 경제에 큰 영향을 미치지 않을 거라고 생각한 것이다. 하지만 시간이 지나면서 국제 교역이 증가하고 미국에서 해외로 자본이 빠져나가는 문제가 심각해지자, 케네디 대통령은 이자평형세[97]를 도입했다. 이 정책은 미국의 자본이 해외로 빠져나가는 것을 막기 위해 시행된 세금 제도였다.

케네디 정부는 미국 자본 유출의 원인이 다른 나라의 자본 통제 때문이라고 판단했고, 이 정책은 일종의 보복 조치 성격을 띠었다. 하지만 이 조치는 의도와 달리 유로달러 시장을 더욱 성장시키는 계기가 되었다. 규제를 피해서 미국의 자본이 유럽으로 빠져나가면서 런던을 중심으로 한 유로달러 시장이 더욱 주목받게 되었고, 이는 결국 국제금융시스템의 중요한 축으로 자리 잡게 되었다. 미국이 자본 통제를 했던 경우에도 방어적 성격이 강했다. 즉, 미국이 자본 통제를 원해서 1945년 이후 국제 질서에 이를 포함한 것이 아니라, 전쟁으로 경제가 무너진 유럽과 일본 등 미국 이외의 시장에 대해서 자본시장 개방을 유보해준 것이라는 해석이 더 타당할 수도 있다.[135] 이런 배경을 생각해보면, 미국이 유로달러 시장을 완전히 없애야 한다고 강하게 주장하지 않았던 이유는 미국의 자유주의적 경제 성향과 관련이 깊다는 것을 알 수 있다. 더구나 유로달러 시장은 달러를 중심으로 운영되었기 때문에, 달러가 국제적으로 더 많이 사용될수록 미국 경제와 금융시스템에도 긍정적인 효과를 가져올 수 있었다. 유로달러 시장은 외국인들이 미국 내에서 자산을 구매하거나 달러를 환수하지 않고, 미국 외부에서 달러를 순환시키는 구조를 가지고 있었다. 즉, 달러가 미국 국경을 넘어 계속해서 사용되면서 미국 달러의 국제적 지위가 더욱 강화되는 결과를 가져온 것이다.

즉, 1960년대에 미국의 금융 엘리트들의 머리를 짓누르던 금태환의 압력을 유로달러가 다소 덜어주었다. 또한 금태환 창구가 폐쇄된 이후에 미국은 달러의 가치를 지지하기 위해 사용처를 개척해야 할 입장에 처했다. 결국 사우디아라비아와 페트로달러 체제를 만들었다. 석유를 달러로 결제하는 것과 함께 유로달러는 오일머니가 달러의 형태로 재순환하는 데 도움이 되었다.

유로달러로 대표되는 자본자유화의 흐름을 국민국가 정부들이 제압하지 못한 이유는 무엇보다 집합행동의 문제[98]로 이해할 수 있다. 여러 국가가 동시에 같은 수준에서 자본을 통제하지 않으면 통제한 국가에서만 자본이 빠져나간다. 이를 해결하기 위해서는 협력을 강제할 세계정부가 있어야 하는데 현실에는 개별 국가의 행동을 통제할 강력한 세계정부가 없다. 따라서 여러 국가의 공조행위는 형식적으로라도 국가 간의 협약을 통해 동시에 진행되어야만 했다.

1970년대에 서독과 일본은 유로달러를 규제하는 방안을 마련했다. 국제통화 시스템이 흔들리는 것이 자본의 자유로운 이동 때문이라고 인식했기 때문이다. 벨기에 재무장관인 빌리 데 클레르크 Willy De Clerq 는 "이런 투기적 이동이 국제무역의 흐름에 영향을 미치고, 그로 인해 전 세계 수백만 사람들의 직업에 영향을 미치는 것이 과연 정당한가? 우리 는 그렇지 않다고 확신한다"라고 말했다.[136] 그러나 독일과 일본의 자본 통제 시도는 실패했는데 그 이유는 미국과 영국이 협조하지 않았기 때 문이다.[99]

미국이 통제를 원했던 적도 있다. 1979~1980년 미 연준은 유로달러 가 미국 국내 통화정책을 방해하지 못하도록 하기 위해 유로달러 시장 을 규제하려 했다. 그러나 영국과 스위스의 반대는 물론 국내에서도 강 한 반발에 부딪혀 미국은 이러한 시도를 포기해야 했다. 앞서도 언급했 듯이 한 국가가 규제할 경우 그 국가의 자본만 유출되어 은행들이 손해 를 보기 때문에 규제할 거면 여러 국가가 동시에 해야 한다. 그러나 자 본의 자유로운 이동을 제어하는 데 있어서 국가들의 이해관계가 수렴 하는 경우는 거의 없었다.

자본통제가 기술적으로 어려워진 것도 정부들이 자본통제를 포기한 중요한 이유 중 하나다. 뉴욕 시티은행의 CEO 월터 리스턴은 유로달러 시장을 '규제가 육성했다'고 지적했다. 당시에 정부들이 자본이동을 규 제하려 하면 할수록 유로달러가 더 커진 현상을 두고 한 말이다. 그는 또 "인류는 이제 완벽하게 통합된 국제 금융시장과 정보시장을 갖추었 다. 지구상의 어떤 장소든 돈이나 아이디어를 몇 분 안에 전송할 수 있 게 되었다"라고도 했는데 1960~1970년대 전자 통신 장비의 발달에 따 른 국제통신망의 성장이 자본통제를 어렵게 만들었다.[137] 1970년대 초 외환위기가 정점에 달했을 때, 서독은 투기적 자본흐름을 줄일 유일한

방법은 모든 국제전화를 금지하는 것뿐이라고 한탄했다.[138]

또한 거대자본의 국가 간 이동은 국제교역의 증가와 여러 국가에서 활동하는 거대기업의 성장에 따른 당연한 귀결이기도 했다. 1970년대에는 다국적 기업이 성장하면서 국제교역이 크게 증가했기에 다국적 기업의 기업 내부 거래방식까지 통제하지 않으면 자본통제의 실효성이 없었다. 다국적 기업들은 여러 나라 지점들의 장부를 통해 실질적으로 자본을 자유롭게 이동시킬 수 있었다. 여러 국가에서 사업을 하는 기업들은 이전 가격Transfer Pricing 조정이나 현지 비용 전가Cost Allocati on를 통해서 실제로 달러를 국경 너머로 보내지 않고도 자본을 이동시킬 수 있었다. 한 나라에는 매출을 몰아주고 한 나라에는 매입을 몰아주는 식으로 비용과 이익을 인위적으로 재배치하게 되면 지사들 간에 돈을 주고받은 것과 동일한 효과를 얻을 수 있었다.

칼 폴라니는 시장의 자유화가 반작용을 불러일으켰고 정치적 운동, 특히 '집단주의' 운동이 국민국가의 주권을 시장으로부터 보호하는 쪽으로 작용했다고 보았다. 정치가 자본의 자의적인 운동으로부터 민주주의를 비롯해 여러 가지 가치를 보호해 주기 시작했다는 말이다. 그러나 국민국가, 자본통제의 시대에 우연히 발생한 유로달러는 브레턴우즈 체제가 만든 국민국가 중심의 체제 때문에 필연적으로 성장할 수밖에 없었다고 볼 수 있다. 즉, 베스트팔렌 조약의 원칙인 주권평등 때문에 국가들은 자본이동에 대해 개별적으로 대응해야 할 처지가 되고 말았다.

칼 폴라니는 자본의 자유로운 이동이 국민국가들의 집단주의를 강화했다고 주장했다. 그는 이것을 가리켜 '이중운동'이라고 했다. 그러나 국민국가에 기초한 체제, 개별 국가의 이익추구는 자본통제 문제에 있어서 죄수의 딜레마 문제가 되었다. 한 나라가 앞장서서 자본을 통제하면 이익은 여러 나라가 가져가지만 앞장선 나라는 자본유출이라는 철퇴를 맞게 되었다. 사정이 이러니 국가들은 자본 통제에 앞장서려고 하지 않는다. 세계가 하나의 제국으로 편입되지 않고 여러 국가들의 절대적이고 평등한 주권으로 나뉘었기 때문에 생긴 문제다. 국경이라는 틈 사이를 비집고 자본이 스스로의 족쇄를 끊은 셈이다. 이번에는 국민국가 시스템이 자본이 다시 족쇄에서 풀려나게 해주었으니 이것을 20세기판 '이중운동'이라고 할 수 있겠다.

26
역외, 신성한 국경선 때문에
생긴 법을 초월하는 세계

역외, 지리적 한계에 갇힌 국경선을 이용하다

국가주권은 국경을 매우 중요하게 여긴다. 오늘날 공식적으로 '제국'
은 존재하지 않기 때문에, 개별 국가의 주권이 최고의 권력으로 인정된
다. 하지만 국가주권은 국경이라는 지리적 한계에 갇힌다. 이로 인해
국경 바깥에는 국가 권력이 미치지 않는 '빈틈'이 생길 수 있다. 물론 국
경 너머가 완전히 무정부 상태인 것은 아니지만, 국내처럼 국가주권이
항상 강력하게 작동하지는 않는다.

이런 빈틈에서 '역외offshore'라는 개념이 등장했다. 역외란 국경을 넘어
선 지역에서 국가의 주권이 완전히 미치지 않는 공간에서 세금을 포함
한 각종 규제 시스템이 적용되지 않는 것을 이용한 활동을 의미한다. 이
는 국경을 신성시하는 국민국가 시스템의 허점을 이용한 일종의 버그라
할 수 있다. 처음에는 일부 반항적인 개인들이 이 허점을 이용해 기존의
규제를 피하며 새로운 시도를 시작했다. 대표적인 사례가 1960년대의

'라디오 캐롤라인Radio Caroline'이다. 이 방송국은 배에 라디오 방송 장비를 싣고 영국 근해를 떠돌며 방송을 내보냈다. 주로 로큰롤 음악을 틀었고, 당시 영국 국영방송인 BBC의 독점과 엄격한 방송 규제에 저항하는 해적 방송국이었다. 라디오 캐롤라인은 단순한 해적 방송을 넘어, 기존의 낡은 질서와 권위에 도전했던 반문화 운동counterculture movement[100]의 상징이었다. 이는 단순한 기술적 탈출구가 아니라, 국경과 국가 권력의 한계를 시험한 중요한 사회적 실험이었다.

'역외'는 흔히 '조세피난처Tax Haven'라는 부정적 이미지로 알려져 있다. 많은 글로벌 대기업들이 본사나 지사를 조세피난처에 두고 세금을 최소화하거나 규제를 피하려 한다. 이런 조세피난처는 주로 과거 대영제국의 자치령 섬들에 많다. 케이맨 제도Cayman Islands나 저지섬Jersey 같은 지역은 기업 설립이 매우 간단하고 세금 부담이 적어, 많은 기업들이 선호하는 대표적인 조세피난처로 자리 잡았다.

현대 글로벌 경제에서는 국가 간 자본과 상품의 이동이 매우 자유롭고, 생산과 소비가 여러 국가를 거쳐 이루어지는 글로벌 공급망supply chain이 형성되어 있다. 이러한 시스템 속에서 역외는 국제 금융과 경제 시스템의 핵심적 요소로 작동한다. 국제적으로 사업을 운영하는 대기업들은 회계 장부를 조정해 법적으로 세금을 최소화할 수 있다. 예를 들어, 한 다국적 기업이 여러 나라에 생산 공장과 판매 지점을 운영할 경우, 제품 생산 비용은 세율이 높은 국가에 집중시키고, 최종 이익은 세율이 낮은 국가로 이전하는 방식으로 세금을 최소화할 수 있다.

글로벌 공급망에서는 한 제품이 여러 국가를 거치며 생산, 유통, 소비되기 때문에 비용과 이익의 출처를 회계적으로 명확히 구분하기 어렵다. 예를 들어, 한 스마트폰이 미국에서 설계되고, 중국에서 제조되며, 유럽에서 판매될 경우 어느 국가에서 비용이 발생했고, 어느 국가에서 이익이 발생했는지를 명확하게 구분하기는 불가능에 가깝다. 이러한 복잡성 때문에 각국의 세무 당국은 다국적 기업의 회계 처리에 의심을 가질 수밖에 없다. 하지만 기업들이 법적 테두리 안에서 교묘하게 비용과 이익을 조정하기 때문에 악의와 선의를 명확히 구분하기는 사실상 어렵다.

여기에도 국가들 간의 집합행동에 문제가 발생한다. 다른 나라와 세율을 동일하게 하면 이론적으로는 다국적 기업들이 조세피난처로 삼을 데가 없어지지만 자기 나라가 세율을 조금만 더 낮추면 대기업들이 몰려들고 세수도 커지고 경제적 파급효과도 늘어난다. 다국적 기업들이 개별 국가의 법적 차이를 이용해서 절세하는 것을 막기 위해서는 모든 나라의 세법을 획일화하는 것이 하나의 방법일 텐데 이는 개별 국가의 자율성을 빼앗아야 가능하다. 혹은 다국적 기업에서 일괄적으로 세금을 걷은 뒤, 개별 국가에 배분하는 방안도 검토하고 있으나 이 역시 개별 국가의 주권을 침해하지 않고서는 추진하기 어렵다.[101]

자유로운 자본 이동의 기회가 되는 역외

역외는 때로 강대국들이 책임을 회피하기 위한 편리한 변명으로 사용되기도 한다. 예를 들어, 영국 왕실령인 저지섬Jersey은 영국 본토와 멀지 않은 곳에 위치해 있지만, 법적, 사법적 권한은 영국 정부의 통제 밖에 있었다. 19세기 당시, 이곳에는 유럽 대륙에서 쫓겨난 부랑자나 혁명가들이 몰려들었다. 저지섬의 사회 시스템은 영국 본토와 크게 다르지 않았지만, 사법권이 영국 정부의 손을 벗어나 있었다. 그래서 빅토리아 여왕Queen Victoria, 1819-1901은 유럽 왕실 친척들이 혁명가나 위험인물을 돌려보내 달라고 요청할 때, "그들이 저지섬에 있다면 우리가 손댈 수 없다"라고 변명할 수 있었다.

결국, 저지섬은 법적 사각지대가 만들어낸 편리한 피난처였고, 영국은 이를 통해 책임을 회피하면서도 실질적으로는 영향력을 유지할 수 있었다. 이는 오늘날의 조세피난처나 역외 금융시스템과 비슷한 맥락으로 이해할 수 있다.[139] 마찬가지로 20세기에는 이곳에 상속세를 피하려는 부자들과 절세하려는 대기업들이 몰려들었다. 저지섬에 저축된 예금은 시티오브런던으로 흘러들어간다. 따라서 저지섬과 런던 중심의 역외금융망은 한 몸처럼 연결되어 있다.[140] 홍콩 역시 과거에는 영국의 역외로서 그리고 현재는 중국의 역외로 기능한다. 본토에서 처리하기에는 외교적으로 민감하거나 본국에서 전면적으로 받아들이기에는 부담스러운 자유가 역외에서는 허용된다. 자본의 자유라는 측면에서 역외는 역외와 연결된 국가에 숨쉴 구멍을 제공한다고 할 수 있다.

2020년 11월, 중국 알리바바 계열의 핀테크 회사인 앤트그룹이 홍콩, 상하이 증시에 동시 상장을 잠정 중단한다고 밝혔다. 10월에 홍콩과 상하이에서 공모주 청약을 시작했는데 지나치게 과열되고 있다고 중국 당국이 판단하여 신속하게 개입한 뒤에 벌어진 일이다. 개인투자자 155만명이 공모주 청약을 신청했는데 청약 증거금만 190조원(1조 3,100억홍콩달러)으로 배정물량의 390배에 달했다. 공모주 청약은 상하이 증권거래소에서도 동시에 진행되었는데 약 510만명이 참여했고 청약 증거금은 3,230조원(19조 500억위안)에 달했다. 앤트그룹은 뉴욕증시에 상장할 계획이었으나 트럼프 행정부의 중국 봉쇄로 홍콩과 상하이 증시를 선택했다. 블룸버그 통신은 이를 두고 "중국이 미국 자본시장의 도움 없이도 막대한 자본을 동원할 수 있다는 것을 보여주는 것"이라고 평가했다.[141] 이는 중국 기업이 홍콩을 통해 외국의 개인자본을 끌어들일 수 있다는 것을 보여주는 좋은 사례이며, 역외금융망은 이런 식으로 전 세계에 퍼져 있다. 즉, 통제받지 않는 자본자유화의 꽃이 국민국가 체제의 여백에서 피어난 것이다.

거대 권력의 중심에서 멀어 제국의 변덕에 휘둘리지 않을 만큼 중립적이며 한편으로는 적당히 문명화된 곳이 교역과 금융의 중심지가 되는 것은 예상보다 유서 깊은 일이다. 로마제국 시대에 있었던 시리아의 팔미라 Palmyra가 대표적이다. 팔미라는 캐러밴caravan (대상 隊商)[102]들의 도시였으며 일종의 교역항이었다. 서로 적국인 파르티아 Parthia와 로마의 교역상들은 이 도시에서 만나 서쪽에서 동쪽 방향으로, 동쪽에서 서쪽 방향으로 함께 사막을 가로질러 여행하곤 했다.

러시아 출신의 미국 고대 역사학자인 미하일 로스토프체프 Mikhail Rostovtsev에 따르면 로마인들이 팔미라에 군대를 주둔하기를 거부했던 이유도 교역항으로서의 위상을 보호하기 위해서였다고 한다. 로마인들은 대상들의 도시에서 군대를 철수하고 원격 통제하는 식으로 힘의 투사를 제한했다. 사막으로부터 출현한 아랍인들로 하여금 그들이 이 도시에 들어와도 아무런 위험이 없다고 안심시켜야 했기 때문이다. 이는 국제적 중립성을 인위적으로 부여해 적국들 간에도 교역이라는 숨구멍을 열어놓기 위함이었다. 칼 폴라니는 팔미라와 같은 중립적 도시들에서 무역이 발달하는 것은 일반적으로 관찰되는 현상이라고 논평했다.[142]

27
바보야, 중요한 건 세계체제야

역외금융의 토대는 국민국가 시스템이다

경제적 자유주의자들은 유로달러 시장의 탄생과 성장을 자연스러운 결과로 본다. 아무리 각 나라가 규제를 강화하고 자본을 통제하려 해도, 국제 교역이 활발해질수록 금융시스템도 그에 맞춰 성장할 수밖에 없다고 생각한다.

금융의 핵심 역할은 실물 경제를 뒷받침하는 것이다. 특히 국제 교역이 확대되면 다양한 위험을 관리하고 중재해야 하는데, 자본 자체가 '소버린 리스크Sovereign Risk, 국가 신용 위험'에 노출되면 그 역할을 제대로 할 수 없다. 자본은 국가의 규제나 리스크로부터 자유로워야 국제 교역을 원활하게 지원할 수 있기 때문이다.

반면에 케인스주의자들은 역외 금융과 자유로운 자본 이동을 강하게 반대한다. 이들은 투기적 자본이 개별 국가의 통화정책을 불안정하게 만들고, 금융시스템 전체를 위협할 가능성이 크다고 주장한다. 또한,

역외 금융은 탈세나 자금 세탁과 같은 범죄 활동에 악용될 가능성이 높기 때문에, 도덕적 차원에서라도 금지해야 한다고 강조한다.

하지만 역외 금융이 성장할 수 있었던 토대가 바로 케인스주의자들이 중요하게 여기는 국민국가 체제라는 점을 상기할 필요가 있다. 국가는 자국의 국경 안에서만 사법권을 행사할 수 있고, 국경 밖에서는 그 권한이 미치지 않는다. 이 단순한 원칙은 국가 간 갈등을 예방하고, 만약 갈등이 발생했을 때 누가 먼저 잘못했는지를 명확히 판단하는 기준이 된다. 그러나 이 원칙은 동시에 국경 너머에 '해방구'가 형성될 가능성을 만들어낸다. 즉, 국가주권이 미치지 않는 국경 밖의 공간에서 역외 금융이 자라날 수 있는 토양이 만들어진 것이다.

만약 미국이 전 세계를 지배하는 제국이었다면 역외 금융은 존재할 수 없었을 것이다. 설령 존재한다고 해도 쉽게 통제할 수 있었을 것이다. 왜냐하면 제국은 국경이라는 지리적 한계에 얽매이지 않고 권력을 행사할 수 있기 때문이다.

결국, 역외 금융은 국가주권의 한계와 국제 금융의 필요성 사이에서 탄생한 결과물이다. 자유주의자들은 이를 국제 경제의 자연스러운 현상으로 받아들이고, 케인스주의자들은 위험 요소로 규제해야 한다고 주장한다. 하지만 이 모든 논쟁의 중심에는 국가주권이 미치지 않는 '국경 바깥의 공간'이 존재한다. 이 공간이 바로 오늘날 우리가 말하는 '역외 금융'의 진짜 무대인 것이다.

FIFA 위원을 수사할 수 있는 국가는 어디인가?

2015년 스위스 취리히의 한 호텔에 꼭두새벽부터 스위스 경찰이 들이닥쳤다. 이 호텔에는 FIFA 위원들이 투숙하고 있었다. 당시는 FIFA 정기총회가 진행되고 있었고 조제프 블라터 Joseph Blatter 회장의 연임이 확실시될 때였다. 경찰은 호텔에서 FIFA 관계자들 여러 명을 뇌물수수와 관련한 범죄 가담 혐의로 체포했다. 스위스 경찰은 미국 검찰의 협조요청을 받아 움직였다. 미국 마이애미에 있는 미국 FIFA 본부에서도 압수수색이 이루어졌다. 러시아의 블라디미르 푸틴 Vladimir Putin 대통령은 미국이 사법관할권을 초월하고 있다고 비난했다. 다른 나라들은 노골적인 비난은 자제했으나 과연 미국 검찰이 미국인이 아닌 FIFA 위원들에 대해 사법관할을 갖는지에 대해 의문을 가졌다.

　FIFA는 UN보다도 많은 가맹국이 회원국으로 가입해 있는 국제적인 단체다.[103] 세계 어디에서나 통용되는 보편적인 규칙을 하나만 꼽으라면 아마도 축구 규칙을 선택해야 할 것이다. 주체력이라는 독자적인 연도체계를 사용하는 북한마저도 축구규칙은 글로벌 표준에 맞춘다. 그런데 FIFA는 공적 위상을 갖춘 단체, 즉 국민국가의 정부들이 모인 국제기구가 창설한 것이 아니고 민간단체 중 하나지만 다른 어떤 국제기구보다 공신력을 갖고 있다. FIFA 평의회는 최고의 의결기관인데 기본적으로 1회원국 1표다.[104] FIFA 같은 단체는 국민국가의 테두리를 벗어나면서도 막강한 권한을 가지고 있기 때문에 사법적 감시의 사각지대에 놓여 있었고, 막대한 이권을 놓고 표가 매수되고 있다는 것은 공공연한 사실이었다.

　미국 사법당국이 FIFA 고위 임원들의 비위행위에 대해 정보를 입수한 건 오래전이었다. 특히 '2018년 러시아 월드컵' 개최권을 위해 벌어진 로비활동에 대해 내부자 진술을 확보한 상태였다. 2014년 러시아가 우크라이나의 크리미아를 무력으로 병합하자 미국과 서방은 러시아를 금융제재 리스트에 올렸다. 러시아 월드컵 개최를 놓고 이루어진 FIFA 위원들 간의 뇌물수수에 대한 수사는 그전부터 시작되었으나, 러시아의 우크라이나 침공 이후 전 세계에 공개됨으로써 월드컵 유치를 자신의 업적으로 선전해온 푸틴의 정치적 자산 하나에 흠집이 났다. 이후로도 러시아 올림픽 선수들의 약물사용과 관련한 정보가 공개되었고 러시아는 스포츠 국제체제로부터 규제받는 신세가 되었다.[105]

미국인이 아닌 FIFA 위원들에 대한 전격적인 체포와 수사는 미국이라는 나라의 특수성을 환기해주었다. 세계정부가 없는 상황에서 FIFA 같은 국제적인 조직 임원들의 뇌물수수와 같은 범죄를 맡을 기관이 따로 있는 건 아니다. 더구나 FIFA 대의원 정도면 자국에서 이미 상당한 세력을 가지고 있기 때문에 수사와 기소를 개별 국가에 맡겨봐야 유야무야될 가능성이 높다. 나라 같지 않은 나라들의 실력자들을 대상으로 어느 나라가 오지랖을 부려야 한다면 그 나라는 미국이어야만 했다. 미국의 사법관할권 오지랖을 비난할 수는 있지만 FIFA와 같은 조직이 사법적 감시망 바깥에서 자유롭게 활개 치도록 두는 것에도 선뜻 동의하기 어렵다.

미국 검찰은 FIFA 스캔들에 대한 관할권 논란에 대해 다음과 같은 논리를 내세웠다. 먼저, FIFA 위원들이 뇌물을 주고받을 때 미국 달러USD를 사용했고, 이 자금이 미국 내 은행 계좌를 거쳐 이동했기 때문에 미국의 수사 관할권이 적용된다고 주장했다. 특히 SWIFT(국제 은행 간 통신협회) 시스템을 통해 자금이 미국 금융망을 통과한 경우, 미국 검찰은 이를 '자국 금융시스템의 오남용'으로 간주하며 수사 권한을 주장할 수 있다고 설명했다.

또한, FIFA는 본부를 스위스에 두고 있지만, 미국 마이애미에도 FIFA 관련 사무소를 운영하고 있었다. 이곳을 통해 FIFA의 다양한 사업과 활동이 이루어졌고, 일부 부패와 뇌물 거래가 미국 내에서 직접적으로 관련되었다는 것이다. 예를 들어, FIFA 관계자들이 미국을 방문하거나 미국 내에서 사업 계약을 체결하는 과정에서 뇌물 거래와 부패 행위가 이루어진 정황이 있었다고 밝혔다.

미국 검찰의 주장을 한마디로 요약하면, '누구라도, 어떤 단체라도 달러를 사용하고 국제 금융망을 거친다면, 이는 미국 사법 관할권에 속하게 되며, 미국 검찰이 수사하고 미국 법원에 기소할 권한이 있다'는 의미다. 즉, 미국은 금융 행위와 관련해서는 '사실상 세계 제국'으로 기능하고 있다. 오늘날 국제관계에서 미국 달러와 미국 사법시스템이 얼마나 특별한지를 보여주는 좋은 사례다.

개별 국가의 자율성을 지켜주는 것은 절대권력의 제국주의다

칼 폴라니Karl Polanyi는 경제적 자유주의자들의 주장에 반대하며, 국경을 넘나드는 자유로운 시장은 자연스럽게 생겨난 것이 아니라는 점을 강조했다. 많은 사람들이 자유 시장이 마치 자연법칙처럼 저절로 형성되었다고 믿지만, 사실 이는 여러 법적, 제도적 장치와 강력한 규율이 뒷받침될 때에만 가능하다. 자유 시장은 '자유'라는 단어와는 다르게 강력한 규제와 감독, 그리고 국가를 초월하는 신뢰 시스템 위에서만 작동할 수 있다. 자유방임 경제는 단순한 '자유'의 결과물이 아니라, 여러 입법적 규제와 제도적 장치의 산물이다.[143]

예를 들어, 물건을 주고받는 단순한 거래조차도 계약을 이행하지 않거나 상내방이 약속을 어길 경우를 대비한 법적 안전장치가 필요하다. 하물며, 국경을 넘어 자본이 이동하고 투자 행위가 이루어지는 경우에는 훨씬 더 복잡한 시스템이 요구된다. 만약 해외에 있는 채무자나 정부가 빚을 갚지 않을 때, 이를 강제할 수 있는 국제적 권력이 없다면 투자 행위는 불가능에 가깝다. 이런 규율이 없으면 시장은 단순한 투기장으로 전락하거나 각종 혼란으로 무너질 것이다.

쉽게 말해서 규율을 세우는 제국 없이는 차원 높은 세계시장을 유지하기 어렵다. 눈에 보이는 물건들을 주고받는 데도 질서가 필요하다. 길목마다 해적이 통행세를 뜯으려고 호시탐탐 노리기 때문이다. 하물며 국경을 넘어 투자행위가 이루어지려면 자연발생적인 질서 그 이상이 필요한 것은 당연하다. 국경 너머의 채무자나 빚을 진 정부로부터 채권을 받을 방도가 없기 때문이다. 즉, 경제적 자유주의자들이 자본을 통제하는 것을 최소화해야 한다고 주장할 때 그들은 스스로 인식하건 그렇지 않건 간에 개별 국가의 주권을 초월해 세계시장을 감시, 감독하는 강력한 세계제국의 존재를 전제하는 셈이다.

시장주의자들은 서로 합의하에 이루어지는 호혜적 거래에 맡기면 사회적 효용이 증가한다고 생각한다. 시장주의자들이 편협한 물질주의자들이기 때문에 모든 걸 화폐로 표시된 가치로만 평가하려 한다고 주장하는 이들일수록 시장 교환에 맡기면 안 되는 소중한 가치들이 있다고 믿는다. 쉽게 말해 돈을 주고 사고팔면 안 되는 것들이 많다는 주장이다. 그러나 이들의 이상을 실현하려면 시장의 거래를 감시해야 하고, 거래로부터 가치를 지키기 위해서는 시장을 대체하는 시스템이 필요하다. 결국 시장으로부터 다원적 가치를 지키기 위해서라면 국민국가의 정부가 개인과 기업에 대해 관료화된 권력을 휘두르는 것을 감내해야 한다. 구성원들의 자발적인 선택인 거래들을 감시하며 매번 옳고 그름을 판단할 관료 시스템이 자리 잡아야 한다.

민주주의를 지키기 위해서는 시장에서 투표권이 매매되는 것을 막아야 한다. 민주주의자들일수록 직접적으로 표를 거래하는 행위만이 규제 대상은 아니라고 믿는다. 이들은 후보자나 정당 간에 부의 차이에 따라 정치선전의 질과 양에 차이가 나는 것도 돈을 주고 표를 매수하는 것과 다를 바 없다고 주장한다. 이 주장은 정당에 대한 보조금과 선거 공영제, 선거 기간의 확정과 제한, 선거 자금의 한도 등 여러 가지 규제 장치를 정당화한다. 그런데 이런 제도가 작동하게 하려면 선거감시 기구가 방대해야만 하고, 별별 일이 다 일어나는 선거전 현장에서 불공정한 행위를 막아내기 위해서라면 선거관료가 즉각적이고도 막강한 재량권을 발휘할 수 있어야 한다. 이처럼 시장에서의 호혜적 거래가 훼손하는 가치를 지키려면 통제가 뒤따르고 엄정한 통제는 결국 강력한 관료 제도를 전제한다.

노동시장에서도 약자가 도태되지 않게 하기 위해 시장을 규제해야 한다. 성별이나 종교, 출신지역이나 정치적, 종교적 신념, 궁극적으로는 우발적으로 형성된 실력의 차이 때문에 선택으로부터 배제되는 일을 방지하기 위해서는 '계약의 자유'를 국가가 제어해야 한다. 그런 요소들도 엄밀하게 따지면 노동의 구입자 입장에서는 상품의 질이다. 상품의 질에 따라 가격이 다른 것이 구입자나 판매자로서는 당연하지만 그렇다고 시장 거래에만 맡겨 놓으면 노동상품에 대한 차별이 기회의 차별로 이어지고 결과적으로 사람 자체에 대한 차별로 귀결되므로 평등의 원칙에 위배된다. 수많은 논란에도 불구하고 일단 이런 규제를 하려면 생각보다 복잡하고 품이 많이 들어가는 프로세스가 필요하다. 즉, 민주주의의 가치를 드높이기 위한 선택들은 결국 다수의 관료들이 재량적으로 권한을 행사하는 사회로 귀결되어 버린다.[106]

이상주의자들은 선과 악으로 세상을 단순화한 다음에 자신들이 선을 대변한다고 확신하는 경향이 있다. 그러나 현실에서는 '좋은 것'과 '좋은 것' 사이에서 선택하거나 '나쁜 것'과 '나쁜 것' 사이에서 선택해야 하는 경우가 더 많다. 국민국가를 강화해 경제적 자유보다 다양한 가치를 앞세워야 한다는 주장이나 자본통제를 줄여서 교환거래를 증대하고 사회적 효용을 극대화해야 한다는 주장은 모두 자유민주주의 체제가 허용하는 범위 내에서 우선순위를 둘러싼 갈등으로 보인다. 그러나 상식적인 수준을 벗어나면 이야기가 달라진다. 이런 주장을 뒷받침하는 이념들을 극단적으로 끌고 가면 선택지들 각각의 귀결은 결국 관료절대주의와 세계제국이다.

다원적 가치를 모두 지켜야 한다고 생각하는 민주주의자들은 결국 숨 쉴 틈 없이 갑갑한 관료제를 신봉하고 있는 자신의 모습을 발견하게 될 것이다. 또한 재산권의 처분과 계약의 자유를 최대한 보장할 때만 비로소 개인의 권리를 지킬 수 있다고 주장하는 자유주의자들은 분명히 악이 존재하는 이 세계에서 악으로부터 그런 '자유로운 거래'를 지켜줄 세계정부, 즉 국민국가나 민주적 합의로는 변경할 수 없는 질서를 유지하는 절대적 권위체인 제국을 지지하는 셈이 되어버린다.

상식적인 수준에서 다원적 민주주의와 시장 자유주의 중에 어느 쪽이 더 올바른지를 놓고 고민하고 있다면, 이런 가치들이 '세계체제가 허용하는 범위 내에서만 실현 가능한 선택지'일 뿐이라는 사실을 먼저 인정할 필요가 있다. 그러지 않고 순수한 형태의 가치를 추구한다면 자신이 쫓는 이상이 바로 그 가치를 어느 정도 실현해주었던 여건을 허무는 비극을 목도해야 할 운명에 처하게 된다. 민주주의와 자유주의 중 어느쪽이 되었든 가치의 실현을 위한 실천목록들이 세계체제의 스트레스 한계를 넘어서면 세계체제 자체를 변형시킨다. 그런 행위는 결국 이상을 꿈꾸는 여건을 가능하게 한 제도의 기초를 갉아먹고 체제의 수명을 단축시킨다.

왜 좋은 의도를 가지고 시작한 이상주의가, 결국 이상주의자들 스스로 가장 원하지 않았을 결과로 이어지곤 하는 것일까? 그 이유는 그들이 '좋은 가치'가 가진 어두운 이면을 보지 못했기 때문이다. 그들은 좋은 말들 이면에 대해서 애써 눈을 감곤 하지만 아름답고 고상한 말들로 포장된 이상 뒤에는 언제나 냉혹한 현실이 숨어 있으며, 이 냉혹한 현실이 결국 현실에서 더 큰 영향력을 발휘하기 마련이기 때문이다.

만약 미시적 개인들에게 지정학적 질서를 선택할 권리가 주어져서 영향력을 미칠 수 있다면 지중해 문명으로부터 발원한 현재의 세계체제[107]를 지키는 쪽으로 선택권을 행사해야 한다. 지울 수 없는 크나큰 역사적 오점들에도 불구하고 지중해 문명으로부터 발원한 현재의 세계체제가 미시적 개인들에게는 다른 어느 대안적 체제보다도 훨씬 더 많은 선택권을 부여하고 있기 때문이다. 특히 뛰어난 여성이나 남성이더라도 평범한 수준의 능력을 소유한 이들에게는 더욱 그렇다. 그러므로 현실감 없는 이상주의가 맹위를 떨치는 시대에 우리 모두가 견딜 만한 불행은 바로 세계체제에 대한 선택권이 없다는 사실이다. 세계체제 자체에 대한 선택권이 개개인에게 주어져 있지 않다는 사실이야말로 세계체제에 대한 신뢰를 높이는 요인일지도 모른다.

28
방코르, 중립적 규칙의 꿈

케인스가 제시한 국제통화, 방코르

케인스는 금본위제를 인류의 복지를 자연물에 구속시키는 야만적인 제도로 보았다. 그래서 새로운 시스템에서 개별 국가들이 금과 자국통화를 담보로 세계은행으로부터 준비금을 차입할 때는 아주 질 좋은 편지지에 차용증서를 쓰자고 농담했다.[144] 이는 금을 담보로 한 약속이 신용도가 높은 국가들 간에는 '질 좋은 종이에 펜으로 쓴 맹세' 이상의 가치밖에 없다고 비꼬기 위해서였다.

좋은 종이에 쓴 차용증서를 제출하고 얻는 것은 대차대조표상에 자산으로 표시되는 숫자에 불과하다. 이것을 방코르Bankor라고 하며 케인스가 포스트 1945체제를 위해 제시했다. 케인스가 제안한 방코르는 일종의 새로운 국제 통화였다. 방코르는 기존에 없던 개념으로, 국제기구를 통해 국가 간 통화 문제를 해결하려는 혁신적인 아이디어였다. 이는 당시 미국식 이상주의가 세계적으로 힘을 얻었기에 가능한 발상이었다. 케인스는 여기에서 한 걸음 더 나아가, 국제기구가 발행하는 '추상석인 금'을 상상했는데, 방고르는 바로 국세은행인 '정산언맹clearing union'이 발행하는 이 추상적인 금을 의미한다.

방코르를 이해하려면 환어음이 어떻게 작동하는지 알아야 한다. 환어음은 수출업자가 물건을 보내고 대금을 미리 받을 때 발행한다. 이때 환어음에는 세 주체가 관여한다:

1. 발행인: 돈을 미리 받을 자, 즉 수출업자.
2. 수취인: 돈을 미리 지급하는 측, 보통 은행.
3. 지급인: 최종적으로 돈을 지급할 사람, 즉 수입업자.

환어음의 발행인은 지급인을 명시하고 환어음을 수취인에게 준다. 이때 수취인은 환어음을 받고 발행인에게 돈을 내준다. 그리고 나중에 지급인에게 환어음을 제시하고 돈을 돌려받는다. 환어음이 전달되는 방향의 반대 방향으로 현금이 전달된다. 그러나 만약, 환어음의 발행인이 수취인의 채무자인 경우 발행인은 환어음을 수취인에게 주는 것으로 채무의 변제를 대신한다. 이 경우 발행인은 환어음을 전달하면서 돈을 받지 않는다. 수취인이 지급인의 채무자일 경우 수취인은 환어음을 지급인에게 제시하는 것으로 채무의 변제를 대신한다. 이 경우에도 수취인이 환어음을 지급인에게 주면서 돈을 받지 않는다.

환어음은 13세기부터 국제무역에서 사용되었으며, 신용도가 높은 주체들(주로 은행)이 이를 계속 돌리면 금이나 실제 화폐가 없어도 거래가 가능하다. 이유는 간단하다. 거래망 속에서 각자 누군가에게 받을 돈이 있기 때문에, 받은 환어음을 다시 다른 거래처에 지급인으로 지정해 돌리면 화폐 대신 사용할 수 있기 때문이다.

상인들 간의 환어음 돌려막기는 화폐의 본질에 대해 귀중한 통찰을 제공한다. 화폐는 신뢰가 충분한 이들 간에는 장부의 숫자에 불과한데, 말을 뒤집으면 화폐란 신뢰가 부족한 거래 당사자들 간의 변제물이라는 뜻이다. 무한신용 상태라면 화폐는 필요 없고 장부만 있으면 된다. 이는 신뢰받는 고객이 외상장부에 기록하고 물건을 가져갈 때와 같다. 그러나 부도낼 가능성이 높은 거래 상대라면 장부만으로는 부족하다. 실물이거나 실물에 버금가는 현찰을 받아 상대의 파산으로부터 자신을 보호할 필요가 있다. 즉, 화폐 혹은 현찰은 시스템 전체적으로 보면 한 기업(개인)의 파산으로부터 발생한 신뢰의 위기가 거래망을 따라 퍼지는 것을 막기 위해 필요하다.

케인스는 은행들이 환어음을 주고받으며 실제 화폐를 쓰지 않고 장부만 수정해 거래를 청산하는 방식을 참고해 방코르를 설계한 것으로 보인다.[145] 방코르는 금을 사용하지 않고도 국가 간 무역 수지를 청산할 수 있는 시스템이다.

이 시스템에서 방코르는 실물이 아닌 숫자에 불과하지만, 국제무역에서 중요한 역할을 한다. 예를 들어, 한 나라가 무역흑자를 기록하면 방코르가 그 나라의 대차대조표 대변(자산)에 기록되고, 반대로 무역적자를 낸 나라는 차변(부채)에 기록된다.

방코르는 국제통화로서 기능하며, 회원국은 금을 지급하고 청산은행으로부터 방코르를 구입할 수 있다. 이 방코르는 수입 대금 결제나 적자를 상계하는 데 사용된다. 그러나 방코르를 지급한다고 해서 이를 금으로 인출할 수는 없다. 방코르는 오직 국가 간 무역적자를 조정하고 균형을 유시하기 위해 사용되며, 시스템 내부에 머물러 국제금융 체제를 인정적으로 유지하는 데 기여한다.

이처럼 방코르는 실물 화폐 없이도 신뢰를 기반으로 국제 거래를 지원하고, 무역에서 발생하는 불균형을 관리하기 위한 혁신적인 아이디어였다.

자연물 금이 아닌 제도로 만든 추상적인 금이어야 한다

청산은행이라는 국제기구는 금을 변제할 의무를 지지 않기 때문에 방코르는 달러 기축통화 시스템보다 좋은 점이 있었다. 일단 금부족에 시달리지 않아도 된다. 세계체제가 출범한 지 10년도 안 되어서 미국은 금이 부족했다. 그래서 달러의 금태환을 놓고(금의 변제) 미국은 심각한 딜레마에 빠져들었다. 방코르의 발행자인 청산은행은 이런 딜레마로부터 자유로울 것이다.

통화 시스템이 자연물인 금에 얽매이면 결정적인 때 시장에 인위적으로 유동성을 공급할 수 없다. 대공황같이 공포감이 퍼지는 경기 위축상황에서 각국 정부는 시장에 유동성을 공급해 기업들의 연쇄부도를 막거나 지연시켜야 한다. 그런데 금에 얽매인 통화 시스템은 유동성을 공급하지 못한다. 일반적인 경우 공포감에 휩싸인 경제주체들이 금을 장롱 속 깊숙이 감추면 시중에서 통화가 증발하고 경기는 더욱 위축된다. 반면 방코르라면 위기상황에서 국제청산은행이 회원국들 간의 합의만으로 무역적자국들의 차변에 방코르(갚아야 할 방코르)를 증가시켜 주는 방식으로 부채의 시한을 연장해 줄 수 있다. 따라서 부도를 막아 연쇄 도산을 차단할 수 있다. 케인스는 정치적인 합의로 바꿀 수 없는 자연물인 금에 얽매이는 대신 인위적인 제도를 통해 국제통화 체제에 유연성을 부여하고자 했다.

만약 한 나라가 무역적자를 계속 쌓고, 다른 나라가 무역흑자를 계속 누적하면 국제금융은 점점 더 불안정해진다. 결국, 이런 불균형은 한순간에 반대 방향으로 쏠리며 시장을 위기로 몰아넣는다. 이는 마치 눈사태와 같은 현상이다. 어떤 작은 충격에 아슬아슬하던 균형이 무너져서 쌓여 있던 눈이 한꺼번에 내려와서 산 아래 마을을 덮쳐버리듯, 경제적 불균형이 쌓이다가 한 번에 폭발하는 것이다. 눈이 위태로울 때까지 쌓이기 전에 시장이 미세한 조정을 하면서 안정적인 균형점을 찾아야 하는데 어떠한 이유로 그렇지 못해서 한꺼번에 위기를 맞게 되는 것이다.

케인스가 금본위제를 비판하면서도 '추상적인 금'이라는 개념을 제안한 이유는, 금본위제가 가진 장점 때문이다. 금본위제에서는 국가 간 무역 불균형이 자연스럽게 조정되는 메커니즘이 작동한다. 무역흑자국은 금이 유입되면 금값이 떨어진다. 통화량이 늘어난 것과 같아서 국내 물가가 상승(인플레이션)한다. 이로 인해 수출 경쟁력이 약화되고, 수입이 증가한다. 반면 무역적자국은 금이 유출되면서 금값이 오르고, 통화량이 줄어들어서 물가가 하락(디플레이션)한다. 이로 인해 수출 경쟁력이 강화되고, 수출이 늘어난다.

이런 조정 때문에 불균형이 끝없이 누적되지 않는다. 그러나 금본위제가 아닌 체제에서는 자본 이동이 금과 무관해지면서 이러한 자동조정 기능이 작동하지 않는다. 그 결과, 불균형이 누적되고 대규모 경제 위기로 이어질 위험이 커진다. 바로 이런 조정을 위해서 케인스는 방코르라는 '추상적인 금'을 설계했다. 방코르는 무역흑자국이 흑자를 계속 쌓는 것을 제한하고, 무역적자국이 적자를 무한히 쌓지 못하도록 하는 역할을 한다. 이를 통해 국가 간 무역 불균형을 조정하고, 경제적 눈사태를 예방할 수 있는 시스템을 제안한 것이다.

그러나 케인스는 미국의 대표가 아니라 망해가던 제국인 영국의 대표였다. 무역흑자국이던 미국 입장에서 볼 때 방코르는 숫자만으로 무역적자국의 빚을 탕감해주는 것으로 여겨졌다. 당시까지만 해도 한 국가의 무역적자를 변제하는 길은 두 가지밖에 없다는 것이 상식이었다. 금이거나 가치 있는 물건이어야 했다.[146] 더구나 케인스의 논리는 결국 미국 달러를 중립적인 규칙에 구속시키겠다는 것이었으니,[108] 차라리 금과 같은 자연물이면 몰라도 국가들 간의 정치에 따라 운영될 수밖에 없는 방코르에 달러를 구속하겠다는 아이디어는 당시 사정을 고려하면 순진하든지 아니면 지나치게 이상적이었다.

미국은 여러 국가로 이루어진 국제적인 위원회에 의해 자국의 정책이 통제받는 것을 좋아하지 않는다. 이를 반기지 않을 것은 어느 나라든 마찬가지겠지만, 미국은 당시 세계시스템에 생명을 부여할 수 있었던 유일한 패권국가였다. 2차 세계대전이 끝날 무렵 산업국가 중에서 전쟁에 의해 산업과 금융시스템이 파괴되지 않고 온전한 나라는 미국밖에 없었다. 전 세계 무역질서를 떠받칠 해군력을 보유한 유일한 강대국이기도 했다. 당시 케인스의 아이디어를 냉정한 군사지정학적 의미에서 살피자면 규칙을 어긴 미국을 응징하기 위해 때로는 미국의 항공모함을 이용해서 미국을 위협하자는 말이기도 했다. 상식적으로도 말이 되지 않았으므로 미국으로서는 당연히 받아들일 수 없었다.

당시 미국 대표들은 케인스의 아이디어를 들었을 때 거부감부터 가졌다. 영국이 미국의 리더십에 순응해야 할 위치로 전락하자 국제적 합의라는 형태로 미국의 발목을 잡으려 한다는 뜻을 '제대로' 이해했기 때문이다. 이는 이미 현실이 된 미국의 리더십을 인정하지 않으려는 영국 엘리트들의 음모의 일환으로 이해되었다.

방코르는 실현되지 못했고, 금 1온스ᵒᶻ에 35달러로 고정하는 방식으로 규칙의 기준 문제를 해결했다.[109] 그러나 금이라는 물리적 기준점도 오래지 않아 제거되었다. 1971년 닉슨 대통령은 일본의 패전 기념일인 8월 15일에 맞추어 금태환 무기한 정지를 선언했다. 이를 일컬어 닉슨 쇼크[110]라고 한다.

29
미국은 깡패일까?

규칙을 지키려면 규칙을 수호하는 깡패가 필요한 법

케인스는 방코르를 활용해서 미국을 제어하려고 시도했다. 미국을 국제적 합의에 기초한 규칙으로 묶으려는 시도는 성공하지 못했다. 정치적 합의에 의한 규칙도 금이라는 자연물도 통하지 않았다. 미국도 자신이 주도해서 만든 규칙을 지키려고 몸부림쳤으나 일단 어기게 되었을 때는 뒤돌아보거나 미안해하지 않았다. 마치 미국은 규칙에 순응할 수 없는 존재인 듯 행동했다.[111] 미국이 깡패이기 때문에 종종 깡패처럼 행동하는 것일까? 술자리 푸념 같은 표현이지만 좀 더 근본적인 차원에서 이를 고민해 볼 필요가 있다. 근본적인 차원에서 살펴보면 미국이 규칙에 매일 수 없는 이유가 있다. 그 자신이 바로 규칙을 수호하기 때문이다. 이는 인간이 무리 짓고 사는 현실에서는 흔히 일어나는 일이다.

규칙을 지키게 하려면 참여자들의 동의나 설득만으로는 부족하다. 규칙을 어기는 이들을 응징할 수 있어야 규칙을 유지할 수 있다. 구성원

개개인의 관점에서 보면 규칙을 지키지 않는 게 이익이다. 개인이 규칙을 지키면 공동체에는 이익이지만 지키는 당사자는 당장 손해를 감수해야 하는 경우가 많다. 남들이 세금을 내면 정부가 공공서비스를 제공하니 좋지만 자신은 세금을 회피하는 게 이익인 것과 같다. 즉, 개인에게 좋은 것이 반드시 집단에도 좋거나 집단에 좋은 것이 반드시 개인에게도 좋은 것은 아니라는 '집합행동의 문제'가 발생한다.

구성원들이 규칙을 준수하게 하려면 집합행동의 문제를 극복해야 한다. 구성원들이 규칙을 준수하는 집단은 안정되므로 결과적으로 규칙을 지키는 개인에게도 이익이다. 그러나 다른 이들이 규칙을 지킬 때 본인만 어길 수 있다면 개인으로서는 가장 큰 이익을 얻는다. 이런 개인들을 억제하기 위해 규칙 파괴자에 대한 폭력적 응징은 불가피하다. 그렇다면 누군가는 규칙의 준수여부를 판단하고 응징할 수 있는 힘을 가져야 하는데 그 힘을 사용하는 누군가는 일반 구성원들이 갖지 못한 특권을 가질 수밖에 없다. 비대칭적인 힘을 활용하는 자체가 특권의 하나이고 그 힘을 사용할 대상의 선택과 사용 여부를 판단할 때 재량권을 갖는 것은 더 중요한 특권이다.

규칙의 수호자는 구성원을 감시하고 그들의 행동이 규칙에 어긋났는지 판단해 일탈 행위를 응징한다. 그런데 규칙수호자로부터 규칙을 지킬 방법은 무엇일까? 이는 난감한 문제다. 민주주의자는 견제와 균형이 작동하도록 해야 하고 그러려면 특권을 분산하면 된다고 주장한다. 좋은 방법이다. 그러나 견제와 균형이라는 시스템 자체를 지탱할 수호자도 필요하다. 결국 "규칙의 수호자로부터 어떻게 시스템을 지킬 수 있을까?"라는 근원적 질문은 피할 수 없다.

이 물음이 낯설다면 당신은 시스템이 자연발생적으로 생겨났거나 절대적인 권능을 갖는 신으로부터 주어진 것이라고 생각해왔을지도 모른다. 실제로 사람들은 규칙을 자연물처럼 여기거나, 아니면 권위가 하늘로부터 내려왔다고 간주하며 규칙 수호자와 규칙에 대해 정통성과 연속성을 부여하려고 시도해왔다.

이성의 시대가 오면서 질서를 단순히 주어진 것으로 여기는 경향이 크게 줄었다. 사람들은 이성, 즉 삼각형의 세 각의 합이 180도라는 걸 이해하듯이 누구나 동의하도록 하는 보편적 이성을 통해 규칙을 만든다면 규칙도 보편적 합리성에 의해 수호될 수 있다고 믿게 되었다. 그러나 이성의 시대에도 규칙의 근원에 대한 믿음은 필요하다. 현실 세계는 수학처럼 판명한 것들만 존재하는 세계가 아니라서 애매하고 미묘하고 복잡한 상황이 발생하기 때문이다. 더구나 국가 간의 관계에서는 합의 가능한 이성의 존재여부도 더욱 의심스러울뿐더러 이성이 존재하더라도 규칙을 어기려 드는 이기적이고 불합리한 국가를 응징하는 시스템을 만들기 어렵다. 국가들의 관계는 그야말로 무정부 상태로 야생을 닮았기 때문이다.

미국, 바닷길에서 시작된 규칙 수호자의 길

포스트 1945체제에서는 미국이 규칙의 수호자다. 미국 혼자 전쟁에서 이긴 건 아니었지만 미국의 참전으로 승패가 결정된 데다 기존 강국들이 전쟁으로 소모되었기 때문이다. 물론 소련이 새로운 패권국가로 등장해 미국은 소련과 협력 혹은 경쟁해야 했다. 그러나 소련이 제시한 세계체제란 공산화를 의미했고 여기에 동의하는 국가는 별로 없었다.

많은 국가들은 선택권이 주어지자 소련의 공산블록에 들어가기보다는 미국이 주도하는 세계시장에서 번영하는 길을 선택했다. 아무튼 미국은 자유민주진영에서 거의 혼자 온전히 남아 있는 산업국가였으므로 전후 세계체제를 재건할 의무와 특권이 주어졌다. 그러나 미국은 제국주의를 싫어하는 데다 유라시아대륙으로부터 멀리 떨어진 서반구에 위치했기에 유라시아대륙 깊숙이까지 육군력과 행정력을 투입하는 데 어려움이 있었다. 게다가 전쟁에 패한 국가들을 속국 삼아 직접 지배하는 형태의 제국주의적 리더십은 애초에 미국의 선택지가 아니었다.

미국의 이상에 맞으면서도 미국이 처한 현실에 부합하는 역할이 바로 바다의 통행을 지키는 것이었다. 소련은 육군 중심의 국가였다. 러시아는 역사적으로 얼지 않으며 적에 의해 손쉽게 봉쇄되기 어려운 항구도 가진 적이 거의 없었다.[112] 세계적으로 해군을 운영했던 영국은 세계 도처의 해군기지를 미국에 이양했다. 일본도 해군력이 강했지만 미국에게 패망하며 동아시아 주요 거점을 미국에 빼앗겼다. 그 덕에 미국은 서반구에 있으면서도 유라시아의 바닷길을 지키는 역할을 맡을 수 있었다. 그만큼 당시 유라시아대륙 강대국들의 원양해군은 지리멸렬했다.

바닷길은 국제무역의 실크로드였으므로 결국 미국은 국제무역 시스템을 재건할 의무를 떠맡는 동시에 공해상에서도 항행의 자유를 지키는 국제교역의 수호자가 되었다. 그리고 달러와 달러에 고정된 각국의 통화는 국제무역 시스템을 재건하고 유지하기 위해 꼭 필요한 핵심적인 규칙이었다.

30
달러와 중립적인 규칙

미국이 자유무역과 이를 위한 국제통화 시스템을 수호하지만 미국으로부터 세계질서를 어떻게 지킬 수 있을까? 케인스가 앞서서 고민한 문제다. "힘세고 이상은 높지만 세계를 운영해본 적이 없는 미숙하고 젊은 미국, 이상이 높은 청춘의 좋은 점과 나쁜 점을 모두 가진 새로운 제국인 미국을 길들일 방법은 없을까? 현재 인류가 기대어 살고 있는 정치, 경제 시스템이 과연 중립성을 갖추었는가?"라고 케인스의 고민을 바꾸어 볼 수 있다.

중립성이란 판단하지 않는다는 뜻이다. 그야말로 중립을 지키는 것으로서 정의의 여신이 눈을 가리고 있는 것도 중립성을 형상화한 결과다. 중립성을 잘 묘사하는 오락영화가 있는데, 유명한 배우인 키아누 리브스가 주연한 〈존 윅〉이다. 영화의 주요 장면들은 콘티넨털 호텔이라는 곳에서 펼쳐진다. 이 호텔은 지하세계에 속한 이들이 이용하는 곳인데 특정한 금화를 사용하며, 투숙객들에게 모든 것이 가능하지만 어기면 안 되는 엄격한 규칙을 강요한다. 호텔 안에서 사람을 죽이거나 죽이려 해서는 안 된다. 이 규칙을 어기면 잘잘못을 가리지 않고 호텔 측에서 직접 처단한다. 규칙은 중립성을 갖추었는데 그 이유는 호텔 스스로 규칙을 집행할 만한 능력을 가진 막강한 조직이기 때문이다. 주인공은 호텔 경영자와 특별한 관계였음에도 불구하고 결국 호텔 조직에 쫓기는 신세가 된다. 주인공을 피해 호텔로 숨어든 악당이 호텔의 규칙을 어길 수 없을 거라고 생각해 호텔 로비에서 주인공을 조롱하자 결국 호텔에서 그를 살해했기 때문이다.

미국과 미국의 달러는 다른 어느 나라나 그 나라의 통화보다 중립성을 지닌다. 자급자족이 가능한 경제규모를 지닌 덕분에 해외요인에 크게 영향받지 않기 때문이다. 한마디로 미국의 경제와 그 경제를 대표하는 달러는 외부경제보다 질량이 크다. 그래서 미국 경제와 달러에 닻을 내리는 방식으로 시스템을 운영하면 다른 어느 나라의 통화를 기준으로 삼는 것보다 중립성이 높은 체제를 구축할 수 있었다. 그러나 미국이 주도한 세계체제 때문에 미국 경제가 위기에 빠지게 되면서 달러의 중립성도 흔들리기 시작했다.

달러, 왜 그리고 무엇이 흔들리는가?

미국의 무역흑자는 불과 15년 만에 적자로 뒤집혔다. 포스트 1945체제를 설계할 당시 미국이 수출경쟁력을 잃어버려 무역적자국이 될 거라고 상상한 사람들은 별로 없었다. 영국의 케인스는 미국이 무역흑자를 계속 누적하는 것이 세계금융시스템을 위태롭게 할 거라고 예상해 흑자국에 벌칙을 부과하기를 희망했다.[147] 반대로 미국의 화이트는 적

자국이 문제라고 보았기에 당연히 흑자국이 떠안을 부담을 줄이려고 했다. 만약 화이트가 미국의 적자를 예상하고 흑자국에 벌칙을 가하려는 케인스의 원안을 수용했더라면 미국은 서독을 비롯해 1960년대에 무역흑자국들을 제어하기가 훨씬 쉬웠을 것이다. 아무튼 케인스나 화이트의 예상과는 달리 미국은 너무나 이른 시기에 수출경쟁력을 상실하기 시작했다. 해외요인이 미국 경제와 달러를 위기로 몰아넣을 수 있게 된 것이다.

1971년 금태환을 정지하기 전부터 달러의 금태환은 문제가 되었다. 1960년에 이미 미국의 해외통화 부채가 처음으로 미국의 금 준비금을 초과했다.[148] 미국은 무역적자를 쌓는 와중에도 베트남전쟁과 사회보장제도의 확충으로 재정적자를 누적했다.

프랑스의 샤를 드골 Charles De Gaulle 대통령은 미국이 금에 의해 뒷받침되지 않는 달러를 해외로 내보내고 있다고 비난했다. 드골은 미국인들이 '터무니없는 특권'을 누린다고 비난했다. 프랑스는 달러를 금으로 바꾸었고 군함을 이용해 진짜 금을 프랑스로 들여갔으며, 1965년 1억 5,000만달러를 금으로 태환했다. 그게 다가 아니었다. 프랑스는 나토 NATO 에서도 탈퇴하고 1967년에는 금풀 Gold Pool 에서도 탈퇴했다.[149] 반면에 서독과 일본은 미국의 협조요청으로 혹은 미국의 눈치를 보느라 금태환을 요청하지 않았다. 서독은 비밀리에 달러를 태환하지 않겠다고 약속하기도 했다.[113] 그럼에도 해외로 풀린 미국의 달러가 미국이 보유한 금에 기초하지 않는다는 사실은 분명해졌고, 미국은 태환을 억제하기 위해 달러를 쌓고 있는 무역흑자국에 계속 정치적 압력을 행사하든지 아니면 금태환을 포기해야만 했다.

금 창구를 닫기로 결정하기 불과 3달 전까지도 미국은 달러를 지키겠다고 약속했다. 1971년 5월 닉슨 대통령이 민주당 출신임에도 재무부장관으로 전격 임명한 존 코널리 John Connally 는 독일에서 열린 IMF 총회에서 연설하면서 미국은 금 가격을 변경하지 않을 것이라고 약속했다. 당시 재무부 관료로 동행했던 폴 볼커 Paul Volcker 가 진의를 묻자 코널리는 "그건 바로 오늘 변함없이 지켜야 할 위치다. 올여름에는 그것이 무엇이 될지 나도 모른다"라고 대답했다고 한다.[150]

1971년 미국이 기습적으로 달러의 금태환을 정지했을 때 가장 피해를 본 국가는 일본이었다. 일본은 미국의 눈치를 보느라 사실상 달러를 금으로 태환하지 않았고 중앙은행이 달러를 들고 있었다. 미국은 자신들이 주도하는 질서에 가장 협조적인 파트너들에게 가장 큰 피해를 주는 조치를 취했던 셈이다. 일본은 미리 통보조차 받지 못했다. 그것도 그럴 것이 미리 기미를 보이면 일본 정부나 중앙은행도 금을 확보하려 했을 것이다.[114] 일본은 닉슨 대통령의 신경제정책으로 10%의 대미수출관세에다 달러 대비 엔화 7% 절상을 부담해야 했다. 즉, 하루아침에 17% 절상이라는 가장 큰 폭의 부담을 떠안아야 했으며, 이것은 일본 수출경쟁력의 저하를 의미했다.[115][151]

규칙을 지키는 수호자가 스스로 규칙을 파기할 때 가장 큰 피해는 규칙을 성실하게 준수한 행위자들의 몫이다. 이는 정부가 법을 바꾸거나 말을 번복할 때마다 일어난다. 정부는 '자기실현적 예언'[116] 때문에라도 진실을 말하지 못하고 그저 암시하거나 아니면 종종 반대로 말하곤 한다. 가뜩이나 경기가 위축되고 있는데 정부가 그렇다고 말해버리면 이 말을 들은 행위자들이 소비를 줄이고 채권을 회수해 경제는 더욱 깊은 수렁에 빠지고 만다. 정부가 말한 방향으로 더 가속도가 붙어 진행된다. 이때 정부는 사실을 완곡하게 표현하거나 기초는 튼튼하다고 말해서 행위자들이 한쪽으로 쏠리는 것을 막으려고 한다. 그러나 때로는 사태를 진정시키기 위해 실제와 반대로 힘주어 말하곤 하는데 이런 경우 정부를 믿었던 행위자들은 가장 큰 손실을 입게 된다. 분명히 거짓인지 알면서도 정부 자체가 위기에 빠지면 그렇게 해야 한다. 국가의 위난시기에는 개체를 희생시켜서 집단을 구하려는 무리동물의 일면을 인간들도 유감없이 보여준다.

달러를 금에 고정한다는 약속이 파기된 것은 달러를 무역의 기축통화로 삼을 때부터 예견된 일이기도 하다. 그러나 미국의 중앙은행, 재무부 관료를 비롯한 많은 엘리트들은 금 1온스에 35달러를 지키기 위해 분투해야 했다.[117] 1960년 금 사재기 때문에 민간 시장에서 금값이 40달러에 육박하자 미국은 대책을 강구해야 했다. 1961년 미국과 경제 강국들은 런던 금풀 London Gold Pool 을 운영했다. 이것은 정부들의 금값 담합기구였다. 민간 시장에서 금값이 오르면 금을 내다 팔고 금값이 내리면 금을 되사는 식으로 금 가격 유지를 위한 작전세력을 조직한 셈이다. 그러나 1965년 이후로 국제 금값은 기준치를 넘어설 때가 많아서 금풀은 주로 금을 팔아야 했다. 이렇게 1온스당 35달러라는 금 가격이 저평가되었다는 사실이 점점 명확해졌다.[152]

1960년 달러의 위기가 시작되자 지정학적 정책과 경제 정책이 상충하기 시작했다. 같은 해에 아이젠하워 대통령은 재무장관과 국무부 차관을 서독으로 파견했다. 미국으로서는 처음으로 방위비 분담금을 요청하기 위해서였다. 외국에 주둔한 미군의 지출비용 일부를 해당 국가가 부담토록 해서 달러 유출을 조금이라도 막겠다는 발상이었다.[153] 이 제안은 독일에 의해 거절당했지만 이 구상은 이후 차차 실현되었다. 미국이 안보방어 약속을 이행하는 대신 달러를 요구하는 모습은 아무리 포장해도 미국과 동맹과의 관계를 저급해 보이게 하고 있다.

미국의 방코르, SDR의 등장

언젠가는 파기될 수밖에 없는 약속이지만 그때마다 정부는 최선을 다해 약속을 지키려는 모습을 보여주기 마련이다. 특히 SDR Special Drawing Rights(특별인출권) 창설을 발표하는 등 미국은 달러를 의심하는 동맹들을 안심시키기 위해 많은 노력을 기울였다. 미국은 SDR을 통해 케인스의 방코르를 부활시켰다.

금에 매이지 않는 달러에 자국의 준비자산을 의탁하는 것을 너무나 불안해하던 각국 정부를 달래기 위해 미국은 자신들이 거절한 바 있었던 케인스의 아이디어를 빌려와야 했다. 당시 국제무역에 쓰일 유동성이 부족했는데 그 이유는 금이 부족했기 때문이었다. 그런데 달러를 공급하면 미국의 국제수지가 악화되고, 그 결과 국제교역 참가국들은 달러를 믿을 수 없게 된다. 이것이 바로 그 유명한 트리핀의 딜레마[118]다. 트리핀은 금을 보완할 국제통화체제를 만들어야 한다고 생각했다. 그것도 달러처럼 어느 나라의 무역적자에 의지하지 않고 국제협약에 따라 유동성을 공급하는 방식이어야 했다. 그래서 나온 게 SDR이다.

즉, 국제교역 참가국들은 미국의 달러가 아닌 IMF가 만든 특별장부를 사용해 금 부족에서 오는 유동성 문제를 해결하고자 했다. 특별인출권이라고 불리는 SDR은 케인스의 방코르와 닮았다. 특히 실물로 거래되지 않고 장부상 숫자로 존재하면서 청산될 때 사용된다는 점이 그렇다. SDR은 국가들 간의 부채 청산에 사용할 수 있는 장부인데 무역흑자와 무역적자를 완충해주는 일종의 완충 역할을 한다. SDR은 장부상으로만 존재하기 때문에 형태도 없고 보관하는 금고도 없다. 여러 나라의 통화로 바스켓을 구성하고 그 바스켓을 근거로 발행된다. 국가들은 SDR을 빌리거나 빌려줄 수 있다. 무역적자와 무역흑자를 SDR로 축적하고 정산하는 시스템이다. SDR을 이용해서 무역적자를 변제하려는 회원국이 있으면 IMF가 무역흑자국을 지정해서 SDR을 인수하고 흑자국의 준비자산을 희망국가에 인출하도록 한다. SDR은 금이나 달러처럼 누구나 보유하고 싶어 하지는 않기 때문에 IMF는 이를 인수하도록 강제성을 부여한다.[154]

아무튼 미국으로서는 나름 양보를 한 모양새다. 미국은 자국 내 필요에 따라 달러를 마음대로 찍어내면서도 달러가 금에 기초한다는 허구를 동맹들이 더 이상 믿지 않자 부족한 금 대신 좀 더 유연한 규칙인 SDR을 만들어 스스로 그 규칙에 매이겠다고 선언했다. 프랑스도 마지못해 이를 따라올 정도로 미국의 무역흑자국들로서는 대안이 없었다.

일본에서는 SDR에 대한 논의가 대체로 수용적이었다. 그 이유는 크게 두 가지였는데 우선 SDR이 워낙 기술적인 내용이라 이해하는 이들이 적었다.[119] 또 하나는 미국의 눈치를 보느라 금을 보유하지 않은 일본으로서는 달러보다는 국제적인 시스템에 의해 미국의 달러 발권력을 제약하는 쪽에 희망을 걸 수밖에 없었다.[155]

SDR은 국제 통화량의 기준점을 (미국 마음대로 하는 대신) 주요 나라와 함께 만들어 운영하자는 제안이었다. SDR은 회원국들의 기대만큼 엄격하게 통제되지는 않았지만 그렇다고 너무 느슨하게 관리되는 편도 아니라는 평가를 받았다.[156] 그러나 SDR이라는 규칙이 미국을 비롯해 중요한 국가들을 구속할 수 있는 것은 아니다. 무엇보다 IMF가 미국이나 중국과 같이 힘을 가진 주권국가에 규칙을 강제할 힘을 가지고 있지 않기 때문이다.

비트코인과 이더리움의 중립성

비트코인BTC을 화폐나 코드로 보기 이전에 하나의 규칙으로 볼 수도 있다. 비트코인은 인류가 최초로 만들어낸 중립적인 규칙이다. 중립적인 규칙이 되기 위해서는 우선 절대권력자가 고칠 수 없게 기록되어야 한다. 만약 권력이 고칠 수 없는 방식으로 계약이나 장부를 기록한다면 어떻게 될까? 절대권력이 마음대로 할 수 없는 재산권을 만들 수 있고 그 재산권으로 누구와도 거래를 할 수 있다. 즉, 고칠 수 없는 기록은 오랫동안 인류가 꿈꿔왔던 것이다.

이란의 비소툰산에는 페르시아 다리우스 황제가 반란을 진압한 내용이 그림으로 새겨져 있다. 산의 한 면이 수직 절벽인데 거기에 황제 자신의 모습이 크게 새겨져 있고, 자신에게 반기를 들었던 여러 민족의 수장들이 포승줄에 묶여 있는 모습이 그려져 있다. 그 옆에는 건국과 관련한 역사를 여러 언어로 새겨 넣었다. 이 기념비는 황제의 권위를 통해서 제국의 권역을 표시하고 있는 일종의 땅문서이기도 한 셈이다. 부조할 때는 받침이 있었겠지만 부조가 완성되고 나서는 흙과 바위를 모두 치워 누구도 접근할 수 없게 만들었다.

아무도 고치지 못하게 하는 것보다 더 중요한 것은 아무도 고치지 못했다는 것을 믿게 만드는 것이다. 그러려면 황제 자신도 고칠 수 없어야 한다. 그런데 일반인이 아닌 절대권을 휘두르는 황제로서는 이런 믿음을 보장할 묘책이 별로 없다. 권력이 있으면 무엇이든지 할 수 있기 때문이다. 선대 황제가 절대 고치지 말라고 바위에 새긴 법조항을 후대의 황제들이 얼마든지 변경할 수 있다. 인류가 만든 신뢰시스템은 대체로 거대한 권력에 의지할 수밖에 없다. 신뢰를 파고들어 가다 보면 결국 정부에 대한 신뢰가 나온다. 정부를 믿을 수 있기 때문에 법원 등기소를 믿을 수 있다. 하지만 원하는 때에 규칙을 바꿀 수 있는 정부로서는 "이번만은 절대로 규칙을 바꾸지 않겠다"라는 약속을 믿게 만들 방법이 없다.

그런데 정부를 신뢰하지 않더라도 비트코인에 새겨진 기록은 그 진실성을 믿을 수 있다. 블록체인의 분산성과 시간개념 때문이다. 비트코인의 거래기록은 수많은 노드에 동시에 입력돼 저장되며, 동시에 모든 노드의 기록을 바꾸지 않는 한 바꿀 수 없다. 이것이 분산성이다.

한편, 비트코인 블록은 시간순으로 생성되어 이어진다. 이 순서가 뒤바뀔 수 없다는 사실에서 시간개념이 나온다. 앞선 블록의 거래기록을 바꾸려면 뒤의 모든 블록을 바꾸어야 하는데, 어느 수준을 넘어서면 계산에 동원되는 에너지가 천문학적 수치가 되어버린다. 모순 없이 변경하는 것이 불가능에 가까워진다는 말이다. 설사 누군가 채굴파워를 모두 장악한다고 해도 몇 시간 이전의 기록까지는 고칠 수는 없다.

만약 비트코인에 졸업증명서를 새겨 넣으면 어떤 일이 벌어질까? 대학이 졸업증명서를 보관하는 서버를 따로 두지 않아도 되고, 해커가 대학의 서버에 접근해서 누군가의 기록을 없애거나 누군가의 기록을 추가할 수 없다. 또한 비트코인 지갑으로 전달된 졸업증명서가 진본이라는 것을 믿을 수 있다. 비트코인에 계약서를 새겨 넣으면 계약을 공증받을 필요가 없다. 계약이 입력된 시간에 계약서에 적힌 대로 계약을 했다는 사실 자체는 누구도 부인할 수 없다.

비트코인의 중립성 때문에 변제의 최종성이 성립된다. 국가들 간의 수준에서도 변제의 최종성을 가지려면 어느 권위체도 행위를 판단하지 않아야 한다. 그래서 해적들이 좋아하는 돈이 진짜 돈이라는 말이 가능하다. 해적들이 좋아하는 돈이 되려면 어느 국가도 그 돈의 지불을 놓고 옳고 그름을 판단해서 취소할 생각을 하지 못해야 한다. 바로 중립성을 가진 돈이다. 이런 돈은 사기를 당한 돈이거나 다른 부정의가 있거나 심지어 착오였다고 하더라도 송금을 돌이키지 않는 돈이다. 문제 해결은 금융시스템 바깥에서 법 절차에 따르도록 한다. 이를 뒷받침하려면 인위적인 제도(법)가 필요하다. 비트코인은 폭력이나 법에 의지하지 않고도 변제의 최종성을 지킨다. 그 이유는 비트코인이 중립적인 규칙이기 때문이다.

미국 정부는 블록체인이 가지고 있는 변제의 최종성이 북한과 같은 테러후원국들에 의해서 악용되기 때문에 미국정부가 적극적으로 개입해야 한다는 입장이다. 2022년 8월, 미국 재무부 해외자산통제국OFAC은 토네이도 캐시Tornado Cash를 제재 대상으로 지정했다. 토네이도 캐시는 이더리움 기반의 암호화폐 믹서다. 믹서를 거치면 암호화폐의 송신과 수신인을 추적하는 데 어려움을 겪는다. 북한의 해킹 그룹 라자루스Lazarus를 포함한 악의적인 행위자들이 토네이도 캐시의 익명화 능력을 활용해서 자금 세탁에 사용하고 있다는 것이 제재의 이유이다. 2019년 설립된 이후, 라자루스가 탈취한 수억달러 상당의 암호화폐를 세탁하는 데 사용된 것으로 알려졌다. 미국 법무부는 '토네이도 캐시Tornado Cash'의 공동 창업자 두 명을 기소했다. 이들은 로만 스톰Roman Storm과 로만 세메노프Roman Semenov로, 자금 세탁과 제재 위반 공모, 무허가 송금 사업 운영 등의 혐의를 받고 있다.

2024년 11월, 미국 제5순회 항소법원은 재무부의 이러한 제재가 위법하다고 판결했다. 법원은 토네이도 캐시의 스마트 컨트랙트가 누구의 소유도 아니며, 변경이나 삭제가 불가능한 코드이기 때문에 '재산'으로 간주될 수 없다고 판단했다. 세 명의 판사가 구성된 합의체는 판결 의견에서 재무부가 "재산"에 대해 조치를 취할 권한이 있지만, 토네이도 캐시의 스마트계약은 불변성이 있어 통제하거나 소유할 수 없으므로 국제 긴급 경제 권한 법IEEPA에 따라 재산으로 간주되지 않는다고 지적했다. 암호화폐 시장분석 업체인 10X리서치는 이번 판결이 프로그래머들이 제재에 대한 두려움 없이 스마트 계약을 개발할 수 있는 선례를 마련했다고 평가했다.

스마트계약이란 변경할 수 없는 블록체인에 계약을 새겨 넣는 수준을 넘어서 그 계약이 부여한 조건에 따라 자동으로 실행되는 것을 의미한다. 이 역시 법원과 제3자의 도움을 거치지 않아야 하는데, 그 기구들에 의지하면 그에 의해 결국 계약의 중립성이 훼손될 수 있기 때문이다.

토네이도 캐시의 규제와 판결을 둘러싼 논란에서도 확인할 수 있듯 이 '이더리움같이 탈중앙화된 블록체인에서 작동하는 스마트 계약을 규제할 수 있는가?'는 스마트 계약이라는 개념의 등장 이후로 계속 논란이 되고 있다. 만약 누군가 요인암살을 놓고 내기를 하는 스마트 계약을 만들어서 유포했다면 이 스마트 계약의 프로그래머를 기소할 수 있을까? 타인의 목숨을 놓고 보험계약을 만드는 것은 일반적인 도덕감정에 어긋나기 때문에 규제와 제재는 정당하다. 그러나 이 보험계약을 만들어서 파는 주체가 없다면 마땅히 규제할 대상이 없다. 토네이도 캐시의 경우도 이 문제에 해당한다. 토네이도 캐시 자체가 프로토콜일 뿐이라서 어떤 프로토콜이 범죄에 활용되었다고 해서 프로토콜의 개발자를 제재하는 것은 자동차가 범죄에 사용되었다고 해서 자동차 제작자나 엔지니어를 규제하는 것과 비슷하기 때문이다.

스마트계약은 중립성에 기반한 계약의 확산을 촉진할 것으로 기대를 모은다. 스마트계약은 2014년 이더리움ETH 론칭을 전후해서 널리 확산됐다. 하지만 이더리움은 출범 직후 스스로 중립성을 훼손하는 결정을 내린 적이 있다. 코드의 허점을 이용한 공격들이 있었는데 2016년의 더 다오The DAO 해킹 피해는 감당하지 못할 정도로 치명적이어서 이더리움 재단이 나서서 '없었던 일'로 되돌려야만 했다.

이더리움을 기반으로 하는 벤처 자본인 더다오는 약 1억 6,800만달러를 투자받는 데 성공했다. 이는 2016년 6월 당시 기준으로 이더리움 발행 총량의 15% 정도에 이르렀다. 그런데 해킹으로 인해 더다오 토큰의 1/3이 해커의 수중에 들어가게 됐다. 해킹된 이더리움은 당시 가치로 5,000만달러어치에 이르렀다. 해킹은 이더리움 자체의 문제가 아니라 더다오의 애플리케이션 코드에 있는 흠 때문에 일어난 일이었다.

해킹이 발생하자 이더리움 재단은 재빠르게 움직였다. 2016년 7월 이더리움의 하드포크에 관한 투표가 이루어졌다. 재단은 피해자를 구제하고 해커의 토큰을 무효화하기 위해 하드포크하기로 결정했다. 당연히 이 결정에 승복하지 않는 이들도 있었다. 그들은 해킹을 없었던 것으로 하고자 하는 이더리움 재단의 결정이 '코드가 법이다'라는 스마트계약의 원칙 위반이라고 생각했다. 즉, 재단 스스로 이더리움의 중립성을 훼손했다고 여긴 것이다.

해커는 코드의 결함을 찾아냈다. 코드가 법이라면 해커는 법을 어긴 것이 아니라 법을 이용해 이익을 얻은 셈이다. 일단 구동된 이후에는 코드가 절대적인 규칙이어야 한다는 스마트계약의 원칙을 중시하는 이들에게는 코드를 활용해 이익을 취한 해커의 행위조차도 게임의 규칙을 따랐기 때문에 정당하다고 할 수 있다. 이런 경우 중립적인 시스템은 선악의 판단을 보류해야 한다. 중립성을 지키지 못하면 향후 발생할지 모르는 많은 문제에 끌려들어가 계속해서 개입해야만 한다. 이더리움 클래식ETC은 하드포크를 거부하고 잔류한 세력들에 의해 독립되어 지금까지 존속하고 있다.

해킹을 되돌리기 위한 이더리움 재단의 가치판단과 선택은 잘못된 신호를 발산했다. 전능하면서도 선한 시스템 바깥의 존재가 필요하다면 코드를 정지시키고 잘못된 행위를 바로잡기 위해 개입하는 것이 가능하다는 것을 보여준 셈이다. 비트코인과 이더리움 모두 코드에 의한 중립적인 규칙을 활용하려는 프로젝트로 시작했으나 중립성에 대한 해석에 있어서 비트코인 측이 확실히 더 엄격하다는 차이가 있다. (출처: 비트코인, 지혜의 족보, 오태민)

31
'달러화 부족 이론'이라는 영구기관[120]

모든 나라는 언제나 달러가 부족하다는 전제

시내에 폭설이 내렸을 때, 자기 가게 앞의 눈을 쓸면 자기 가게에 오는 손님들만 도움을 받는 게 아니라 이웃 매장을 이용하는 손님들이나 길을 걷는 행인들 모두에게도 이익이다. 이를 경제학자들은 긍정적인 외부효과라고 한다. 일반적으로 질서의 유지는 긍정적인 외부효과[121]를 발생시킨다. 그런데 외부효과는 '누가 비용을 부담하는가'라는 집합행동의 문제를 야기한다. 질서를 유지하는 비용을 부담하는 이들만이 혜택을 입는 것은 아니어서, 질서와 평화 때문에 가능해진 여러 활동의 혜택(평화배당)이 모두에게 돌아가지만 질서를 유지하는 부담은 1/n이 아니다.[157] 제국주의 이후의 미국 주도 세계체제에 밀어닥친 문제도 바로 평화배당과 질서분담의 불균형이었다.

처음에는 이것이 심각한 문제가 되리라고 아무도 예측하지 못했다. 돌이켜보면 황당하지만 당시 경제학자들은 마치 영구동력 같은 시스템을 생각했었다. 처음에만 인위적으로 노력을 가하면 저절로 질서유지와 경제번영의 선순환이 만들어질 거라고 여겼다. 어쩌면 미국의 탈제국주의 국제체제는 애초에 잘못된 경제학에 기초했던 것인지 모른다. 그게 아니라면 이상주의에 대한 열망이 낳은 망상에 가까운 낙관의 산물이라고도 할 수 있겠다. 경제학이 수학을 즐겨 사용한다고 해서 수학처럼 연역적으로 미래를 예측할 수 있는 학문은 아니다. 그 예시가 바로 전쟁 이후 한동안 경제학자들이 '달러화 부족 dollar shortage 이론'이라는 틀린 가설을 신뢰했다는 사실이다.

　전쟁 직후 미국의 당국자들은 동맹들이 달러화 부족에 시달린다는 전제에서 정책을 추진했다. 실제로 1950년대까지 서유럽은 달러 부족 현상에 시달렸다.[122] 각국 통화를 달러로 바꾸는 데 어려움이 있어서 미국의 양해 아래 유럽 국가들은 서로 달러결제를 장부로 대신하는 체제를 운영했다.[123] 미국은 마셜플랜[124]과 해외주둔 군사비 지출로 달러를 국외로 유출해서 서유럽을 비롯하여 미군이 있는 곳에 뿌렸다. 1950년대에만 약 248억달러가 군사비로 해외에 지출되었다. 무상공여 grant 와 차관 loan 의 규모는 300억달러에 달했다. 여기에 더해 미국인들의 해외여행 비용을 포함한 서비스 지출로 25억달러, 해외 직접투자 FDI 용도로 112억달러가 미국으로부터 빠져나갔다. 이렇게 나간 달러는 다시 미국으로 재순환되었다. 그도 그럴 것이 당시 미제 made in USA 말고는 쓸 만한 물건이 없었다. 미국의 무역흑자는 113억달러였고 과거로부터 누적된 해외직접투자 FDI 의 이익은 100억달러였다. 미국이 달러를 쓸수록 유럽은 유동성 부족에서 벗어날 수 있었고 미국은 자금의 대외공여에서는 적자를 기록하는 대신, 무역이나 직접투자 수익에서 흑자를 기록함으

로써 전체적으로 균형을 유지했다.[158]

　2차 세계대진 후 미국은 깅대국 중에서 유일하게 힘을 보존하고 있었다. 자원이 많고 설비가 온전했기에 생산성에서 경쟁국을 압도했고 이런 형세가 역전되기는 어렵다고 보았다. 미국의 수출경쟁력 때문에 다른 나라는 미국에 수출해서 달러를 언기는 어려웠다. 실제로 미국에 수출해서 얻은 달러는 미국으로부터 설비를 구입해오느라 바로 소진되곤 했다. 미국 이외의 국가는 미국에 대해 무역적자 상태였기 때문에 미국으로부터 받는 공적원조나 미국인들의 해외 투자가 아니면 장기적으로 쓸 달러를 얻기 어려웠다. 이런 원조와 투자는 동맹국들을 묶어두기 위한 미국의 정책적 선택지였으며 미국이 원조와 투자를 하면 할수록 동맹국들 사이에서 미국의 리더십은 확고해졌다. 그리고 원조로 나간 달러는 다시 미국으로 돌아와 순환되어서 미국의 일자리를 늘려주었다. 동맹들로서는 귀하게 얻은 달러로 경쟁력이 높은 미국의 상품을 구입해야 했기 때문이다. 미국은 달러 부족을 완화하기 위해서라도 외국으로부터 수입을 늘려야 하고 그럴수록 미국인들의 복지는 증가한다. 외국인들이 달러를 많이 보유하면 할수록 미국은 수출을 늘릴 수 있으므로 일자리를 창출할 수 있었다. 미국에게 있어 수입의 증가는 악덕이 아니라 미덕이었다. 마치 케인스주의 경제학자들에게 소비가 미덕인 것처럼 말이다.

　미국의 엘리트들은 당시 유행하던 달러화 부족 이론에 따라 미국이 수입을 늘리는 현상을 문제로 인식하지 않았다. 나중에 재무부 수장으로서 그리고 연준의장으로 미국의 적자누적에 따른 달러위기를 관리해야만 했던 폴 볼커 역시 1950년대에는 미국에 '국제수지 균형이라는 문

제가 존재하지 않는다'고 생각했다고 한다.[159]

　지적인 사람들이 반복해서 빠져드는 오류가 하나 있다. 자신이 영구기관을 만들었다고 믿는 것이다. 실제로 과학기술분야에서는 잊을 만하면 자신이 영구기관을 만들었다는 주장이 나오곤 한다. 영구기관이란 외부에서 에너지를 공급받지 않고도 영구적으로 일을 할 수 있는 가상의 기계다. 이는 물리학의 기본 법칙인 에너지 보존 법칙과 열역학 제2법칙을 위반하는 개념으로, 실제로는 존재할 수 없다. 그럼에도 불구하고, 과학자와 발명가들은 종종 독창적인 설계나 새로운 기술을 통해 영구기관을 실현할 수 있다고 주장해왔다. 하지만 이러한 시도들은 대부분 실험적 오류, 계산 착오, 혹은 자연법칙에 대한 오해에서 비롯된 것이다.

　자연과학의 세계처럼 진위판별이 명확하지는 않지만 영구기관과 비슷한 사고의 오류가 경제, 사회, 정치 시스템에서도 자주 나타난다. 달러화 부족 이론도 그러한 오류 중 하나였다. 마찰이 존재하는 현실에서 영구기관의 성립은 불가능하다. 달러부족이론에 따르면 미국은 외국에 달러를 유포하면 할수록 일자리도 늘어나고 나라도 부강해지고 국제사회에서 위신도 올라간다. 그러나 현실에서 일어난 일은 미국 수출경쟁력의 약화, 일자리 유출, 미국 달러에 대한 신뢰 감소, 미국의 임시방편적인 국제규약 번복과 미국 위신의 저하, 국제체제에 대한 불신 증폭, 미국 국민들의 피로누적, 수정주의(전복주의)의 대두, 미국의 고립주의 발흥, 세계질서의 불안정이었다.

32
일대일로, 시진핑의 영구기관

미국적 질서에서 벗어나고 싶었던 중국

패권을 소유한 국가가 경제와 패권의 선순환이라는 영구기관을 믿는 것은 일반적인 현상일 수도 있다. 주도권을 쥔 사람은 자신의 권력이 자신의 눈을 가린다는 사실을 망각하기 쉽다. 주도권을 잡은 사람은 자신의 힘을 과신하므로 현실적인 변수를 무시하고 미래를 낙관하는 경향이 있다. '일대일로BRI: One Belt One Road Initiative'가 바로 시진핑 주석이 꿈꾸는 중국의 영구기관이라고 할 수 있다.

2008년 미국 월가의 위기 이후, 중국은 미국식 질서에 계속 편승하는 것에 대해 의구심을 가질 만했다. 몸을 낮추고 때를 기다리기에는 중국에 부과된 짐이 무겁게 다가왔다. 방만한 미국인들이 만든 글로벌 위기 때문에 중국은 미국 국채를 계속 사주면서 미국을 부축해야 했고 미국적 질서에 순응해야 했다. 중국으로서는 세계경제가 가라앉지 않도록 하는 부담은 지면서도 그 부담이 고스란히 미국의 패권을 지속시키는 쪽으로 악용되는 꼴을 지켜봐야 했다. 2008년 금융위기 당시 세계에서 중국 경제가 가장 활기찼기 때문에 세계인들이 중국을 구원투수로 여기며 반겼지만 중국으로서는 부당하기 짝이 없는 구조 속에 스스로 갇혔다고 생각할 만도 했다. 중국의 힘으로 미국의 패권을 지탱해주는 꼴이었기 때문이다.

미국과 유럽 소비시장이 위축되고 있었으나 중국은 생산을 멈추지 않았다. 당연히 과잉생산의 문제가 생겼다. 미국과 유럽에서 도시를 새로 건설하는 수준의 부동산 개발과 고속철도망과 같은 SOC처럼 굵직한 사업조차 중국의 과잉 생산량을 모두 흡수할 수 없었다. 따라서 중국으로서는 새로운 시장을 개척하면서도 중국의 외화자본을 미국의 국채를 매입하는 대신에 수지타산이 좋은 사업에 투자할 다른 길을 모색해야만 했다.

21세기형 실크로드, 일대일로

중국은 천재적인 발상을 생각해냈다. 그것은 지정학적 문제와 함께 과잉생산과 잉여자본투자를 모두 해결할 수 있는 묘안이었다. 중국의 돈과 기술로 중국의 패권을 확장하는 그야말로 '하늘이 준 기회'가 온 것이다.

중국은 서쪽 루트를 대대적으로 개발하기로 했다. 중동과 유럽까지 에너지, 식량, 자원, 상품 운송로를 확보하면 인도양과 말라카 해협을 장악한 미국의 해양 봉쇄로부터 자유로울 수 있게 된다.

여기서 덩샤오핑이 떨리는 손으로 소련의 엉덩이를 만진 일화를 다시 떠올릴 필요가 있다(132쪽 참고). 소련이 동남아시아를 모두 장악해 말라카 해협을 손아귀에 쥐는 순간 중국은 서쪽으로 가는 길을 소련에

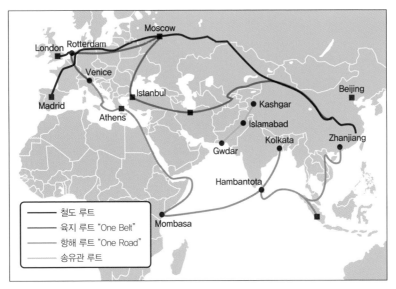

중국의 일대일로 계획

모두 차단당하고 만다. 그렇게 되면 소련의 패권에 굴복하는 수밖에 없
다. 서쪽으로 가는 길을 확보하는 것은 중국 지도자들에게는 필요나 불
필요의 문제이기 이전에 본능적인 생존감각일 수도 있다. 게다가 사실
서쪽 루트 자체가 완전히 새로운 발상도 아니었다. 한나라와 당나라를
로마와 연결했던 대상들의 길인 실크로드가 있었기 때문이다. 바로 '실
크로드의 21세기적 복원'이라는 낭만적인 브랜딩만으로도 중국은 국내
외의 많은 이들을 설득할 수 있었다. 수천년 전에 했던 일을 오늘날 중
국이 하지 못할 리가 없다는 논리는 중독성이 강했다.

파키스탄, 카자흐스탄과 아프리카 및 남아메리카의 주요 국가들은
중국의 넘쳐나는 외화자본을 융자받아 철도와 항만, 도로와 발전소를
건설하기로 했다. 그리고 이 사업에는 중국의 기업과 근로자들이 파견

되었다. 이로써 중국은 과잉생산 덕에 넘쳐나는 철근, 알루미늄과 시멘트를 쏟아부을 시장이 생겼고[160] 중국 기업들의 영역이 확대되었으며 근로자들의 일자리가 생겼다.

중국의 투자를 받는 나라는 경제가 발전하니 중국의 변경국가들을 중국 쪽으로 끌어들일 수도 있다. 친중적인 정치세력이 집권하는 동안 과감하게 투자하면 경기가 살아나므로 이들 세력이 장기집권하도록 도울 수 있다. 또한 중국의 자본에는 높은 이자가 붙기 때문에 중국자본은 더욱 커지게 되고 이렇게 번 돈을 또다시 프로젝트 확장에 투입할 수 있다. 그야말로 자본과 기술과 사회간접시설의 건설로 일구는 중국패권의 무한확장이라고 할 수 있다.

자금 조달에 어려움을 겪는 저소득국가에 대한 지원을 중국이 대신한 지는 꽤 되었다. 특히 자원개발을 목표로 중국은 2000년대에 들어서서 아프리카에 대한 투자를 주도했다. 세계은행 자료에 따르면 미국, 프랑스, 독일, 일본, 한국 등 '파리클럽'(채권국 비공식 그룹)의 모든 회원국을 합친 것보다 중국이 저소득국가에 빌려준 자금 규모가 더 크다.[161] 중국이 일대일로 정책을 추진하면서 이 현상은 더욱 가속화되고 있다.

일대일로의 현실, 일대일로의 속셈

미국의 〈월스트리트저널〉은 2023년 1월 20일 "중국의 글로벌 프로젝트들이 붕괴하고 있다"라는 자극적인 제목으로 장문의 탐사보도를 실었다.[162] 보도는 중국이 중남미의 에콰도르에 건설한 수력발전소 댐에 균열이 생겨 위험수준에 도달했다는 이야기로 시작한다. 이 댐은 일대일로의 일환으로 중국이 빌려준 돈을 바탕으로 중국의 기술로 중국의 근로자들이 건설했다. 그러나 부실공사로 의심되는 정황이 발견되었고 프로젝트를 진행한 전 정부 인사들이 뇌물혐의로 조사를 받고 있거나 기소되었다.[125] 화산지대에 댐을 세울 때, 주변환경에 대한 영향평가를 제대로 하지 않아서 산이 침식되었고 결국 산사태가 일어나기도 했다. 몇 채의 가옥이 휩쓸려 내려간 산사태가 자연적인 현상인지 댐과 관련 있는 것인지를 두고 과학적인 논쟁이 진행되고 있으나, 중국의 자본과 중국의 기술, 그리고 중국인 근로자들에 의해서 추진되고 건설된 거대한 프로젝트들이 부실논란에 휩싸인 것이 에콰도르의 댐만이 아니라는 것이 문제라고 보도에서는 지적했다.

시진핑 주석이 생각한 과잉생산물과 잉여자본을 활용한 패권확장이라는 영구동력에 현실적인 문제가 있었던 셈이다. 그 문제는 바로 중국이 투자하는 국가들이 안정된 사회와는 거리가 멀다는 사실이다. 당장 중국자본이 들어오면 경기가 진작되지만 정권유지와 정치적 측근들의 배를 불려주는 것이 목표이기도 한 부패한 정부에서는 중국으로부터 끌어오는 자금의 상당부분을 개인적으로 착복한다. 그렇게 시작한 공사는 당연히 부실할 수밖에 없다. 정권이라도 바뀌면 전 정권 인사들을 부패와 연결해서 감옥에 보내야 하기 때문에 중국에서 들어온 자본과 거대한 프로젝트에서 오점을 찾기 위해 혈안이 된다. 게다가 중국의 융자는 국제자본시장보다 이자율이 높아 생산적으로 쓰이지 못한 차관을 갚을 능력이 있을 리 만무하다. 따라서 부채의 늪에 빠진 정부는 중국에 시설을 넘겨줄 수밖에 없고, 중국은 자신들이 지어준 항만이나 철도를 수십 년에서 100년까지 전용한다.

중국에게 지정학적으로 중요한 요충지에 있는 나라들에 일부러 감당하지 못할 돈을 빌려주고 정치가와 관료에게 뇌물을 먹여 정치적 약점을 잡은 다음, 궁극적으로는 영토의 일부를 장악하는 것이 원래의 목표였다는 '부채의 덫debt trap' 음모론이 확산되고 있다.[126] 이런 음모론의 사실여부를 떠나 중국이 진출한 국가에서는 반중정서가 높아지고 건설업무를 위해 현지에 파견된 중국인들이 테러에 노출되고 있다. 중국 입장에서는 돈을 빌려주고 거대한 시설을 지어주면서 반중정서를 키우는 꼴이 되었다.

일대일로 프로젝트는 가마솥과 같은 유라시아 지정학에서 유라시아 심장부heartland를 향해 중국의 영향력을 확대하기 위해 추진되었다. 사실, 단순한 영향력이 아니라 유사시에 미국과 미국의 동맹국들의 방해를 뚫고 에너지와 상품을 운송하기 위해 추진되었다고 해도 과언이 아니다. 그러나 유라시아라는 거대한 땅덩어리의 전통적 지정학은 단 하나의 강대국을 용납하지 않는다. 어떤 나라가 국경 밖으로 영향력을 떨치면 멀리 붙어 있는 다른 강대국들을 긴장시킨다.[163] 중국의 부상은 인도와 러시아의 질투를 불러일으킬 수밖에 없다. 처음에는 중국의 자본을 끌어들였던 나라들조차 중국의 영향력을 거부할 수 있는 데다, 다른 강대국들도 자신들의 환심을 사려고 접근하는 모습을 볼수록 중국에 대해 독립적인 지위를 유지하는 것이 더 유리하다는 걸 깨닫는다.

다른 강대국들은 원래 이 지역에 이해관계를 가지고 있었던 전통적인 강대국일 수도 있고 그렇지 않더라도 단순히 중국의 확장을 견제하려고 중국이 정성을 쏟는 지역에 새롭게 관심을 갖게 될 수도 있다. 어느 쪽이든 중국이 작은 나라들을 포섭하는 비용은 늘어나고 자신들에 반대하는 세력들도 커진다. 즉, 자신의 영향력을 추구할수록 더 큰 적대

세력에 직면하는 악순환에 빠져드는 것이다.[164]

패권의 확장이나 유지에도 무한영구기관 같은 것은 없다는 사실을 미국과 중국은 각각 다른 시기에 다른 방식으로 깨닫고 있는 셈이다. 더구나 중국은 미국의 패권유지 방식의 귀결을 알고 그런 방식이 어리석다고 힐난하면서도 '밑 빠진 독과 같은 늪'에 스스로 빨려들어가는 모습이라 더욱 흥미롭다. 어쩌면 패권의 영구기관을 믿는 것이야말로 패권에 중독된 제국이 스스로 빠져드는 치명적인 함정일 수 있다.

33
미국 국채, 세계체제의 비용지불

달러 수요는 과연 무한정한가?

미국이 주도한 불완전한 세계체제는 어떻게 70년이나 작동할 수 있었을까?

이상적 독재 Benevolent dictatorship라는 개념이 있다. 권위주의적 지도자가 전체 국민의 이익을 고려해서 절대 권력을 행사하는 경우다. 미국이 특권을 누리고 그 특권으로 얻은 이익을 국제체제 유지에 투입하고, 그 평화로 번영한 국가들이 세금을 내듯이 미국의 특권을 지지하며 체제유지의 비용을 떠안는다면 이상적인 독재로서 미국 주도의 세계체제가 지속될 수도 있다. 이는 패권과 평화가 상생하는 전형적인 제국주의적 순환이다. 다만, 국가들은 직접적으로 세금을 내는 대신 간접적인 방식을 사용해 이러한 구조를 모호하게 만들었는데 이는 미국 주도 탈제국주의 세계체제의 특징이다.

국제사회에서 미국이 누려온 특권은 달러체제를 바탕으로 한다. 달러에 대한 외국의 수요가 무한정하다고 전제할 때, 미국은 미 연준의 빚이기도 한 달러를 무한히 발행할 수 있다. 찍어낸 달러를 가지고 외국으로부터 자원과 용역을 값싸게 끌어올 수 있다. 외국으로 나간 달러 중 일부는 미국의 자원과 노동, 기술과 기업을 매입하기 위해 청구되는 형태로 돌아오겠지만, 달러가 무역에 사용되는 국제적 통화이기 때문에 상당부분은 미국 밖에서만 돌게 된다. 미국이 무역 상대방이 아닌 경우에도 국가들 간, 자원과 노동과 상품을 교환하기 위해 달러가 쓰인다. 달러가 외국에 넘어갈 때 미국은 수입을 통해 상품과 용역을 받지만 미국에 달러가 청구되지 않기 때문에 미국은 아무것도 지불할 필요가 없다.

이는 미국이 종이와 인쇄기만으로 외국의 부를 착취한다든가 미국 최대의 수출품은 달러라고 냉소하는 이들이 사용하는 논리다. 그러나 이 논리는 현실의 일부만을 설명하고 있다. 일단 외국의 달러 수요가 무한하다는 전제부터 잘못되었다.

미국 중앙은행이 발행한 달러가 계속 해외로 나가서 돌아오지 않는다는 것은 미국이 무역적자를 계속 쌓는다는 걸 의미한다. 그러나 미국이 무역적자를 계속 쌓기만 하면 미국에 대한 신뢰가 낮아지고 결과적으로 달러가 신뢰를 잃어버려 결국 달러 대신 다른 대체수단을 찾을 것이기 때문에 달러의 수요는 줄어든다. 1960년 예일대학 경제학 교수였던 로버트 트리핀 Robert Triffin 이 이런 내용을 주장했다고 해서 이를 '트리핀의 딜레마'라고 한다. 즉, 달러의 유동성 공급과 미국의 무역적자는 동전의 앞뒷면과 같아서 미국이 계속 신뢰를 얻으면서도 달러 유동성을 전 세계에 공급하기는 구조적으로 어렵다는 이야기다.

트리핀 딜레마를 이해하고 나면 질문이 바뀐다. 오늘날 흔들리는 세계체제를 놓고 흔히 이렇게 자문한다. 미국 주도의 세계통화금융 체제가 왜 80년밖에 작동하지 못하느냐고 말이다. 하지만 진정한 미스터리는 다음과 같다. 이렇게 불완전한 체제가 어떻게 80년이나 작동할 수 있었던 것일까? 정신분열이라고 해도 좋을 미국의 어정쩡한 제국주의가 어떻게 세계에 번영을 가져다준 것일까? 미국은 어떻게 아직도 소진되지 않았을 뿐 아니라 족탈불급 足脫不及 의 리더국가로 남아 있는 것일까? 이렇게 질문을 바꾸면 포스트 1945체제의 특징에 대해 더 많은 통찰을 얻을 수 있다.

포스트 1945체제는 국제 공조체제이기도 했다. 특히 미국에 대해 무역흑자를 내는 나라들의 협력이 꼭 필요했다. 미국 주도의 세계체제에서 서독과 일본은 산업설비를 복구했으며 번영했다. 이들의 번영은 평화와 안정만으로는 불충분했다. 미국은 자국의 거대한 시장을 개방해주었고, 이들은 미국에 대해 무역흑자를 냈으며 결과적으로 미국으로부터 일자리를 자기나라로 가져왔다. 서독과 일본은 국방력을 키우는 대신 미국의 국방력에 의존했다. 이들은 경제적 번영을 통해서 누적한 힘으로 미국의 군사력에 대항하려 하지 않았다. 이는 전체 시스템이 안정되는 데 큰 도움이 되었다. 서독과 일본은 2차 세계대전 전 때와는 달리 그 이후로는 세계패권은 물론 지역패권에도 관심을 갖지 않았다. 경제적인 관점에서는 자국을 위해 탁월한 선택이기도 했다. 군사력을 키울 필요가 없으니 넘쳐나는 자본을 산업혁신에 재투자할 수 있었다. 그러나 이런 식으로만 진행된다면 미국이 무너진다.

미국은 달러를 찍어내는 손쉬운 방식으로 외국으로부터 원자재와 상품과 용역을 끌어오고, 외국은 미국의 군사력에 의지해서 산업시설에 재투자해 경쟁력을 끌어 올린다. 무역적자와 함께 세계경찰로서 군사비를 지탱하느라 미국은 재정적자도 늘린다. 이에 미국 달러는 신뢰를 잃고 미국은 더 이상 무역적자를 늘릴 수 없게 된다. 미국의 물가는 오르고 군사비 부담은 감당할 수 없는 수준으로 치닫는다. 그렇다고 군사비 지출을 줄이면 미국에 대한 신뢰는 더 줄어들게 되므로 달러에 대해 남아 있던 수요도 사라진다. 급기야 미국은 국가부도를 피하기 위해 IMF에 구제금융을 신청한다. IMF가 요구하는 긴축 프로그램을 수용하고 연금과 사회보장을 대거 축소하느라 미국 내수 시장은 더 축소된다. 이는 트리핀 딜레마가 작동한다는 전제에서 미국과 세계가 해법을 찾지 못할 때의 시나리오로, 미국이 하나의 보통 국가로 전락한다는 스토리다.

트리핀의 딜레마가 성립하지 않는 이유, 채권 이자율

2008년 미국 월가의 위기를 보고 실제로 많은 지식인들이 이런 귀결의 전조가 발생했다고 믿었으며 미국의 보통국가화, 즉 패권의 상실을 점쳤다. 그렇다면 트리핀 딜레마는 어디에서 어긋난 것일까? 왜 미국은 아직 쇠락하지 않았으며 전 세계는 미국의 무역적자에도 불구하고 달러를 하나라도 더 얻으려고 난리를 치고 있는가?

이자율이 하나의 해답이다. 거의 대부분의 정부는 국채를 발행한다. 정부는 국방과 치안과 사회보장 지출을 해야만 하기 때문에 돈이 반드시 필요하기도 하지만 정부지출을 통해 고용을 늘리고 경기침체를 막거나 경기를 진작할 수 있기 때문에 일부러 지출하기도 한다.[127] 이때 정부지출을 위해 세금을 걷기보다는 국채를 발행해 모은 돈으로 지출하는 편이 여러 가지로 이롭다. 만약 국채 이자율이 5%이고 민간의 수익률이 6%라면 정부는 세금을 거두어 민간의 수익률 6%를 기회비용으로 희생시키는 대신, 채권을 발행해서 쓰고 미래의 세수를 넓히는 편이 낫다.[165] 이런 경제적인 이유뿐만이 아니다. '세금을 올리는 정부는 인기를 잃지만 채권을 발행해서 경기를 진작하는 정부는 인기를 얻는다'는 정치공학적인 이유가 더 클 수도 있다.

정부는 개인이나 사기업과는 다르다. 정부는 화폐를 찍어내서 채권의 이자를 낼 수 있다. 이런 능력 때문에 일반적인 경우에 국가채권에는 부도가 없다. 따라서 정부가 발행하는 채권을 모든 금융자산의 기초로 삼는다. 국채 수익률[128]에 사기업의 부도 위험 프리미엄을 더해 사기업 채권의 이자가 결정된다. 채권은 미래에 원금을 갚을 때까지 매년 이자를 주겠다는 약속이다. 그런데 채권의 가격이 시장 이자율을 결정한다.

시장 이자율이 올라가면 기존에 이미 발행된 채권(낮은 이자율)을 산 사람이 손해를 입는다. 채권의 명목상 이자율은 고정되어 있기 때문이다. 반대로 시장 이자율이 내려가면 기존에 채권을 산 사람이 이기는 셈이다. 단순한 공식은 그냥 외우는 편이 도움이 될 때가 있다. 채권의 가격은 이자율과 반비례한다(이때의 이자율은 채권에 기록된 명목 이자가 아니라 시장 금리다). 이자율이 올라가면 채권가격이 떨어지고 이자율이 내려가면 채권가격이 올라간다.

이를 뒤집으면 이런 공식이 된다. 덩치가 큰 채권뭉치가 시장에서 팔리는 가격이 그 시장의 이자율을 결정한다. 채권뭉치가 액면가격에 비해 할인되어 팔리면 그 이유는 시장 이자율이 높아질 것으로 기대하기 때문이고, 채권뭉치가 액면가보다 프리미엄이 붙어서 팔리면 그 이유는 시장 이자율이 낮아질 기라고 기대하기 때문이다. 이 공식에 따르자면 정부가 채권을 비싸게 팔기 위해서는 시장 이자율이 낮아야 한다. 만약 시장에서 이자율이 높아질 것으로 기대하면 이자가 고정된 정부의 채권은 액면가에 비해서 훨씬 싸게 팔리고, 정부는 채권을 팔아도 돈이 덜 모인다. 정부는 지출에 어려움을 겪게 되며 결국 빚에 허덕이게 된다.

국민국가의 정부들은 개인이나 기업과는 차원이 다른 빚쟁이다. 정부는 빚을 내서 빚을 갚아도 뭐라고 하는 사람이 없다. 채권이 만기가 되면 새로운 채권을 발행해 미래로 이월할 수 있다. 이를 롤오버^{roll over}라고 한다. 그러나 이자율이 높으면 롤오버를 할 때 더 많은 채권을 발행해야 하고 채권의 공급이 늘어나므로 채권의 수요가 일정할 때 채권의 가격이 내려간다. 즉, 정부가 채권을 많이 발행할수록 시장의 이자율은 높아진다(채권가격이 떨어지면 이자율이 올라간다).

이제 악순환이 시작된다. 악순환에 빠진 정부는 신뢰를 잃어버린 빚쟁이와 다를 바 없다. 더 이상 채권을 추가로 발행하는 방법으로 채권의 만기를 미래로 넘길 수 없게 된다. 정부의 채권을 인수하려는 이들이 없기 때문이다. 궁지에 몰린 정부는 중앙은행에서 돈을 찍어내 채권을 인수한다. 그야말로 인쇄기를 밤낮없이 돌려 돈을 찍어내는 구조가 된다. 신뢰를 잃을 위기에 몰린 정부가 채권 이자를 갚기 위해 돈을 찍어내면 초고인플레이션으로 이어지고 사회가 붕괴하면서 세기말적 혼란으로 치닫게 된다.

채권을 발행해 채권을 갚거나 화폐를 찍어내 채권의 이자를 지불할 수 있는 것은 정부만이 누리는 특권이지만 분명히 한계가 있다. 정부가 채권을 잘못 운용하면 민간의 활력이 떨어지고 이자율이 높아져 경기침체를 유발할 수도 있다. 채권은 모든 금융자산의 기초가 되고 금융은 한 사회의 운명을 결정할 수 있기 때문에, 선거에서 클린턴 대통령을 당선시킨 수석 전략가인 제임스 카빌 James Carville 은 만약 다시 태어난다면 채권시장으로 다시 태어나고 싶다고 말하기도 했다. 모든 것을 쥐락펴락하는 게 채권시장이기 때문이다.[166]

　더 이상 부채를 청산하지 못하게 되면 정부는 외화로 표시된 채무에 대해 디폴트[129]를 선언해야 한다. 그러면 IMF 같은 국제금융기구에 구제금융을 구걸해야 한다. IMF는 구제금융을 지원하면서 조건을 다는데 일반적으로 재정흑자를 요구한다. 따라서 정부는 세금을 더 많이 걷고 지출을 줄여야 한다. 이런 긴축은 연쇄효과를 일으킨다. 민간의 가처분소득을 줄이는 셈이므로 경기가 위축되고 실업이 늘어나는 고통을 감내해야만 한다. 잘못하면 정치적 위기가 발생하고 사회가 분열될 수도 있다. 혹은 아돌프 히틀러 Adolf Hitler 와 같은 포퓰리스트 정치가가 등장해 외국에 대한 혐오감을 부추겨서 정권을 잡은 뒤, 나라 문을 닫아걸고 세계체제에서 이탈할 수도 있다. 이런 나라의 국민을 기다리는 것은 독재와 궁핍과 전쟁일 뿐이다.

트리핀 딜레마와 암호화폐

2018년 10월 미국 중앙은행인 연방준비제도 세인트루이스 지사의 연구부문을 이끄는 부회장인 경제학자 데이비드 안돌파토 David Andolfatto 는 암호화폐가 트리핀 딜레마를 풀 수 있다고 말했다.

"트리핀 딜레마는 기축통화를 발행하는 나라가 당면한 양날의 검을 잘 나타낸다. 만약 민간에서 발행하는 암호화폐가 현재 전 세계 각국의 외환 보유고에 있는 미국 달러화를 대체한다면 미국 달러화가 당면한 트리핀 딜레마는 해결될 것이다."

안돌파토가 비트코인이나 암호화폐를 옹호하는 경제학자는 아니다. 그는 암호화폐가 달러를 대체할 가능성은 없다고 대답하기도 했다. 그러나 '돈'이 가치 있는 물질이나 그런 물질에 대한 청구권이라고 생각한다면 안돌파토 같은 경제학자들의 화폐관을 참고할 필요가 있다.

돈 자체는 이론적으로는 장부에 불과하다. 신용이 풍부한 은행들 간에 환어음을 유통하면 실제로 돈은 장부상 숫자로서 계산의 기준 이외에 전혀 필요가 없다는 주장을 조금은 납득하게 된다. 즉, 달러를 회계상의 기준화폐로 쓴다는 것과 달러가 필요하다는 것은 별개의 문제다.

은행들과 대기업들은 서로 지급할 달러를 아끼기 위해 장부상으로만 변제할 수 있다. 이 경우 달러는 필요 없다. 그러나 사람들은 현찰을 좋아한다. 현찰을 사용하는 이유는 거래 상대방의 신용이 완전하지 않아서다. 거래처(A)의 거래처 (B)가 부도날 경우 장부상으로만 존재하는 부채와 자산의 고리는 끊어진다. 이때 연쇄부도의 여파를 피하기 위해서는 현찰이 필요하다. 만약 장부상 매출채권(받을 돈)을 달아놓은 상태에서 내 거래처(A)의 거래처(B)가 부도가 나면 내 거래처(A)도 부도가 날 수 있다. 그러나 거래처(A)로부터 달러를 받아 놓은 상태라면 거래처의 거래처(B)의 부도가 내게는 영향을 미치지 못한다.

그런데 신용이 부족한 현실 세상에서 현찰로서 달러를 사용하면 미국은 계속 경상수지 적자를 내야 한다. 그렇지 않으면 미국 밖의 거래에서는 현찰이 부족해지고 거래가 줄어 가난해진다(부유해질 기회를 잃게 된다). 불안정한 신용을 극복할 수 없어 충분히 합리적인 거래조차 성사되기 어렵기 때문이다. 현찰이 부족하면 신용이 확실한 거래상대하고만, 그것도 소규모로만 거래해야 하므로 거래 자체가 줄어들고 그만큼 경제적 효용도 감소한다.

안돌파토의 대답처럼 비트코인이나 암호화폐를 사용하면 미국의 경상수지가 흑자로 돌아서서 국제 무역시장에서 현찰이 부족한 사태에 대비할 수 있다. 비트코인의 가격이 변하느냐 아니냐는 다음 문제다. 환어음처럼 거래처의 거래처가 부도를 내지 않을까 염려할 필요 없이 그 즉시 변제된다는 장점(비트코인을 스마트계약의 담보물로 걸어 놓으면 상대가 조건을 충족할 때 바로 결제가 이루어진다)과 기축통화국의 경상수지 적자에 의존하지 않아도 된다는 이점이 있다. 가격의 변화는 헤징을 통해 관리 가능하다. 헤지 중개자를 관리할 합법적인 규제가 필요할 뿐이다. 가격이 요동치는 것은 정부가 비트코인에 대한 탄압을 그만두고 제도권에서 암호화폐를 인정하면 해결된다는 뜻이다.

암호화폐가 국제교역에서 달러를 대체할 경우 생기는 심각한 문제는 따로 있으며 그것이 바로 지정학적 고민거리다. 미국은 달러를 국제교역에 사용하기 때문에 일정량의 달러가 청구되지 않을 때 오히려 이점을 누리게 된다. 달러는 결국 빚인데 일정량이 청구되어 돌아오지 않으므로 그만큼 부채를 청산하지 않아도 되는 셈이다. 이 상태가 영원히 지속된다면 미국은 어느 정도 규모의 미청구 부채를 얻어 쓸 수 있는 특권을 누리는 셈이다. 또한 달러 수요가 높아서 미국은 다른 나라와 달리 외환부족에 의한 신용경색이나 국가부도에 직면할 위험이 적다. 그 덕에 미국채의 수요가 높아 미국은 낮은 이자율을 유지할 수도 있으므로 이자율에 대해 보통 국가들보다 재량범위가 훨씬 넓다.

미국은 항행의 자유를 지키고 국제법을 수호하는 세계체제의 실질적인 수호자다. 만약 많은 나라들이 달러를 준비자산으로 삼는 것이 세계체제에 대한 일종의 비용분담, 즉 미국이 글로벌 공공재 global common goods를 생산하도록 하는 세금이라면, 비트코인이나 암호화폐가 준비자산이 되어 기축통화로서 달러를 대체할 경우 미국이 다른 나라에 세계질서라는 공공재의 부담을 전가할 수단이 하나 없어진다는 것을 의미한다.

물론 달러라는 간접적인 방식 대신 안보분담금이나 질서유지 기부금 혹은 노골적으로 세금을 걷는 방법도 있다. 이런 직접적인 방법은 현재의 달러시스템보다 훨씬 더 많은 저항을 불러올 것이다.

미국에 대한 외국의 반감은 결과적으로 미국의 고립주의를 강화하게 될 것이고, 이는 세계체제라는 공공재를 생산하고 유지하는 일에서 미국이 이탈하는 움직임을 부추길 가능성이 높다.

비트코인은 미국의 이탈을 돌이킬 수 없게 만드는 요인일까? 아니면 피할 수 없게 된 국제질서 해체의 시대를 살아가야 할 개개인들에게 주어진 대비책일까?

달러와 비트코인의 관계에 대한 성찰은 이런 진지한 질문을 남긴다.

34
미국의 부채특권

위기에 대응하는 스페인과 미국의 차이

통화정책을 날카롭게 분석하기로 유명한 미국기업연구소의 존 메이킨John Makin은 미국은 부채 비용이 '너무 낮아서' 결과적으로 위기를 피할수 없다고 주장했다. 그는 미국과 스페인을 비교하며 미국이 누리는 부채특권의 이점과 그 이점 때문에 당할 위기를 아래와 같이 설명하고 있다.

"수조달러에 달하는 연방 예산 적자는 연방정부가 0.5% 이하의 이자율로 자금을 조달할 수 있기 때문에 계속해서 지속 가능해졌다. 2%의 인플레이션은 인플레이션을 조정한 부채의 실질 비용이 평균 -1.5%라는 것을 의미한다. 정부적자의 '지속 불가능' 척도인 GDP 대비 부채 비율 85~90% 이상은 분명 위험 영역을 나타내는 경고이긴 하지만 적자의 지속 가능성을 측정하기 위한 신뢰할 수 있는 지침이 아니다. 스페인과 미국은 약 80%로 GDP 대비 부채 비율이 거의 동일하지만 스페인의 부채 비율은 실제로 미국의 부채

비율보다 약간 낮고 적자가 GDP에서 차지하는 비중이 더 작다. 그러나 스페인은 악화되는 경기 침체와 30% 이상의 실업률을 감안할 때 지속 가능한 수준을 훨씬 상회하는 7% 이상의 10년 만기 채권 금리가 몰고 온 재정위기를 이미 경험해야 했다. 결국 스페인은 채권시장에 대한 실질적인 지원을 통해 유럽중앙은행에 의해 구조되어야 했다.

스페인에서는 2008년 금융위기 이후 GDP 대비 부채 비율이 40%를 약간넘는 비교적 낮은 수준임에도 불구하고 이자 비용이 급격히 증가했다. 스페인은 1999년 유로존에 가입하면서 훨씬 낮은 이자율로 돈을 빌릴 수 있게 되었고 1997년부터 2007년까지 10년 동안 빠른 성장을 경험했다. 2009년 말 그리스가 이전에 보고되지 않은 참담한 정부 재정을 폭로한 후 유로존에 위기가 닥쳤을 때 스페인을 포함해 부채가 많은 대부분의 유럽 국가에서 채권 금리가 급등했다. 위기가 계속되고 스페인이 적자를 메우기 위해 긴축을 시행할 수밖에 없었기 때문에 성장은 급격히 떨어졌고 국가의 부채 상환 능력에 대한 우려도 더 커졌다. 금리는 극적으로 상승했다.

미국 GDP 성장률은 연방 차입비용에 비해 상당히 높은 5%다. 연방정부의 평균 차입비용은 약 1.5%다.[130] 즉, GDP 대비 평균 3.5% 포인트나 낮다. 미국 정책 입안자들이 직면한 진짜 위험은 임박한 '위기'와 '지속 불가능한' 적자, 그리고 부채 축적의 외침과는 반대로 GDP 성장에 비해 매우 낮은 차입비용 덕분에 현재 수조달러 적자가 지속 가능하다는 사실이다."

(출처: "Trillion-dollar Deficits Are Sustainable for Now, Unfortunately", John H. Makin and Daniel Hanson, Financial Times, 2013.1.29.)

미국은 스페인과 달리 국가 채권의 악순환에 빠지기 어렵다. 일단 외화로 갚을 채무가 없다. 미 연준이 발행하는 달러로 갚으면 된다. 즉, 다른 나라의 정부들이 자국 기업이나 국민들에게 진 빚을 자국화폐를 발행해 갚을 수 있듯 미국은 전 세계를 대상으로 달러를 발행해 빚을 갚을 수 있다. 이는 기축통화 국가의 특권이다. 또한 미국의 국채는 수요가 높다. 지정학적으로 가장 안전한 나라이기 때문이다. 미국은 역사가 복잡한 유라시아대륙으로부터 멀찍이 떨어져 있으므로 유라시아대륙에 불행을 몰고 오는 지정학적 갈등으로부터 비켜서 있다. 서반구에서는 미국의 안전을 위협할 도전자가 없다. 그러나 여러 나라가 미국의 채권을 구입하는 데는 보이지 않는 압력도 작용한다. 세계체제 유지에 따른 부담을 공유하자는 미국의 논리에 무역흑자국들이 어느 정도 동의하기 때문이다.

서독과 일본이 미국의 채권을 사주었다. 채권은 수요가 있으면 가격이 올라간다. 채권의 가격이 높다는 것은 미국이 이자율을 높이지 않고도 재원을 마련할 수 있음을 의미한다. 이것이 스페인과 다른 점이다. 미국은 무역적자와 재정적자를 쌓아도 국가 신뢰도가 치명상을 입지 않았으며, 저금리를 유지할 수 있기에 고금리에 따라오는 경기위축을 강요받을 필요가 없었다.

쌍둥이 적자를 해결하려는 플라자 합의와 일본의 희생

대공황을 겪은 미국은 인플레이션보다 디플레이션을 훨씬 두려워한다. 미국은 기본적으로 인플레이션을 선호하지만,[167] 1970년대 후반부터 1980년대 중반까지는 인플레이션을 잡기 위해 고금리를 유지했는데 이때 자본이 유입되며 달러 가치가 크게 절상되었다. 이는 미국 기업들의 수출경쟁력을 갉아먹었는데, 특히 자동차업계의 경쟁력을 약화시켰다. 일자리를 잃은 미국 노동자들이 일본 차량을 부수며 시위하기도 했다. 미국은 대외 무역수지 불균형과 안으로는 재정적자에 시달리고 있었다. 이것이 유명한 '쌍둥이 적자'다. 미국 정부는 이자율을 낮추는 대신 일본과 서독, 프랑스와 영국에 협조를 구해야 했다. 이들 통화에 대해 미국 달러를 절하하는 방식으로 문제를 풀려고 했다. 1980년부터 1985년 사이에 이미 이들 4개국 통화는 미국 달러 대비 50% 절상된 상태였다. 그러나 이걸로는 부족했다.

미국 산업계가 나서서 보호를 요구했다. IBM과 모토로라, 곡물 수출업체, 자동차 제조업체, 서비스업자와 농부들도 가담했다. 미국 정부는 수입규제를 검토했고, 결국 흑자국들은 수입규제를 받느니 환율조정에 동의했다. 이것이 그 유명한 '플라자 합의'[131]다. [168]

이때 일본의 희생이 가장 두드러졌다. 과거 일본은 미국에 맞섰다가 패전했으며 거의 잿더미에서 새로 일어섰다. 그 이후 일본은 정치 군사적 야심을 버렸다. 그 대신 미국의 안보우산 아래서 경제성장에 매진했는데 세계 최고의 산업국가로 거듭나 미국과 유럽을 앞섰다. 그러자 미국에서는 일본에 대한 두려움이 커졌고 일본을 경계해야 한다는 목소리가 터져나왔다.

미국은 세계통화 시스템이 위기에 빠질 때마다 일본에 도움을 요청하거나 희생을 강요했다. 일본에는 다른 선택지가 없었으므로 미국의 요구에 응해야 했다. 달러에 고정된 엔화는 미국으로부터 요청이 있을 때마다 평가 절상되었다. 환율로 인해 경쟁력을 잃었지만 그때마다 일본 기업들은 기적적으로 수출경쟁력을 다시 회복했다. 그러다가 결국

1985년 플라자 합의에 따라 엔화 가치를 거의 두 배나 올리면서 1달러에 235엔이던 환율이 1년 후에는 1달러에 120엔내로 치솟았다. 엔고로 수출경쟁력이 약화되자 잠시 불경기가 찾아왔고 일본 정부는 이자율을 낮추어서 경기를 진작하려 했다.

일본에서는 비싸진 엔화와 저금리로 투자와 소비가 되살아나는 정도보다 자산가격의 상승 정도가 더 컸다. 그 결과 버블경제가 시작되었다. 성실하기로 유명했던 일본인들이 갑자기 주식과 부동산 투자에 열을 올렸다. 엔화가 강세가 되니 그동안 써보지 못했던 한을 풀기라도 하듯 소비중심의 경제로 전환되었다. 그러다가 버블이 붕괴되면서 일본 사회는 깊은 내상을 입어야 했다. 이 내상의 기억은 한 세대 이상 이어져오고 있다.

35
일본의 야심을
세계체제로 관리하다

백주에 일본 총리를 보란 듯이 살해할 수 있는 나라, 미국

〈골든슬럼버 Golden Slumber〉는 한국에서도 번안해서 제작한 바 있는 일본 영화다. 영화는 미국에 대해 독립적인 목소리를 내던 일본 총리가 백주 대낮에 암살당하는 장면으로 시작된다. 일본인들이 미국에 대해 가지는 두려움의 일면을 보여주는 이 영화에서처럼, 미국은 일본이 느끼기에 대낮에 보란 듯이 폭행도 할 수 있는 나라다.

나는 1990년대 초에 경영학 학부에서 공부했다. 당시 교수들은 대체로 1980년대나 그 이전에 미국에서 공부한 이들이었다. 그런 그들이 가르친 경영학은 주로 일본기업의 경영 전략과 특징이었다. 도요타 생산방식이라고도 하는 린 생산방식[132]이나 연공서열제 등 일본 기업문화와 경영의 특징들을 가르쳤다. 일본 경제가 무서운 질주를 멈추기 시작할 무렵 한국 대학의 경영학과에서 일본식 경영을 가르친 셈이다. 1980년대 미국 산업계와 학계에 퍼졌던 공일증恐日症이 10여년이나 뒤늦게 한국 대학에 상륙했다고 할 수 있다.

1970년대와 1980년대 일본의 부상은 미국인들을 매우 불편하게 만들었다. 미국인들의 눈에 일본은 한때 적으로 사투를 벌였던 서태평양의 제국이었을 뿐만 아니라 20세기에 유일하게 미국에 정면으로 도전했던 군사 강국이었으나 결국 핵폭탄까지 맞았고 미국에 져서 완전히 망해버린 나라였다. 그랬는데 미국이 동맹으로 삼고 보호해주자 보란 듯이 성장해서 제조업으로 세계시장을 석권했다.

당시 미국의 대기업들은 무기력증에 빠져 있었다. IT 산업 등 산업 전반이 고도화되는 쪽으로 이동하는 과정에서 기존의 공룡 기업들은 새로운 환경에 적응하지 못하고 도태되었다. 그런 반면 일본의 기업들은 주주보다는 종업원, 시장보다는 관료들이나 하청업체나 거래처와 조화를 이루며 눈부시게 성장해 나갔다. 미국의 주류 미디어는 뉴스와 영화와 드라마, 심지어 코미디 프로를 통해 일본에 대한 공포감을 확산시켰다. 이에 일본이 곧 미국을 추월한다는 주장이 설득력을 얻었고, 이런 분위기에서 미국의 학자들이 마치 오타쿠[133]처럼 일본 경제를 연구했던 것이다.

1985년 플라자 합의를 기점으로 일본은 마지막 불꽃처럼 화려하게 타오른 뒤 성장을 멈추었다. 1970년대와 1980년대에 세계를 놀라게 하며 욱일승천하던 일본 경제는 1990년대에 부풀어 오른 거품이 꺼지며 잃어버린 10년을 맞았고, 이렇게 잃어버린 연도의 숫자는 잃어버린 20년, 잃어버린 30년으로 계속 늘고 있다.

일본은 엔화로 달러를 사들여 엔화 가치에 비해 달러 가치를 끌어올렸고, 이를 통해 가뜩이나 좋은 물건의 수출경쟁력을 더 끌어올렸다. 그러나 레이건 행정부는 고르바초프가 소련 서기장이 된 지 6개월이 지나지 않아 환율을 조작하던 일본, 프랑스, 독일을 뉴욕의 플라자 호텔로 불렀다. 그러고는 "환율조작을 그만두든가" 아니면 "미국이 세계질서 유지를 관두든가"라는 양자택일을 강요했다. 소련의 변화를 감지한 미국은 냉전이 이완될 것을 알았다. 냉전에 줄 세웠던 동맹들의 도움이 절실하지 않은 국면이 찾아오자 미국은 냉전의 판세가 바뀜과 동시에 편리한 동맹이기도 했던 일본을 무릎 꿇렸던 것이다.[169]

역대 가장 친미적 성향이 돋보이는 나카소네 총리 시대에 플라자 합의가 이루어졌다는 것도 아이러니다. 나카소네 총리는 방위비 분담을 자청했으며 소련과의 대결구도 속에서 일본이 불침항모의 역할을 하겠다고 말해 미국 정가로부터 환영을 받았다. 그런 친미적인 총리가 플라자 합의에 동의함으로써 일본 경제의 질주를 멈추게 했다는 사실은 일본인들의 머릿속에 깊은 잔상을 남겼을 것이다. 비록 영화로 표현되었지만 '백주에 자국의 총리를 보란 듯이 살해할 수 있는 나라가 바로 미국'이라는 공포감이 일본인들 사이에서 퍼졌던 것은 아닐까.

미국은 일본을 믿지 않는다. 일본 역시 그렇다. 너무나 일반적인 이 명제가 이 두 나라 사이에서는 특별해 보이는 이유가 있다. 겉으로 보기에는 일본만큼 미국의 비위를 잘 맞추는 나라도 없고, 미국 역시 일본을 중요한 파트너로 삼아 언제 어디서든 일본을 꼭 참여시키려 한다. 그 정도로 두 나라의 관계는 '깊다'고 할 수 있다.

미국이 일본의 성장에 예민하게 반응하며 일본을 잔뜩 경계할 때, 중국과 군사지정학에서 동맹수준으로 가까워졌다는 사실도 매우 흥미롭다. 이는 마치 미국이 나치 독일과 싸운다는 이유 하나만으로 소련을 극진히 대접하면서도 한편으로는 동맹인 영국을 핍박했던 모습과 흡사하다.

복잡미묘한 미국과 일본, 그리고 중국

복잡하고 미묘한 미국과 일본의 전후 관계를 이해하기 위해서는 세 가지 포인트를 시야에 담아야 한다. 첫째는 일본이 미국과는 별개로 중국이나 북한에 접근하려 한 것인데 소위 일본의 자주외교 노선이다. 둘째는 오키나와의 완전한 주권회복, 특히 오키나와의 미군기지를 둘러싼 일본의 정치적 사회적 혼란이다. 셋째는 일본의 대미무역 흑자 조절과 일본의 미국채권 투자 등 적어도 경제적인 차원에서 이루어지는 '일본의 미국원조' 프로그램들이다. 이 문제들과 관련해서 미국의 요구에 정면으로 배치되는 정치인이라면 영화 〈골든슬럼버〉처럼 백주에 모욕당하고 권력을 내놓을 수도 있다.

다나카 가쿠에이田中角榮 총리는 일본 정치인 중에서도 입지전적인 인물이다. 도쿄대학을 비롯해 학벌이 쟁쟁한 관료출신의 정치가들 사이에서 공업학교를 졸업하고 자수성가한 사업가 출신이라는 점이 눈에 띤다. 그는 귀족가문이라는 선조의 덕도 없는 농부의 아들이었던 데다, 소수파벌의 수장이지만 파벌 간의 세력균형을 조정하기 위해 가장 무난한 캐릭터라서 간택된 것도 아니었다. 학벌도 가문도 없었지만 최대계파를 이끄는 리더십으로 당당하게 수상의 자리를 차지했다.

다나카 총리는 미국 대통령과 그의 외교 브레인에게 호되게 찍혔고 일본의 현대 정치인 중 가장 모욕적인 방식으로 정치생명을 잃었다. 그 이유는 중국에 대한 독자외교를 노골적으로 추진했기 때문이다. 제국주의 시절 대동아공영권[134]을 주장하며 서구 세력을 대표하는 미국과 한판

승부를 벌여 '영구 평화를 위한 마지막 전쟁'에 임했던 일본의 무사혼은 전쟁 이후에도 일부 남아 있었다. 즉, 일본 정치인들은 미국에 굴종하는 모습을 보이면서도 한편으로는 소련과 중국에 독자적으로 접근하려 했다. 이는 미-소 냉전이 첨예할 때는 실현될 수 없었던 일이기도 했다.

미국의 닉슨 대통령이 중국을 방문한 뒤 다나카 총리는 경쟁하듯이 중국과의 외교 정상화를 서둘렀다. 닉슨 대통령의 바로 뒤를 이어 중국에 방문해서 마오쩌둥 주석과 저우언라이 총리를 만났다. 한편, 중국과의 수교에 물꼬를 튼 것이 최대의 업적이기도 했던 닉슨 대통령과 키신저 국가안보좌관은 미 의회에 발목이 잡혀 있었다. 미국과 중국과의 공식적인 수교는 시간이 걸리는 일이었고 쉽지 않은 과정을 거쳐야 했다. 그러나 일본은 사정이 달랐다. 미국이 중국에 화해의 손수건을 흔들자마자 기다렸다는 듯이 공식적인 수교를 향해 내달렸다.

키신저는 다나카 총리에게 면담을 요청했고 중국과의 수교를 늦춰 달라고 요청했다가 면전에서 거절당했다. 키신저는 "배신자놈들 가운데 하필이면 일본놈들이 케이크를 훔쳐 갔다"라며 분개했다.[135][170]

1972년 일본은 중국과 외교를 맺는 데 성공했지만 다나카 총리는 내리막길을 걸어야 했다. 먼저 일본 정치계에 고질적인 뇌물 스캔들이 터졌다. 일본은 재계와 관계, 정계가 밀착되어 있다. 인맥을 통해 서로 돕는 구조는 어제오늘의 일이 아니었다. 다나카 총리는 일단 언론의 예봉을 피하기 위해 1974년 총리직을 포기했으나 최대 계파의 수장으로서 막후에서 실력을 행사하려 했다. 그러나 미국의 방산회사인 록히드마틴사가 비행기를 수출하는 과정에서 외국 정계에 로비를 벌였다는 스캔들이 미국에서 터졌다.

일본의 도움을 당연하게 여기는 미국의 태도

1976년 미국 의회는 록히드마틴사가 일본, 이탈리아, 튀르키예, 프랑스 등 항공사에 자사의 비행기를 판매하는 과정에서 정부 관계자들에게 거액의 뇌물을 뿌렸다는 것을 밝혀냈다. 그러나 해당 국가의 정치에 영향을 미친다는 이유로 뇌물의 수뢰자는 공표하지 않는다는 원칙을 세웠는데, 이례적으로 당시 뇌물 수뢰자를 알려달라는 일본 정부의 요청을 받아들였다.

소수파로서 총리가 된 미키 다케오三木武夫는 다나카 전 총리를 견제하려고 벼르고 있었다. 미키 총리는 미국의 제럴드 포드 Gerald Ford 대통령에게 친서까지 써서 협조를 요청했다. 결국 록히드마틴사 임원을 심문할 때 일본 검사를 입회시켰다. 록히드마틴사의 임원은 일본 정계와의 비밀거래에 대해서 증언한 건에 대해서는 형사책임을 추가로 묻지 않는다는 형량거래 아래 다나카 총리에 대해 발언했다. 이 증언에 근거해서 일본 검찰은 다나카 전 총리를 체포, 기소할 수 있었다.

나카소네 전 총리는 다나카 전 총리의 정치생명을 끊는 과정에 대해 "법치국가의 사법 처리라고 하기에는 의문이 많은 재판이었다"라고 회고했다. 나카소네에 따르면 그가 총리를 그만둔 뒤 사석에서 만난 키신저가 "록히드마틴사 사건은 잘못되었다"라며 조용히 수군거렸다고 한다.[171]

미국은 일본이 동아시아에서 독자적인 외교를 펼치는 것을 극도로 경계했다. 2009년 민주당의 압승으로 총리가 된 하토야마 유키오鳩山由紀夫는 중국의 후진타오 주석과 함께 동아시아공동체를 구상했다. 리처드 아미티지 Richard Armitage 전 국무장관은 하토야마 총리의 구상을 듣고 매우 놀랐다고 표현했다.

미국이 태평양 국가인데도 미국을 제외하고 일본과 중국이 동아시아공동체를 얘기할 수 있느냐는 식으로 완곡하게 말하긴 했어도, 하버드대학 케네스 스쿨학장 조지프 나이 Joseph Ny는 "동아시아 공동체에서 만일 미국이 빠진다고 느끼면 보복도 불사할 것이다. 일본이나 중국은 값비싼 대가를 치러야 할 것이다"라며 충고했는데 이는 경고와 다를 바 없었다.[172]

일본은 이라크가 쿠웨이트를 침공해 일어난 제1차 걸프전에 130억 달러라는 막대한 자금을 지원했다. 물론 미국의 요청 때문이었다. 그러나 전쟁 직후 쿠웨이트가 미국 신문에 낸 감사 광고에서 일본은 빠져 있었고 미국 언론과 정계에서는 자위대 파견을 거부한 일본에 대한 성토가 이어졌다.

2008년 월가 위기 때도 미국은 일본에 도움을 요청했다. 경영 위기에 빠진 주택금융기관 패니메이사에 대해 수조엔의 대규모 융자지원을 해달라는 내용이었다. 당시 일본 총리가 낙마하고 일본 내부가 정치적으로 요동치면서 이 지원은 성사되지 않았으나 일본은 수조엔을 날릴 뻔했다.[173] 이렇듯 미국은 필요할 때마다 일본에 재정적인 요청을 거듭하면서도 당연하게 여기는 모습을 보였다. 오히려 이라크전쟁이나 아프가니스탄전쟁에 자금만 대지 말고 자위대를 파견하라며 강하게 압박했다.[174]

오키나와의 지정학적 역할

오키나와는 미국에 점령되었다. 그러나 제국주의가 미국의 체질이 아닌 데다 일본도 미국에 굴종하는 자세를 취하는 와중에서도 물밑으로 계속해서 오키나와의 반환을 요청했다. 미국이 일본에 대해 가지고 있던 정치적 카드의 하나였던 오키나와는 결국 주민투표를 거쳐 일본으로 귀속되었다. 하지만 미국과 일본 외교의 뇌관으로 남았는데 그 이유는 미군기지 때문이었다.

오키나와 주민들은 환경과 주민생활에 피해를 준다는 명분으로 오키나와에서 미군철수를 요구해왔다. 특히 냉전종식 직후인 1995년 오키나와에서 미군 병사가 일본 소녀를 폭행하는 사건이 발생하며 주일미군에 반대하는 여론이 크게 확산되었다. 1996년 일본의 중앙정계는 오키나와의 후텐마 기지를 외곽의 매립지로 이전하겠다고 발표했으며 미국도 이에 합의했다. 그러나 주민들은 아예 오키나와 밖으로 나가라는 정치캠페인을 펼쳤다. 오키나와에서 미군철수 운동이 거세지며 오키나와 지사는 일본 중앙정부와 대립했다. 일본 중앙 정계에서는 오키나와 주민들과 정치인들을 설득하는 모습을 보여주긴 했어도, 적극적으로 문제를 처리하지는 않고 시간을 끈다는 인상을 주며 미국 정치권을 자극했다.

오키나와의 미군철수가 일본 전체의 미군철수를 의미하지는 않는다. 일본 본토에도 여러 개의 미군기지가 있다. 그러나 오키나와는 서태평양 일대를 조망하는 데 있어서 미 해병대의 중요한 근거지다. 특히 2000년대에 들어서면서 주일미군은 극동지역 방어 개념에서 아시아 태평양지역의 안보를 위한 축으로 격상되었고 최근에는 대중국 억제력의 중심으로서 미군 내에서 지위가 승격되고 있다.[136] '미일동맹 일체화'라는 개념에서 볼 때, 이 승격이 단지 일본의 방위만을 고려한 포석이 아니라는 것을 알 수 있다. 주일미군은 아시아 태평양 지역의 전략적 기동 군이며 오키나와는 그중에서도 가장 중요한 요충지다.[175] 즉, 일본인들, 특히 오키나와 주민들은 오키나와의 미군을 일본을 지키기 위해 와준 고마운 군대로 여기지 않고 미국에 일방적으로 점령된 상태거나, 자국 영토가 미국의 전략 자원으로 징발되고 있다고 보고 있다.

한편, 미국 입장에서 오키나와는 2차 세계대전 중에 젊은 해병들의 피 값을 지불하고 점령한 곳이다. 다만 일본을 동맹으로 끌어안는 와중에 점령지를 내주긴 했어도 오키나와는 미군으로서는 지속적으로 확보할 필요가 있는 군사전략적 요충지다. 사실상 피점령국인 일본이 미국을 배제하는 자주외교를 펼치고 점령지로부터 미군철수를 요구하는 모양새이기 때문에, 워싱턴이 다른 나라의 반미 혹은 미군철수 운동을 볼 때와는 확연히 다른 시선으로 일본을 주시할 수밖에 없다.

일본은 사실상 미국과 국경을 맞댄 나라다. 그 국경이 태평양이라는 거대한 바다일 뿐이다. 일본과 미국 사이에는 국가다운 국가가 없다. 즉, 미국으로서는 본토의 국경 안정을 위해 주시할 수밖에 없는 국가가 일본이다. 실제로 20세기 전반, 일본이라는 지역패권 국가를 바다 건너에 두었을 때 어떤 대가를 치르게 되는지 미국은 태평양전쟁을 통해 경험했다. 따라서 전후 질서에서 일본이 독자적으로 군비를 확충하거나 지역블록의 맹주를 자임하지 않는 편이 미국 안보에는 이로웠다.

전후체제는 독일과 일본의 야심을 다스리기 위한 체제였다고도 할 수 있다. 서독과 일본은 군사적으로 미국을 대신할 야심이 없었다. 이들 국가의 이익은 미국이 떠받치는 체제가 지속되는 쪽에 있었다. 그래서 미국이 요구하면 이를 수용했으며 부담을 나누어 졌다. 특히 일본은 경제적 규모에 비해 정치, 외교, 군사적으로는 왜소했고 미국에 의존했다. 그러나 중국은 서독이나 일본과는 다른 길을 가고 있다. 최소한 유라시아 핵심부에서 미국의 영향력을 밀어내고 그 자리를 차지하려는 야심을 노골적으로 드러내고 있다.

미국 중심의 세계체제를 위협하는 중국의 야심

중국도 미국의 도움으로 개방정책에 성공했다. 중국이야말로 미국이 주도하는 세계에서 기적을 일군 거대한 국가다. 2010년 미국 국무장관 시절, 힐러리 클린턴 Hillary Clinton 은 "중국은 미국 주도의 세계질서 안에서 경이적인 성장과 발전을 경험했다"라며 중국과의 패권다툼이라는 개념을 웃어넘길 정도였다.[176] 그런 중국이 미국이 주도하는 세계질서의 변경자를 자임하고 있다. 이는 미국으로서도 예상하지 못했던 전환이었다.

중국도 처음에는 미국에 협조적이었다. 무엇보다 미국시장이 필요했기 때문에 미국에 대해 흑자를 쌓으며 서독과 일본처럼 미국의 국채를 매입하는 방식으로 미국으로 달러를 환원했다. 그러나 2010년대에 들어서면서 중국의 전략이 바뀌었다. 중국은 미국채를 늘리지 않기로 했다. 미국이 달러 가치를 내리면 막대한 외화자산이 훼손되기 때문이었다. 중국은 달러자산을 쌓는 대신 자원의 수송로를 중심으로 직접 투자하는 쪽으로 방향을 전환했다. 게다가 중국은 군사적 야심도 가지고 있으며 다른 세계관 아래 세계무대에서 미국의 리더십에 사사건건 도전하고 있다. 즉, 중국은 미국과 미국이 주도하는 질서에서 번영하는 강대국들 간의 공조법칙에서 이탈하려 하고 있다. 이 경우 세계체제의 격변은 불가피하다.

　미국이 제공한 안보질서에서 힘을 키운 상대가 일본이나 독일이 아니라 중국이라는 점에서 미국의 부담은 배로 늘어났다. 일단 중국이 미국채를 구입하지 않아 미국의 재정부채 부담이 늘어날 가능성이 높아졌고, 중국이 군사적 야심을 추구하다 보니 그에 대항하기 위해 더 많은 군비를 지출해야만 미국이 기존의 군사적 우위를 계속 유지할 수 있게 되었기 때문이다.

36
영국과 독일,
평원의 강자와 역외균형자의 대립

과거 **독일의 모습을 닮은 중국**

중국의 부상과 지정학적 야심은 미국과 어떻게 충돌할까? 이 문제를 연구하는 학자들은 100여년 전 독일의 부상이 결과적으로 영국과 사이에 1차, 2차 세계대전을 일으킨 결과, 두 제국 모두 몰락한 역사를 언급한다.

독일은 오토 폰 비스마르크Otto von Bismarck, 1815-1898[137] 수상의 지도하에 19세기에 들어와 오스트리아를 빼고 통일되었다. 비스마르크는 세력균형을 추구했는데 독일이 동과 서 양쪽에서 협공을 받으면 희망이 없다고 옳게 내다봤기 때문에 러시아와는 협력을 추구하는 대신, 프랑스는 고립시키려 노력했다. 아무튼 그는 프랑스나 러시아를 자극하지 않아야 한다고 생각했지만 젊은 황제 빌헬름 2세Wilhelm II, 1859-1941는 생각이 달랐다. 그는 비스마르크를 은퇴시키고 중부유럽에 대한 야심을 실현해 나갔다.[138]

빌헬름 2세에게 영국 왕실은 외가다. 어머니가 빅토리아 여왕의 딸인 데다 빅토리아 여왕의 남편 앨버트 공도 독일의 귀족가문 출신이다. 영국 왕실에는 독일의 피가 흐르고 독일 왕실에도 영국의 피가 흐른다. 어려서부터 같이 어울려 지내던 외가 사촌들도 영국과 영국에 가까운 유럽 왕가를 물려받았다. 빌헬름 2세는 태어나면서부터 왼쪽 팔과 왼쪽 귀를 잘 사용하지 못하는 장애가 있었다. 그러다 보니 영국 왕실의 외가 친척들과 어울릴 때면 말을 타지 못하고 스포츠에 서툴러 스스로 모욕감을 느꼈을 가능성이 크다. 그래서 (영국) 사촌들에 대한 열등감이 결과적으로 영국과의 패권경쟁으로 이어졌다고 보는 시각도 있다. 그러나 중요한 것은 영국과 독일의 왕실이 혈연상으로 가까웠음에도 불구하고 냉정한 지정학적 갈등 구조를 피하지 못했다는 사실이다.

독일의 힘이 유럽 전체를 집어삼킬 만큼 점점 강대해지자[139] 전 미국 대통령 시어도어 루스벨트가 영국과 독일을 중재하기 위해 유럽을 방문했다. 이때 빌헬름 2세는 영국 왕실이 자신의 혈족임을 강조하면서 독일과 영국의 전쟁은 상상조차 할 수 없다며 자신은

빅토리아 여왕과 빌헬름 2세(Queen Victoria And The Crippled Kaiser)

영국을 흠모한다고 말하기도 했다.[177] 그러나 우리가 아는 바 그 이후 역사는 왕실들 간의 사적인 친밀감과는 관계 없이 흘러갔다.[140]

독일은 1871년 프로이센 중심으로 통일을 이루며 제국의 길로 나아 갔다. 그러나 이미 강대국으로 자리 잡은 영국과 프랑스에 비해 뒤늦게 통일을 이룬 독일은 국제적 영향력을 확대하기 위해 중부 유럽과 그 너 머로의 확장을 꾀했다. 이를 상징적으로 보여주는 프로젝트가 바로 베 를린-바그다드 철도Berlin-Baghdad Railway이다. 이 철도 계획은 오늘날 중국이 추진하는 '일대일로Belt and Road Initiative'를 연상케 한다.[178]

베를린-바그다드 철도는 독일의 수도 베를린에서 시작해 오스만 제 국의 수도 이스탄불을 거쳐 바그다드에 이르며, 최종적으로 페르시아 만 인근까지 연결될 예정이었다. 하지만 이 프로젝트는 제1차 세계대전 발발 이전까지 완공되지 못했다.

이 계획은 독일에게 중동 지역으로의 접근성을 강화하고, 오스만 제

베를린-바그다드 철도 계획

국과의 협력을 통해 영국과 프랑스의 식민지 패권에 도전할 발판을 마련하려는 야심을 보여준다. 독일제국으로서는 원재료와 시장, 그리고 넓은 바다로 안전하게 나아갈 수 있는 기회였지만, 주변 강대국들에게는 심각한 위협으로 여겨졌다. 영국은 페르시아만을 통해 인도로 가는 해상로가 독일의 영향력 아래 놓일 가능성을 우려했다. 러시아는 독일과 오스만 제국 간 협력이 발칸 반도에서 자국의 영향력을 약화시킬 것을 경계했다. 프랑스는 오스만 제국에서 자국의 경제적 영향력이 줄어들 것을 염려했다.

결국 이 프로젝트는 영국, 러시아, 프랑스 모두에게 독일과 오스만 제국에 대한 경계심을 심화시켰고, 이는 제1차 세계대전의 원인 중 하나로 지목된다.

독일의 베를린-바그다드 철도 계획은 주변 강대국과의 충돌을 불러왔는데 이는 독일이 처한 특수한 지정학적 환경에서 비롯된 필연적인 선택이었다. 독일은 국경의 안정과 경제적 확장을 목표로 주변국에 적극적으로 투자하며, 그에 따라 자연스럽게 영향력을 행사하고자 했다. 하지만 문제는 독일의 지정학적 취약성에 있었다. 독일은 국경 대부분이 자연적 방어선으로 보호받지 못하는 지형적 한계를 지니고 있었다. 이는 독일이 자국의 안보를 강화하려는 시도가 곧 주변 강대국들에게는 위협으로 인식되게 만드는 구조적 문제를 낳았다. 이는 2차 세계대전을 유발한 히틀러도 직면한 문제였다. 유태인들에 대한 반인륜적인 범죄를 차치하면 히틀러의 지정학적 야심은 히틀러 이전의 독일 제왕들이 추구했던 전통과 크게 다르지 않았다.[179]

히틀러가 제창한 레벤스라움 Lebensraum 은 단순히 '생활공간'이라는 뜻이지만 맥락상 독일인들이 안전하게 살기 위해 확보해야 할 영토를 의미한다. 이는 독일이 처한 지정학적 위기와 기회를 잘 드러낸다.

1차 세계대전 이전, 독일군 참모총장은 슐리펜 계획 Schilieffen Plan 을 세웠다. 독일군이 우선 서쪽의 프랑스를 빠르게 격파한 후, 동쪽으로 방향을 틀어 러시아군을 막는다는 구상이었다. 이 계획은 2차 세계대전에서 히틀러가 세운 전략의 밑그림이 되었다.[180]

2차 세계대전에서 독일은 서유럽에서 프랑스를 격파하고 서유럽을 제압한 뒤, 영국을 완전히 무릎 꿇리는 대신 불가침 조약을 맺었던 동쪽의 소련을 쳤다. 식량과 에너지, 특히 석유의 자급자족을 원하는 독일에게는 영국을 반드시 정벌해야 할 이유는 없었지만 소련의 서부는 반드시 손에 넣어야 했다.[181] 독일은 곡창지대인 우크라이나를 손에 넣음으로써 1차 세계대전 당시 처했던 배고픔에서 벗어나고자 했다. 이런 전개는 중부 유럽의 패권을 장악한 전략가라면 유럽통합이라는 야심의 완성을 위해 취할 수밖에 없는 선택이었다.

지정학 Geopolitik 이라는 용어에 집착한 것도 독일인들이었다. 군사적으로 지배하는 지리적 공간의 개념을 지닌 이 말을 정교하게 발달시킨 곳이 독일이다. 현대 지정학의 아버지라 할 수 있는 해퍼드 매킨더 Halford Mackinder[141]의 심장부 heartland 개념을 왜곡해서 히틀러는 침략전쟁에 활용했기 때문에 한동안 지식사회에서 지정학은 더러운 단어로 취급되기도 했다. 독일의 지정학자 카를 하우스호퍼 Karl Haushofer[142]는 감옥에서 《나의 투쟁》을 집필하던 히틀러를 만나 그의 지적 허기를 채워주었다. 그는 특히 세계 역사는 언제나 동유럽과 유라시아 심장부 부근에 위치한 육지 민족의 거대한 힘의 폭발로 결정된다고 쓴 매킨더의 주장을 히틀러

에게 심어주었다.[182]

지도상에서 독일어권은 한 번도 안정된 경계선을 유지한 적이 없었다. 그러나 지정학적 패턴을 살펴보면 흥미로운 특징이 있다. 북쪽은 발트해와 북해로 막혀 있고, 남쪽은 알프스산맥과 같은 험준한 산맥으로 보호받아 종단 방향으로는 비교적 안정적인 형태를 보인다. 반면, 횡단 방향으로는 경계가 끊임없이 변화해왔다.

독일은 유라시아 대평원의 서쪽 끝에 자리 잡고 있다. 서쪽으로는 프랑스의 노르망디에서 동쪽으로는 만주까지 이어지는 이 광활한 평원은 자연적 장애물이 거의 없는 지역이다. 이는 독일이 국가의 통일성을 유지하고 동쪽 국경을 안정시키기 위해 평원을 넘어 더 동쪽으로 확장해야 했던 이유를 설명해준다. 최소한 우랄산맥까지의 평원은 안정화시켜야 안심할 수 있었으며, 이는 곧 폴란드와 우크라이나를 확보하고 러시아를 제압해야 한다는 지정학적 압박으로 이어졌다.

특히 이 지역은 단순히 전략적 중요성뿐만 아니라 비옥한 곡창지대로, 제국의 식량 공급지 역할을 할 수 있었다. 따라서 독일은 동쪽으로의 확장이 단순한 생존이 아닌 제국의 번영과 직결된 문제로 여겼다.

서쪽 국경 역시 독일에게는 끊임없는 도전이었다. 독일이 서쪽에서 안심할 수 있는 경계선은 이베리아반도와 프랑스를 나누는 피레네산맥이었지만, 이를 달성하려면 프랑스를 제압해야만 했다. 문제는 프랑스가 오랜 역사를 통해 일찍이 통일된 강대국으로 자리 잡았다는 점이다. 독일이 이러한 지정학적 위치에 놓였기 때문에 독일의 정치적 야심은 프랑스와 러시아를 긴장시킬 수밖에 없었다.[183]

서쪽의 프랑스와 동쪽의 러시아라는 강대국 사이에서 균형을 유지할 수만 있다면 독일의 지리적 위치는 전략적 이점을 제공했지만 동시에 지속적인 안보 위협을 초래했다. 북해와 발트해 외에는 뚜렷한 자연적 장애물이 거의 없었기 때문에 독일은 양면전쟁의 가능성을 끊임없이 염두에 두어야 했다. 프랑스와 러시아가 동시에 독일을 공격할 수 있다는 두려움은 독일인들에게 심리적 공포를 심어주었고, 이는 통일 이후 독일이 급격히 군사력을 증강하고 산업화를 가속화하게 만든 주요 원인 중 하나였다.

매킨더의 "중유럽과 동유럽을 지배하는 자가 심장부를 지배한다Who rules Central and Eastern Europe commands the Heartland"라는 말을 되새길 때, 20세기 전반기의 독일 제국과 21세기 중국의 지정학적 야심은 놀라울 정도로 유사하다. 중국은 육상 비단길과 바다 비단길을 통해 육권과 해권을 동시에 회복하고자 한다. 중국 역사상 전례가 없었던 지정학적 야심을 추구하면서 2050년까지 미국을 초월해 명실상부하게 현대화된 사회주의 강국 건설을 꿈꾸고 있다. 일대일로를 통해 알 수 있듯이 중국이 집착하는 서쪽 루트는 바로 히틀러가 집착한 동쪽의 레벤스라움을 향하고 있다.

독일과 중국의 지정학적 유사성 때문에, 독일의 확장이 영국과의 전쟁으로 이어질 때까지 멈출 수 없었듯이 중국의 확장도 역외 강국인 미국이나 미국을 대리한 해양 세력, 일본과의 전쟁이 아니면 멈출 수 없을 거라는 일각의 우려에는 그럴 만한 이유가 있는 셈이다.

영국이 스스로 선택한 '위대한 고립'

영국은 바다를 사이에 두고 유럽대륙과 분리되어 있다. 이는 영국인들의 지정학적 상상력에 결정적인 영향을 미친다. 대영제국은 전성기에 지표면의 1/4을 자신의 영향권에 넣었다. 그러나 유럽대륙과 지중해에서 영국이 직접 차지한 부분은 미미했다. 영국은 오늘날의 미국과 같이 해양강국으로서 유럽대륙 입장에서 보면 역외 offshore 다. 유럽대륙에 대한 영국의 전략은 유럽이 하나로 통일되어 영국을 봉쇄하지 못하도록 하는 것이다. 나폴레옹이 중서부 유럽을 모두 장악했을 때 영국을 봉쇄한 사건을 통해서 영국인들은 유럽이 통합되는 것보다는 적당히 분할되는 편이 영국의 안위를 위해서 좋다는 것을 확인했다. 영국은 역외 균형자 offshore balancer 로서 대륙문제에 대해서는 불간섭원칙 the doctrine of non-interference을 자신의 전략적 위치로 정했다.[143] 영국은 나폴레옹이 강할 때는 나폴레옹에 대항하면서 러시아와 오스트리아와 함께했고 독일이 강할 때는 독일에 대항하면서 프랑스, 러시아와 함께했다. 영국은 유럽의 세력판도의 변화에 유연하게 대처해야 했기에 대륙의 어떤 강국과도 영구적인 동맹을 맺지 않는 전략을 썼으며, 이를 두고 '위대한 고립'[144] 이라고 했다.

현재 시점으로 잠시 돌아오면, 미국도 유라시아대륙 입장에서 볼 때는 역외의 강대국이다. 그렇다면 미국의 현실주의 국제정치전략이 추구하는 유라시아전략이 대체로 영국의 유럽 전략과 비슷한 역외균형자임을 어렵지 않게 추론할 수 있다. 영국이 유럽대륙에 대해 불간섭을 유지하다가 세력균형에 변화가 올 때만 선택적으로 개입하듯이 미국도 기본적으로는 비슷한 전략을 추구하려 할 것이다. 미국이 유라시아대륙에서 발을 뺀다고 해도 완전한 고립은 아닐 것이며, 유라시아대륙에서 강대국들이 상당한 영역을 세력권으로 통합하는 것을 방해하는 조정자로서 역할을 할 가능성도 높다.[184] 현실주의 국제정치학자인 미어샤이머는 미국이 1차 세계대전과 2차 세계대전, 그 이후의 한국전쟁과 베트남전쟁에 참전한 것도 미국의 이상주의적 일정 때문이 아니라 역외균형자로서 '공격적 현실주의'에 입각한 선택이었다고 분석한다.[185]

영국의 해군전략은 2위와 3위의 군함을 합한 것보다 많은 군함을 보유하는 것이었다. 전략적 고립을 유지하기 위해서는 2위와 3위가 힘을 합쳐 도전해와도 붕괴시킬 수 있어야 했기 때문이다. 나폴레옹전쟁 이후 70여년간 해상에서 영국의 지위는 확고했으며 유럽에 절대강자는 등장하지 않았다. 그러나 빌헬름 2세는 자국의 해상전력을 과시하기를 좋아했다. 당시 영국은 여전히 세계 최강의 해상 강국이었지만, 19세기처럼 압도적인 우위를 점하지는 못했다. 이를 틈타, 빌헬름 2세는 영국 사촌들을 따라잡으려는 야심을 꾸준히 키워갔다.

독일의 통일과 확장은 결국 영국을 고립으로부터 끌어냈다. 영국은 '위대한 고립'을 끝내고 프랑스와 동맹을 맺어야 했다. 그만큼 독일의 추격이 빨랐기 때문이다. 1890년까지 영국은 유럽 부의 50%를 차지했으며 독일은 25%만을 차지했다. 그러나 1903년 영국 비중은 34.5%로 줄어든 반면 독일은 36.5%로 영국을 추월했다.[186] 특히 영국이 러시아의 확장을 견제하기 위해 동맹을 맺었던 유라시아대륙 동쪽 끝의 일본이 1905년 러시아와 싸워서 이겼다. 군사력이 쇠퇴한 러시아가 프랑스와 함께 독일을 견제하기 어려워졌기에 영국은 프랑스와 동맹을 맺으면서 유럽 지정학 게임에 깊숙이 끌려들어갈 수밖에 없었다.

37
크로 메모,
상대의 의도는 중요하지 않다

상대를 두렵게 만드는 것은 의도가 아닌 '힘'

강대국들의 충돌은 왜 불가피할까? 답이 '그렇다'라면 그 이유는 서로의 의도를 잘 모르기 때문이다. 공격적 현실주의 국제정치 이론에 따르면 상대의 의도를 모르기 때문에 강대국들은 서로를 두려워한다. 두려움을 극복하는 방법은 객관적인 실력에서 상대를 제압하는 것이다.[187] 따라서 강대국들은 상대의 의도가 아니라 실력을 의식해 전략을 세워야 한다.

1905년 영국의 에드워드 7세Edward VII, 1841~1910는 정부 각료들에게 "왜 독일과 맞서기 위해 라이벌이자 적인 프랑스와 손을 잡아야 하는가?"라고 물었다. 그는 영국의 왕으로서 독일 황제 빌헬름 2세의 외삼촌이었다. 당시 영국 외무부의 독일 전문가 에어 크로Eyre Crowe가 답변을 작성했는데, 이것을 '크로 메모'라고 한다.

"독일이 발전해서 도덕적 리더십을 발휘하는 것은 세계에 이롭다. 그리고 독일 수뇌부가 대영제국을 전복하려고 의도하는 것으로 보이지는 않는다. 그러나 그들의 의도는 중요하지 않다. 독일이 유럽을 장악하면 제해권을 노리게 되고 결과적으로 대영제국과 양립할 수 없게 된다. 왜냐하면 독일로서도 대영제국에 맞먹는 강한 해군력을 키우는 게 현명한 선택이기 때문이다."[188]

강대국들은 서로를 두려워한다. 그 이유는 상대방이 침략하려 한다는 의도나 상대방 국가의 체제와는 별 상관이 없다. 이들이 서로 두려워하는 것은 상대 국가에 그럴 만한 힘이 있기 때문이다. 국가들의 세계는 무정부 상태이며 규칙도 심판도 없다. 따라서 미국과 같은 강대국은 자기 지역에서 유일한 강대국이기를 원하는 한편, 유라시아대륙에서 강대국이 등장하는 것은 원하지 않는다.

미국이 두려워하는 것은 단일화된 세력

지난 100년 동안 유라시아에서 일어난 전쟁에 미국이 개입했던 것도, 현실주의 국제정치학적 관점에서 보면 역외균형자로서 유럽이 독일에 넘어가거나 동아시아와 태평양이 일본의 손에 넘어가거나 유라시아 전역을 소련이 지배하는 것을 막기 위해서였다.[189] 만약 가까운 미래에 미국 내부 정치가 고립주의 진영에 유리하게 돌아가서 미국이 한동안 유라시아대륙에서 발을 빼게 된다고 해도 영국이 유럽대륙에 끌려들어간 것처럼 다시 끌려들어올 가능성이 크다. 실제로 1차 세계대전과 2차 세계대전 그리고 한국전쟁과 베트남전쟁 또한 미국이 역외균형자로서 끌려들어온 전쟁으로 해석할 수 있다.

　미국이 역외균형자로서 간과하기 어려운 상태는 유럽, 중동, 극동아시아에 각각 통일된 세력이 나타나는 것이다. 서유럽을 통일하는 강대국이 등장하면 자원의 접근에서 미국보다 우위를 점할 수 있다. 서유럽을 장악한 세력은 역사적으로 서유럽과 연결된 북아프리카와 중동 일대도 손에 넣을 공산이 크기 때문이다. 이 지역을 평정하고 나면 그 세력은 대서양 건너 서반구에 개입해 미국이 대서양 너머로 힘을 투사하지 못하게 할 것이다. 중남미 일대에 유럽의 힘을 적극적으로 투사하려할 것이다. 유럽세력은 미국이 서반구 문제에 끌려들어가 허우적거리는 동안 미국이 유럽에 힘을 투사할 경황이 없으리라 판단하고 중남미에서 현상변경 세력을 지원하는 식으로 미국의 안보를 위협할 것이다. 또한 중동을 장악한 세력은 전 세계 에너지 수급에 영향력을 행사하려

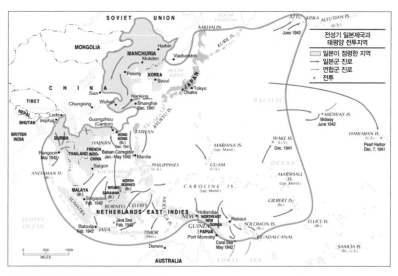

서태평양을 장악했던 일본 제국의 판도　　　　　　(출처:www.ablongman.com)

할 것이고 유라시아의 평화를 위협할 것이다. 마찬가지로 극동아시아가 중국이나 일본 어느 한 세력에 의해 장악된다면 미국과 태평양을 반분하려 했던 2차 세계대전 당시 일본의 행태를 닮아갈 것이다.

현재 미국은 일본이 중국 봉쇄에 첨병으로 나서주기를 바라지만, 중국의 추격이 약화되고 나면 그 다음에는 일본을 견제해야 하는 입장에 놓이게 될 것이다. 게다가 일본은 태평양을 사이에 두고 바로 미국 본토와 맞닿는다. 영국을 해체하느라 소련을 가까이했으나 결국 소련 봉쇄라는 숙제를 하느라고 냉전 기간 내내 미국 스스로 골몰해야 했던 것과 같다. 중국을 끌어들여 소련을 봉쇄했고 냉전을 종식시켰으나 이제 중국을 봉쇄해야 할 처지에 놓인 것도 미국이 처한 지정학적 냉엄함을 증명한다.

미국은 이 세 지역에서 단일화된 세력이 대두하는 것을 막아야 한다. 미국이 고립주의 노선으로 회귀한다고 하더라도 이 문제에서 자유로울 수는 없다. 지표면 모양에 영향받을 수밖에 없는 것이 지정학적 현실이다. 유라시아의 핵심부를 장악한 세력은 바다 건너 서반구, 특히 남미에 거점을 확보하려 할 것이다. 고립주의 미국은 자기 영역의 문제에 골몰하느라 주도권을 빼앗기게 될 것이다. 이것은 유라시아대륙을 장악한 세력이라면 당연히 진행시켜야 할 전략이다.[190]

유라시아대륙으로부터 손을 뗀 미국은 유라시아대륙 핵심부에서 강대국이 발흥하는 것을 주저하며 지켜보다가 뒤늦게 개입할 수밖에 없는 처지에 몰릴 것이다. 100년 전 영국이 그랬던 것처럼 말이다. 이상주의적 전략에 경도된 외교정책 커뮤니티[145]가 미국의 국제정치를 좌우하던 시절, 미군은 유라시아대륙을 종횡무진으로 오가며 상시 개입할 수 있는 상태를 유지해야 했다. 당시 미군은 유라시아의 크고 작은 전쟁에 휘말렸었는데 상당수의 세계인들은 미국이야말로 세계를 불안정하게 만드는 주범이라고 생각했다. 그렇지만 미국이 유라시아 문제에 대해서 손 놓고 멀찍이 떨어져 있으려 해도 오래지 않아서 유라시아대륙의 복잡한 지정학은 미국을 다시 유라시아로 끌어들이는 위기를 창출할 가능성이 크다. 그리고 이상주의 미국의 오지랖으로 분쟁이 악화되곤 하던 시대보다 이런 시대에 세계는 훨씬 더 불안정해질 가능성이 크다.

38

세계체제, 미국의
허약함을 반영하다

1차 세계대전 참전을 후회한 미국

1919년 1차 세계대전이 끝나고 미국의 시대가 찾아왔다. 그러나 미국은 세계문제에 개입하기를 원하지 않았다. 당시 미국인들은 자국의 국력이 세계를 압도하고 있다는 것을 인식했지만 그럼에도 미국이 열강이 되는 것에 반대했다. 미국인들은 미국이 거대한 스위스가 되기를 희망했다.[146] 미국인들은 오히려 1차 세계대전에 참전한 것을 후회했다. 이들은 동부 금융권과 정치계의 더러운 유착 음모 때문에 미국의 이익과 아무 상관 없는 전쟁에 참여해 피를 흘렸다고 믿었고, 참전을 추진한 음모세력의 실체를 밝히기 위해 열을 올리기도 한다.[147]

미국은 전쟁부채를 갚지 않으려는 영국과 프랑스 등의 동맹국들에 치를 떨면서 다시는 무상으로 무기를 원조하지 못하게 법을 만들었다. 그러나 이미 유럽은 미국의 부축 없이는 스스로 갈등을 조율하거나 건설적인 질서를 세워서 안정화되기 어려운 지경으로 전락했다. 유럽 각국은 앞다투어 미국을 끌어들였다. 프랑스와 영국은 독일에 막대한 배상금을 요구했던 이유 중 하나로 미국에 부채를 갚아야 하기 때문이라고 주장했다. 미국인들의 요구대로 독일에 관대한 처분을 내리려면 미국이 양보해야 한다면서 오히려 자기들을 도와준 미국에 전쟁의 책임을 떠넘기려 했다. 영국인들은 오히려 미국을 비난했다. 미국 본토가 공격받지 않도록 유럽에서 독일을 막아준 자신들에게 끝까지 빚을 받아내려 한다며 '천박한 미국인'들이라는 부정적인 여론이 비등했다. 미국은 전쟁배상금은 전쟁을 일으킨 것에 대한 징벌이지만 전쟁부채는 계약이기 때문에 이 둘을 묶는 것은 말이 안 된다는 입장을 고수했다. 하지만 결국 미국이 대준 자금으로 독일이 연합국에 배상금을 내고, 연합국이 다시 미국에 부채를 갚는 '달러의 순환'에 미국은 억지로 동의할 수밖에 없었다.[148]

미국이 1차 세계대전 이후에는 하지 않았던 일들, 예를 들어 국제연맹에 참여해서 리더십을 발휘하는 것, 전쟁부채를 연기하고 유럽의 재건에 바로 뛰어드는 것, 국제무역을 활성화하기 위해 통화와 금융시스템을 제도화하는 것 등을 2차 세계대전 이후에는 스스로 하려 했던 것으로 비추어볼 때, 1차 세계대전 이후 미국은 세계체제를 이끌 리더십을 떠안을 준비가 되어 있지 않았음을 알 수 있다. 전간기戰間期로 일컫는 양차 세계대전 사이, 20여년 간에 일어난 금융과 국제질서의 혼란이 결국 세계체제를 지탱할 리더십의 부재 때문이었다면, 이러한 혼란에 대한 궁극적인 책임도 미국의 고립주의에 있다고 할 수 있다.

특히 1929년 대공황 이후 국제무역 자체가 줄어들었다. 이는 보호주의가 대두되면서 국제 통화질서가 문란해진 탓이 컸다.[149] 2차 세계대전이 끝날 무렵 미국은 전쟁 이후에 세계의 리더십을 적극적으로 떠인기 위해 준비했으며 1차 세계대전 이후, 세계가 미국에 기대하던 역할을 수행하기 시작했다. 세계무역을 확대하기 위해 고정환율제를 복구하려 한 것도 대공황에 이어진 혼란에서 교훈을 얻었기 때문이었다. "미국인들은 다른 모든 카드를 소진하고 나서야 올바른 선택을 한다"라고 일갈한 처칠의 통찰력이 돋보이는 대목이다.

세계질서가 된 미국적 가치, 어디까지 감당할 수 있나?

제국주의를 부정하는 미국이 세계질서의 리더십을 맡은 것은 미국 조야가 제국주의와는 다른 형태의 세계체제가 가능하다고 인식했기 때문이다. 이는 곧 세계질서 world order라는 보편주의가 승리하리라는 믿음이자, 포스트 1945체제에서 보편주의라는 미국적 가치가 전 세계적으로 퍼져나가 통용될 거라는 믿음이라고도 할 수 있다. 미국과 자유세계의 많은 시민들은 미국적 가치가 보편성을 가지고 있다고 생각한다. 산업사회의 민주시민들이 공기처럼 누리고 있는 이런 가치들을 딱히 미국적이라고 생각해보지는 않는다는 점에서 보자면 2차 세계대전 이후 미국이 퍼뜨린 가치들이 상당히 보편적이었다고 볼 수 있다.

보편주의자들은 사람들의 공통점이 차이점보다 훨씬 크다고 믿는다. 각 지역의 역사와 정치적 환경이 다르다고는 해도 무역을 통해 교류하다 보면 다 같이 부유해질 뿐만 아니라, 보편적 가치에 기반한 보편적 질서를 받아들이게 되고 결국은 이런 가치들을 깊이 내면화하게 된다. 그래서 이들은 어느 나라, 어느 민족이든 시장에 기초한 경제활동, 개인의 선택에 대한 존중, 종교의 자유, 시민들의 정치적 참여, 다당제 민주주의, 여성에게 남성과 동등한 권리를 부여하는 선택과 제도들에 대해 폭넓게 동의할 것으로 믿는다.

보편주의자들의 믿음은 일부 현실화되었다. 한때 사람들은 자유주의적이고 다원주의적이며 자본주의적인 서구식 민주주의가 최종 승리했다고 선언했다. 독재, 무지, 비효율의 잔재는 역사의 종언에 의해, 세계가 평평해지면서 금세 사라질 것처럼 보였다. 이러한 주장은 지정학의 시대가 다시 돌아오면서 비웃음거리가 되고 있지만, 지난 80년간 미국이 주도해온 세계질서에서 수십억 인구가 전보다 더 자유롭고 더 안전하고 더 번창할 수 있다는 희망을 가졌고 일부 적지 않은 결실을 얻기도 했다.[191] 보편주의의 가장 위대한 성취는 바로 보편주의가 끊임없이 확산될 수 있다는 믿음 그 자체일 수 있다.

보편주의는 본질상 국경을 초월하는 질서다. 이를 확산하기 위해서는 국경에 국한되지 않아야 하므로 중립적인 체제를 구축해야 했다. 국민국가를 회원으로 하는 국제기구가 질서를 정할 수 있다는 상상력은 이상주의적 국제정치관의 기본 골격이다. 보편주의자들은 주권의 독립성을 보장받은 국민국가들이 보편질서에 합의하고 보편질서를 허물어뜨리려는 몇몇 국가들을 여러 국가들이 힘을 합해 징벌함으로써 체제를 유지할 수 있다고 믿는다.

이 생각의 보루가 바로 UN과 같은 국제기구들이다. 그런데 UN을 비롯한 국제기구는 국민국가의 정치가들과는 결이 다른 이념가들이 장악한 엘리트 기구이기도 하다. 글로벌 민주주의를 지탱한다는 기구들이 민주주의가 아니라 엘리트 관료들에 의해서 운영되고 있다는 사실은 만약 세계정부가 가능하다고 해도 그 정부는 이성에 의한 보편주의를

내세우는 관료조직일 수밖에 없음을 암시한다. 어쨌든 세계정부가 공화국일 수는 없을 것이다.[150]

어떤 형태로든 세계체제를 유지하는 데는 비용이 많이 들어간다. 현실에서는 미국이 유라시아대륙 문제에 상시 간섭해야 했다. '선한 제국의 지칠 줄 모르는 군사적 개입'이라는 비현실적인 전제가 필요하다는 점에서 이상주의적 혹은 조약주의적 접근은 현실성이 부족하다. 또한 보편주의는 지금의 질서가 후퇴하지 않는다는 전제에서 추구되지만 지금까지 살펴본 대로 현상유지도 간신히 이루어져왔다. 보편주의의 성취마저도 궁극적인 상태는 아니다. 이는 가지런하게 정돈된 정원과 비슷해서 관리자가 없으면 어느새 본래의 자연상태로 돌아갈 것이며 그 모습은 보편주의의 성취들을 되돌리는 형태가 될 것이다. 이것은 보편주의자들이 흔히 놓치는 점이다. 역사는 회귀할 수 있고 게다가 보편주의를 강하게 밀어붙이기 위해서는 많은 비용과 희생이 필요하다. 그리고 도전이 실패로 끝날 때마다 현상유지의 기본구조가 어긋난다. 따라서 현실에 기반하지 않는 이상주의는 그 의도와는 달리 질서를 허약하게 만들어 보편적 가치의 확산을 오히려 가로막을 수 있다.

현실은 타협의 산물이다. 2차 세계대전 직후, 미국은 현실주의적인 관점에서 미국과는 독립적인 유럽의 탄생을 원했다. 당시 중요한 적은 소련이었기 때문에 소련에 좌우되지 않는다면 유럽의 반미적 행동도 어느 정도 용인했다. 미국 국무성의 한 관리는 전후 미국의 유럽정책에 대해 "우리가 생각하기에 필요하다면 소련과 미국 모두에게 '노no'라고 말할 수 있을 정도로 강한 제3세력을 육성하는 게 목표였다"라고 말했다.[192] 유럽이 강력한 방어능력을 갖는 것은 미국에도 좋은 일이다.

심지어 아이젠하워 대통령은 유라시아대륙의 국가들이 미국과 소련에 대해 중립을 선언하는 편이, 친미국가들에 대해 미국이 지어야만 할 '보호의 부담'을 덜어주기 때문에 나쁘지 않다고 생각했다.[151] 즉, 다소 반미적이기까지 한 EU의 탄생도 중국과의 데탕트만큼이나 미국의 전후 세계구상의 일환이었다고 볼 수 있다.

국민국가에 기초한 체제의 수립 역시 현실주의적 접근이었다. 변방을 제국이 직접 통치하는 대신 지역 엘리트들의 지배권을 인정하면 민족주의적 반란들이 누그러진다. 민족주의 봉기가 순수한 대중에 의해 조직화되는 일은 드물며, 보편질서에 비해 훨씬 더 위계적이고 비정한 지역 엘리트들이 민족주의 운동을 조직하곤 한다. 우상숭배에 가까운 지도자에 대한 일인숭배, 배신자에 대한 가혹한 보복, 지도부의 결정 혹은 지도체제 자체에 대한 반론 금지 같은 규율을 유지해야만 제국적 질서에 대해 의미 있는 저항을 할 수 있기 때문이다. 미국이 처한 상황에서는 국민국가들의 주권을 보장하면서 국민국가를 질서의 축으로 내세우는 방식이 제국주의 직할통치에 비해 훨씬 더 현실적이었던 셈이다.

우리는 미국이 설계한 전후 질서체제가 미국의 강함만큼이나 허약함을 반영했다는 사실을 잊지 말아야 한다. 미국은 유라시아대륙의 핵심부, 구체적으로는 아프가니스탄에서 한반도까지 관여할 수는 없다고 계산했다. 아프가니스탄에서 한국에 이르는 아시아 내륙지역이 소련의 지배하에 들어간다면 아쉽기는 해도 미국의 안보를 직접적으로 위협하지 않을 지역들이라고 생각했다.[152] 육군이 턱없이 부족했으므로 미국으로서는 현실적인 생각이기도 했다.

미국은 '어마어마한 비용을 들인다 해도 동맹의 지원 없이는 국방의 필요조건을 충족시키지 못한다'**193**는 사실을 알고 있었다. 미국의 전후 군사지정학 전략은 '온 세계에 군대를 주둔해야 하는 사태를 감당할 여유가 없다'153는 인식에서 설계되었다. 그러나 이렇듯 사활적 이익을 선포하자마자 느닷없이 시작된 한국전쟁이야말로 현실주의 지정학의 한계를 확실히 드러냈다.154

사활적 이익과 주변적 이익은 뚜렷하게 구별하기 어렵다. 또한 주변적 이익과 사활적 이익을 명확하게 구분할수록 적에게 주도권을 넘길 수밖에 없게 된다.155 미국에 타이완이 사활적 이익이 아니라고 선언하고 나서 일어날 일을 상상하는 것은 어렵지 않다. 무리 동물이 서열을 지키는 데 있어 무엇보다 중요한 것이 위신과 상징이다. 미국은 자신의 위신을 지키면서도 주변적 이익은 깔끔하게 포기하고 사활적 이익만 효율적으로 사수하는 방법을 아직까지 찾지 못했다.

유라시아대륙의 서쪽인 유럽과 동쪽인 중국이 독자적으로 세력화되고 소련과 미국에 맞서는 세상은 미국으로서는 최선이 아니었다. 그러나 전후 질서의 유지라는 기준에서는 유럽과 중국이 모두 소련의 영향권에 들어가는 것보다는 나은 선택지였다. 그리고 역사는 현실주의 전략가들의 예견대로 진행되었다.

그러나 소련의 몰락이 소련이라는 공동의 적을 통해 묶어놓았던 미국 중심의 국제질서를 느슨하게 만들었다. 지정학적 긴장이 완화될수록 국가들은 미국 주도의 체제에 불만족을 드러냈으며 더욱더 독자적으로 목소리를 냈다. 이에 더해 위험한 인식이 확산되었다. 비용을 지불하는 주체가 없어도 보편주의의 확산과 유지가 가능한지에 대해 생각하지 않기 시작한 것이다.

물밑에서는 세계체제를 떠받쳐온 현실적인 조건들이 해체되고 있기에, 어느 때보다 위험하기 짝이 없는 시기에 겉으로 보이기에는 그 어느 때보다 보편주의에 대한 믿음이 확고해지고 있다.

흔들리는 미국 중심의 세계질서

미국 주도의 세계체제는 그 어느 때보다 허약하다. 미국 내에서 고립주의를 주장하는 목소리가 점점 높아지고 있다. 2019년 미국 퓨리서치 센터의 조사에 따르면 미국이 자국 문제에만 신경을 써야 하고, 다른 나라 문제는 되도록 그들 스스로 처리하도록 해야 한다고 응답한 미국인 비율이 52%로 나타났는데 이는 1964년 같은 질문에 대한 조사가 시작된 이후 가장 높았다. 10년 전만 해도 미국인 3명 중 1명 만이 여기에 찬성했다. 외교정책보다 국내정책에 더 신경을 써야 한다는 사람이 80%로 압도적으로 많았다.[194][156]

이런 고립주의 추세는 부분적으로는 세계질서가 미국인들 다수를 소외시켰기 때문이다. 전후체제에서 미국 경제는 성장했지만 비숙련 노동자의 실질임금은 성장을 멈추었으며 특히 제조업 일자리의 임금은 수십년째 제자리에 머물고 있다. 2000년에서 2010년까지 10년 동안 미국 제조업 부문 일자리는 36%나 줄었다.[195]

세계평화에 의한 번영이 막상 미국의 평균적인 국민들을 소외시켰다는 사실이 중요한 이유는 미국이 민주주의 국가이기 때문이다. 민주주의에서 국부 전체가 늘어나더라도 중산층과 서민들의 일자리가 줄어들거나 정체되면 정치적 불균형이 발생한다. 이 말은 곧 미국의 민의가 세계체제를 지탱하는 쪽으로 수렴되는 걸 기대하기 어렵다는 뜻이다.

교육수준별 소득 추이(미국)

Change in the log
real wage(1963=0)

고등학교 졸업과 중퇴자들의 실질소득은 1970년대 이후 실질적으로 줄어들었다.

●— HSD ■— HSG ◆— SMC ▲— CLG ✕— GTC

HSD: High school dropouts   HSG: High school graduates   SMC: Some college
CLG: College graduates   GTC: Greater than college

(출처: Acemoglu and Autor (2011), "Routinization and the Decline of the U.S. Minimum
Wage", Technical Report, August 2014에서 재인용)

미국 GDP 대 제조업 실질임금(1960년도 대비)

(출처: World Bank World Development Indicators and IMF International Financial Statistics)

1인 1표라는 정치제도는 평균적인 미국인들을 소외시켜온 세계화를 지지하는 쪽과 반대방향으로 작용하는 힘이다.

세계인들은 미국이 민주주의 국가로 남기를 바란다. 그러나 정말 그럴까? 만약 미국의 민주주의가 미국 정치에 지금까지는 비교할 수 없는 역동성을 부여하면 어떻게 될까? 미국의 상당수 국민들이 지금까지 세계체제를 지탱하는 부담을 정당화해 오던 정치인, 관료, 언론, 학자들을 배척한다면? 분명히 미국인들의 다수가 선택한 대통령과 의회지만 미국의 정부가 미국의 책무를 포기하는 쪽으로 의사결정을 내린다고 했을 때도 세계인들이 미국의 민주주의를 수용하게 될까?

솔직하게 말해서, 세계인들은 자신들에게 선택권이 없는 미국 정치가 역동적으로 변하기를 원치 않는다. 다시 말해 세계인들은 미국이 민주주의에 의해 중요한 정책을 바꿀 수 있는 나라가 아니기를 원한다. 왜냐하면 미국은 질서를 떠받치는 나라이고 질서는 예측 가능해야 하기 때문이다.

한편, 미국의 민주주의는 미국의 대외정책을 제한해왔다. 제국적 질서가 아니라고 해도 현실에서 질서는 위계적이다. 미국이 위계의 꼭대기를 차지하고 독재권을 마음껏 휘두르지 못했다면 그것은 미국의 민주체제가 외국에 군사적 위협을 가하는 능력을 제한했기 때문이라고 할 수 있다.[196] 국민들에게 엄청난 방위비를 부담하게 하면서 국민들이기도 한 군인들이 피를 흘려야 하지만, 국민 대다수가 세계지도에서 찾지도 못하는 나라를 위한다는 명분으로 정치가에게 군사적으로 개입할 수 있는 절대권을 부여하는 것은 구조적으로 민주주의와는 어울리기 어렵다.

미국 정치의 역동성은 민주주의의 산물이다. 트럼프 현상은 민주적 현상이다. 그러나 세계의 많은 언론들은 트럼프를 독재자로 묘사하곤 한다. 트럼프 현상은 미국 민주주의와 세계인들의 이해관계에 대한 하나의 사고실험이기도 하다. 이 사고실험을 극단적으로 끌고 가다 보면 이상한 결론을 얻게 된다. 미국 주도의 세계질서가 항구적이기를 바라는 세계시민들로서는 미국의 민주체제가 변형되거나 최소한 제한되기를 바란다. 이 논리적 귀결이 지금까지의 상식과는 어긋날 수 있지만 결코 비약이 아니다. 트럼프와 관련한 세 번의 대통령 선거에서 유럽을 비롯한 산업화된 민주국가의 상당수 미디어들은 세계인들에게는 투표권이 주어지지도 않는 미국의 대통령선거가 세계인들에게 심대한 영향을 미치는 것이 부당하다는 논조를 가지고 있었다. 그들은 아는 것이다. 미국 이외의 국가에서 지금과 같은 민주적 질서가 유지되기 위해서는 미국은 너무 민주적이어서는 안 된다는 것을 말이다.

팍스로마나가 정착되는 과정에서 로마공화정이 희생되었음을 기억해야 한다. 로마는 민중파와 귀족(원로원)파 사이에서 100년이 넘게 피비린내 나는 내전을 이어오다가 율리우스 카이사르Gaius Julius Caesar, 기원전 100~기원전 44와 그의 양아들 옥타비아누스Gaius Julius Caesar Octavianus, 기원전 63~기원후 14에 의해 황제정으로 귀결되었다. 황제가 된 카이사르는 민중파 호민관으로서 원로원에 의해 살해된 그라쿠스 형제[157]의 정치적 후계자였다. 그는 어린 시절 공화정을 지켜내기 위해 민중파를 무자비하게 숙청한 독재관인 술라Lucius Cornelius Sulla Felix [158]에게 살해당할 뻔했다.

이를 통해 로마에서 황제는 민중파의 지지를 얻어 귀족들을 제압하기 위한 제도였다는 역사적 흐름을 알 수 있다. 전통적 규율과 법적 통치를 중시하는 귀족들의 공화정과 분배적 정의를 요구하는 민중파의 적대적 대치상태를 중재할 수 있는 유일한 권위체로서 황제가 옹립되었다. 황제는 귀족 가문들을 적절히 제압하며 민중의 요구에 부응해야 한다. 그러기 위해서는 어떤 귀족도 무시할 수 없는 최고위 귀족가문에서 황제가 배출되어야 한다. 민주적 귀족들(공화파 귀족들)과 비민주적 민중세력의 타협점이 바로 로마의 황제정이었다. 그리고 황제정이 공화정보다 내구성이 뛰어났다. 더 오래갔다.

2016년 트럼프를 당선시킨 대통령 선거와 코로나 와중에 치러진 2020년 대통령 선거의 깔끔하지 않은 선거 과정과 개표 진행, 국회의사당까지 군중이 난입하면서 불거진 부정선거 시비, 러시아의 선거 개입, 미디어의 일방적인 편들기와 SNS상의 정보차단, 전직 대통령 트럼프에 대한 압수수색과 기소, 그럼에도 불구하고 2024년 트럼프의 당선 등 미국 정치를 수렁으로 몰아넣고 있는 진영 갈등은 조지 프리드먼George Friedman의 예견대로 체제 전환기적인 현상이다.[159] 이는 트럼프라는 독특한 캐릭터에 대한 호감이나 비호감을 넘어서 세계체제를 지탱하는 미국을 이끄는 엘리트들과 세계화로부터 소외되었다고 느끼는 평균적인 미국인들, 즉 세계체제가 미국인들에게 야기한 구조적인 부조화로 인해 발생한 정치 내전일 가능성이 크다.

조지 프리드먼은 자신의 저서《다가오는 폭풍과 새로운 미국의 세기》에서 미국의 정치 내전을 세계화에 강한 이해관계를 갖고 있는 기술관료들과 전통적인 미국의 산업을 상징하는 백인 산업근로자 계층 간의 대립으로 보고 있다. 그의 말대로 이러한 갈등이 구조적인 대립이라면 구조 변경이 완성될 때까지는 멈추지 않을 것이다.[197]

39

중국 주도 세계질서의 모습

중국이 주도하는 세계질서 상상하기

미국이 세계체제를 더 이상 지탱하려고 하지 않는다면 새로운 대안세력이 세계체제를 이끌 수 있을까? 전간기에 영국은 19세기에 가졌던 주도권을 회복하기 위해 안간힘을 썼다. 전쟁 전 교환비율의 금본위제로 돌아간 결정도 따지고 보면 경제적, 실용적 선택이었다기보다는 파운드화를 믿어준 세계와 한 약속을 지키겠다는 허세였다.[160] 그러나 영국은 실패했다. 미국이 방관하는 사이 리더십의 부재는 혼란과 나치즘의 등장, 또 다른 세계대전으로 이어졌다. 그럼에도 불구하고 당시에는 미국이라는 대안이 존재했다. 그런데 오늘날에는 미국의 대안이 보이지 않는다.

많은 이들이 한때 패권의 평화적 이양을 믿었다. 미국이 중국에 평화롭게 패권을 넘겨준다는 것을 사실로서 받아들였다. 그러나 시진핑 주석의 장기집권과 중국발 코로나 사태를 겪으며 중국은 현재의 세계체제에 대해 수정주의revisionist(혹은 전복) 세력이라는 사실이 명확해졌다. 중국이 미국으로부터 패권을 넘겨받는다면 그 세상은 지금과는 다른 세상이 될 것이다. 중국이 주도하는 질서는 외양마저도 보편주의적 색채를 띠지 않을 가능성이 높다는 견해가 우세해지고 있다.

코로나바이러스는 전 세계 수백만명의 생명을 앗아갔으며 수억명의 삶을 파괴했다. 많은 이들이 하루아침에 생업을 포기해야 했고 공포에 떨며 몇달 동안 집 안에 틀어박혀 있어야 했다. 외국 여행과 출장을 포기해야 했고 관광, 여행이나 공연과 레스토랑 등 사람들이 움직이고 모이는 것과 관련한 업계는 그야말로 초토화되었다. 시장의 위축을 막으려고 정부들은 통화량을 늘리고 보조금을 뿌렸다. 그렇게 시작한 자산 인플레이션은 급기야 생필품 가격 상승으로 이어졌다. 방역으로 인한 봉쇄 때문에 생긴 생산라인의 정지는 글로벌 서플라이체인을 몇 차례나 멈춰 세웠다. 2022년에 들어서자 미 연준은 인플레이션을 진정시키기 위해 이자율을 계속 올리기 시작했다. 덕분에 부채위기를 겪고 있는 저개발 국가들은 경기침체와 자본이탈로 인해 극심한 인플레이션과 금융위기를 겪고 있다.

코로나바이러스는 중국에서 기원했지만 발생원인과 전파경로를 몇년째 정확하게 밝혀내지 못하고 있다. 과학자들이 현장에 방문해 자유로운 여건에서 추적 조사하는 것을 중국이 허용하지 않기 때문이다. 중국은 책임을 인정하지 않고 있다. 이 때문에 의혹은 더욱 커지고 있다.

2020년 세계를 뒤흔든 코로나바이러스는 중국의 우한바이러스 연구소에서 생화학 무기의 일환으로 개발되었을 가능성도 있다. 처음에 이러한 의문이 제기되었을 때, 대다수 과학자들은 그럴 가능성을 일축했다. 언론은 이 의문을 음모론의 일환으로 치부했으며 SNS에서는 관련 게시글이 차단되었다. 그러나 2021년 바이든 대통령은 정보기관들로 하여금 연구소 기원설에 대해 조사해 보고하도록 지시했다. 정보기관은 '자연발생설과 연구소 기원설 모두 가능성이 있다'[161]고 보고했다.[198]

2023년부터 하원을 장악한 미국의 공화당은 새 의회가 시작하자마자 코로나바이러스의 기원에 대해 원점에서부터 조사에 착수했는데 '연구소 기원설' 쪽으로 결론을 내렸다. 2024년 12월 2일, 미국 하원 '코로나바이러스 팬데믹 특별 소위원회'는 코로나19 바이러스의 기원에 대해 "중국 우한의 한 실험실에서 출현했을 공산이 매우 크다"고 주장했다. 소위원회는 이날 홈페이지에 본문 분량만 520쪽에 이르는 최종보고서를 공개하고 이런 결론을 밝혔다.[199]

심지어 연구소 기원설보다 한발 더 나아가서 바이러스의 인공제작설 주장이 미국 정부기관에 의해서 공공연하게 제기되고 있다. 2022년, 바이든의 지시에 따라서 정보기관들은 코로나의 기원에 대해서 조사한 후 보고서를 제출했는데, 당시 FBI는 코로나바이러스의 스파이크 단백질을 분석하면서, 바이러스가 인위적으로 제작되었을 가능성에 대해 우려를 표명한 과학자들의 의견을 종합해서 상당한 정도의 가능성으로 우한연구소 기원설을 지지했다. FBI가 인용한 과학자들에 따르면 바이러스의 스파이크 단백질이 자연적으로 발생하기 어려운 특성을 가지고 있는 데다 사람에게 전파되도록 최적화되었다. 그러나 FBI의 의견은 백악관에 의해서 최종 집계에서 누락되었다.[200] 미국 하원의 보고서도 바이러스가 동물에서 사람에게 전이되기 어렵다는 점과 전염성에 특화된 스파이크 단백질의 구조가 자연에서는 발견되지 않는다는 등을 근거로 연구소 유출설과 함께 (생화학무기차원에서) 인위적으로 제작되었을 가능성을 지지하는 방향으로 결론을 내렸다.

과학적으로 설득력 있는 추론들이 제시되는 와중에서 주류 언론들의 태도도 변하고 있다. 중국발 바이러스라는 용어조차 음모론으로 치부하던 언론들이 연구소 기원설을 보도하기 시작했다. 이런 의혹을 잠재우기 위해서라도 외국 과학자들에게 자유롭고 면밀한 조사를 허용해야 하지만 중국은 부정과 회피로 일관하고 있다.

중국 안과 의사 리원량李文亮은 2019년 12월 신종 코로나바이러스의 존재를 가장 먼저 세상에 알렸다. 그는 사스SARS와 비슷한 바이러스에 감염된 환자 7명의 사례를 접하고, 12월 말 동료 의료진에게 신종 바이러스 확산을 경고했다. 리원량은 단체 채팅방에서 동료 의사들에게 방역복을 입으라는 메시지를 보냈다. 나흘 후 그는 중국 공안에 소환됐다. 공안은 그에게 각서에 서명하라고 했다. 각서에는 그가 '사회 질서를 심각하게 어지럽히려고 거짓말을 했다'는 혐의가 적혀 있었다. 그런 불손한 태도로 계속 고집부리면서 이런 불법 행위를 지속할 경우 법의 심판을 받게 될 것이라고 경고하는 내용에 리원량은 '시키는 대로 하겠다'고 쓸 수밖에 없었다. 리원량은 병원으로 복귀한 뒤 신종 코로나바이러스에 감염됐고 3주간 입원 치료를 받던 중 세상을 떠났다. 만약 이때 중국 공안이 리원량의 행동을 막지 않았더라면 그는 SNS와 의료보고 체계를 활용해 계속 경고음을 울렸을 것이고, 중국의 공공보건 기관이 현장 전문가의 의견에 신속하게 대응했더라면 코로나바이러스 감염 양상은 우리 모두가 경험한 지난 몇 년과는 완전히 달라졌을 것이다.

중국은 국방비보다 공안에 더 많은 예산을 사용한다고 알려져 있다. 국방예산에 비해서 공안예산에 대한 합산된 통계는 정확하게 구하기 어렵지만 2021년 공안예산은 1.38조위안이었고 국방예산은 1.36조위안이었다고 추정된다. 공안예산 1.38조위안은 10년 동안 3배 증가한 수치다.[162] 공공안보 지출에는 경찰, 국내 감시, 무장 민병대 및 기타 사회 혼란을 처리하기 위한 조치가 포함된다. 중국은 IT 기술 중에서도 빅데이터, 안면인식 기술 및 CCTV, AI 기술에 박차를 가하고 있는데 대체로 사회검열과 관련 있는 기술들이다.

학자들은 후진타오 주석 1기, 즉 2003년부터 2008년 베이징 올림픽 직전까지가 중국 언론자유의 황금기였다고 평가한다. 인터넷 사용자가 급격하게 늘면서 중국 트위터인 웨이보에서 지방공무원들의 비리가 쏟아졌다. 사람들은 고위공무원이 명품 시계를 차고 있거나 젊은 애인과 쇼핑하는 모습을 찍어 올렸다. 멜라민을 넣은 분유[163]에 대한 공무원들의 은폐도 이 시기에 드러났다. 정부 관계자들도 SNS 계정을 만들어 홍보에 열을 올리던 때였다. 2008년 쓰촨성 지진[164]이 일어났을 때는 중국 각지에서 몰려든 중국 언론들의 취재경쟁이 뜨거웠다. 후진타오 주석은 빠르고 정확한 취재를 칭찬하고 격려했다. 외국 언론들도 중국 사회 곳곳에 폭넓게 접근할 수 있었다.

중국이 베이징 올림픽을 통해 세계에 보낸 메시지

그러나 베이징 올림픽을 준비하는 과정에서 중국은 거대 도시 하나를 완전무결하게 검열할 수 있음을 보여주었다. 외국에서 오는 입국자들의 과거를 모두 검열해 정치적이거나 정치활동을 할 가능성이 있으면 격리한 뒤 본국으로 되돌려보냈다. 베이징 올림픽을 맡은 최고위급 인사가 바로 후진타오 주석의 후계자로 낙점된 시진핑이었다. 중국은 베이징 올림픽을 거치면서 SNS와 인터넷 그리고 언론에 대한 검열을 강화하기 시작했다. 지방정부의 비리는 검열하지 않는 대신 중앙정부에 대한 비판은 민감하게 검열하는 '봇'을 만들어냈다. 이렇게 중국은 인터넷의 모든 텍스트를 검사하는 기염을 토하며 '인터넷이 검열로부터 자유롭다'는 통념을 깨부수겠다고 했던 공산당 고위급 인사의 확언을 실현해 나갔다.[201]

베이징 올림픽이 사회검열의 기점이 될 수 있었던 것은 올림픽이 국민의식을 고양했기 때문이기도 하다. 특히 올림픽 전에 이루어진 성화봉송은 서구 미디어 대 중국인들 간의 대결구도로 진행되었다. 티베트의 상황에 동조하는 서구의 인권운동가들은 중국 바깥에서 진행 중이던 베이징 올림픽 성화봉송을 방해하거나 성화가 지나는 도시의 거리에서 시위를 벌였다.[165] 현지에 살고 있는 중국인들은 인권운동가들의 성화봉송 반대를 저지하려고 시도했고 그 과정에서 크고 작은 소란이 일었다.[166] 서구 미디어는 성화봉송을 반대하는 글로벌 릴레이 시위를 연일 크게 보도했다. 특히 미국 대학가에서는 티베트 문제를 놓고 중국 유학생들과 현지 대학생들 간에 토론회가 열리기도 했는데, 여기에 참여한 중국 학생들은 당국의 지시를 어기고 서구 미디어의 먹잇감이 되는 짓을 벌였다는 이유로 매국노로 공격받기도 했다.[167]

티베트 인권에 대한 서구 인권단체의 도발과 서구 미디어의 보도는 남의 잔칫집에 와서 행패를 부리는 모습으로 비칠 만했으며 중국 당국은 이를 '중국의 발전에 대한 서구 세력의 질투'라는 프레임으로 만들어 중국 국민들의 오래된 피해의식을 자극하는 데 성공함으로써 애국주의를 크게 고양할 수 있었다. 중국 외부에 대한 국민들의 피해의식이 중국 내부의 검열을 강화하는 방향으로 이어졌다. 올림픽을 계기로 중국을 좀 더 개방적이고 민주적인 국가로 만들기 위해 자극을 주려고 했던 서구의 인권운동가들은 그들이 목표했던 정반대로 중국을 몰아세운 셈이다.

세계는 덩치 큰 북한에게서 기대를 거두고 있다

2022년 제로 코로나를 위해 자국민 상당수를 집이나 공장 기숙사에 감금한 상태로 열린 최고정치행사에서 시진핑 주석의 3연임이 확정되었다. 이미 5년 전에 연임제한을 없앴을 때부터 시진핑 주석이 영구집권을 노리고 있다는 주장은 설득력을 얻었다. 그러나 전 세계를 코로나 바이러스 감염이라는 충격으로 몰아넣은 상황에서 시진핑 주석이 실제로 장기집권 야심을 드러내자 서구 언론은 뒤늦게 경악했다. 더구나 시진핑 주석은 여러 계파를 안배하던 기존의 관행을 버리고 자신의 친위대로 최고상임위원을 채웠다. 이로써 중국 공산당 고위층에는 시진핑을 견제할 세력이 존재하지 않는다는 것을 대내외적으로 과시했다. 공산주의 1당 독재라 해도 최고지도자의 임기가 정해져 있다는 점과 계파들이 권력을 나눈다는 점 등으로 중국의 정치는 북한과는 전혀 다른 것으로 취급받아왔으나 시진핑 주석의 영구집권 체제가 노골화되자 서구 주류 미디어들은 중국을 덩치 큰 북한으로 취급하기 시작했다.

2022년 12월 외교전문지인 〈포린 어페어스〉는 시진핑 주석이 집권 10년 동안 중국을 후퇴시켰고 취약한 나라로 만들었다고 강하게 비판했다.[202] 이는 서구 미디어들이 중국을 더 이상 내재적인 관점[168]에서 평가하지 않음을 의미한다. 서구는 보편주의 기준에서 중국의 정치와 경제, 인권과 법치 등을 따져 묻기 시작할 것이고, 어느 하나 기준에 미치지 못하기 때문에 중국에 대한 문명사적인 비난의 수위는 계속 올라갈 것이다. 즉, 파룬궁[169]에 대한 탄압과 천안문 사태 이후에는 중국 체제에 대해 서구 정치권과 미디어가 관용과 인내를 베풀었으나, 시진핑 주석의 장기집권 이후 발생할지도 모를 대중 저항이나 국민들에 대한 중국 정부의 폭압적인 진압에 대해서는 관용적인 태도로 접근하지 않을 가능성이 커졌다.

중국이 평화적으로 부상하면서 차차 미국으로부터 패권을 이양받아 세계의 보편질서를 떠받칠 가능성에 대한 기대는 사라졌다. 그 대신, 중국이 세계 1등 국가로 부상하기 위해서라면 전쟁이나 그에 준하는 격변을 거칠 것이며, 중국이 패권을 거머쥔 세상은 우리가 알던 보편적 가치들이 존중되는 세계가 아닐 것이라는 인식은 널리 확산되고 있다. 이런 인식 변화는 중국이 스스로 만든 것이다. 시진핑 주석은 야심을 감추라는 전임자의 조언을 무시했으며 남중국해와 코로나 사후처리에서 세계의 보편적 기준을 존중하지 않았다. 중국 내부 정치는 더욱더 권위주의적으로 변하고 있으며 이웃국가들에 대해서는 공격적인 외교전략을 구사하고 있다. 그러나 시진핑 주석 승계 이후에 두드러진 이런 변화는 그의 개인적인 성향 때문이라기보다는 중국이 처해 있는 구조적 여건 때문이라고 볼 수 있다.

중국은 공격적 민족주의를 통해 내부 정치의 권위적 압제를 정당화하려 한다. 공격적 민족주의는 그 정의상 국제관계에서 마찰을 일으킬 수밖에 없다.[203] 즉, 신장 위구르와 티베트 등 광활한 변경의 소수민족을 통합하기 위해 중국은 내부적으로는 압제를 강화하고 대외적으로는 공격적 외교를 펼칠 수밖에 없다.

공산당이 조국의 영광을 위해 선봉에 선 투사이자 영웅으로서 자리 매김할수록 중국은 타이완 문제에 대해 유연성을 상실하게 되고, 결국 미국과의 관계도 악화된다. 국제사회의 여론을 무시하면서까지 남중 국해에 대한 배타적 권리를 현실화하려고 하면 할수록 중국은 미국의 동맹에서 '자기 쪽으로 빼와야 할 동남아 국가들'로부터 오히려 배척받게 된다. 몽둥이로 무장한 군인들을 보내 인도와의 국경분쟁에 처절하게 매달리면 극적인 장면들이 연출되기 마련이고 그런 영웅적인 사진들은 안으로는 민족주의를 고취할 수 있고 간혹 내부의 정치 위기를 덮는 데 활용할 수 있겠지만, 불필요할 정도로 인도를 반중국가로 몰아세우게 되므로 외교적으로는 큰 손실이다. 인도가 미국의 동맹이 될수록 중국은 서쪽으로 향하는 활로가 차단되기 때문이다.

지정학적으로 불리한 국경분쟁에 대한 집착이야말로 내부 안정이 절박하다는 것을 의미할 수도 있다. 이런 일련의 악순환은 결국 '국가사회 총동원 체제'로 수렴되므로 중국의 근본적인 문제를 더욱 악화시킬 수밖에 없다.

40
중국이 직면한 세 가지 난관[170]

미국 정치계를 하나로 묶는 중국 억제정책, 트럼피즘

난징대학교 국제관계연구원장 주펑 朱鋒 은 바이든 행정부를 가리켜 '트럼프 없는 트럼피즘'이라고 했다. 그는 또한 트럼프 대통령 시절부터 바이든 정부로 이어지는 미국의 대중전략을 '핍박'이라고 표현했는데, 이는 '중국은 미국과 동급이 아니므로 패권을 놓고 다투기에는 아직 멀었다는 의미'이기도 하다.[204] 주펑은 미국과 미국의 동맹들이 중국 봉쇄에 지나치게 강경하게 나오자 곤혹스러워하는 중국 당국을 대변한다.

중국 국방대학 전략연구소 교수 다이쉬 戴旭 도 중국이 네 가지 사실을 놓쳤다며 당혹감을 드러낸 바 있다. 중국이 놓친 네 가지란 '첫째로 미국의 원한이 이렇게 클지 몰랐고, 둘째로 미국의 수법이 이토록 악랄할 줄 몰랐고, 셋째로 미국에 얻어맞는데 편들어주는 나라가 하나도 없을 줄 몰랐고, 넷째로 미국이 공화당, 민주당 할 것 없이 중국을 때린다는 것'이다.[205]

공산당이 대륙을 장악한 중화인민공화국 성립 100주년인 2049년까지 중국은 미국과 세계를 분할 통치하겠다는 야심을 공공연히 밝혀왔다. 또한 사사건건 미국이 주도하는 세계체제에 대해 어깃장을 놓고 있다. 그러면서도 중국의 엘리트들은 미국이 이 정도로 민감하게 나올 거라고는 예상하지 못했다. 제국으로서 미국은 2인자의 부상과 2인자가 노골적으로 드러내고 있는 야심을 손 놓고 구경할 처지가 아니다. '제국주의를 부정하는 제국주의 미국'의 이중성에 속고 있는 것은 미국인들만이 아니었던 셈이다.

미국 존스홉킨스대학 국제관계학 석좌교수 할 브랜즈 Hal Brands 는 "워싱턴 정가엔 미국이 주요한 적인 중국에 맞서 당분간 태평양에 집중해야 한다는 초당적 합의가 있다. 지금 미국의 모든 정치적 파벌을 하나로 묶는 것은 '반중연대'다"[206] 라고 했다. 앞서 주평의 말대로 미국의 대외정책 중심에 중국 억제를 놓는 것이 트럼피즘이라면 당분간 미국은 트럼피즘의 나라가 될 가능성이 크다.

주평이 지적했듯이 바이든 행정부는 중국의 첨단기술을 억제하려는 트럼프 행정부의 정책을 승계했다. 특히 반도체 산업의 발전을 저지하기 위해 수출통제 등 다양한 방안을 구사했다. 서방의 주요 산업국가들이 중국이 첨단산업에서 앞서나가지 않도록 하기 위해서 함께 하기로 했다. 네덜란드와 일본도 중국에 첨단 반도체 장비를 수출하는 것을 규제하는 데 동의했다.

시진핑 주석은 반도체 굴기를 내세웠는데, 시 주석은 반도체와 첨단기술이 미국과 다른 서방 국가들에 심각하게 의존하는 점을 중국의 약점으로 보았다. 그는 미국이 첨단기술 분야에서 중국을 고립시키려고 하는 만큼 기술자립이 절실하다고 호소했다. 그러나 중국이 코로나바이러스의 폭발적 확산에 따른 재정 부담 등으로 인해 반도체 산업 자립을 위해 쏟아부은 막대한 정부 지원을 중단하는 방안을 검토하고 있다는 보도가 2023년 벽두에 터져 나왔다. 보도에 따르면 대규모 반도체 산업 보조금이 그간 별다른 결실을 보지 못한 데다 오히려 뇌물 등 부패와 미국의 제재만 불러왔다고 보고 중국 고위관리들이 이를 철회하는 방안을 논의 중이라고 했다. 일부 관리는 자국 반도체 산업 육성을 위해 1조위안(약 184조 5,000억원) 규모의 보조금을 주는 방안을 지속해야 한다고 주장하는 데 반해서 다른 관리들은 투자 주도 접근법에 회의적인 시각을 보인다는 것이었다.[207] 이 보도의 소스는 중국 관계자다. 그렇다면 이 보도 역시 주펑의 발언과 일맥상통한다. 중국은 나중에는 어떨지 모르지만 일단 당장은 자신들이 미국의 맞수가 아니라는 메시지를 전 세계에 보내기 시작했다. 이는 미국과의 노골적인 대립으로부터 숨을 고르기 위해 덩샤오핑과 그의 후임자들이 선택했던 '빛을 감추고 힘을 키우기' 전략, 즉 도광양회韜光養晦로 회귀하려는 몸짓일 가능성이 크다.

그렇다면 미국이 방해하지 않으면 중국은 계속 성장할 수 있을까? 조지 프리드먼은 첨단산업으로 이동하려는 중국의 노력이 성공하기 어렵다고 평가하는데 그 이유는 미국의 견제가 아니라 중국 내부의 구조적 문제 때문이다. 제조업에서 중국의 경쟁력은 확고했다. 저렴한 임금과 정부의 집중적인 투자가 주요했기 때문이다. 그러나 첨단산업은 전혀 다른 게임이다. 엄청난 자본을 투입해야 하는데 높은 수익성이 유지되지 않으면 자본투입을 계속할 수 없다. 첨단산업만큼은 투입량에 따라 결과를 기대할 수 없는, 즉 국가사회총동원 체제가 따라가는 데 한계가 있는 분야다. 이런 하이테크 분야에서 성과를 내려면 무엇보다 사회 구조가 첨단산업에 맞게 바뀌어야 한다.

중국은 미국의 도움이나 방해와 상관없이, 세계질서를 좌우할 강대국으로 성장하기 전에 풀어야 할 구조적인 문제를 가지고 있다. 크게 세 가지 측면에서 중국이 처한 난제를 분석할 수 있다.

지리적 약점

중국은 국민소득 1만달러(2011년 달러가치 기준)를 역사상 가장 빠르게 달성했다. 미국은 180년, 일본은 100년이 걸린 일을 중국은 개방 30여 년 만에 이루었다. 미국이 주도하는 세계체제가 단지 경제적 번영을 위한 질서라면 이 질서를 가장 잘 활용한 나라는 중국일 것이다. 즉, 중국

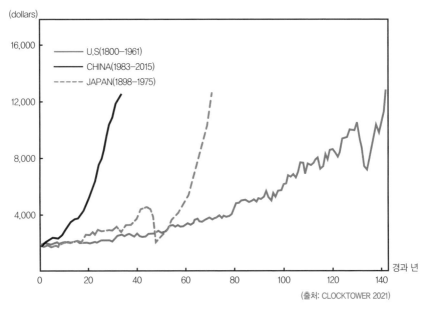

국민소득 1만달러(2011년 기준) 달성에 걸린 기간

(출처: CLOCKTOWER 2021)

의 눈부신 성장이야말로 미국체제의 산물이다. 왜 그럴까? 일단 미국은 중국의 거대한 소비시장이 되어주었다. 그것도 가장 필요할 때인 자본도 경쟁력도 부족할 때 시장을 열어주었다. 앞으로 미국과의 갈등이 고조될수록 소비시장으로서 미국의 비중은 줄어들 것이다. 그러나 중국은 유럽과 다른 시장에 대한 비중을 늘릴 것이며 중국 내부와 중국에 인접한 유라시아대륙 내부에 거대한 시장을 개발할 계획을 가지고 있다. 수출과 내수를 모두 키운다고 해서 쌍순환 전략이라고 한다.

그러나 미국 체제가 중국에 안겨준 진정한 선물은 따로 있다. 미국은 중국의 가장 취약한 지리적 약점을 보완해주고 있다. 바로 서쪽과의 교류다. 중국은 동남쪽으로는 바다가 있으나 서쪽은 험한 산지와 너른 사막으로 막혀있다. 상품을 가지고 서쪽으로 가기 위해서는 동중국해나 남중국해의 항구에서 나온 배가 인도차이나반도를 우회해야만 한다. 중국은 세계에서 원유를 가장 많이 수입하는 국가인데 이 말은 서쪽과의 교통에 사활이 걸려 있다는 말과 같다.

중국과 인도는 전통적으로 사이가 좋지 않은데 인도차이나반도를 지나면 인도 해군의 영역을 지나야 한다. 미국이 강조하는 항행의 자유가 없어진 인도양에서 항행하는 것은 위험하다. 인도는 석유나 상품을 거래할 수 있는 중계무역항을 만들고 중계무역에 동의하지 않는 국가의 선박들에 대해서는 보호할 수 없다는 위협을 실행할 수 있다.[171] 인도의 원유, 상품 중계무역을 인정하지 않으려면 해군력으로 인도양에서 인도의 해군을 제압해야 하는데 동맹국의 항구를 쓸 수 없는 상황에서 중국 해군이 인도 해군을 격파할 가능성은 거의 없다. 수에즈 운하, 호르무즈 해협, 말라카 해협은 모두 중국 서쪽에 있으며 중국의 목줄이다. 이 급소choke point들을 안정화하기 위해 중국이 그간 군사동맹을 만들어 항구를 얻거나 원양함대를 파견하지 않아도 되었던 이유는 미국제제가 이 바닷길에 평화를 가져다주었기 때문이다.

중국이 미국을 대신해 유라시아대륙에서 패권을 발휘하려면 일단 자신의 서쪽 항로를 지킬 수 있어야 하지만 지금으로서는 요원한 일이다. 미국 없이 하는 것도 힘들뿐더러 이 지역에서 미국에 맞서 항로를 지키는 것은 거의 불가능하다. 중국이 타이완을 점령했을 때 미국의 선택지가 바로 중국의 서쪽 항로를 봉쇄하는 것인데, 그 상황에서 중국이 견딜 수 있는 기간은 100일 정도라고 한다. 이것이 에너지와 식량 모두 자급하지 못하는 중국의 현실이다.

중국이 작동하려면 200만배럴 용량의 초대형 유조선 6척이 매일 들어와야 한다. 페르시아만에서 상하이까지 19일이 걸린다. 중국은 인도네시아와 말레이시아를 비롯한 동남아 국가들에 반감을 사는 일을 그

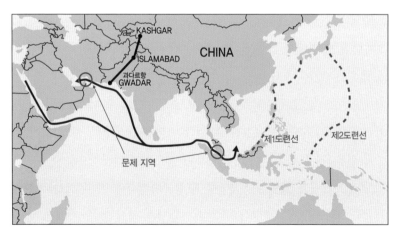

중국의 지정학적 어려움   (출처: CLOCKTOWER 2021)

간 모조리 해왔다.[208] 특히 남중국해에 대해 배타적인 영유권을 주장한 것도 부족해 이들 동남아 국가들이 공해상에서 원유나 자원을 채굴하는 것을 말 그대로 힘으로 막았다. 심지어는 공산국가인 베트남과의 사이도 좋지 않다.

그런데 중국의 유조선은 인도네시아와 말레이시아 군대가 차단할 수 있는 말라카 해협을 지나 인도 해군이 거의 경쟁자 없이 어슬렁거릴 수 있는 긴 바다를 지나야 한다. 중국은 인도와 좋은 관계를 형성하기 위해 성심껏 투자해온 나라는 아니다. 해군 함정을 호위선으로 보낸다 해도 제대로 된 항공모함 전대가 없어 공군의 지원을 받지 못한 채 적들로부터 느려터진 유조선을 보호해야만 한다.[172] 이것도 미국의 방해가 없을 때의 상황이다. 미군의 직접적인 간섭이 없어도 중국 에너지 운송라인은 헤쳐나가기 어려운 난관에 직면한다. 미국은 중국에 대해 부작위의 작위[173] 카드를 사용할 수 있다.

인도와 말라카 해협의 리스크를 줄이기 위해 중국이 선택한 원유 공급라인은 파키스탄의 과다르 항이다. 호르무즈 해협에서 가까운 아라비아해에 있는 이 항구는 중국-파키스탄 경제 회랑CPEC 계획의 중심이자 진주목걸이로도 불리는 일대일로 프로젝트의 중심에 있다. 문제는 파키스탄 내부 정치다. 과다르 항이 중국의 생명줄이 된 이후 부패한 파벌로 이루어진 이 나라로부터 육상 운송로를 지키기 위해서는 사실상 중국이 파키스탄을 식민 통치해야만 한다.

일례로 과다르 항이 속한 파키스탄의 발루치스탄주는 독특한 지역 정체성을 가지고 있다. 반정부 테러단체BLA: The Baloch National Army가 중국인들과 파키스탄인 건설관계자들을 공격하고 살해하고 있으며, 중국 서부 이슬람 지역들에서는 한족들의 안전이 보장되지도 않는다. 신장 위구르의 무슬림들에 대한 단입으로 인해 이슬람 지역에서 중국인들에 대한 평판이 좋지 않기 때문이다. 중국인이나 중국 기업, 중국이 투자한 시설들에 대한 테러가 발생할 가능성이 커서 중국이 원유수송로를 지키려면 결국 이 지역에서는 폭압적인 제국주의로 나아가야 한다. 더구나 석유를 사용하는 중국의 산업단지는 거의 대부분 동쪽에 몰려 있다. 파키스탄을 지나고도 중국 안에서만 원유수송을 위해 수천km를 달려야 하므로 경제성이 있는 운송로는 아니다.

미국의 세계 관여는 중동의 안정에 집중했다. 냉전 당시 소련은 에너지와 식량을 자급했다. 미국은 식량은 자급이 가능했지만 에너지는 수입해야 했다. 미국만이 아니라 미국과 동맹을 맺은 유럽과 동아시아 국가들은 에너지를 중동에 의지해야 했다. 그러나 중동의 정치는 모두가 알다시피 복잡하다. 소련은 미국의 약점이 중동이라고 보았고 미국을 중동정치에 끌어들이기 위해 노력했다.

영국이 중동에서 손을 떼며 이 지역을 지키는 경찰이 없어지자 이집트와 이스라엘은 전쟁에 나섰다.[174] 따라서 에너지 수입국인 미국은 중동정치에 개입하게 되었다. 셰일가스 혁명으로 에너지 자립이 가능해지자마자 미국의 고립주의를 지지하는 목소리는 중동의 복잡한 정치로부터 완전히 발을 뺄 것을 강하게 주문하기 시작했다. 그러나 세계체제와 중동은 서로 떼어놓을 수 없는 관계다. 미국으로서는 완전히 발을 빼든지 아니면 일일이 관여해야만 한다. 호르무즈 해협에서 일어나는 작은 갈등도 세계체제를 뒤흔들기 때문이다.

이란과 이라크 전쟁 때, 양국은 상대국의 석유수출을 방해했다. 300여 척의 상선들이 미사일 공격을 받았다. 2차 세계대전 이후 항행의 자유가 보장된 세계체제에서 상선들은 별다른 위험을 겪지 않았다. 보험회사들은 기상악화와 관련된 선적 지연과 같은 위험만을 고려해 보험료를 계산했다.

배 300여척은 세계무역에서 결코 크다고 볼 수 없는 규모였지만, 서로가 서로를 보증하는 시스템에서 전 세계 대형 보험회사들까지 위기에 처하게 되었다. 고려하지 않았던 비용을 부담해야 했으므로 재보험사들까지 위기에 몰린 것이다. 미국은 두 나라가 바다 위의 배를 공격하는 것을 막아야 했기에 주요지역을 통과할 때까지 국적과 관계없이 모든 상선들을 호위해주어야 했다.[209]

미국이 중동에서 발을 빼면 중동의 갈등은 바로 중국의 문제가 되어버린다. 중국이 어느 정도까지 관여할 수 있을까? 중동은 외교술과 돈만으로는 해결은커녕 진정시키기도 어려운 갈등으로 점철된 곳이다. 심지어 막강한 해군력과 육군력을 투입한다 해도 지역의 안정을 위해 어마어마한 희생을 치러야 한다는 걸 미국이 이미 보여준 바 있다. 중국에는 그럴 만한 힘이 없다. 미국이 중동에서 빠져도 문제지만 미국이 소련처럼 중동을 흔든다면 중국은 중동이라는 수렁에 깊이 빠져들 수밖에 없다.

인구감소와 고령화

중국에게 인구는 난관이다. 중국의 인구는 기형적이다. 1979년부터 2016년까지 1가구 1자녀 정책을 추진한 덕에 여아에 대한 낙태와 출산

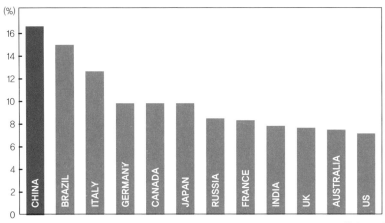

65세 이상 인구 비중(2050년)

(%)

CHINA / BRAZIL / ITALY / GERMANY / CANADA / JAPAN / RUSSIA / FRANCE / INDIA / UK / AUSTRALIA / US

(출처: OECD)

후 방치가 극심했다. 그 결과 2020년 여성에 비해서 남성인구가 3,490만 명이 더 많다.[210] 이런 기형적인 인구구조는 출산율을 더 악화시키는 요인인데 중국은 인구감소와 고령화에 직면해 있다. 출산율 저하로 인한 인구구조의 변화는 중국만의 문제는 아니다. 다만, 다른 선진국들이 부유해지면서 인구가 감소한 것과는 달리 중국은 '1가구 1자녀 정책'을 시행한 결과로 인구가 감소한 것이기 때문에 문제가 더 심각하다. 산업화하기 전부터 출산율을 급격하게 줄이다 보니 부자가 되기 전에 고령화에 진입하게 되었다. 사회적 인프라가 갖추어지기 전에 고령화에 진입하기 때문에 젊은 층의 부담이 훨씬 버겁다.

고령화에 따라서 중국은 생산가능 인구와 저축은 줄어들게 된다. 부족한 저축을 지탱하기 위해서는 막대한 외국 자본이 국내에 투입되어야만 한다. 지금의 미국처럼 자본이 지속적으로 유입되어야 하는 셈이다. 즉 고령화가 진행될수록 경상수지 흑자 국가에서 적자 국가로 전환

될 가능성이 높다.[175]

무역흑자란 결국 국내에 투자할 돈을 외국에 투자한다는 의미다. 반대로 국내의 저축으로 국내 투자를 감당하지 못하면 경상수지가 적자가 된다. 현재 중국은 저축률이 높다. 그러나 근로인구가 나이가 들어감에 따라 저축은 줄어들고 노년에 가까워질수록 저축한 돈을 빼서 살아야 한다. 반면 투자는 계속 이루어져야만 하므로 경상수지가 흑자에서 적자로 바뀌어 갈 것이다. 중국은 지금의 미국처럼 자본을 수입하는 나라가 될 것이다. 이런 사정 때문에 중국은 외국 자본을 유치하기 위해 개방적으로 체질을 전환해야 한다. 그러나 중국 정부의 변덕에 따라 자본을 통제한다면 외국 기업이나 자본은 중국에 투자하기를 꺼릴 것이다. 중국에서 돈을 벌어봐야 자국으로 인출하기 어렵거나, 중국에 기업을 세워 사업을 영위할 때 경영권을 비롯해 지식재산권을 보호받지 못해 알토란 같은 기업을 눈앞에서 빼앗길 수 있기 때문이다. 중국이 외국 기업에 대해 약탈적인 정책과 자본통제를 지속하면서 동시에 고령화에 대비할 수는 없다.

중간소득 함정

마지막 세 번째 난관은 중국이 오랫동안 빠져 있는 중간소득 함정[176]이다.

이것은 여러 가지 원인이 복합적으로 작용해 나타난 증상이기도 한데 무엇보다 큰 원인은 농촌에 대한 차별정책이다. 중국은 세계 최고의 교육기관을 가지고 있으며 가장 많은 엔지니어를 배출하고 있다. 그러나 한편으로는 중학교도 마치지 못한 국민들이 많다. 이 역시 단순히 빈

곤이 아니라 잘못된 정책들 때문이다.

마오쩌둥 시절 대약진 운동과 문화혁명이라는 사회적 광기에 시달리느라 학생들은 학교에 가지 못했다. 배가 고팠던 데다 학교가 사실상 휴교 상태였다. 그런 상태에서 개혁개방이 시작되었다. 이번에는 돈을 벌기 위해 동부로 가느라 다들 공부를 하지 않았다. 고성장 시절에는 저숙련 노동자들에게도 돈 벌 기회가 많았다. 그러나 돈을 벌어도 고향에 두고 온 자식이나 도시에 데려온 자녀를 제대로 교육시키지 못했다.

부모가 모두 돈을 벌러 갔기 때문에 농촌 아이들은 할머니와 할아버지에게 맡겨졌다. 갓난아기 시절에 받아야 할 적절한 자극 대신 하루 종

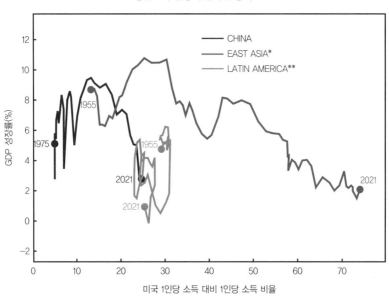

중간소득 함정에 들어선 중국

* 한국, 일본, 타이완의 평균
** 아르헨티나, 브라질, 칠레, 콜롬비아, 에콰도르, 과테말라, 멕시코, 페루의 평균

(출처:CONFERENCE BOARD TOTAL ECONOMY DATABASE, BCA RESEARCH, MACROBOND)

일 밭일을 하는 할머니 등에 업혀서 할머니의 뒤통수만 바라보는 경우가 허다했다. 이런 아이들은 지능발달에 문제가 있고, 심지어 발달기에 늘 가까이 있는 할머니의 뒤통수에 초점을 맞추다 보니 학교에 가서는 칠판의 글씨를 읽지 못하는 경우도 많다. 농촌 아이들은 극도로 불결한 환경에 노출되어 회충에 감염된 데다 탄수화물 위주의 식사로 인해 영양실조와 빈혈을 달고 산다. 중국의 다양한 지역에서 수집한 표본 13만 3,000명의 건강 데이터에 따르면 초등학생의 60%가 빈혈, 시력문제, 기생충 감염 중 적어도 한 가지 이상의 문제를 겪고 있다고 추정된다.[211] 그러나 이들은 잘못된 관습과 미신 때문에 안경이나 회충약 같은 간단한 처치만으로 개선될 수 있는 기회를 놓치곤 한다.[177]

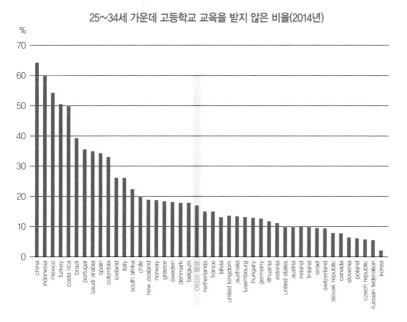

25~34세 가운데 고등학교 교육을 받지 않은 비율(2014년)

(출처: "Education at a Glance", OECD, 2015)

이는 중국이 눈부시게 발전하는 와중에 농촌에서 벌어진 일이다. 또한 도시에 온 농민공들은 후커우라고 하는 거주자격을 얻지 못한 상태여서 이들의 자녀들은 값은 비싸지만 시설은 형편없는 사설학원에 가야 한다. 도시의 공립학교에 입학할 수 없기 때문이다.

중국 정부도 자기 나라가 중간소득 함정에 빠져 있다는 사실을 알고 있다. 이를 타개하기 위해서는 노동생산성이 계속 올라가야 하므로, 중국 정부는 2035년까지 GDP를 두 배로 늘리겠다는 목표를 세웠다. 이를 위해서는 노동생산성 증가율을 14년 동안 5% 이상으로 유지해야만 한다. 노동연령 인구의 감소를 고려할 때 노동의 투입량 증가가 한계에 부딪혔으므로 국민 개개인의 노동생산성 증가가 중요하다. 그러나 중국 인구 중 동부의 대도시에 사는 일부를 제외하면 대부분이 평균적인 노동생산성을 올릴 만큼 고등교육을 받지 못하는 게 현실이다.

중국이 권위주의 체제를 유지하며 경제발전을 하는 와중에 총동원체제를 통해 사회를 단속한 것은 일정 정도는 유효한 전략이었다. 저숙련, 단순노동에 기초한 경제에서 가장 중요한 가격경쟁력을 유지하기 위해 노동운동을 억압하는 것은 임금인상을 억제하는 데 도움이 되었다. 그러나 중국은 더 이상 저임금 노동에만 의지할 수 없다. 산업을 고도화해야 하므로 국민들의 평균수준을 올려야 한다. 그러려면 농촌 출신에 대한 차별을 없애야 하는데, 지역 간에 심각한 격차가 있는 상황에서 섣부르게 차별을 없애면 정치적 불만이 터져나올 가능성만 올라간다. 예를 들어, 동부 연안 지역(상하이, 광둥성 등)은 서부 내륙 지역(쓰촨성, 구이저우성 등)보다 2~3배 이상의 경제적 격차를 보인다. 이러한 상황에서 농촌 출신 노동자에 대한 차별을 섣불리 철폐할 경우, 도시 지역 노동자와 농촌 출신 노동자 간의 경쟁 심화와 정치적 불만이 터져 나올 가능성이 크다.

　중국의 차별적인 임금구조에서 노동쟁의를 억제할 수 있는 이유도 후커우 제도와 관련 있다. 농촌 출신 노동자의 평균 월급은 도시 출신 노동자보다 30~40% 낮다. 후커우가 없는 이주노동자는 의료, 교육, 주거 등 기본적인 사회 복지 서비스 접근이 제한되어 있다. 중국은 세계에서 가장 많은 이주노동자를 보유하고 있다. 이주노동자의 수가 대략 약 3억 명에 이른다. 그런데 여기서 이주노동자란 중국인들이다. 그들은 시골에서 상경했으므로 공장이 있는 도시의 후커우가 없다. 그들이 쟁의에 참여하면 공안은 그들을 추방하는 간단한 방식으로 그들에게 벌을 준다.

　시진핑 주석의 공동부유 정책이 경제성장을 계속 유지할 수 없다는 전망에서 나온 것이라는 주장도 있다. 중국 지도부는 공산당 독재의 정

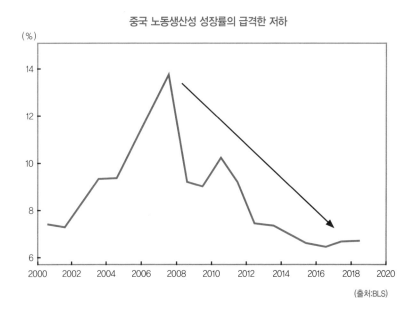

중국 노동생산성 성장률의 급격한 저하

(출처:BLS)

당성이 그동안 높은 성장에 기반해왔음을 알고 있다. 그러나 앞으로는 그런 고속성장을 지속할 수 없으므로 정권을 지키기 위해서는 성장보다는 평등으로 시선을 돌릴 필요가 있다. 또한 IT나 금융, 하이테크보다는 보통 수준의 일자리를 제공하는 대규모 제조산업 중심의 산업체제를 지속해야만 한다. 따라서 미국이 아니라 독일과 일본의 산업구조가 중국 지도부의 모델일 가능성이 크다. 중국 지도부는 사회구조를 변경하면서까지 하이테크 산업을 육성할 이유가 없는 셈이다. 그들에게는 체제의 유지를 위해 경제발전이 필요하다. 만약 경제발전이 국민 교육수준의 전반적인 상승에 달려 있으며 이를 위해서는 자본과 사회에 대한 정부 통제를 크게 완화할 필요가 있다는 사실이 명확하다면, 중국 지도부는 아마도 경제발전을 포기하려 할 것이다.

발전보다 통제를 선택한 중국 공산당

시진핑 주석은 2012년 집권 이후 강력한 반부패 캠페인을 통해 권력을 공고히 했다. 그는 집권 10년 동안 약 500만 명에 달하는 당 관료와 공직자들을 숙청하며, 부패 척결을 명목으로 당 내부 기강을 강화했다. 2024년 시진핑은 이를 두고 "압도적인 승리"라고 선언하며 캠페인의 성과를 자축했다.[212]

반부패 캠페인의 대상은 고위 관료뿐 아니라 중국 사회의 유명 인사와 경제 엘리트들에게도 확대되었다. 알리바바의 창업자 잭 마와 같은 대표적인 기업가들은 물론, 영화배우 판빙빙도 탈세 혐의로 몇 달간 자취를 감추는 등 권력의 칼끝을 피하지 못했다. 판빙빙 사건은 단순한 법집행 이상의 정치적 메시지를 담고 있었으며, 부유층과 유명 인사들에게 경고를 보내는 동시에 대중적 지지를 확보하려는 전략이었다.

영장 없이 수색과 체포가 이루어지고, 구금 사실조차 가족에게 알리지 않는 사례가 빈번했다. 법치주의를 훼손한다는 국제적 비판에도 불구하고, 이러한 접근은 중국 내 대중들 사이에서 상당한 인기를 끌었다. 이는 부유층과 엘리트를 겨냥한 강경 조치가 사회적 불평등에 대한 대중의 분노를 활용한 정치적 도구로 작용했음을 보여준다.

국제투명성기구Transparency International가 발표한 부패인식지수CPI에 따르면, 시진핑 집권 기간 동안 중국의 점수는 6점 상승하여 2023년 기준 45점을 기록했다. 이는 같은 기간 동안 인도의 점수가 1점 상승한 것과 비교할 때, 상대적으로 눈에 띄는 성과였다. 그러나 이는 부패 척결로 행정 시스템의 일부 투명성이 향상된 결과일 뿐, 장기적인 경제적·사회적 부작용을 감출 수는 없었다.

반부패 캠페인은 단기적으로 정치적 안정과 대중적 지지를 강화했지만, 장기적으로는 중국 경제와 사회 구조에 심각한 악영향을 미치고 있다. 특히, 민간 기업 활동의 불확실성이 증가하며 기술 산업의 경쟁력이 약화되고 있다. 대표적으로 알리바바는 2020년 이후 시가총액이 절반 이하로 감소했다. 더 나아가 법치주의의 훼손은 외국인 투자 환경을 악화시켰다. 외국인 직접투자FDI는 2023년 전년 대비 14.4% 감소하며 1,891억달러로 줄어들었다.

특히 지방정부 차원의 단속은 경제적 악재를 더욱 부각시켰다.

시진핑 주석에 의해서 시작된 반기업인 캠페인은 결국 지방정부로 확산되었고 지방정부의 주요 소득원이 될 정도가 되었다. 그제서야 중국의 중앙정부는 지방정부가 도를 넘어서까지 기업인들을 구금하고 체포하고 있는지를 감독하겠다고 나설 정도다. 2024년 12월, 〈파이낸셜 타임스〉[213]의 보도에 따르면, 2024년 한 해 동안만 상하이 및 선전 증권 거래소에 상장된 80개 이상의 기업의 고위 임원이 구금되었다. 시진핑 주석의 반부패 캠페인이 지방정부의 재정 위기를 해결하기 위한 "수익 창출" 수단으로 전락했다는 비판을 받고 있다.

"장거리 낚시"라 불리는 단속 방식은 기업 본사가 위치하지 않은 지역에서 벌어졌으며, 이는 경영진의 체포와 막대한 벌금을 동반했다. 광둥성의 내부 보고서에 따르면, 2023년 이후 광저우에 있는 약 1만 개의 기업이 다른 지역 당국의 단속을 받았다.

다음은 2024년 발생한 주요 구금 사례들이다:

· 장젠Zhang Jian: Aima Technology Group의 CEO로, 그의 가족은 195억위안(약 2.67억달러)에 달하는 회사 지분을 보유하고 있음에도 불구하고, 본사와 아무 관련이 없는 청더시Chengde의 반부패팀에 의해 구금되었다.

· 예젠뱌오Ye Jianbiao: Zhejiang Whyis Technology의 CEO로, 동양시Dongyang에서 체포된 이후 9개월간 구금 상태에 있다.

· 류샤오둥Liu Xiaodong: Shanghai Bairun Investment 창립자는 한중시Hanzhong에서 체포되어 몇 달 후에야 석방되었다.

지역 정부들이 이런 식의 단속에 의존하는 이유는, 부동산 위기로 인한 세수 감소와 직결된다. 중국은 부동산 시장 침체로 토지 판매 수익이 급감하였고, 이는 지방 정부의 재정난을 가중시키는 결과를 낳았다.

지방 당국은 이를 보완하기 위해 부유한 개인과 기업을 표적으로 삼아 벌금과 몰수 조치를 강화하고 있다. 한 투자자는 "지방 당국은 단속을 통해 최대한 많은 돈을 걷어내고 있다"며, "이는 국가적 삥 뜯기nationwide shakedown"라고 비판했다. 보다 못한 중앙정부가 나섰다. 예산 중에서 벌금이 차지하는 비중이 비정상적으로 큰 지방정부를 중앙정부가 감독하겠다는 것이다. 중국 정부는 기업인들과 부자들에 대해서 오락가락하는 모습을 보이는 중이다.

이런 약탈적인 행위들은 장기적으로는 심각한 부작용을 초래한다. 기업들은 장기적 투자를 포기하고, 자산을 해외로 이전하거나 단기 이익을 좇는 투기적 사업에 열중하게 된다. 이는 고용 창출과 세수 확보를 더욱 어렵게 만든다. 그렇게 되면 지방정부의 세금수입은 더 줄어들게 되고 기업과 부자들에 대한 벌금부과는 강화될 것이다. 혹자는 이런 식의 약탈은 중국적 문화에서는 오래된 관행일 뿐이라고 말하고 있다. 즉 중국이 개혁개방의 위대한 도약의 시대라는 예외적인 때를 과거로 하고 원래의 모습으로 돌아가고 있다는 뜻이다.

시진핑 정부는 반부패 캠페인에 이어 외국 기업에 대한 통제도 강화하며, 경제와 정치 전반에 걸쳐 권위주의적 통치를 더욱 공고히 하고 있다. 특히 2023년 개정된 반간첩법은 외국 기업과 투자자들에게 새로운 규제를 부과하며 중국 내 비즈니스 환경의 불확실성을 한층 심화시켰다.

2023년 7월 1일부터 시행된 이 법은 간첩 활동의 정의를 기존보다 대폭 확장하였다. 법안에 따르면, "중국의 국가 안보와 이익에 잠재적으로 해를 끼칠 수 있는 모든 정보 수집 및 전파 행위"가 간첩 행위로 간주될 수 있다. 여기에는 국가 기밀뿐만 아니라 경제, 기술, 데이터와 관련된 정보도 포함된다. 또한, 정부는 의심이 가는 외국 기업과 개인에 대해 전자기기를 수색하거나 데이터를 압수할 권한을 가지게 되었고, 이는 외국 기업들이 평소의 경영 활동 중에도 조사와 규제의 대상이 될 가능성을 크게 높였다.

중국 내에서 사업을 운영하며 민감한 데이터를 다루거나 기술을 공유하는 외국 기업들은 이 법에 의해 심각한 영향을 받고 있다. 반간첩법은 이들의 정상적인 업무를 "국가 안보 위협"으로 간주할 가능성을 열어두고 있어, 기업들은 데이터 보호를 위해 추가적인 비용을 부담해야 하는 상황에 직면했다. 예컨대, 일본의 한 글로벌 제조업체는 공급망 정보가 중국 정부의 조사 대상이 될 것을 우려해 데이터 보안 시스템을 대폭 강화해야 했다.

법률의 모호함 또한 문제로 지적된다. "국가 안보를 위협할 가능성이 있는 행위"라는 정의는 지나치게 광범위하여, 데이터 수집이나 기술 공유, 심지어 연구 개발까지도 감시 대상이 될 수 있음을 시사한다. 이에 따라 외국 기업들은 중국 내에서 데이터를 관리하는 데 더욱 신중을 기해야 하며, 수집한 정보가 국가 안보에 위협이 된다는 이유로 간첩 행위로 간주될 위험에 처하고 있다.

2023년 초, 미국계 글로벌 컨설팅 기업 베인앤드컴퍼니는 중국 내 사무소가 정부의 급습을 받는 사태를 겪었다. 조사 과정에서 직원들의 노트북과 스마트폰이 압수되었고, 이는 회사의 데이터 보안과 업무에 상당한 타격을 입혔다. 같은 해 3월, 일본 기업 미쓰비시의 베이징 사무소 역시 "불법 정보 수집" 혐의로 조사를 받았으며, 일본인 직원들이 체포되기에 이르렀다. 이러한 사례들은 일본을 포함한 외국 기업들로 하여금 중국 내 사업 환경을 재평가하도록 만드는 계기가 되었다.

중국 정부의 반간첩법과 외국 기업에 대한 통제 강화는 경제적·외교적으로도 큰 파장을 일으키고 있다. 많은 외국 기업들이 이 법의 리스크를 이유로 중국 내 투자를 축소하거나 철수하고 있으며, 미국과 유럽의 다국적 기업들은 공급망을 동남아시아나 인도로 다각화하는 추세를 보이고 있다. 이 법은 외국 정부들 사이에서 "중국이 경제와 안보를 분리하지 않고 있다"는 우려를 키웠고, 미국과 EU는 이를 중국의 경제적 보호주의로 간주하며 강력히 반발하고 있다.

이와 같은 상황에서 중국 정부는 부동산 위기, 주식시장 침체, 소비 부진이라는 내부적 어려움에 직면하고 있다. 경제 관료들은 외국 기업 투자를 적극 유치하려는 의사를 밝히며 투자자들을 안심시키려 노력하고 있고, 심지어 시진핑 주석조차 외국 기업들에게 더 나은 투자 환경을 약속하고 있다. 그러나 실질적으로 벌어지는 일들은 이와 상반되는 방향으로 진행되고 있다.

중국 공산당 엘리트들은 부자들, 기업인들, 시장 세력, 그리고 외국 자본이 지나치게 강성해지는 것을 본능적으로 두려워한다. 어쩌면 과거 장쩌민과 후진타오 시절, 기업인과 유명 연예인, 외국 사업가들이 대중의 우상이 되어가던 흐름 속에서 상대적으로 약화되어 가던 공산당의 사회적 영향력을 복원하고자 하는 엘리트들의 집단적 불안감이 시진핑이라는 예기치 않은 인물을 최고 권력자로 끌어올린 배경일지도 모른다.

41
미국 없는 유라시아에서

미국 보편질서의 한계가 보인다

제국주의를 도덕적으로 판단하기 이전에 하나의 제도로서 이해할 필요가 있다. 즉, 어떤 문제를 해결하기 위해 인류가 만든 제도의 하나로 볼 필요가 있다. 제국주의는 보편질서의 확산을 통해 지역들 간의 세력다툼을 완화하려 한다. 분쟁이 줄어들면 대다수 사람들과 자원들을 생산적인 곳에 투입할 수 있으므로 문명이 발전한다. 그러나 2차 세계대전 이후의 질서는 제국주의를 부정하는 미국이 주도했다. 그렇다면 폭력적이고 때로는 잔인무도한 제국주의적 통치가 해결하려 했던 보편질서의 유지라는 문제가 오롯이 남게 된다.

포스트 1945체제, 특히 통화 금융질서의 설계에 참여한 케인스는 미국과 영국의 솔선수범으로 국제질서를 어느 정도 유지할 수 있으리라 생각했다. 그는 '미국과 영국이 모범을 보이고 이끌면서 동의하는 국가들을 가입시켜 나가면, 수많은 나라들과 개별적으로 회의하느라 시간을 낭비하지 않고 시스템의 주요 강령과 주요 규약을 제정할 수 있을 것'이라고 생각했다.[214] 공자가 《논어》에서 말한 덕치의 원리와 비슷하다. 공자는 "덕으로 하는 정치란, 북극성처럼 그의 자리에 머물러 있으면 많은 별들이 이를 중심으로 운행하는 것과 같다子曰 爲政以德, 譬如北辰. 居基所, 而衆星共之"라고 가르쳤다.

리더가 기준을 제시하고 스스로 모범을 보이면 질서에 대한 반감이 줄어들어 질서를 유지하기 위해 많은 비용을 지불하지 않으면서도 질서유지가 가능하다. 그러나 세상은 이상적인 곳이 아니다. 질서를 파괴하고 전체적인 조화를 허물어뜨리며 자기 이익만을 추구하려는 세력이 반드시 존재한다. 그들로부터 질서를 지키기 위해서는 비용 지불을 피할 수 없다. 덕치를 추구했던 중국과 조선의 형벌은 꽤나 엄격했는데 고문과 태형은 물론이거니와 허리를 잘라 오랫동안 고통스럽게 죽어가도록 하는 형벌도 심심치 않게 집행해야 했다.

포스트 1945체제도 제국주의만큼이나 폭력을 필요로 했으며 비용을 지불해야만 했다. 그마저도 보편질서의 시효가 한계에 다다르고 있다는 진단이 나오고 있다. 셰일가스 혁명으로 미국이 에너지 순 수출국이 되었으므로 중동의 안전은 유럽, 중국, 일본, 한국, 타이완의 문제가 되어가고 있다. 전투적 자유주의자들이 미디어와 문화계를 장악한 미국에서는 이상주의가 현실을 부정하는 수준으로 치닫는 한편 현실을 아는 이들은 고립주의 쪽에 힘을 싣고 있다. 세계체제에 이해관계가 있는 기술관료 엘리트들이 계속해서 권력을 잡으려면 여러 가지 조건이 우연히 충족되어야 한다. 그것도 지속적으로 말이다.

미국 국민들이 세계체제의 유지비용에 대해 문제의식을 느끼지 못하든지, 아니면 외견상 민주주의를 유지하면서도 사실상은 대중에 의한 정치적 역동성을 거세한 엘리트체제를 유지해야 한다. 국민 다수의 의사와 별도로 존재하는 공공선을 이해하고 수호할 수 있는 관료들이 필요하며, 결국 국민의 투표보다는 매뉴얼에 의한 관료체제로 운영되는 국가가 되어야 한다.

국가란 지배 엘리트가 대중들을 어르고 달래고 협박하고 회유하고 때로는 속이면서 끌고 가는 사회적 삶의 영속체라고 정의하는 이들도 많다. 이런 관점에서는 들키지만 않는다면 엘리트들의 대중기만이 심각한 죄는 아니다. 그러나 최근 미국 정치는 사실상 정치 내전상태와 다를 바 없는 양상이다. 어느 쪽도 솜씨 좋게 상대를 설득하거나 속여 넘기지 못하고 있다. 즉, 미국이 세계체제에 헌신한다면 미국의 일반 국민들이 세계체제에 들어가는 비용을 투자로 인식해야만 한다. 아니면 미국이 공화주의를 버려야 한다. 미국이 민주주의체제의 역동성을 계속 유지한다면 미국의 고립주의는 엘리트들의 '세계관여'에 제동을 걸려 할 것이고, 일시적으로라도 미국 없는 세계(혹은 미국 없는 유라시아)가 현실이 될 가능성이 있다.

미국 없는 유라시아, 과연 현실이 될까?

유럽에서 극동아시아를 이어주는 해상로는 원래 해적이 들끓고 지역적 강자들 간에 오래된 적의가 소용돌이치는 곳이다. 중국은 미국이 없는 상태에서는 이 해상로의 안전을 지키기 버겁다. 더구나 미국에서 중국으로, 강대국들 간에 패권이 격변 없이 평화롭게 이양되기를 바라는 것 또한 지나친 이상이다. 지정학자인 피터 자이한은 미국이 관여하지 않는 유라시아대륙은 피할 수 없는 현실이며 국제교역에 의한 번영의 시대는 끝나고 있다고 확언한다.

인류가 깊은 바다를 항해하기 시작한 것은 비교적 최근의 일이다. 깊은 바다를 항해하기 전에 원거리 무역은 중계무역 itermediary trade 이었다. 중계무역은 그리 멀지 않은 곳까지 가서 물건을 상인한테 넘기면 그 상인이 또 얼마 안 가서 다른 상인에게 넘기는 방식이었다. 귀한 물건을 싣고 아주 멀리까지 갔다가 안전하게 돌아올 방법이 없었기 때문이다. 사람들은 무리행동을 하는 영역동물이기 때문에 자기 영토에 제3자가 드나드는 모습을 그냥 두고 보지 않는다. 남의 상권을 침해한 대가는 참혹했다. 물건만 빼앗기는 것이 아니라 생명을 빼앗기거나 노예로 팔렸다. 그러니 무역은 얼굴과 배경을 아는 상인들의 네트워크를 통해 이루어질 수밖에 없었다. 이 말은 물건이 생산자에게서 소비자까지 가려면 엄청나게 비싸져야 한다는 뜻이다. 게다가 중계무역이 이루어지는 시장에서는 흥정이 이루어지는 동안 시간이 걸리기 때문에 값싸고 싱싱한 물건은 아예 취급하지도 않았다. 그러니 중계무역 상품들은 화폐로 쓰일 정도로 값나가고 내구성이 있어야 했다. 유라시아대륙을 가로지른 상품이 비단과 후추와 향신료였던 것은 우연이 아니다.

대항해 시대는 지중해 무역을 장악한 베네치아의 독점과 오스만 제국의 세금에 불만을 품은 포르투갈로부터 시작되었다. 지중해와 중동을 장악한 베네치아와 오스만 제국은 인도와 동남아시아로부터 오는 향신료를 독점 중계했다.[178] 유럽에서 향신료는 같은 무게의 금보다 비쌀 때도 있었다. 포르투갈이 아프리카를 돌아서 인도로 가려 했던 이유다. 대항해 시대가 열리는 순간부터 먼바다를 운행하는 배들은 상선이자 군선이자 해적이어야 했다. 해군이자 상인이자 해적이라는 정체성은 뚜렷하게 구별되지 않고 한 인격 안에 혼재되어 있었다. 나라에서는 다른 나라의 상선을 발견하면 노략질하는 면허[179]를 내주기도 했다. 배에는 무기도 실어야 했으므로 상품을 가득 실을 수도 없었다. 게다가 해적을 만나기라도 하면 도망가야 했으므로 속도도 빨라야 했다. 대항해시대가 열리면서 지중해 독점은 우회했으나 원거리 무역은 여전히 위험하고 비쌌다. 이것이 국민국가의 주권이 미치지 않는 깊은 바다 무역의 자연스러운 모습이다.

포스트 1945체제의 해상무역

포스트 1945체제에서 원거리 해상무역의 특징은 크게 두 가지로 꼽을 수 있다. 첫 번째는 배가 엄청나게 커졌다는 사실이다. 컨테이너의 발명은 그 자체가 혁신이었다. 어떤 물건이든 규격에 맞는 컨테이너에 넣고 배에 컨테이너를 쌓기만 하면 되니, 부두에서 일일이 물건을 풀었다가 다시 포장해서 실을 필요가 없어졌다. 컨테이너 상태에서 트럭이나 철도로 목적지까지 운반할 수도 있었다. 1960년대에는 항구 하역장의 회전에 몇 주가 걸렸으나 컨테이너가 일반화된 이후로는 하루로 앞당겨졌다.[215] 컨테이너는 상품을 잘 보호할 뿐만 아니라 배에 실을 수 있는 양을 극대화할 수 있어 물류비용이 획기적으로 낮아졌다. 그 결과 상선이 엄청나게 커진 반면 자기방어 능력을 기대하기는 힘들게 되었다. 컨테이너를 많이 쌓으려면 갑판이 크고 평평해야 하므로 당연히 배가 넓적해진다. 한마디로 느려진다는 말이다. 엄청나게 큰 유조선과 컨테이너선이 총으로 경무장한 날랜 보트 몇 척에 납치되는 이유다.

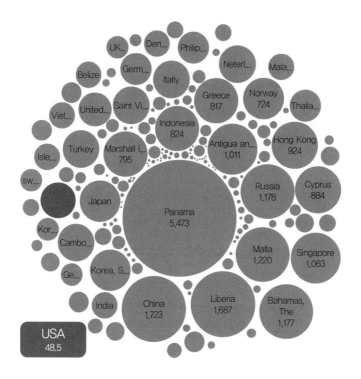

편의치적국: 상선들의 국적 분포　　(출처: Maritime Flags of Convenience Visualized, John Konrad)

　두 번째는 편의 치적선 flag of conveneance 제도다. 배들도 국적을 갖는데, 세금과 여러 가지 규제를 회피하기 위해 선주의 국가가 아니라 제3국에 국적을 둘 수 있다. 공해상을 다니는 상선들의 국적 분포를 살펴보면 흥미로운데 파나마와 마셜제도, 말타 같은 작은 나라들이 압도적으로 많다. 이 나라들은 배를 등록하는 절차가 간편하고 저렴한 데다, 정기적으로 선박을 조사한다거나 자국 선원들의 탑승을 요구하지 않는다. 심지어 다른 나라에서 팩스 한 장으로 서류를 보내 등록하는 경우도 있다고 한다. 그래서 다국적 기업 배들의 국적이 일반인들은 지도에서 찍지도 못할 만큼 작은 나라인 경우가 흔하다. 이렇듯 선주들은 값비싼 배의 국적을 편의직으로 둘 수 있다.

상선이 느려터진 것과 엄청나게 값비싼 상선들의 국적이 존재감이 미미한 나라라는 것이야말로 이 시대가 얼마나 특별한지를 잘 보여준다. 이는 곧 다른 나라의 배들을 보고 달아날 필요가 없으며 강대국의 깃발을 달지 않아도 될 만큼 원거리 항해가 위험하지 않다는 뜻이다. 만약 지금처럼 선주들이 배의 국적을 편의적으로 정할 수 있는 상태에서 미국의 함선들이 공해상에서 자국의 배들 위주로 안전을 보장해준다고 할 때, 편의 치적국의 분포가 어찌 될 것인지는 깊게 고민하지 않아도 답을 알 수 있다.

공해상에서 항행의 자유를 지키며 원거리 무역을 가능하게 하는 일, 즉 경제학 교과서를 쓸 때 무역의 조건이 바로 넓은 바다를 순찰할 수 있는 값비싼 항공모함 전대와 불온한 세력의 소굴을 폭격할 수 있는 스텔스 전폭기, 해적의 근거지를 정찰할 수 있는 인공위성이라는 사실을 누락할 수 있게 된 것이 바로 미국 주도체제의 빛나는 성과라고 할 수 있다. 이는 '미국이라고 불리는 힘'을 인간 이성으로 제어할 수 있게 되었기 때문이라고도 할 수 있다. 미국의 힘이 추상적이 될수록 사람들은 역사의 종말을 정말로 믿기 시작했다. 그러나 착각하지 말아야 한다.

원거리 무역을 불가능하게 하거나 비싸게 만드는 것 역시 합리성을 추구하는 인간이라는 사실이다. 싸고 안전한 원거리 무역이 가능한 건 그것을 가능하게 하는 강대국이 지역의 주권을 내세우는 지역적 패권을 억누르기 때문이다. 그 강대국이 이 일을 할 필요를 느끼지 못하거나 자폐적인 세계관으로 돌아가면 그동안 억눌렸던 각 지역의 강자들이 등장해 자기 영역에 선을 긋는다. 이 선은 추상적이지 않다. 강대국들은 자신들의 '삶의 터전'을 확보해야 한다는 이유로, 식량과 에너지 그리고 안보적 이유로 위협이 되는 지역을 배타적으로 지배하려 할 것이다. 인간의 지리적 영역에 대한 배타적 집착을 과소평가하는 이상주의자들은 합의를 통해 협치할 수 있으며 공공선을 창출할 수 있다고 쉽게 생각한다. 즉, 고만고만한 세력들 간에 합의가 이루어져 서로의 영역을 각국의 배들이 무사통과하도록 해서 전체 파이를 키울 수 있다고 믿는다.

그러나 죄수의 딜레마는 인간의 영원한 굴레다. 자기 나라의 배는 약소국의 영역을 무사통과하더라도 약소국의 배는 자기 세력권에 마음대로 들어오게 할 수 없다는 것, 이것이 지역 패권국에는 최선이며 각국이 자기 영역에서 패권을 장악하려고 피를 튀기는 이유다. 결과적으로 전체의 이익을 돌보는 강대국이 지구 전역에 대해 제국주의적 관심을 갖지 않게 되면 지역의 패권국가들은 자기 영역에서 자국의 이익을 극대화하려는 선택을 할 것이다. 결국 원거리 항해는 위험하고 비싸질 것이며, 이는 지역에서조차 패권을 잡을 수 없는 나라들의 상거래 비용을 크게 올릴 것이다.

핵확산을 막지 못하는 미국의 리더십

핵확산을 막지 못하는 미국의 리더십은 그 자체로 미국이 주도하는 현체제의 모순을 드러내고 있다. 글로벌 리더로서 미국에게 주어진 가장 중요한 책무 중 하나가 바로 핵무기의 확산을 억제하는 일이었다. 미국은 제국주의적 방식, 즉 일방적으로 자국의 특권을 선언하고 다른 나라에게서 핵 보유 특권을 빼앗는 것보다는 국제적인 합의를 통한 규제 방안을 선택했다. 바로 핵비확산조약NPT, Treaty on the Non-Proliferation of Nuclear Weapons이다. 이 조약은 핵무기의 확산을 방지하고, 핵 군축을 촉진하며, 핵 에너지를 평화적으로 활용하는 것을 목표로 한다. 1968년에 체결되어 1970년부터 발효된 이 조약은 오늘날 190개 이상의 국가가 가입할 정도로 글로벌 규범으로 자리 잡았다.

1960년대 초, 당시 핵무기 보유국은 미국, 소련, 영국, 프랑스, 중국 등 다섯 개국에 불과했다. 그러나 여러 국가들이 핵무기를 개발하면서 핵종말에 대한 위기감이 고조되었다. 다른 국가들이 핵무기를 개발할 가능성이 현실화되면서 기존 핵 보유국들은 핵무기의 확산을 방지하고 자국의 상대적 우위를 지키기 위해 핵을 동결하는 방안을 선택했다. 그러나 핵비확산조약은 핵확산을 억제하기 위한 조치였지만, 동시에 핵 보유국의 기득권을 인정해야 하는 논리적 모순을 안고 있었다. NPT는 태생부터 불평등할 수밖에 없었고, 이로 인해 새로운 핵무기 보유국들이 등장하는 것을 차단하는 데 한계를 드러냈다.

NPT의 주요 성과는 핵무기의 확산을 그나마 억제하고, 핵 에너지의 평화적 사용을 촉진한 점이다. 전 세계 대부분의 국가들이 NPT를 준수하고 있으며, 조약 체결 이후 새로운 핵무기 보유국의 등장이 억제되었다. 1990년대 이후에는 일부 국가들이 자발적으로 핵무기를 포기하거나 핵 개발을 중단하기도 했고, 이는 NPT의 긍정적인 성과로 평가된다. 하지만 북한의 핵 보유가 시작되면서 NPT 체제는 근본적으로 균열을 일으키기 시작했다. 북한은 미국, 한국, 일본으로부터 양보를 얻어내면서 핵 개발을 지속했고, 수십 년 동안이나 그들의 기만전술이 통용되는 것을 국제사회에 보여주었다. 북한은 핵 개발을 강행함으로써 국제조약을 어기는 편이 더 많은 양보를 얻는 방법이라는 교훈을 전파했다. 이는 핵확산 억제의 한계를 여실히 드러내었다.

북한의 핵 보유는 또한 핵확산을 억제하려는 미국의 리더십이 제한적임을 보여주었다. 북한은 일단 핵을 보유하면 핵억제의 특성상, 핵 보유 기득권을 인정받게 된다는 사실을 꿰뚫어 보았다. 이와 동시에, 북한은 핵무기와 관련된 기술의 거래가 가능하다는 사실을 전 세계에 알렸다. 파키스탄의 핵 과학자 압둘 카디르 칸은 북한의 핵 개발에 중요한 역할을 했으며, 북한은 이를 바탕으로 시리아와 이란으로 핵기술과 핵 발사체를 수출하려 시도했다. 핵무기와 관련된 기술은 고도로 민감한 정보지만, 지식의 속성상 배타적이지 않다. 아무리 경제적으로 힘들어도 한 국가 차원에서 작심하고 투자하면 발견할 수 있는 지식이라는 사실이 드러났다. 또한 과학기술이 보편화됨에 따라서 핵 개발에 필요한 기술은 해커들이나 불법적인 거래망을 통해 유통되기도 한다. 결정적인 기술들은 돈을 주고 구입할 수 있다는 말이다. 결국 핵기술은 국가차원에 머물지 않고 세계를 파괴하려는 무장단체들에게까지 퍼져나갈 수 있게 되었다.

북한의 핵 보유가 국제사회의 핵확산에 대한 대응 방안을 시험대에 올려놓았고, 이는 이란에게 큰 교훈이 되었다. 이란은 북한의 사례를 통해 핵 개발을 추진하는 것이 미국과의 협상에서 유리한 고지를 점할 수 있는 방법이라는 것을 배웠다. 미국은 경제 봉쇄를 통해 이란을 압박하고 있지만, 이란 국민들이 겪는 고통은 그들의 지도부에는 영향을 미치지 않는다. 이란은 핵 개발을 지속함으로써 미국과의 협상에서 우위를 점하려는 전략을 취하고 있는데 이는 미국의 국내 정치를 흔드는 쟁점이다. 오바마, 트럼프, 바이든, 트럼프로 이어지는 지난 정부들이 모두 이란의 핵 보유 차단이라는 숙제를 놓고 갈피를 잡지 못하고 있다.

NPT의 모순은 미국의 리더십의 한계와 맞물려 있다. 핵확산을 막기 위해서는 국제적인 합의와 규제가 필요하지만, NPT는 그 자체로 불평등한 성격을 띤다. 기존 핵 보유국들의 기득권을 보장하면서 신규 핵무기 보유국들의 등장을 규제하려는 방식은 현실적으로 어려운 점이 많다. 북한과 이란이 보여준 것처럼, 핵 보유 의지를 갖추면 국제사회로부터 양보를 얻어낼 수 있으며, 일단 핵을 가지게 되면 기득권을 인정받게 된다. 이는 핵 보유를 억제하려는 노력이 오히려 핵 보유 의지를 자극하는 악순환을 낳고 있다는 뜻이다. 또한, 핵과 관련된 지식은 비밀스럽지만, 이를 얻는 경로는 존재하며, 기술적 장벽을 넘는 것은 시간이 걸리지만 불가능하지 않다는 점도 드러났다.

미국은 핵확산 방지의 책임을 기존 기득권 국가들과 나누려 했으나, 결국 그 부담은 미국의 몫으로 돌아왔다. 북한의 핵 보유 억제에 대해서 러시아, 중국, 프랑스, 영국은 미국만큼 부담을 느끼지 않았다. 이란에 대해서도 되풀이되고 있다. 영국과 프랑스는 오바마 때 맺은 이란 핵 협상을 트럼프 행정부가 대충 승계하고 이 협정의 구멍 때문에 설사, 이란이 핵을 갖게 된다고 해도 그 문제는 그때 가서 생각해보자는 소극적인 태도로 일관했다.[216]

미국이 제국주의적 관점에서 핵확산을 억제하려 했다면, 더 강력한 조치와 대응이 가능했을지도 모른다. 그러나 미국은 국제조약을 통해 핵확산을 억제하려 했고, 그로 인해 이란이나 북한과 같은 국가들이 핵 개발을 지속할 수 있는 기회를 제공한 셈이다. 만약 처음부터 "다른 모든 나라는 핵을 가지거나 개발해서는 안 된다"는 입장을 확고히 했다면, 보다 빠르고 효과적으로 핵확산을 막을 수 있었을지도 모른다. 적어도 이런 태도라면 논리적 모순 없이 핵 보유 시도 국가를 조기에 무력으로 제압할 수 있었을지도 모른다.

이란의 핵 보유 시도는 미국에게도 끝나지 않는 숙제다. 북한과 마찬가지로 이란이 핵무기를 보유한다면, 중동의 정치 지형은 크게 변화할 것이다. 사우디아라비아와 걸프 국가들이 핵무장을 선언할 가능성도 존재한다. 미국은 핵확산 방지를 위한 노력에서 결국 실패하게 될 수도 있으며, 이는 미국이 더 이상 강력한 리더십을 발휘하기 어려운 상황에 직면해 있음을 의미한다.

핵확산 금지에 대한 미국의 노력과 실패는 바로 미국 시대의 특징과 약점을 고스란히 노출했다. 향후에 미국 스스로 제국이라는 자각을 한 뒤, 무력을 사용해서 핵확산을 금지하든지 아니면 미국 본토에 떨어뜨릴 수 있는 역량이 없는 국가들의 핵 보유라면 묵인하는 식으로 이 문제에서 손을 떼게 될 것이다.

스스로를 어정쩡한 지위에 올려놓고 세계질서를 이끌던 미국의 리더십은 노골적인 제국주의냐 아니면 세계 관여의 포기냐의 갈림에 놓여 있다.

미국이 손 놓은 유라시아에서의 한국

한국은 80%가 넘는[180] 수출입 비중으로 볼 때, 보편질서의 몰락으로부터 가장 큰 타격을 입게 된다. 그래서 피터 자이한은 미국 없는 유라시아에서 현재 상태를 유지하지 못하고 추락할 나라들을 나열할 때 한국을 앞에 두었다. 한국이 세계체제를 통해 가장 큰 혜택을 보고 있는 국가 중 하나라는 뜻이다. 미국이 달러를 찍어내 세계체제를 유지하면서 경제학 교과서에서는 항행의 자유를 위한 비용이 없다고 가정하는 지금과 같은 시스템이 한국에는 최적화된 상태다. 한국인들이 미국의 달러 특권을 없애라고 말할 때, 그들은 미국이 공해상의 안전을 위해 무한영구동력을 개발하든지 아니면 그 일을 그만두라고 주장하는 셈이다. 전자가 아니라 후자를 주장하는 이들은 한국이 지역의 패권을 장악해 말라카 해협으로부터 한국에 이르는 운송로에서 누구의 방해도 받지 않을 만한 힘을 투영하고 안전을 확보하는 세상을 상상하는 셈이다.

물론 군사적 현실을 부정하고 세계체제 자체를 낭만적으로 볼 수도 있다. 그런 사람들은 인도와 중국, 일본이 패권을 투영하는 영역을 지날 때 한국발 혹은 한국향 무역선들이 국제법에 따라 인도와 중국, 일본의 방해 없이 통과할 수 있다고 믿는 것과 같다.

우리가 가까운 바다를 부를 때 사용하는 이름인 서해와 동해, 남해에는 방향성 외에는 어떤 의미도 없다. 그러나 바다는 그런 곳이 아니다. 내가 서서 바라보는 방향으로 규정되는 육지 너머가 아니라는 뜻이다. 사실 가까운 바다에 어업권의 경계가 촘촘하게 쳐있듯이 바다에도 주인이 있다. 육지에서 제법 먼 바다들도 그렇다. 서해와 동해, 남해에는 나라들의 이름이 붙기도 하지만 아무도 한국의 이름은 붙이지 않는다. 우리 자신조차 한국해라고 부르는 바다가 없다. 세상을 공평한 곳으로 보고 영역에 대한 인간의 집착을 야만의 산물이라고 본다면 우리의 작명이 가장 공평하다. 그러나 우리가 서해와 남해, 동해에 중국이나 일본의 이름이 붙지 않게 하거나, 그렇게 부르는 것이 부당하다고 구글이나 세계지도 편찬자들에게 계속 주장하고 항의하려면 이들 바다에 미국 전함이 오고 갈 수 있어야 한다. 지구는 무극성이 아니므로 중국과 일본이 바다를 장악하지 못할 때는 진공일 때가 아니라, 미국이 '항행의 자유 작전'이라는 미명하에 뻔뻔스럽게 존재감을 풍기며 이 바다 위에서 무력시위를 할 때뿐이다. 그렇지 않으면 서해는 동중국해로, 남해와 동해는 일본해로 불리게 될 것이다.

지금까지 이 책의 논리를 따라온 독자라면 논리적 귀결을 예상할 수 있을 것이다. 중국에 대한 견제 때문에 미국은 한동안 한국을 동맹으로 묶어놓고 미군 전력을 한반도와 인근 바다에 투사하려 할 것이다. 한편으로 미국은 효율적으로 중국을 봉쇄하고 싶어 한다. 고립주의를 외치는 목소리가 커지고 있는 상황에서 미국의 민주정치가 허용하는 '미국의 세계 관여' 윤곽선이 러시아-우크라이나 전쟁에서 드러나고 있다. 돈과 자원은 쓸 수 있으나 미국 청년들의 피는 흘리지 않겠다는 것이다. 미국이 간접적으로만 지원했을 뿐인데도 러시아는 우크라이나를 조기에 압도해 전쟁을 끝내지 못했다. 이번 경험을 통해 미국은 군대를 보내지 않고도 당사국과 주변의 동맹들을 지원하는 식으로 세력균형을 유지하는 방법이 가능함을 확인했다. 이는 바로 현실주의 국제정치학자들이 주장해온 역외균형자로서 역할이다.

이런 방식은 미국 내부 정치를 분열시키지 않으면서도 리더십을 발휘하도록 한다. 물론 간접 지원도 비용이 들지 않는 것은 아니다. 트럼프 2기가 시작되면서 우크라이나에 대한 물적 지원도 불투명해졌다. 트럼프는 '베트남전쟁의 베트남화'를 공약했던 닉슨 대통령의 현실주의 지정학을 승계할 것이다. 즉 '유럽분쟁의 유럽화'다. 우크라이나를 지원하고 싶으면 유럽이 돈을 내라는 것이다.

1990년대에 미국은 발칸반도 분쟁에 군대를 보내 인종청소가 진행되는 가운데 NATO의 일원으로 개입했다. 많은 반대에도 불구하고 미국의 개입은 성공적이었다. 이상주의자들이 미군의 개입을 요구했으므로 미국은 베트남전쟁에서 실추된 미군의 이미지를 회복했다. 저널리스트인 로버트 카플란은 21세기 초, 미국이 이라크와 아프가니스탄에 미군을 보냈던 것도 따지고 보면 발칸반도에서의 성공이 '개입주의 환상'을 심어놓았기 때문이라고 분석했다.[217] 이 분석이 맞는다면 미국의 역외지원 전략이 우크라이나에서 성공한 뒤에는 '역외지원 환상'이 고양될지도 모른다. 이는 뮌헨의 공포가 베트남의 공포로 귀결되었듯이 또다시 뮌헨의 공포를 우려해야 할 때가 오고 있음을 뜻한다.

영국의 네빌 체임벌린 수상이 1938년 히틀러에게 유화책을 쓰면서 뮌헨에서 협정[181]을 맺은 이유는 1차 세계대전의 참화를 반복해서는 안 된다는 현실적인 생각에서였다.[218] 그러나 그가 영국에 돌아와서 했던 "우리 시대를 위한 평화 peace for our time를 지켜냈다"라는 말은 조롱거리가 되었다. 이후 뮌헨이라는 단어는 히틀러 같은 무도한 자의 비위나 맞추려다가 전쟁의 참화도 막지 못한 '비겁한 유화책'이라는 뜻이 되었다. 미국이 한국전쟁에 참전한 것도 뮌헨 트라우마 때문이었다. 베트남전쟁의 참전에도 이상주의적이 명분이 충분했다. 미국이 미군 5만 8,000명이 전사한 베트남전쟁에 참전한 것도 인도차이나반도 전체를 소련과 중국의 공산주의가 집어삼키게 놔둘 수 없다는 생각 때문이었다. 미국이 베트남에 발을 딛기 전에 북베트남의 지원을 받던 베트콩들은 10만명의 자국민을 학살하고 있었다.[219] 그러나 베트남전쟁은 뮌헨 트라우마의 반대말이 되었다. 즉, 힘의 한계를 모르고 이상주의를 내세워 개입하면 현실에서도 실패할 뿐만 아니라 비도덕적인 결과를 야기한다는 교훈을 주었다. 2020년 아프가니스탄에 무기와 민간인들을 놔두고 미군이 허겁지겁 빠져나온 것도 9·11 테러 이후 한동안 잊혀졌던 베트남전쟁의 트라우마가 미국 정치를 집어삼키기 시작했기 때문이었다.

미군의 희생 없이 우크라이나에서 현상 유지를 지켜낸다면 주한미군이 항구적이라는 생각도 도전받을 것이다. 한국전쟁 참전 직후부터 미국의 고립주의자들은 한반도에서 미군이 철수할 것을 요구해왔다. 한반도에서 미군의 손실을 고려했을 때, 한국전쟁은 미국인들에게 '잊혀진 전쟁'이어야 했다. 문제는 현실주의다. 미국의 현실주의는 역외균형을 추구한다. 이는 일본에 주둔한 미군과 한반도에 주둔한 미군의 차이점과 연관이 있다. 일본에 있는 미군은 일본의 안전을 확보하는 용도 이외에, 서태평양 지역에서 미군의 기동이 필요할 경우, 운용할 수 있는 군사자원이라는 의미가 있다. 반면 한국의 미군은 북한에 대한 한국의 안전확보가 최우선 목표다. 그런데 한국에 주둔한 미군은 자동으로 미국을 전쟁으로 끌고 들어갈 수 있다. 주도권을 중시하는 미국은 주한미군이 상대가 주도권을 쥐는 카드로 이용될 것을 우려한다.

군사적 주도권에서 대만은 오랫동안 미국에게 골치 아픈 문제로 남아 있다. 중국 지도부는 이러한 미국의 딜레마를 잘 알고 있었다. 마오쩌둥은 대만보다 중국 본토에 가까운 금문도와 마조도 같은 대만령 섬들을 대상으로 대포를 쏘아대는 방식으로 미국과 타이완 간의 관계를 흔들고자 했다. 당시 아이젠하워 대통령은 이름조차 생소했던 이 작은 섬들로 인해 중국과 핵전쟁에 휘말릴 가능성까지 고려해야 했다.[220] 한편, 타이완의 장제스 총통은 마오쩌둥이 메시지를 전달하려고 대포를 쏜다는 것을 간파하고 있었다. 실제로 마오는 홀수 날짜에만 포격을 지시했는데, 장제스는 공갈포라는 것을 미국에게 설명하지 않았다. 마오의 공격을 통해서 대만의 전략적 중요성을 과시함으로써 미국 조야에서 대만의 외교적 몸값을 올릴 수 있었기 때문이다.

대만이 미국에게 "사활적 이익"이라고 선언될수록, 중국은 미국과의 협상에서 활용할 수 있는 지렛대가 늘어난다. 마오쩌둥 시절, 중국의 해상전력 부족은 금문도와 마조도 같은 가까운 섬들을 겨냥한 포격으로 제한되었다. 그러나 오늘날 중국은 대만해협을 넘나드는 전투기 기동뿐 아니라 대만을 관통하는 미사일 발사까지도 감행할 수 있는 능력을 갖췄다. 이는 미국과의 협상이 필요할 때마다 무력시위의 형태로 활용될 수 있다.

주한미군도 이와 유사한 전략적 맥락 속에 존재한다. 중국과 북한은 미국에 메시지를 전달하고자 할 때 한반도에서 도발을 감행한다. 주한미군의 존재가 미국이 한반도 문제에 민감하게 반응하도록 만든다. 결국, 주한미군의 주둔으로 인해 주도권을 쥐고 흔드는 쪽은 중국과 북한이다. 이러한 인식은 미국의 현실주의 전략가들 사이에서 점차 확산될 가능성이 높다.

특히 도널드 트럼프 전 대통령은 주도권에 대한 집착이 유별난 인물이다. 건설업자로서 협상에서 주도권이 가지는 중요성을 누구보다 잘 알고 있던 그는 한국과 대만에서의 미군 주둔에 대해 회의적이었다. 그의 관점에서, 한국이나 대만에서 유사시 미군이 전쟁에 연루될 가능성은 미국을 중국과의 협상에서 불리한 위치에 놓는다. 그는 주한미군의 존재뿐 아니라 주한미군과 한국군 간의 합동 군사훈련조차 비효율적이라며 부정적으로 바라보았다. 이러한 훈련이 불필요한 긴장을 높이고 재정적 부담만 가중시킨다는 것이 그의 생각이다.[221]

물론 한국도 만만한 존재는 아니다. 포스트 1945체제가 미국 주도의 세계질서라면 한국은 이 체제라는 왕관 한가운데 박힌 보석과도 같다. 식민지를 부정하는 새로운 체제가 시작되고 나서 식민지로 출발해 부강한 경제와 다원적인 민주국가로 발전한 거의 유일한 모델이기 때문이다. 한국은 미국이 스테이트빌딩state-building에 성공한 유일한 케이스로서 미국의 힘은 민주주의와 자유의 확장을 위해 사용된다고 믿는 이상주의자들의 증거물이다. 이는 미국의 이상주의 외교전략가들이 한국의 가치를 쉽게 포기할 것으로 볼 수 없는 이유이기도 하다. 하지만 현실주의적 관점에서도 한반도는 미국이 서태평양에서 역외균형을 추구하려할 때 결정적인 교두보 역할을 할 수 있다.

한국–일본의 적당한 긴장감을 원하는 미국

미국은 한국과 타이완이 일본을 중심으로 중국봉쇄에 나서 주기를 바란다. 특히 일본의 군사대국화를 열렬하게 지지하고 있다. 한국의 군대에는 북한에 대한 저항력이라는 구체적인 미션이 있고, 또 정치적으로 한국인들은 미군이 한반도를 벗어나 동아시아와 서태평양 전역을 작전범위에 넣고 힘을 투사하는 것을 불편해한다. 중국이 두려워서다.

일본은 남북의 길이가 길고 중국이 큰 바다로 함부로 넘어올 수 없도록 감싸는 형대다. 일본에 주둔한 미군은 유라시아내륙의 동편인 서태평양에 미군의 힘을 투사하는 데 있어 지역 사령탑, 즉 전략기동군으로 발전할 전망이다. 일본군도 미군의 작전에 발맞추어 지역안보의 일부를 떠안을 것이다. 그러나 일본이 미국과 바다를 맞대고 있는 산업국가라는 점을 냉정하게 곱씹어볼 필요가 있다.

미국은 민주주의를 위협하는 중국을 봉쇄해야 하지만 지정학은 이념보다 우위에 있는 개념이다. 일본이 미국과 같은 민주주의에 시장경제 체제를 택하고 있다고 해서 미국이 일본을 중심으로 한 동아시아 블록의 지속적이고 독립적인 성장을 원한다고 기대하기는 어렵다. 중국 봉쇄라는 전략이 완수되었을 때, 미군이 계속 서해와 동해에서 작전을 수행할 수 있을지를 미국의 전략가들은 고민하지 않을 수 없을 것이다.

한국인들 사이에는 일본에 대한 좋지 않은 감정이 있다. 그리고 이 점을 미국의 조야는 잘 알고 있다. 주로 역사적 사건들로 인한 한국과 일본의 갈등에 있어서 미국은 노골적인 개입은 자제하고 있다. 그러나 과거에는 이 문제에 있어서 한국에 동정적이었다. 2012년, 힐러리 클린턴이 국무장관이던 시절, 모든 공문서에 위안부comfort women라는 표현 대신 성노예enforced sex slaves라고 명시하라고 지시해서 일본을 불편하게 하기도 했다. [222]

일본에 대한 미국의 복잡한 태도에 비추어 보자면, 한국으로서는 지나치지 않은 반일이 사실은 지정학적 현실을 고려한 현실주의적 반응이기도 했던 셈이다. 지나치지 않은 반일의 경계는 애매하다. 지나치지 않은 반일이란 지난 수십년 동안처럼 정서적으로는 일본에 반대하지만, 정치적으로나 군사적 대립으로 치달아 외교를 단절하거나 무역 관계를 끊어버리는 데까지는 나아가지 않는 것인데 이러한 스펙트럼도 지나치게 넓게 잡은 것이다. 아무튼 관리 가능한 반일은 반일에 대한 한국인들의 도덕적, 이념적, 역사적 판단을 넘어서서 여러모로 친미적 행보였다고 볼 수 있다.

한국에서는 '반일이 친미'라는 주장은 어처구니없게 들린다. 그러나 생각을 뒤집어볼 필요가 있다. 한계 없이 치닫는 반일만큼이나 지나친 친일은 미국을 긴장시킨다. 한국의 친일은 미국으로 하여금 동아시아 블록의 맹주로서 과거의 일본을 상기시킬 것이다. 돌이켜보면 한국전쟁이 당시 미국으로서는 '새끼를 얻을 수 없는 수망아지'였으나, 한미동맹은 미국의 중국전략과 미래에 닥쳐올 미국의 일본전략을 위해서라면 여러 마리의 새끼를 한꺼번에 낳아준 묘수였던 셈이다.

앞서 미국이 유라시아대륙에서 발을 뺀다면 한국이 가장 큰 피해를 입을 거라는 피터 자이한의 예측과는 달리 한국이 미국의 중요한 군사 지정학적 파트너로 오랫동안 남아있을 가능성도 있다. 아니 중국 견제에 대한 미국의 의지가 확고할수록 미국도 한국이 미국의 파트너로 남기를 원한다. 물론 미국의 모든 전략이 계산과 계획의 산물은 아니다. 미국은 대중의 인식이 정치에 영향력을 행사하는 민주주의 국가다. 게다가 미국의 고립주의와 최근의 현실주의는 한반도에서 미국의 존재감을 줄이고 중국의 해양진출을 봉쇄하는 데 집중하라고 요구하기 시작했다. 현상유지의 한계에 가둘 수 없는 북한이 계속 선을 넘고 있는 상황에서, 이러한 북한의 도발이 미국의 청년들로 하여금 한반도에서 다시 한번 대륙의 국지적 세력싸움에 어이없이 끌려들어가게 하는 계기가 될 수 있기 때문이다.

　지정학적으로는 한국은 미국에게 필요한 파트너다. 그러나 이 파트너십 앞에는 넘어서야 할 고비가 있다. 양국 간 '동맹서약'을 구체적인 말로 되풀이해야 하는 결코 간단치 않은 과업이 기다리고 있다. 향후, 미국은 한국에 주둔한 미군은 물론, 한미동맹의 성격이 중국을 견제하는 최일선의 교두보로 전환되기를 원한다.[223] 미국의 주장에는 근거가 있다. 애초에 한미동맹은 일방적으로 미국이 한국을 돕는 약속이 아니었다. 서태평양 지역에서 한국과 미국이 공동의 적에 대해서 군사적으로 협력한다는 동맹이다. 이를 근거로 미국은 중국이 대만을 침략해서 미국이 중국과 군사적으로 충돌할 때, 한국이 참전해줄 것인지에 대해서 묻기 시작할 것이다. 특별히 SNS로 동맹국 지도자들을 난처하게 만드는 걸 즐기는 트럼프는 그의 재임기간 동안 한국의 대통령으로부터, 서태평양 지역에서 미군이 싸우면 한국도 참전한다는 다짐을 얻으려 할 것이다. 그런데 이 과업이 한국의 정치지형에서는 결코 쉽지 않다. 한국인들의 지정학적 현실 인식이 과거에 머물러 있을수록 '동맹서약'을 말로 되풀이하면서 그 의미를 중국견제로 확장하려는 정치지도자는 대가를 치를 가능성이 높다.

　그럼에도 한국은 지정학적 기회를 타고났다. 바로 중국과 일본 사이에 존재하기 때문이다. 그것도 내륙으로 연결된 것이 아니라 두 강대국에 모두 닿을 수 있는 가까운 바다를 끼고 있다. 한반도는 중국과 일본의 내해에 모두 접하고 있으며 미국은 해양 세력이기 때문에 영토가 아니라 바다를 중심으로 지도를 보는 데 익숙하다.

　독일의 정치학자 칼 슈미트는 저서 《땅과 바다》에서 해양민족과 육지민족은 공간을 인식하는 방식 자체가 다른 각각의 종에 가깝다고 표현했다. 온 세상을 연결한 바다에서 바라보면 육지란 이 연결을 종종 단절하는 매듭들이고 배후지를 가진 해안선들이다.[224] 만약 서해, 남해, 동해에 한국해라는 이름을 붙일 존재가 있다면 그건 서태평양을 세계 바다에 연결된 하나의 넓은 구역으로 바라보는 대양 세력일 것이다. 서해, 남해, 동해는 대양 세력의 시각에서 보면 타이완을 꼭짓점으로 일본열도를 따라 위로 점점이 선을 이어 V자를 만들 수 있는 좁은 바다 골목이다. 이 V자 골목, 즉 작은 지중해에 대양 세력의 구축함과 항공모함, 잠수함, 초계기가 접근하게 할 수 있느냐를 결정짓는 해안이 바로 V자로 크게 튀어나온 육지인 한반도이기 때문에 이 V자를 한국해라고 불러야 마땅하다.

한반도는 인류 역사상 가장 현대적인 대양 세력이기도 한 미국에 전략적으로 매우 중요한 두 개의 근해, 각각 만만치 않은 나라의 이름이 붙은 바다들의 한가운데에 있다. 한반도의 모양은 대륙을 향한 단도로 보이기도 하지만 이 V자 바다를 가운데에서 조망하며 바다 양편의 힘을 동시에 조절할 수 있는 저울의 추와도 같다. 따라서 대양 세력을 경영하는 냉정한 현실주의 전략가들 입장에서 한반도의 군사기지는 스스로 양보하기에는 너무나 아까운 거점이다.

반일과 친미의 공존이 끝나다

2024년 12월 7일, 대한민국 국회에서는 윤석열 대통령에 대한 탄핵소추안 표결이 진행되었다. 이는 12월 3일 선포된 비상계엄을 두고 윤 대통령이 내란을 획책했다는 혐의에서 비롯된 것이었다. 당시 민주당은 전체 의석 중 거의 2/3를 차지하고 있었기 때문에 여당인 국민의힘 내부에서 몇 명만 이탈해도 단핵안은 가결되는 성황이었다. 그러나 이날 탄핵안은 부결되었다. 이를 두고 언론은 '1차 탄핵시도'라고 칭했으며, 이후 2차 탄핵에서 결국 윤 대통령의 탄핵이 가결되어 그는 직무 정지 처분을 받았다. 흥미롭게도 1차 탄핵소추안에 포함되었던 내용 중 하나가 2차 탄핵소추안에서는 제외되었는데, 바로 윤 대통령이 일본에 치우친 외교를 펼쳤다는 비판이었다.

"소위 가치외교라는 미명 하에 지정학적 균형을 도외시한 채 북한과 중국, 러시아를 적대시하고, 일본 중심의 기이한 외교정책을 고집하며 일본에 경도된 인사를 정부 주요 직위에 임명하는 등의 정책을 펼쳤다"면서 "(이를 통해) 동북아에서 고립을 자초하고 전쟁의 위기를 촉발시켜 국가 안보와 국민 보호의무를 내팽개쳐 왔다"고 했다.

이 주장은 윤석열 정부 출범 후 발표된 '캠프 데이비드 선언'을 겨냥하고 있었다. 2023년 8월 18일, 미국 대통령 별장인 캠프 데이비드에 이루어진 한미일 3국 선언은 한미일 간 안보 협력의 강화를 명확히 하며, 북한과 중국을 견제하려는 의도를 담고 있었다. 이 선언은 바이든 대통령의 가장 중요한 업적으로 손꼽힌다. 게다가 2025년 1월 20일 임기를 시작하는 트럼프 당선인에게도 윤 대통령의 외교적 행보는 중요한 의미를 갖는다. 이런 맥락에서 미국 조야는 한국의 탄핵 정국에 대해서 이례적으로 즉각적이고 민감한 반응을 보였다.

에번스 리비어 전 국무부 동아태 담당 수석부차관보 역시 VOA에 "탄핵안에 가장 큰 성과 중 하나인 한일 양국 간 신뢰 회복과 3국(한·미·일) 파트너십이 포함돼 있었다"며 "매우 충격적이었다disturbing"고 했다.

마이클 오핸런 브루킹스연구소 선임연구원은 "한·미·일 관계가 개선되고 있는 상황에서 야당의 이런 주장은 잘못됐다"고 했고, 케네스 와인스타인 허드슨연구소 일본 석좌는 "계엄령 선포로 윤 대통령이 탄핵돼야 한다고 주장할 수는 있지만 그가 외교적으로 한국을 고립시켰다는 주장은 사실이 아니다"라고 말했다.[225]

한국에서 벌어지고 있는 정치적 격변에 세계인들이 주목하는 것은 자연스럽다. 이는 한국이 이미 세계 주요국으로 자리 잡았다는 점에서 비롯된다. 그러나 윤석열 대통령에 대한 1차 탄핵소추안에 포함된 문구에 미국 조야가 즉각적으로 반응한 것은 예상을 뛰어넘는 일이었다. 이는 바이든 행정부와 2025년 1월 20일 임기를 시작할 트럼프 당선자 진영 모두에게 윤석열 대통령 탄핵 이후, 한국의 정치변화가 큰 의미를 갖기 때문일 것이다. 특히 바이든 대통령의 최대 외교 업적으로 평가받는 한미일 안보 협력체를 구축하는 과정에서 윤 대통령의 역할은 절대적이었다. 만약 윤 대통령이 전임자들처럼 일본과의 과거사 문제 해결을 안보 협력체 구성의 선결조건으로 내세웠다면, 바이든 임기 내에 이 협력체의 가시적 성과는 불가능했을 것이다.

캠프 데이비드 선언에서는 중국이 간접적으로 언급되었고, 주요 초점은 북한이었다. 북한의 핵과 미사일 위협은 일본에겐 중대한 문제지만, 미국에게는 그리 절박한 사안이 아니다. 북한의 핵이 미국의 주요도시나 군사시설을 타격할 수 있을 때까지 북한 핵은 미국 정치에서 우선순위가 밀리는 사안이다. 그런 의미에서 한미일 안보 협력체는 동아시아판 아브라함 협정으로 볼 수 있다.

아브라함 협정이 팔레스타인 문제를 해결하지 않은 채로도 이뤄질 수 있었던 것은 이란이라는 현실적 위협 때문이었다. 이와 마찬가지로, 한미일 협력체가 가능했던 이유는 중국이라는 현실적인 위협 때문이었다. 따라서 미국이 궁극적으로 원하는 것은 사실상 한미일 안보 동맹이다. 한미 간에는 이미 안보동맹이 존재하고, 미일 간에도 군사협력 협정이 체결되어 있다. 그러나 한국과 일본 간에는 이 같은 체계가 없다. 오바마 행정부 시절부터 미국은 한국과 일본이 북한 관련 정보를 긴밀히 교류하길 원했지만, 과거사 문제로 인해 이 요청은 제대로 이행되지 못했다. 특히 강제징용 배상과 관련해서 2018년, 한국 대법원이 일본 기업들에 배상 책임을 묻는 판결을 내리면서 이 문제가 한일 관계와 한국 내 정치까지 흔들어 놓았다. 당시 문재인 정부는 이를 적폐청산의 일환으로 정치화하며 선거에서 큰 이득을 얻었다. 그러나 이 과정에서 한일 관계는 최악으로 치달았다.

윤석열 정부는 집권 이후 이 문제를 신속히 봉합했다. 한국 법원의 판결을 존중하면서도 일본과의 외교 갈등을 확대하지 않는 선에서 강제징용 피해자 배상을 해결한 것이다. 일본 기업 대신 한국 정부 산하 일제강제동원피해자지원재단이 피해자들에게 배상금을 지급하기로 했다. 이 재단은 한국 기업들의 자발적 기부를 통해 필요한 재원을 조달하며, 일본 기업의 직접 참여는 요구하지 않았다. 이를 통해 한미일 안보 협력체 출범의 결정적 장애물이 제거되었다.

윤 대통령에 대한 탄핵은 한국 국내 정치의 문제지만, 민주당은 탄핵 소추안을 통해 그의 외교정책을 비판했다. 다만 미국 친화적 외교를 겨냥하는 대신에 한국인들 사이에서는 폭발성이 높은 '일본 중심의 기이한 외교'라고 했다. 이는 단순히 한국 유권자들의 감정적 현실을 반영한 것이 아니라, 반일과 친미가 공존해 왔던 과거 한국의 정치적 상상력의 산물이기도 하다.

미국은 윤 대통령의 탄핵에 대해 공개적인 논평을 피하려 했으나, 민주당이 그의 외교 방향성을 문제 삼았기 때문에 미국은 민감하게 반응했다. 이는 한국 정치에서 더 이상 반일과 친미의 공존이 가능하지 않다는 메시지를 보내는 것이다. 이미 트럼프 등장 전부터 미국은 한국에 신호를 보냈다. 더 이상 과거사를 문제 삼아서 한국과 일본을 묶어서 안보체를 구성하려는 미국의 전략을 가로막지 말아달라는 신호다. 2015년, 미국 국무부 차관의 '값싼 박수cheap applause' 발언이 대표적이다. "정치지도자가 과거의 적을 비난함으로써 값싼 박수를 얻는 것은 어렵지 않다. 그러나 이 같은 도발은 진전이 아니라 마비를 초래한다."고 했다.[226]

현재 미국의 국방비는 명목상 소폭 성장하고 있지만, 실질적으로는 물가 상승률을 감안할 때 매년 1% 이상 감소하고 있다. 동북아 안보의 주도권을 일본이 맡아야 한다는 이야기는 새로운 것이 아니지만, 최근 들어 미국의 의도가 더 분명해졌다. 과거에는 일본의 미국 국채 및 무기 구매를 압박하는 수사에 그쳤던 발언들이 이제는 현실적 요구로 변모하고 있다. 미국은 한국과 일본 간의 과거사 문제를 포함해서 동북아의 모든 문제에서 중재자로 나서길 원하지 않는다. 대신, 한국과 일본이 함께 중국 봉쇄의 한 축을 맡기를 바라고 있다. 과거 미국이 중심을 이루며 한미, 미일 간 관계를 바큇살처럼 연결했다면, 이제는 미국이 한 발짝 물러나 한국과 일본이 격자 구조를 형성하길 기대하는 것이다.[227]

이러한 변화는 동아시아에 국한되지 않는다. 유럽, 중동, 동남아시아에서도 미국은 러시아와 이란, 중국 같은 질서 파괴자들에 맞서 이해를 공유하는 국가들 간 집단적 안보 체제를 구축하고, 이를 미국의 기술과 정보로 지원하려는 구상을 가지고 있다. 동맹우선주의라고 부르건 지역문제의 지역화라고 부르건 격자무늬 안보협력체라고 부르건 이름은 중요하지 않다. 미국은 한 발 뒤로 물러서는 대신에 지정학적 위기가 현안으로 부상하는 동맹들끼리 알아서 해보라는 것이다.

이러한 변화 속에서 한국에서의 '친일'과 '반일' 논쟁은 단순한 국내 정치적, 이념적 문제가 아니라 국제적 맥락에서 재조명되고 있다. 과거에는 역사적 갈등의 산물로 간주되었으나, 이제는 글로벌 차원의 문제로 확대되었다. 미국을 비롯한 서방 국가들은 한국의 반일 정서를 단순히 민족적 감정이나 역사적 이슈로 보지 않는다. 한국인들의 반일 감정은 곧 한국정치가 친중으로 이어질 가능성을 내포하고 있으며, 이는 미국의 외교 전략에서 심각한 문제로 인식되기 시작했다.

미국에서 현실주의 외교, 더 나아가 고립주의적 성향이 부상함에 따라 한국에서의 반일정책은 반미와 반서구, 그리고 친중의 의미를 내포할 가능성이 커지고 있다. '반일감정'이 단순한 '감정'의 문제가 아니며, 미국과 서방 국가들의 안보 전략에 영향을 미칠 수 있는 중요한 요소로 작용할 것이다. 미국 조야가 한국 내 정치에 내정간섭으로 비칠 위험을 감수하면서도 민감하게 반응하는 이유도 바로 여기에 있다. 한국은 이제 더 이상 '반일'을 단순한 내부적 선택으로만 간주할 수 없게 되었다. 이는 글로벌 안보 지형 속에서 냉정하게 재검토해야 할 시대적 과제로 떠오르고 있다.

42
비트코인의 지정학

비트코인과 블록체인 등장의 절묘한 타이밍

이 책에서 언급하고 있는 전투적 자유주의는 시카고대학 정치학과 교수인 미어샤이머의 진보적 자유주의와 일맥상통한다. 그는 소극적 자유, 즉 국가의 간섭을 배제하는 데 방점이 있는 리버테리언 libertarian liberalism을 일상적 자유주의라고 부르면서 진보적 자유주의와 구별한다. 진보적 자유주의는 맥락에 따라서는 연계된 자유주의 embedded liberalism 라고도 할 수 있다.

칼 폴라니는 자유방임적 국가와 자기규율적 시장의 역할을 강조하는 고전적 자유주의가 사회를 파괴하는 '악마의 맷돌'로 작용했고 이에 대한 반작용으로 공적권위를 중시하게 되었다고 주장한다.[228] 즉, 국가가 시장에 다시 개입하게 되는 '거대한 전환'이 시장의 실패로 시작되었기 때문에 리버테리언의 고전적 자유주의는 자유주의자들로부터 버림받게 되었다. 전투적 혹은 진보적 혹은 연계된 자유주의 모두 국민국가의 능력을 활용해 경제적, 정치적, 사회적 선택권을 보장하려고 한다. 전투적 자유주의에서는 국가의 역할이 중요하므로 정부의 비중이 커진다.

미어샤이머는 일상적 자유주의를 무기력하게 보이게 할 정도로 진보적 자유주의가 압도적으로 승리했다고 통찰하는데, 그 원인을 현대국가의 특성에서 찾는다. 특히 2차 세계대전을 겪으며 전쟁은 '사회총동원'의 형태를 띠었다. 중세 봉건시대에 전쟁이 귀족들과 전업군인(기사와 용병)들에게 국한되었던 것과 대조된다. 전시에 국가의 자원을 조직했던 국가는 전쟁 이후에 국민복지를 위해서도 그렇게 할 수 있었다. 전시에 동원한 기술들이 사회공학에 활용된 것이다. 또한 미국에서 인종차별 같은 내부적 갈등들은 소련과의 냉전이라는 국가적 목표 아래서 해소되어야 했으므로 민권운동에 대해 정당의 간극을 없애는 폭넓은 지지가 있었다. 즉, 미국에서 일어난 민권운동도 어느 정도는 냉전의 산물이라는 주장이다.[229]

정보통신의 발달도 자유에서 국가의 역할이 커지는 데 일조하고 있다. 유럽은 미국의 빅테크 기업들을 견제하고 있는데, 그들이 고객의 동의없이 정보를 활용해 경제적 이윤을 취하고 있다는 것이 그 이유다. 오늘날 구글이나 페이스북(현 메타) 같은 IT 기업들이 개인에 대해 정부보다 더 많은 정보를 가지고 있다. 내가 누구를 만나고 있는지, 취미와 정치성향, 소비규모, 심지어 전염병에 감염되었는지에 대해 빅테크 기업들이 정부보다 더 많이, 더 빨리 알 수 있는 시대다. 이런 조건에서는 단지 국가로부터의 자유만을 외쳐서는 개인의 자유를 확보할 수 없기에 통신망을 장악한 기업을 제어할 수 있는 국가 권력이 필요하게 되었다.

한편, 중국은 국가가 정보통신 기술을 다른 맥락에서 사용할 수 있다

는 사실을 보여주고 있다. 중국에 도입되고 있는 '사회신뢰점수 시스템'
의 규모와 목적에 대해서는 과장이 많고 여전히 논란에 둘러싸여 있긴
하지만[182] 실제로 중국기업 ZTE는 이란 통신회사에 기술을 팔며 정부가
국민들의 인터넷 활동과 통신기록을 철저하게 감시할 수 있는 기술까
지 제공했다고 한다.[230] 중국은 안면인식 기술, 빅데이터, 로봇, AI 기술
과 같은 첨단 기술을 활용한다면 정부가 10억명 이상의 국민들에게 일
관된 사회평가 점수를 매기고 관리하는 사회공학이 가능하다는 상상과
공포를 자아내고 있다. 이런 중국에 대한 논란은 진보적 자유주의의 암
울한 귀결을 암시하기도 한다.

　국가가 자유를 수호하기 위해서는 국가 스스로 자유상태를 규정할 수
있어야 한다. 바람직한 자유상태를 정의하고 그 한계를 분별하는 것이
국가에 맡겨진다. 국가는 이 자유상태를 유지하기 위해 기업과 개인을
통제해야 하므로, 서구사회의 진보적 자유주의는 기술적, 형태적으로 중
국의 사회통제와 엄밀하게 구별할 수 없는 상태에 다다를 수 있다. 두 상
태 모두 국가의 정보와 힘을 이용한 대규모 사회공학이기 때문이다. 더
구나 산업국가의 진보적 자유주의는 '기본소득'을 지지하기 시작했다.

　AI와 로봇기술의 발달은 일자리를 위협한다. 이에 대한 해결책으로
국민 모두에게 월급을 주자는 것이다. 기술 발달에 따른 양극화를 어느
정도 해소하면서 사회통합을 이루자며, 설득력 있는 이유를 제시한다.
그러나 국가로부터 월급을 받는 국민이 그 국가에 대해서 선택권을 자유
롭게 행사할 수 있을까? 아마도 더 많은 월급을 주겠다는 세력이 정부를
구성하는 쪽으로 편향될 것이다. 적어도 월급을 철회하자는 정당은 선택

에서 제외될 것이다. 이는 궁극적으로 1, 2차 세계대전을 거치면서 강화되고 있는 국가주도 사회 총화 시스템의 궁극적인 단계가 될 것이다.

이것이 비트코인과 블록체인의 등장이 시기적으로 절묘하다고 볼 수 있는 이유다. 비트코인과 블록체인 생태계는 국민국가의 자본통제를 무력화하면서 가치물을 지구 어디에나 이동할 수 있다. 그래서 국가들은 비트코인을 섣불리 합법화하기 어렵다. 그러나 국가의 능력에 도전하는 속성 때문에 비트코인은 지정학 게임의 도구가 될 수 있다. 나라마다 자유주의가 뿌리내린 정도가 다르고, 국가의 권능을 제약하는 한계점에 대한 정치적 합의도 저마다 다르기 때문이다.

지정학적 의미에서 미국이 비트코인을 인정하는 방식

비트코인과 블록체인 기술이 피할 수 없는 현상이라는 것을 직시한 미국은 여기에 적응하기 시작했다. 미국의 지배방식은 촘촘한 통제와는 결이 다르다. 촘촘하기는커녕 모순되는 가치를 대변하는 제도들이 모두 작동하는 과정에서 생기는 엉성한 틈들이 혼란을 자아낼 정도다. 게다가 미국은 오랫동안 자본의 자유로운 이동에 노출되어왔다. 달러가 최고의 자리를 계속 유지한 것은 미국이 동맹들의 팔을 비틀었기 때문만은 아니다. 자본이동의 자유 속에서도 달러가 무너지지 않았던 데는 나름대로 이유가 있었다.

국경을 넘는 자본의 이동이 더욱 자유로워질 경우, 이는 미국에 큰 이익을 가져다줄 수밖에 없다. 그 이유는 미국이 자본들이 선택하는 최적의 거주지로 자리 잡고 있기 때문이다. 미국은 순국제투자수지NIIP, Net International Investment Position가 엄청나게 마이너스인 국가다. 2024년 6월 기준으로, 그 적자는 22조 5,200억달러에 달하며, 이는 미국 GDP의 77.6%에 해당하는 규모이다. 외견상으로 이는 미국이 외국에 지고 있는 빚처럼 보인다. 그러나 중요한 것은 그 내용이다. 이 자본들은 사실상 미국의 주식시장으로 집중되고 있다. 외국인들의 미국 증시 투자 총액은 무려 16조 6,700억달러에 달하며, 이는 세계에서 가장 혁신적인 기업들이 경쟁하는 미국 증시의 매력을 그대로 반영한 수치이다.[231]

미국의 증권시장은 전 세계에서 가장 혁신적인 기업들이 사고팔리는 곳이다. 즉 미국은 투자자들에게 높은 수익률을 제공하는 떠오르는 신흥시장으로 간주되고 있다. 그래서 미국이 자본의 목적지라 할 수 있다. 글로벌 자본은 미국의 주식시장에서 높은 수익을 추구하며 몰려드는 경향이 있으며, 이는 미국 경제에 중요한 기여를 하고 있다. 세계 경제가 어려운 상황에서도 미국 증시가 잘 나간다는 볼멘소리가 나오는 데는 이런 배경이 있다. 자본의 흐름이 자유로울수록 이 경향은 더욱 강화될 가능성이 높다. 자본들은 혁신적인 미국으로 모이고 미국의 기업들은 더 많은 투자를 할 수 있는 반면, 세계의 다른 곳에서는 자본이 부족한 상황이 연출될 수 있다.

그렇다면 미국은 비트코인이 중국을 제어하는 데 도움이 된다고 판단할 수 있다. 중국의 체제는 자본의 국경 이동에 취약하기 때문이다. 이는 중국이 자본을 통제하려고 하는 이유이기도 하다. 실제로 중국 정부는 암호화폐로 자금을 국외로 빼돌리는 사건들을 추적하고 있다. 2024년 9월 베이징 경찰은 8억위안(약 1억1,200만달러)를 하드월렛에 넣어서 반출하려는 조직을 검거했다. 이는 큰 그림의 일부에 불과하다. 월스트리트 저널에 따르면 2022년 7월부터 2023년 6월 말까지 약

2,540억달러가 불법적으로 해외로 유출되었다. 이는 중국이 발표하는 자본수지계정의 오류를 통해서 유추한 수치다. 이 정도 규모는 중국의 1년 무역흑자에 버금간다. [232]

일단 중국인들이 비트코인을 통해 외국으로부터 손쉽게 자본을 끌어오거나 해외로 유출할 수 있게 되면 중국 당국은 환율을 조작하기 어려워진다. 즉, 위안화의 가치 상승을 억제해서 수출상품의 가격경쟁력을 유지하기 어렵다. 중국 국민들이 가치가 절하된 위안화 대신 비트코인을 보유하려 한다면 중국의 비트코인 가격은 미국보다 비싸질 것이므로 미국이나 다른 나라의 비트코인이 중국인 네트워크를 통해 중국 내로 대거 이동한다. 그리고 그 와중에 중국의 외화자산이 유출된다.

이미 중국은 백만장자들과 억만장자들이 떠나고 싶어 하는 나라다. 매년 30~60%의 부자들이 자기 나라를 떠나고 싶어 한다. 2008년 이후, 10년간 전 세계에서 값비싼 투자이민 비자golden visa(황금비자)의 68%를 중국인들이 받았다. [233]

중국에서 부자들이 손쉽게 자산을 해외로 빼돌릴 수 있게 되면 국내에 투자할 돈이 줄어드는 경제적 여파 이외에 정치적 위기도 발생한다. 중국 공산당의 사회통제 수단이 훼손되기 때문이다. 이들이 부자들의 자산이동을 감시할 수 없게 되면 서민들에 대한 통제를 정당화하기 어렵다. 시진핑 주석에 대한 중국 서민들의 지지는 그가 부패척결과 함께 공동부유[183]라는 명분으로 부자들을 규제해온 것에 힘입은 바 크다. 몇몇 부자들의 일탈 행위를 까발려 모욕하고 추락시킨다고 해서 심각한 불평등이 완화되는 것은 아니지만, 서민들에게 정신적인 만족감을 줄 수 있고 어느 정도는 세상이 공평하다는 인식을 심어줄 수 있다. 그러나 기업가들과 부자들을 억압할 때마다 고려해야 할 직접적인 비용이 있는데 바로 자본의 유출이다. 부자들은 억압받으면 자본을 해외로 빼돌릴 방법을 찾을 텐데, 자본을 통제하지 않으면 부자들을 추락시키는 이벤트를 위해 지나치게 많은 비용을 부담해야 한다. 이때 비트코인과 암호화폐는 부자들이 자본을 은닉하고 해외로 빼돌릴 수 있도록 길을 열어준다. 즉, 중국 정부 입장에서는 인내심이 많지 않은 대중을 만족시키는 데 차질이 생긴다.

국가의 자본통제에 대해 기업과 개인들이 비트코인과 같은 대비 수단을 가진다는 사실은 지정학적으로 불안정한 시대로 접어들고 있는 오늘날 중요한 의미를 갖는다. 이는 다음과 같은 질문에 대한 답이기도 하다.

비트코인은 대표 선수들의 게임이다

비트코인은 수많은 알트코인과 무엇이 다를까? 물론 최초의 블록체인 거버넌스 코인이라는 절대로 바꿀 수 없는 지위가 있다. 또 지금까지 시가총액 1위를 지키고 있으며 개당 가격도 가장 높다. 그러나 기술을 중시하는 사람이라면 이 대답에 만족할 수 없다. 최초의 퍼스널 컴퓨터, 최초의 팩시밀리, 최초의 스마트폰은 박물관이나 부유한 수집가가 탐낼 만한 아이템이긴 해도 일반인들이 사용하지는 않는다. 기술은 빠르게 발전하므로 신기술로 만들어진 최초의 발명품은 빠르게 대체된다는 것은 상식이다.

비트코인이 다른 알트코인과 구별되는 지점은 비트코인의 게임상대가 미국과 중국을 비롯한 강력한 국가의 정부들이라는 점이다. 비트코인은 개별 국가들이 선수로 참여하는 게임, 즉 지정학적 게임에 참여한다. 따라서 비트코인의 가치는 시정학적 관섬에서 평가해야 한다. 지정학 게임의 양태를 바꾸는 게임체인저로서 말이다. 다른 블록체인 코인들도 비트코인의 속성을 가지고 있지만 비트코인만큼 강력하지는 않다. 비트코인은 미국이나 중국 정부가 함부로 금지하기 어려울 만큼 탈중앙화되어 있으며 법정에 불러 세울 타깃이 없다. 비트코인을 제외한 다른 코인들은 탈중앙화가 충분하지 않거나, 법정에 세우거나 의회 청문회로 불러들일 주체가 존재한다. 거의 대부분의 코인이 두 가지 조건을 모두 충족하므로 정부들이 독하게 결심하는 순간 코인 생태계의 운명을 좌우할 수 있다.

비트코인이 지정학적인 자산이라는 명제는 "미국이 결심하면 비트코인이 끝나지 않느냐"라는 회의론에 대한 대답이기도 하다. 우리가 살아온 시대는 '세계 관여'로부터 미국의 후퇴로 인해 붕괴하고 있다. 지난 30년간 미국의 힘은 한계가 없는 것처럼 보였다. 그러나 이것은 착시였다. 미국이 강한 건 사실이지만 일반적으로 생각하는 것만큼 강하지는 않다. 전능과는 거리가 멀며 실은 제국으로서 세계패권을 오롯이 가진 적도 없었다.[234]

보편적 화폐로서의 비트코인

화폐란 그 자체로 보편성을 갖는다. 자기 혼자만 사용하는 화폐란 정의상 불가능하다. 널리 쓰일수록 화폐의 이상에 가까워진다. 이 시대에 가장 화폐다운 화폐, 그러니까 가장 널리 쓰이는 화폐는 달러다. 그러나 달러가 세계 화폐는 아니다. 포스트 1945체제에는 세계화폐가 없다. 제국주의를 끝장내고 만들어진 국민국가 시스템이기 때문이다. 즉 포스트 1945의 달러 중심 통화 시스템은 국민국가의 주권을 존중하느라 화폐에게 꼭 필요한 보편성을 조금씩 덜어내고 나서 시작했다.

화폐는 자산에 이동성을 부여한다. 사람들을 자산을 화폐로 바꿀 수 있어야 지역으로부터 벗어날 수 있다. 집이나 논, 조상으로부터 물려받은 보이지 않는 암묵적 권리들은 서로를 잘 아는 지역local에서나 통하는 자산이다. 지역을 벗어나면 의미를 잃는다. 이런 권리들은 화폐로 바꿀 수 있어야만 보편적 가치를 얻게 된다. 이것이야말로 숫자를 더하고 빼는 자산으로서 화폐가 가진 가장 중요한 기능이다. 화폐가 여러 상품의 교환을 중개할 수 있는 것도 질적인 가치를 양적인 수치로 보편화할 수 있기 때문이며, 가치를 저장할 수 있는 것도 썩을 만한 내용물을 보관하는 대신에 화폐의 비물질성, 즉 추상성을 활용해서 시대를 관통할 수 있기 때문이다.

페루 출신의 세계적인 경제학자인 에르난도 데 소토는 화폐로 바꾸거나 문서화하거나 어떤 형태로든 보편화하지 못하는 자산은 죽은 자본 dead capital 이라고 지적했다. 죽은 자본이란, 무허가 판자집이나 무허가 공장, 무허가 자동차처럼 당장은 점유하면서 사용할 수는 있지만 권리를 폭넓게 인정받지 못하기 때문에 은행에 담보로 잡고 신용을 창출할 수도 없고 팔기도 어렵다. 페루와 같은 저개발 국가의 국민들이 가난한 것은 자본이 부족해서가 아니라 자본을 보편화하는 제도가 부족해서라는 것이 그의 통찰이다. 등기가 완료된 집을 담보로는 학자금을 마련하거나 사업 자금을 끌어올 수 있지만 정부가 허가하지 않은 무허가 건축물로는 그렇게 할 수 없다. 분명 자신의 소유이지만 자산을 활용해서 미래를 위한 투자에 사용할 수 없다.

그런데 포스트 1945체제에서 국가화폐들은 보편성을 제한해왔다. 그게 어느 국가든 국민국가에 속할 수밖에 없는 평범한 사람이라면 누구나 자신의 자산을 국민국가 바깥으로 이전해 교환할 권리를 심각하게 제약받아왔다. 국민국가 통화 시스템은 자본의 효율적 재배치를 방해하는 요소다.

'코스의 정리'[184]에 따르면 자발적인 거래가 이루어질 때마다 사회적 부는 증가한다. 자원과 자금은 효용이 작은 곳으로부터 큰 곳으로 이동하기 때문이다. 자원의 재배치, 즉 교환은 그 교환이 좀 더 큰 효용을 창출할 수 있을 때까지만 계속되어야 하는데 호혜적 거래의 궁극적인 상태를 '파레토 최적'이라고 한다. '어느 누군가의 효용을 감소시키지 않고서는 다른 누군가의 효용을 증가시킬 수 없는 상태'가 최적이다. 달리 말해 누군가의 효용을 감소시키지 않으면서 다른 누군가의 효용을 증가시킬 수 있는데도 하지 않고 있다면 최적에 이르지 못했다는 뜻이다. 한 가지 예로, 남는 전기로 비트코인을 채굴하면 발전소 경영을 합리화할 수 있지만 비트코인에 대한 부정적인 이미지 때문에 그러지 못하는 지금의 한국전력이 한국 사회의 파레토 최적상태 도달을 방해하고 있는 셈이다.

그러나 이러한 논리 전개에는 전제가 있다. 거래 당사자들에게 정보가 충분히 주어져야 하고, 거래 상대방이 정보를 가리거나 과장하려는 얕은 수작을 알아챌 수 있어야 한다. 또한 거래에 들어가는 비용, 즉 거래비용이 무시할 수 있을 만큼 낮아야 한다. 무시할 수 없을 만큼 높다 하더라도 예측 가능하면 된다. 거래비용까지 고려해 이루어지는 거래들이 사회를 파레토 최적 상태에 접근시킨다. 그런데 국가화폐는 거래 비용을 높이며 예측성을 방해한다. 국가들의 변덕 때문이다. 따라서 국가화폐체제에서 국제무역은 파레토 최적에 도달하기 어렵다.

역설적이지만 세계체제가 위기에 빠질수록 사람들은 더욱더 간절하게 보편적 화폐를 갈구할 것이다. 전간기의 혼란을 겪고 케인스나 화이트가 고정환율에 기초한 보편질서를 꿈꾸었던 것도 이와 마찬가지다. 세계체제의 위기란 국민국가 간의 상호작용이 절차와 규율을 따라 평화롭게 진행될 가능성이 줄어든다는 것을 의미하기 때문이다. 세금을 물고 사생활 정보를 노출하더라도 절차를 밟기만 하면 국외로 재산을 이전할 수 있는 체제가 이전에도 작동하긴 했다. 그러나 모든 국가에서 그랬던 것은 아니다. 세계체제로부터 거리를 둔 국가에서는 비용을 치르더라도 자신의 권리와 자산에 보편성을 부여할 수 없었다. 전쟁으로 고통받거나 폭압적인 국가, 금융시스템이 미비한 사회에 사는 이들과의 무역이 어려운 것도 이 때문이다.

비트코인 금지야말로 비현실적 이상주의다

각국 정부에 의해 비트코인이 금지될 것이라고 확신하는 회의론자들은 지정학적으로는 이상주의자들이다. 이상주의자들은 미국 국민들이 세계관여에 지쳤더라도 세계관여를 계속 추진할 엘리트들을 뽑아줄 것이라고 믿든지, 아니면 미국이 항공모함을 보내 공해상에서 항행의 자유를 보호하지 않더라도 엄청나게 느려터진 화물선들이 보트에 기관총을 매단 해적들의 방해 없이 지금처럼 안전하고 저렴하게 화물을 운송할 수 있다고 믿든지, 그도 아니면 국민국가의 정부들이 한자리에 모일 때마다 다수결로 안건을 통과시키고 어떤 국가든지 사신들이 반대했지만 다수의 뜻에 따라 통과된 안건을 성실하게 이행할 것이라고 믿는 셈이다.

그렇기에 회의론자들은 앞으로도 계속 국민국가로부터 인정받은 국제통화금융 관리기구가 권위를 가지고 작동하면서 빚을 갚지 않고 파산한 국가를 도와줄 것이고, 그 덕분에 위기를 극복한 국가는 성실하게 빚을 갚을 것이라고 생각한다. 그런 기구, 즉 국제통화기금 IMF 이나 국제결제은행 BIS 같은 곳의 관료들이 국민국가의 화폐주권을 보호하기 위해 비트코인을 금지하면 국민국가 정부들이 '원팀'의 정신으로 어느 날 채굴업자들을 습격해 채굴기를 압수하고 거래소를 폐쇄한 뒤 풀노드full node(모든 기록을 다 가진 독립된 비트코인 서버) 운영자를 색출해 재판대에 세울 것으로 믿는다.

이들은 국제질서가 무한동력을 지녀서 시동만 걸면 계속 작동한다고 믿는 셈이다. 인류는 비용을 감당하는 주체가 없거나 혹은 거의 모든 국가가 1/n씩 나누어 지불하며 공공재를 모아서 세계질서를 운영하는 방식으로는 한 번도 평화와 번영을 이루지 못했다. 앞으로 이런 평화로운 협력이 성공할 거라고 생각하는 근거가 무엇인지 이상주의자들에게 물어보면, 사실은 이런 문제를 진지하게 고민해본 적이 한 번도 없다는 그들의 지적 빈곤함만 드러날 뿐이다.

그들은 국제체제의 근간이 제국주의거나 제국주의를 닮을 수밖에 없다는 역사적 사실을 깊게 고민해 본 적이 없다. 그들의 상상력은 평화와 번영이 모든 국가에, 모든 이들에게 이롭기 때문에 지속 가능하다는 수준에서 맴돌 뿐이다. 그러나 안타깝지만 바람직한 것이 곧 가능한 것은 아니다.

지금 이 시대의 위기는 바로 제국주의의 위기다. 미국은 스스로를 제국이라 부르지 않지만 포스트 1945체제에서 미국의 특별한 지위를 생각하면 미국은 제국이다. 세계질서란 제국적 질서다. 왜냐하면 국가들 간의 관계는 힘에 의해서만 조정될 뿐이지 제도나 절차에 따라서 조정되는 것이 아니기 때문이다. 제도나 절차에 따라 조정이 되는 것처럼 보인다면 그 시대의 제국이 그렇게 보이기를 원하기 때문이며, 그렇게 보이기 위해서 제국은 노골적인 제국주의보다 더 많은 시간과 자원을 투입해야만 한다. 미국이 정말로 제국이 아니었다면 미국 시대에 국가들이 제도와 절차에 따라서 합의를 이루는 모습을 보는 대신에 거의 매 사안마다 국가들이 총과 탱크로 자신의 의지를 이웃 국가에게 강요하는 모습을 목격했을 것이다.

21세기가 시작되고 1/4세기가 지나는 시점에서 세계인들이 물어야 할 질문은 '미국이 제국이냐 아니냐?'가 아니다. '미국이라는 제국이 지금의 세계체제의 근간을 연장시킬 수 있는가 아닌가?'라고 물어야 한다. 왜냐하면 미국이 세계체제를 연장시키는 데 관심이 없고 에너지를 쏟지 않는다고 하면 지금의 세계체제가 허물어지기 때문이다. 미국이 '세계관여'에서 손을 뗀다면 새로운 제국이 나타나서 세계질서를 이어받아야 하겠지만 그 과정이 순조롭지는 않을 것이고 시간이 많이 걸린다.

세계체제가 제국의 힘에 의해서만 유지되어 온 것은 어쩔 수 없는 이유가 있어서다. 새로운 힘이 등장할 때까지 국가들 간, 서열을 정하는 방식은 매우 거칠고 원초적이다. 전쟁과 무질서다. 인류가 처한 현실적 사정이 이렇기 때문에 진정 평화를 원하는 이들이라면 미국 대신에 다른 국가가 부상해서 세계질서의 보루가 되는 것을 바라기 어렵다.

미국체제의 하이라이트가 임박하다

그렇다면 도대체 왜 미국은 세계체제로부터 손을 떼려 하는 걸까? 여러 가지 이유가 복합되어 있지만 무엇보다 미국의 힘이 부족하기 때문이다. 특히, 미국은 돈과 싸울 의지가 부족하다. 미국인들은 자국의 젊은이들이 그들이 들어본 적도 없는 나라에 가서 피를 흘리기를 원하지 않는다. 미군의 희생을 정당화할 대의명분도 희석되었다. 미국은 평화를 지키기 위해서 폭력을 사용하는데, 전투적 자유주의자들이 장악한 지식세계와 주류 미디어는 미군의 폭력을 평화를 위해 필수불가결한 선택으로 묘사하지 않는다.

언론의 수준은 베트남전쟁에서의 한계를 크게 벗어나지 않고 있다. 언론이 접근 가능한 자유베트남에서의 폭력은 자극적으로 보도했지만 언론이 차단된 북베트남에서의 폭력에 대해서는 보도하지 못했다. 당시, 미국의 중산층에서 TV가 빠르게 보급되고 있었는데 중산층과 지식인들은 언론접근의 편향 때문에 남베트남의 혼란을 과장해서 인식하고 말았다. 언론의 감시 기능은 개방사회에 편향되므로 언론이 접근가능한 개방적인 세계에서는 미군과 미군의 동맹군이 가장 폭력적으로 묘사될 수밖에 없다. 언론은 속성상, 자유가 없는 세계의 폭력에 대해서는 무척 어둡다.

이상주의자들의 시각에서 볼 때, 미국의 행태는 일방적이고 폭력적이다. 그렇다고 해서 미국이 이상주의자들의 비난 때문에 세계관여로부터 거리를 두려는 것은 아니다. 무엇보다 돈이 없다. 미국의 정부부채는 2024년 기준, 35조달러를 넘는다. 미국 정부는 1년 예산 중 대략 1/4을 국방비에 쏟아붓고 있다. 그리고 1/4은 부채의 이자를 갚는 데 쓴다. 나머지 절반은 정부라면 마땅히 제공해야 할 서비스, 의료, 교육, 사회 기간망 구축, 그리고 최소한의 복지에 투입해야 한다. 세계관여를 줄여도 정부는 계속 빚을 늘릴 수밖에 없으므로 부채 이자에 쓰는 예산은 계속 늘어날 예정이다. 그렇다면 미국은 국방비를 줄이는 수밖에는 답이 없는 상태다.[235] 실제로 미국은 매년 1% 안팎으로만 국방비 예산을 증액하는데 3%에 달하는 인플레이션을 고려하자면 미국은 이미 국방비를 줄이기 시작했다.

중국은 미국의 이러한 사정을 잘 알고 있다. 미국과 싸움을 피하면 시간은 중국의 편일 수도 있었다. 그러나 중국은 중국 나름대로 웃는 얼굴의 가면을 쓰고 기다릴 수 없는 사정이 있었다. 중국 국민들이 부유해질수록 더 많은 자유를 요구했기 때문이다. 중국공산당은 위기감을 느낄 수밖에 없었고 국민들의 자유를 억압하는 명분으로 애국심을 고취했다. 애국심을 고취하는 가장 손쉬운 방법은 외부세력과 맞서는 것이다. 중국인들에게는 서구 열강으로부터 치욕을 당했던 가까운 과거에 대한 기억이 있다. 중국 정부가 주변 세계에 대해서 중화민족의 특별함을 강요하는 와중에 부딪히게 되는 미국을 비롯한 서방세계와의 마찰을 이 기억과 버무려서 중국인들의 애국심을 고취하는 방법을 찾는 것은 어려운 일이 아니었다.

중국은 더 개방적이고 더 자유로운 사회로 나아가다가 갑자기 방향을 바꾸었다. 그들은 국경이나 바다에 인접한 이웃들에 대해서 매우 사납게 굴기 시작했다. 그리고 미국에 의한 세계체제가 아니라 중국에 의한 세계체제가 가능하다는 것을 보여주기 위해서 애쓰고 있다. 지금 중국의 수준에서는 이는 허세다. 하지만 허세를 부릴수록 중국인들은 자신들의 정부를 영웅으로 떠받들어 주었다. 그리고 중국인들은 경제의 성장에 따라서 그들이 그들의 정부에 요구해야 할 정치적, 종교적, 사회적 자유의 확대를 유보하고 있다.

그러나 중국인들이 잊고 있었던 중요한 사실이 하나 있다. 중국은 아주 특별한 제국이 제공하는 특별한 질서를 활용해서 성장했다는 사실이다. 이 사실을 망각함으로써 그들은 자신들이 성장하고 있는 토대를 스스로 허물고 있는 셈이다. 중국이 지정학적 야심을 감추지 않자 미국 조야에서 중국이 자연스럽게 자유화될 것이라고 주장하는 정치가들도 사라졌다. 대신 워싱턴에는 중국을 거칠게 몰아붙여야 한다는 주장들만 남았다. 그리고 그 주장들 중에서 어떤 주장이 더 효과적으로 더 거칠게 중국을 몰아붙일 수 있는지를 놓고 선거 때마다 경쟁하는 지경에 이르렀다.

미국의 엘리트들이 비트코인을 발견했다면, 그건 재발견이라고 불러야 할 것이다. 미국의 엘리트들은 사실 2013년에 비트코인의 잠재력에 대해서 인지했었다. 실크로드라는 지하세계의 아마존이라고 불리는 마약, 총기 온라인 쇼핑몰이 비트코인을 결제수단으로 삼은 것이 문제가되었고 이 때문에 국회 청문회까지 열렸다. 미국의 수사기관을 중심으로 시작해서 금융엘리트들이 비트코인 공부를 시작한 때가 이 무렵이다. 그런데 그들은 비트코인 현상이 아니라 블록체인이라는 기술에 관심을 가졌다. 지금에 비해서, 당시에는 비트코인의 존재감이 미미했기 때문이기도 하다. 하지만 그들은 블록체인이라는 기술은 파괴적이라고 진단했다.

미국의 엘리트들이 기술로서의 블록체인이 아니라 화폐현상으로서의 비트코인에 경악하지 않았던 이유가 따로 또 있었다. 당시 비트코인은 '중국현상'이라고 불릴 정도로 중국인들의 거래비중이 높았다. 통계마다 수치가 다르긴 해도 한때, 비트코인의 각 국가별 거래비중에서 위안화는 90%를 넘어섰다. 중국인들이 '샀다 팔았다'를 반복하는 성향이 강해서 이 수치에 거품이 있었던 것은 사실이지만 70% 비중이라고 낮추어 잡더라도 당시, 비트코인에 대한 중국인들의 관심은 타의 추종을 불허했다. 당시, 미국의 엘리트들은 자본유출을 꺼리는 중국 당국이 알아서 비트코인을 잠재울 것이라고 속단했던 것으로 보인다.

실제로 중국 정부는 비트코인 가격이 오를 때마다 찬물을 끼얹었다. 중국 IT기업들의 비트코인 노출을 금지시켰고, 거래소를 추방했고, 채굴을 금지했다. 그러나 중국인들은 여전히 비트코인을 거래하고 보유하고 있으며 채굴하고 있다. 2024년 미국 대통령 선거 기간, 트럼프 진영이 비트코인과 암호화폐를 쟁점화했는데 트럼프는 미국이 하지 않으면 중국이 할 것이라는 말을 통해서, 암호화폐에 대한 트럼프 진영의 정책이 중국을 의식해서 나온 것이라는 사실을 내비쳤다. 어느 시점에 트럼프 주변의 인사들과 공화당 엘리트들은 비트코인을 재발견했다고 여겨진다. 그들은 비트코인이 중국을 외통수로 몰아넣고 있다는 것을 눈치쳤다.

미국이 적극적으로 비트코인을 부양하면, 중국인들 사이에서 비트코인 투자 열풍은 되살아 날 것이다. 이런 상황에서 중국은 비트코인 거래를 합법화하느냐 아니면 금지하느냐의 기로에 서게 된다. 합법화한다면 비트코인은 더 크게 도약할 것이고 중국인들과 중국기업들의 참여가 더 늘어날 것이다. 중국 입장에서는 국경이 없이 넘나드는 비트코인을 합법화한다는 것은 자본을 자유화한다는 의미이기도 하다. 지금까지의 체질을 바꾸지 않는다면 선택하기 어렵다. 그렇다고 금지하기도 마땅치 않다. 이미 거래소를 불법화해버렸기 때문에 남은 카드는 소유금지다. 그러나 거래소가 금지된 이후로 중국인들은 당국의 눈을 피해서 비트코인을 거래하는 방법을 개발했다. 당국으로서는 소유금지를 하고 나서 소유자들을 색출해서 처벌하기에는 비트코인과 암호화폐 소유에 관해서 실태파악을 할 자료가 부족하다.

이런 상황이라면 정책적으로는 금지하더라도 중국인들 중 일부는 모험을 감행할 것이고 비트코인은 중국의 지하경제로 흘러들어갈 것이고 거기서 비트코인의 무지막지한 존재감을 키울 것이다. 중국 정부가 비트코인을 양성화하건, 금지하건 간에 비트코인 때문에 중국의 자본통제적 금융질서는 크게 위협을 받게 된다.

아울러, 블록체인의 또 다른 킬러 어플이 부상하고 있다. 바로 달러 스테이블코인이다. 미국의 엘리트들은 유로달러를 통제하지 않았었는데 거의 동일한 이유로, 달러 스테이블코인도 막지 않을 것으로 보인다. 중국이 미국채권을 사주지 않으면서 생긴 미국장기채권에 대한 수요의 구멍을 메우기에 달러 스테이블코인만 한 것도 없기 때문이다. 미국의 정부부채는 35조달러로 이미 어마어마한 규모이지만 미국 장기채에 대한 수요처가 개발된다면 정부부채를 더 늘릴 수도 있다. 정부부채를 현 수준에서 동결하더라도 안정적인 수요처는 꼭 필요하다. 그래야만 미국은 이자율 정책에 있어서 자율성을 가지고 경기를 조절할 수 있다.

그러나 달러 스테이블코인이야말로 현재 시스템에 대한 근본적 수준의 수정주의다. 포스트 1945체제에서 달러의 지위는 중앙은행들의 준비자산에 머물렀다. 미국 이외의 나라에서, 달러는 기업들과 개인들이 사용하는 돈이 아니었다. 국민국가들이 자국 통화를 발행해서 사용하면서 미국 달러와는 독립적으로 이자율이나 통화량을 조절할 수 있었다. 그러나 달러 스테이블코인은 전 지구적 규모에서 달러를 확산시키는 수단이다. 중국인들과 유럽인들이 위안화와 유로화 대신 달러 스테이블코인을 보유함으로써 그만큼 미국의 통화 재량권은 늘어난다. 반면에 중국 당국과 유럽의 통화 재량권은 줄어든다. 달러 스테이블코인이 확장되면 당장 아프리카, 남미, 동남아 국가들의 중앙은행들이 개점휴업상태까지 내몰릴 것이다. 그들에게 통화주권이 있었던 과거에 통화량 조절에 실패해서 국민의 신뢰를 잃어버린 상태이기 때문이다. 그들 정부들이 찍어낸 화폐는 급속히 퇴장당할 것이다.

세계를 지탱하다가 체력을 소진한 미국이 달러를 부축하기 위해서 달러 스테이블코인의 확산을 허용한다면 사실상 이것은 국민국가 시스템의 종말을 의미한다. 태양과 같은 별의 진화에서 초거성은 별이 가장 커지는 단계다. 안정기를 거치면서 연료를 모두 소진한 별이 팽창하면서 마지막 단계로 나아가기 전에 붉게 부풀어 오른다. 달러 스테이블코인은 미국 시대의 마지막 단계를 암시한다. 관대한 패권이라고 불리던 국민국가 시대의 마지막은 달러가 세계보편화폐가 되면서 국민국가들의 통화주권이 붕괴되는 단계다. 그러니까 한동안, 비트코인은 중국을 궁지에 몰아넣을 것이고 달러 스테이블코인은 달러 시스템을 부축할 것이다. 중국 지도부는 지난 10년간 미국이 겪었던 전환기적 혼란에 돌입할 것이므로 미국이 주도권을 행사하고 있는 지금 시스템은 그럭저럭 유지될 가능성이 크다.

지정학 시대 개인들의 답안지

세계체제의 격변기를 앞두고, 개인들에게 있어서 비트코인의 의미는 특별하다. 비트코인은 가격이 불안정하고 거래 수수료가 비싸다는 것 등을 포함해서 개인들이 사용하기에는 현실적인 단점을 지닌다. 그럼에도 불구하고 비트코인은 가장 보편적인 가치 전환 수단이다. 전기에너지를 화폐와 비슷한 가치물로 바꿔주기도 하고 가치물을 공간 너머로 빠르게 보내주기도 하며 때로는 미래로 가치를 이전해주기도 한다. 비트코인은 보편성 하나만으로도 가치가 있으며, 보편질서에 목마른 시대를 살아내기 위해 반드시 필요한 준비물이다. 지식과 정보, 동원 가능한 물질적 수단만으로는 지정학적 시대에 살아남기 어려운 미시적 개인들에게 비트코인은 보편질서로 향하는 버스의 탑승권 같은 존재다.

'지정학의 시대'란 솔직히 말하자면 지리 때문에 세계의 통합이 깨지는 시대를 가리키지만 대중이 너무 놀랄까봐 지식인들이 엄선한 어휘다. 우리가 직면한 시대는 무질서가 보편질서를 압도하는 어지러운 세상이다. 자기가 사는 곳에 지정학적 위기가 닥치면 많은 가장이 가족들만이라도 국경을 넘어 안전한 나라에 머물기를 바랄 것이다. 그때 가족들이 어느 나라에서라도 인정받는 가치물을 가지고 국경을 넘는 것과 그렇지 않은 것의 차이는 클 것이 분명하다.

무거운 금괴와 종이달러, 비트코인 중에서 어떤 가치물이 국경을 넘는 동안 보안검색대나 국경수비대 혹은 헐벗은 난민들로부터 가족들의 자산과 안전을 지켜줄 수 있을지 상상할 수 있는 가장이라면, 이 세 가지 가치물 중 무엇이 지정학의 시대에 가장 보편적인 가치물인지 선택하라는 시험문제에 쉽게 답할 수 있을 것이다.

21. 트럼프, 비트코인을 전략무기화하다

80) 미 의회예산처(CBO)는 2024년 미국이 정부 부채에 대해 지불해야 하는 이자 총액이 약 8,700억달러(약 1,162조원)에 달할 것으로 추정했다. 미국 국방예산인 8,500억달러(약 1,135조원)를 넘어선다.

81) 미국 연방준비제도(Fed)는 2024년 9월 18일 기준금리를 0.5%포인트 인하하여 4.75%~5.0%에서 4.25%~4.5%로 조정했다 그러나 이러한 금리 인하에도 불구하고, 미국 10년물 국채 금리는 9월 중순 3.6%대에서 10월 8일에는 4.014%까지 상승했다. 이는 장기 국채에 대한 수요 감소로 인해 국채 가격이 하락하고, 그 결과 장기 이자율이 상승하는 현상을 반영한다.

22. 달러 CBDC와 보편질서의 갈망

82) 2024년 유럽 내 스테이블코인 시장 점유율: USDT(50%), USDC(28%), EURC 및 기타 유로화 기반 스테이블코인(22%)

83) 사실 CBDC에 대한 정의가 명확한 것은 아니다. 그러나 중앙은행이 전자형태로 발행해 개인과 기업이 경제활동에 사용하게 하려면 암호화 기술을 사용할 가능성이 높다. 이 말은 곧 거래마다 신원을 인증하는 온라인뱅킹이나 신용카드와 달리 누가 사용하는지와 관계없이 암호키만 가지고 있으면 정당한 거래를 일으킬 수 있다는 뜻이다. 만약 거래할 때마다 신원을 인증해야 한다면 CBDC는 '디지털 캐시'

■ 돈의 형태

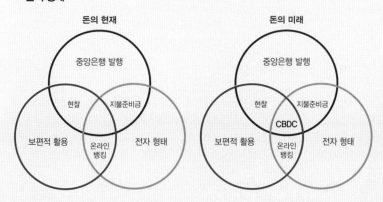

라기보다는 온라인뱅킹에 가까워진다. 중앙은행이 관리통제하는 온라인뱅킹의 하나일 뿐이다. 따라서 암호화폐를 대체할 CBDC라면 신원인증 대신 암호기술을 사용해야 할 것이므로, 이는 블록체인 생태계와 결합해 국경을 제약없이 넘나들 수 있는 고성능 화폐가 된다.

블록체인을 활용하면 이종체인 간에 무신뢰 거래를 할 수 있다. 대표적인 기술이 아토믹 스와프(atomic swap) 기술이다. 아토믹이란 거래에 원자성을 갖는다는 뜻으로 중개자가 없는 상황에서 돈을 보내 놓고 상대가 거래에 응하지 않더라도 돈을 떼일 걱정을 할 필요가 없다는 의미다. 프로그램이 알아서 환불해주기 때문이다. 아토믹 스와프 기술을 사용하면 일정량의 비트코인을 담은 지갑의 개인키를 활용해 이더리움이나 다른 블록체인상에서 토큰을 발행할 수 있다. 이 토큰은 비트코인을 움직일 수 있는 열쇠이기 때문에 잠겨 있는 비트코인의 가치와 동일시된다. 즉, 달러 CBDC를 암호인증 방식으로 유통하면 비트코인이나 이더리움에서 달러 CBDC를 잠근 토큰이 발행되어 거래된다. 위안화 CBDC를 발행하면 중국 은행에서 모든 거래를 들여다볼 수 있다고 생각하겠지만 위안화 CBDC는 한 지갑 안에 잠겨 있고 그 열쇠가 토큰이 되어 전 세계 어딘가에서 거래될 수 있기에 중국 은행이 알기는 어렵다. 아토믹 스와프와 CBDC의 관계에 대해 더 자세한 내용을 알고 싶다면《비트코인, 지혜의 족보》(오태민 저) p. 493을 참고하자.

23. 달러와 국민국가의 공존

84) 정부영역의 역할과 특히 국가에 의한 자본통제를 정당화하는 자유주의라고 하여, 연계된 혹은 사회적 자유주의(embedded liberalism)라고도 한다.

85) "우리가 자유방임 방식에 충실하기만 하다면 균형을 유지하는 조정 기제가 자동적으로 잘 작동할 거라고 가정하는 것은, 건전한 이론의 지지도 없이 역사적 경험의 교훈에 귀를 기울이지 않는 교조적인 망상이다." (출처: 글로벌라이징 캐피털, 배리 아이캔그린, p. 145)

86) 근린궁핍화 정책(Beggar-thy-neighbor policy, pooring neighbour policy): 영국의 경제학자 조앤 로빈슨이 명명한 용어로, 다른 나라의 경제를 희생시키면서 자국의 이익을 추구하는 정책을 일컫는다. 로빈슨은 1930년대 세계대공황이 각국의 "너죽고 나 살자"라는 이기주의와 보호무역, 환율전쟁 탓에 오랫동안 지속됐다며 이 용어를 지어냈다. 환율 인상, 수출보조금 지급으로 수출을 늘리고 관세율 인상, 할

당제로 수입을 줄이는 행위들이 대표적인 예다. (출처: 한경 경제용어사전)

24. 유로달러, 자본이 국경을 뛰어넘다

87) 전후 통화금융 시스템은 대략 다음의 5가지 구체적인 목표를 추구했다. 1) 정부가 시장에 더욱 큰 영향력을 행사한다, 2) 무역으로 이득을 취하려고 시장을 조작하는 개별 정부들의 행위를 억제한다, 3) 금에 의한 유동성 부족 문제를 종식한다, 4) 자본이 무질서하게 국경을 넘지 못하도록 함으로써 투기꾼의 선동과 발홍을 막는다, 5) 국가 간 정치협력체라는 기구가 무역을 관리하게 한다.

88) 1964년 유로달러 시장규모는 90억달러였고, 이 중 약 49%를 영국은행이 취급했다. 1968년에는 250억달러, 1971년에는 540억달러로 높아졌다. 1967년 이후에는 매해 거의 80억~90억달러가 증가해 1980년에는 7,510억달러를 기록했다. (출처: 국제통화금융체제와 세계경제 패권, 김기수, p.537, p.559)

89) 리보 LIBO 금리: London inter-bank offered rates의 약자로 런던 은행 간 제공금리를 가리킨다. 영국 은행들끼리 자금수요를 맞추기 위해 단기(통상 6개월 이내)에 주고받는 금리조건을 지칭한다. 리보 금리는 매일 오전 11시 30분(영국 시간), 영국 은행가 협회를 대신해 다국적 미디어기업인 톰슨 로이터가 집계해 발표한다. 많은 금융 기관, 대부 업체, 신용카드 회사의 금리가 리보 금리를 기반으로 운영된다. 지난 10년 사이에 리보 금리를 조작한 사건이 내부고발에 의해 드러났고 미국을 중심으로 기준금리에서 리보 금리를 퇴출하는 추세다.

90) 대출이자율은 4.5%였으나 대출액의 10~20%를 예금형태로 다시 은행에 보관해야 하므로 대출자의 비용부담을 모두 합하면 이자율이 5%가 넘었다.

91) 1964년에는 11개의 미국 은행만이 해외지점을 가지고 있었지만 1973년에 이르자 무려 125개 은행이 지점을 갖게 되었고 같은 기간 미국 은행 해외지점 수는 181개에서 699개로 급증했다. (출처: 국제통화금융체제와 세계경제패권, 김기수, p.536)

92) 또 은행들 간에도 빌려줄 자금이 많이 필요했다. 은행이 다른 은행에 돈을 빌린다는 게 이상해 보일 수 있다. 그러나 은행들은 단기 차입금의 최대 수요자 중 하나다. 은행들은 일정한 돈을 중앙은행에 맡겨야 하는데, 이것을 준비금이라고 한다. 상업은행들은 준비금만큼 대출을 하지 못하므로 준비금은 기회손실이다. 상업은행이 최대한 이익을 추구하다 보면 순간적으로 준비금을 채우지 못하는 경우가 종

종 있다. 이때 중앙은행은 높은 이자비용을 물게 해 벌칙을 준다. 중앙은행의 벌금보다 이자가 낮은 단기 금융을 찾는 이유다. 중앙은행에 맡길 돈(Federal Reserve System)을 서로 빌려주고 빌려 받는다고 해서 이런 금융을 페더럴 펀드(Federal Fund)라고 부른다.

93) 1966년 체이스맨해튼 은행의 뉴욕 본부에서 일하던 경제학자 마이클 허드슨은 전직 국무부 직원으로부터 메모를 건네받았다. 그 메모에는 미국이 역외금융에서 외국에 뒤지고 있는 이유가 다음과 같이 설명되어 있었다. "미국 재무부와 법무부, CIA, FBI는 미국 법원의 적절한 지원을 등에 업고 있어 미국이 지배하는 금융 회사 임원들의 증언을 강제할 수 있고, 고객 계좌 정보를 법정 기록으로 첨부할 수도 있으며, 고객 기록을 제출하도록 소환장을 발부받을 수 있는 검증된 능력을 갖고 있다. 따라서 미국에 기반을 두고 미국의 규제를 받는 금융회사들은 도피자본을 유치하기 위해 스위스를 비롯한 주요 해외자금 도피처들과 경쟁하며 엄청나게 불리한 처사를 당하고 있다." (출처: 보물섬, 니콜러스 색슨, p. 214)

94) 미국은 외국 기업이나 외국 은행이 미국 고객을 갖는 경우 미국 고객 관련 자료를 미국 정부에 보고하도록(FATCA: Foreign Account Tax Compliance Act 2010) 하고 있다. 이런 규제 때문에 외국 은행은 미국인들을 기피한다. 스위스에서 이란 여권 소지자가 미국 여권 소지자보다 신용카드를 발부받는 것이 더 쉽다고 한다. 2016년 영국의 BBC는 한 프랑스계 미국인의 사연을 소개했다. 그는 미국에서 태어나 미국 시민권자이긴 해도 미국과 아무 상관이 없다. 심지어 영어도 못한다. 프랑스에서 자라 프랑스에서 공부했고 프랑스에서 일하고 있음에도 미국 시민권 때문에 은행계좌를 만들지 못한다. 이렇듯 매년 5,000여명의 미국인들이 미국인으로서 받는 금융 차별 때문에 미국 시민권을 포기하고 있다. (출처: De-Dollarization, Gal Luft and Anne Korin, p. 10)

95) 1차 오일쇼크는 1973년 아랍 산유국들의 석유 무기화에 따라 발생했다. 석유 공급부족 및 가격 폭등으로 세계경제는 큰 혼란과 어려움을 겪었다. 1973년에 제4차 중동전쟁이 시작되면서 OPEC의 이집트와 사우디아라비아를 중심으로 리비아 아랍 공화국, 이라크, 이란 제국, 시리아, 튀니지가 손잡고 석유를 감산하는 동시에 원유 가격을 인상했다. 오일 쇼크를 주도한 나라는 사우디아라비아였다. 석유수출을 금지하는 대신 매월 단 5%만 감산해도 시장에 큰 충격을 줄 수 있다고 보았

기에 다른 OPEC 회원국들의 참여도를 높일 수 있었다. 1배럴당 2.9달러였던 원유가는 한 달 만에 12달러에 이르렀다. 당시 친미 국가였던 베네수엘라와 인도네시아, 나이지리아와 비OPEC 국가인 소련도 석유 가격을 대대적으로 인상했다.

중동 산유국들이 경제 타격을 입히려 했던 표적은 미국과 영국, 그리고 미국의 우방국들이었다. 이들은 석유 무기화를 통해 중동전쟁에서 일본과 유럽공동체의 지지를 얻어내는 데 성공했다. 자신들을 지지하는 성명을 내보낸 일본과 유럽공동체에 5% 감산유예를 해준 적도 있다. 중동과 산유국들은 역사적 호황기에 접어들었고, 세계 최대의 산유국 중 하나였던 소련도 이득을 보았다. 미국과 영국이 가장 큰 타격을 입었으나 다국적 석유 기업들은 이익을 보았다. 중동의 석유 감산은 제4차 중동전쟁이 끝난 이후에도 계속되었으며 1974년 3월까지 이어졌다. 1차 오일 쇼크 이후 사우디아라비아는 '석유 시장 주도국'의 지위를 얻게 되었다.

한국은 중화학공업을 육성하던 초기에 충격을 받았으므로 하마터면 중화학공업을 포기할 뻔했다. 그 여파로 1973년 3.2%였던 물가상승률이 1974년과 1975년에 걸쳐 연 25%로 상승해 서민들은 큰 고통을 겪어야 했다. 무역적자액은 폭등했으나 달러가 흐르는 중동에 기업들이 진출하는 계기가 되기도 했다. 한국은 중동에서 벌어온 막대한 외화자금을 통해 예상보다 빠르게 1차 오일 쇼크를 극복할 수 있었으며 1977년에는 1인당 GNP 1,000달러를 돌파하게 되었다. (출처: 나무위키)

25. 칼 폴라니의 자본과 국민국가의 이중운동

96) 케인스의 총생산 곡선은 물가에 대해 비스듬하게 우상향한다. 그러나 고전학파의 생산곡선은 물가와 상관없이 주어진다(오른쪽 그래프 AS 수직선). 고전학파에 의하면 물가가 오를 걸 아는 생산자는 자신이 구입해야 하는 원자재와 지불할 임금도 오르기 때문에 물가상승에 대응해 생산을 늘릴 유인이 없다. 그러나 만약 임금이 고정되어 있다면 기업가는 물가가 오르면 고정된 임금(원가)에 비해 제품을 더 비싼 가격에 팔 수 있기 때문에 생산을 늘릴 수 있다. 반대로 물가가 하락하면 임금은 고정이지만 판매가는 내려가기 때문에 생산을 줄이거나 급기야 공장을 폐쇄해야 한다. 총생산 곡선이 우상향할(왼쪽 그래프 AS 곡선) 때는 정부의 재정지출을 늘려서 총수요 곡선을 오른쪽으로 이동시키면 국민생산이 늘어난다. 그러나 고전학파의 모델처럼 총생산 곡선이 수직으로 선 직선이라면 정부의 재정지출 확대는 생산량(국민소득)은 늘리지 못하고 물가만 올리는 결과를 가져온다.

■ 케인스주의 AS 곡선

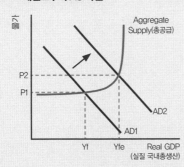

■ 고전학파 AS 곡선

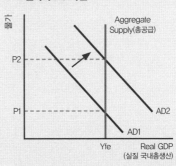

97) 이자평형세(interest equalization tax): 투기적 자본 유출입에 대한 국내외 금리차를 세금으로 부과하는 제도다. 예를 들어 자본 유출 거래에 세금을 부과하면, 국내 거주자의 해외채권 구입에 세금을 부과하는 형태가 된다. 반면 외국자본의 수입에도 세금을 부과할 수 있다. 이자평형세 제도는 외국채권과 국내채권의 수익률을 동등하게 함으로써 외국채권의 매력을 축소하는 효과가 있고, 정책 당국자들로 하여금 국내 금리나 외환시장에 개입하지 않고도 자본흐름을 조정할 수 있다는 장점을 지니고 있다. 통화거래세, 즉 토빈세를 보다 넓게 해석할 경우 이자평형세로 파악할 수 있다. (출처: 한경 경제용어사전)

98) 죄수의 딜레마라고 볼 수 있다. 죄수의 딜레마는 두 죄수가 침묵을 지키면 둘 다 가벼운 형량을 받게 되지만, 상대가 자신을 배신할 경우 상대방은 풀려나고 자신만 무거운 형량을 받을 것이 두려워 배신전략을 구사하는 것을 말한다. 각각의 죄수들로서는 배신이 합리적 전략이지만 모든 구성원이 배신하면 공유지(공공이익)부터 훼손되기 때문에 '공유지의 비극'이 죄수의 딜레마의 종착지다. 죄수의 딜레마 상황에서 자신의 이익을 극대화하려는 전략, 즉 배신하려는 전략을 맥락에 따라서는 무임승차라고도 한다. 집합행동의 문제란 결국 남들은 공공재에 투자하기를 바라고 자신은 무임승차하려는 구성원들의 합리적 행동을 어떻게 제어할 수 있느냐의 문제라 할 수 있다.

99) 자본유출이 문제가 되는 국가에서는 우선적으로 자본통제를 시도하려고 한다. 그런데 그렇게 하면 국가 신뢰도에 문제가 생긴다. 당장은 이익을 얻어도 국가에 대

한 평판이 문제가 되면 나중에 자본을 끌어들이는 데 어려움을 겪게 된다. 1960년대에 미국이 자본통제를 시도하자 유로달러 시장이 커졌다. 여러 국가의 엘리트들은 이때의 교훈을 잊지 않았다. 일본 대장성 국제금융국장으로서 폴 볼커의 파트너였던 교텐 토요오는 자신이 자본시장 통제에 반대했던 이유를 다음과 같이 기술했다. "자본통제를 하라고 대장성에 강력한 압박이 가해졌다. 하지만 나는 저항했다. 당시 나의 입장이 옳았다고 생각한다. 나는 도쿄가 이제 막 국제적 자본시장이 되어 가는 과정에 있으니 1960년대에 뉴욕이 겪었던 과오를 되풀이해서는 안 된다고 정치인들을 설득했다. 또한 시장이 신뢰를 잃는 것은 아주 쉬우나 그걸 되찾는 데는 매우 긴 시간이 걸린다고 주장했다." (달러의 부활, 폴 볼커, 교텐 토요오, p.111)

26. 역외, 신성한 국경선 때문에 생긴 법을 초월하는 세계

100) 반문화운동(Counter Culture): 사회의 지배적인 문화(주류문화)에 정면으로 반대하고 적극적으로 도전, 저항하는 하위문화다. 사회의 중심적인 이념, 종교, 제도, 생활방식 등에 도전하는 문화를 말한다. 어른들의 전쟁과 탐욕적인 주류문화에 반대하는 히피 문화나 한국 군부 독재 시절 장발이나 청바지 문화 같은 것이 그 예다. 역사적으로 1960년대 베트남전쟁 시기에 서구권에서 기성세대의 권위에 대한 반항과 신좌파의 부상과 함께 반문화 운동이 제일 활발했다고 평가받는다. (출처: 나무위키)

101) 2021년 6월 주요 7개국(G7)이 글로벌 최저 법인세율을 설정하기로 합의했다. 만약 앞으로 나머지 대다수 국가들이 동참할 경우, 세금을 회피하기 위해 세율 낮은 나라에 법인을 둬온 구글, 페이스북 등 글로벌 대기업들이 타격을 받을 것으로 보인다. 주요 7개국 재무장관들은 영국 런던에서 성명을 통해 글로벌 최저 법인세율을 적어도 15%로 설정하기로 합의했다고 발표했다. 주요 7개국은 미국, 캐나다, 프랑스, 독일, 이탈리아, 일본, 영국이다. 이들은 또한 이익률이 10% 이상인 대규모 다국적 기업들에 대해 매출이 발생한 국가가 이익의 20%에 대해 과세할 수 있도록 했다. 이는 합의문에 특정 기업을 명시하지는 않았지만 애플, 아마존, 구글, 페이스북 등 외국에서 큰돈을 벌어들이면서도 세금은 내지 않는 미국 기반의 글로벌 기업들을 겨냥한 조처다.

글로벌 최저 법인세 도입에 대한 국제적 논의는 조 바이든 미국 행정부가 동참하면서 활발해졌다. 바이든 행정부는 트럼프 정부 시절 35%에서 21%로 내린 법인세율을 중간 수준인 28%까지 올리는 방안을 추진하고 있다. 바이든 대통령에게 글로벌 최저 법인세 도입은 국내적으로 법인세 인상의 명분을 강화하고 미국 기업들이 세율이 더 낮은 국가로 빠져나가는 것을 막는 효과가 있다. 재닛 옐런 미 재무장관은 이번 합의에 대해 성명을 내어 '글로벌 최저 법인세는 법인세 바닥 경쟁을 끝내고, 미국과 전 세계의 중산층, 일하는 사람들을 위한 공정성을 보장할 것'이라고 환영했다. 그러나 낮은 법인세율을 유지하고 있는 국가들은 이에 반대하고 있다. 가장 대표적인 나라는 법인세율이 12.5%로 서유럽에서 가장 낮은 아일랜드다. 아일랜드는 낮은 법인세율을 내세워 구글, 애플 등 거대 정보기술 기업들의 유럽본부를 유치했다. 파스칼 도노후(Paschal Donohoe) 아일랜드 재무장관은 주요 7개국 재무장관 합의대로 법인세율이 올라가면 연간 법인세의 1/5, 약 20억유로로(약 2조 7,000억원)를 잃는다며 12.5% 세율을 유지하겠다고 밝혔다.

또한 미국에서도 국내적으로 공화당이 글로벌 최저 법인세율 도입은 미국 기업들에 손해가 된다며 반대하는 점이 변수가 될 수 있다고 〈워싱턴 포스트〉는 지적했다. 최저 법인세율 도입으로 타격이 예상되는 미국의 정보기술 대기업들은 확실성 측면에서 이번 합의를 환영한다는 원론적 논평을 냈다. 페이스북 대변인 닉 클레그(Nick Clegg)는 트위터에 "페이스북은 주요 7개국의 중대한 진전을 환영한다"라며 "오늘의 합의는 기업들의 확실성을 향한 중대한 첫걸음이고, 글로벌 과세 체계에 대한 대중의 믿음을 강화한다"라고 밝혔다. 구글도 "국제조세 규칙을 업데이트하려는 노력을 강력하게 지지한다"라며 "각국이 균형 잡히고 지속가능한 합의를 곧 완료하기 위해 계속 협력하기를 희망한다"라고 밝혔다. (출처: "G7 재무장관들, 15% 글로벌 최저 법인세 합의", 황준범, 한겨레, 2021.6.6)

102) 사막처럼 교통이 발달하지 않은 지역에서 낙타를 이용해 무기와 식량을 나르는 상인단체.

27. 바보야, 중요한 건 세계체제야

103) FIFA 211개국, UN 193개국(2022년).

104) FIFA의 월드컵 개최지 선정방식은 여러 차례 바뀌어서 1회원국 1표라고 보기 어렵다.

105) 러시아 도핑 사건(Russia Doping Scandal): 러시아 선수들의 체계적인 도핑으로

인해 러시아(및 러시아 관련 팀)에서 48개의 올림픽 메달이 박탈되었다. 러시아 올림픽 위원회의 올림픽 출전이 정지되었으며 118명의 선수가 올림픽 출전을 금지당했다. 러시아 선수들의 도핑은 개인의 선택이 아니라 국가가 체계적으로 후원한다는 점에서 다른 나라 선수들과 경우가 다르다. 러시아는 선수들에게 스테로이드 및 기타 약물을 공급한 것으로 밝혀졌다. 이들은 컴퓨터 데이터를 조작하는 방식으로 약물조사를 방해하려 했다.

광범위한 도핑 방지 규정 위반으로 인해 2019년 세계 반도핑 기구 WADA는 올림픽 게임을 포함한 모든 주요 스포츠 행사에서 러시아 연방의 참가를 금지했다. 2016년 7월 발표된 WADA 보고서에 따르면 금지약물 양성반응을 보였으나 은폐된 러시아 선수의 소변 샘플은 643개에 달했다. 종목별로는 육상 139개, 역도 117개, 레슬링 28개, 카누 27개, 사이클 26개, 빙상 24개, 수영 18개, 아이스하키 14개, 스키 13개, 축구 조정 각 11개, 바이애슬론 10개, 봅슬레이·유도·배구 각 8개, 복싱·핸드볼 각 7개, 태권도 6개, 펜싱·트라이애슬론 각 4개, 근대 5종·사격 각 3개, 비치발리볼·컬링 각 2개, 농구·요트·스노보드·탁구·수구 각 1개, 패럴림픽에서 35개, 올림픽 정식종목 이외 종목에서 37개 등으로 나타났다.

2017년 12월 5일 IOC는 러시아 올림픽 위원회가 2018년 동계 올림픽부터 즉시 정지되었다고 발표했다. 러시아 선수들은 '러시아에서 온 올림픽 선수 OAR '로 표시되어야 했다. IOC 규정에 따라 러시아 정부 관리는 게임에 참가할 수 없었으며 러시아 국기나 러시아 국가 대신 올림픽 깃발과 올림픽 찬가가 대신 사용되었다. (출처: 위키피디아)

106) 중국 사상가 중에서 가장 평등지향적이고 민주주의적이라고 평가되는 묵자(墨子)의 주장이다. "선한 일을 듣고도 윗사람에게 보고하지 않거나 선하지 않은 일을 듣고도 또한 이를 고발하지 않는 자가 있다면 윗사람은 그 즉시 징벌을 가하고 백성들도 모두 그를 비난해야 한다." 중국의 역사학자 이중톈(易中天)은 세상 사람들이 모두 이런 임무를 띠고 있거나 도처에 이런 정보원들이 깔려 있는 사회라면 그야말로 전제 專制 적인 사회, 지옥이라고 논평했다. (출처: 治, 정치를 말하다, 이중톈, p.144) 사인(私人)들 간의 거래나 상호작용을 누군가 일일이 판단하려면 누군가 그들을 감시하고 보고해야 하며, 이를 현실에서 제도화하려면 관료제가 사회의 모든 분야를 관장하게 하는 수밖에 없다.

107) 오늘날 서구 문명의 위기를 진단한 《서구의 자멸》의 저자들은 기독교, 낙관주의,

과학, 성장, 자유주의, 개인주의를 지중해 문명에서 발원한 서구 문명의 핵심으로 나열했다. (출처: 서구의 자멸, 리처드 코치, 크리스 스미스)

28. 방코르, 중립적 규칙의 꿈

108) 케인스의 구상에 따르면, 미국이 국제 수지 흑자를 지속하면 그 벌칙으로 230억달러에 달하는 다른 나라의 인출권에 대한 재원을 책임져야 한다. 미국은 청산연맹이 채권국에 무한 책임을 지우는 것으로 보고 이를 반대했다. 미국 대표인 화이트는 미국의 의무를 20억달러로 했다. (출처: 글로벌라이징 캐피털, 베리 아이켄그린, p.150)

109) 브레턴우즈 협정에 달러를 기축통화로 한다거나 35달러에 1온스의 금을 태환해준다는 규정은 없다. 35달러에 금 1온스는 미국 국내법이었다. 이 협정에서는 회원국들은 IMF 기금을 '금 혹은 달러화'로 납부한다는 것과 회원국의 통화가치 평가를 '금과 달러화'로 한다는 두 조항에서만 달러를 언급하고 있다. (출처: 국제통화 금융체제와 세계경제 패권, 김기수, p.318)

110) 닉슨 쇼크는 1971년 7월 15일과 같은 해 8월 15일에 각각 일어난 2가지 사건을 가리킨다. 7월 15일 닉슨 대통령은 텔레비전과 라디오를 통해 1972년 5월까지 베이징에 방문할 것을 발표했다. 그리고 8월 15일에는 화폐를 금과 교환할 수 있는 금본위제를 일시적으로 정지한다고 발표했다. 1971년 8월 13일 닉슨 대통령은 16명의 관료들과 비밀리에 모여 회의를 진행했고, 이후 8월 15일 특보를 통해 이제 더이상 달러를 금으로 바꾸어주지 않겠다고 선언했다. 이는 무척 갑작스럽고 일방적으로 일어난 일이라 이후 세계경제도 이로 인해 혼란을 겪었다. 이와 동시에 미국 정부는 모든 수입품의 관세를 10% 올리는 보호무역을 단행하고, 국내적으로는 90일간 물가와 임금을 동결시켰다. 또 대외적으로는 달러의 평가절하를 단행해 목표 금값을 1온스당 35달러에서 38달러로 변경했다. (출처: 나무위키)

29. 미국은 깡패일까?

111) 미국이 금태환을 무기한 연기한다고 발표한 뒤 1971년 9월 런던에서 열린 G10 회의에서 존 코널리(John Connally) 미 재무부 장관은 미국이 50억달러 적자에서 향후 80억달러 흑자로 돌아설 수 있도록 130억달러의 무역 수지 변동을 즉각 요구하고, 이 문제에는 협상의 여지가 없다고 각국 대표에게 말했다. 심지어 이 방안

을 토론하는 회의에 미국은 불참하겠다고 말했다. 이는 곧 채권국들끼리 알아서 잘하라는 말이었다. 이 자리에서 그는 유명한 말을 남겼다. "달러는 우리 돈이지 만 당신들의 문제다(The dollar is our currency, but it's your problem)." 코널리 장 관이 퇴장하자 G10의 나머지 9개국 대표들은 코널리의 오만을 토로하면서도 미 국의 무역수지를 흑자로 돌릴 방법을 조율했다. (출처: 커런시 워, 제임스 리카즈, p. 150)

112) 흑해의 러시아 항구들은 얼지 않으나 튀르키에가 관리하는 좁은 해협(보스포루스 해협, 마르마라해, 다르다넬스 해협)을 지나야 한다.

30. 달러와 중립적인 규칙

113) 서독 중앙은행 도이치분데스방크의 카를 블레싱(Karl Blessing) 총재가 연방준비 제도이사회 윌리엄 마틴(William Martin) 의장에게 1967년 3월 30일 쓴 편지에는 다음과 같은 구절이 있다. "분데스방크가 지난 몇 년 동안 한 번도 달러를 금으로 태환하지 않았다는 사실을 잘 알고 있을 겁니다. 분데스방크는 앞으로도 이 정책 을 지속할 것이며 아울러 국제 통화협력에 기여하고자 최선을 다할 방침이라는 점 을 믿어도 됩니다." (출처: 커런시 워, 제임스 리카즈, p. 143)

114) 고정환율을 포기하는 결정은 갑작스럽게 할 수밖에 없다는 것을 이미 영란은행 Bank of England이 보여준 적이 있다. 1925년 영국은 전전비율의 금본위제로 돌 아갔다. 디플레이션으로 고전하던 와중에 대공황이 터졌고 영국은 금본위제를 고 집할 수 없는 상황으로 몰렸으며, 금태환을 포기하기 전날까지도 환율이 바뀌는 일은 결단코 없을 거라고 다짐했다. 네덜란드 은행은 영란은행을 신뢰했다가 영 국 파운드화가 개장과 동시에 곤두박질치면서 대부분 파운드스털링으로 구성되 어 있던 외환보유고가 바닥이 나버렸다. (출처: 화폐트라우마, 다니엘 D. 엑케르 트, p. 51)

115) 1973년 일본은 달러에 대해 엔화를 또 한 번 20% 가까이 절상했다. 이 과정은 당 시 미국과 일본의 정치적 상하관계를 잘 보여준다. 환율문제가 다급해지자 폴 볼 커 당시 재무부 차관은 해외 순방을 시작했다. 폴 볼커 차관 일행은 미 군용기를 타고 도쿄 인근의 미 공군기지에 내렸다. 비행기를 타고 가는 동안 닉슨 대통령이 일본 정부에 도착 당일 대장상 또는 총리와 만날 수 있도록 요청했다. 볼커 일행은

아이치 기이치(愛知揆一) 대장상과 만나 미국의 계획을 통보했다. 만약 일본이 협조하지 않으면 볼커 일행은 유럽에 갈 필요가 없으니 미국으로 바로 돌아가야 하고 뒷일은 두고 보면 알게 될 것이라고 말했다. 일본 엔화를 절상하고 나서 독일을 설득해야 했기 때문이다. 미국은 일본 당국에 몇 시간밖에 고민할 시간을 주지 않았다. 그것도 볼커와 만나기 전 그들이 비행기 안에 있는 동안 일본 총리와 대장상이 미국이 제안할 내용을 추측해 대응해야만 했다. 에이치 대장상은 볼커의 요구를 거의 들어주었다. (출처: 달러의 부활, 폴 볼커, 교텐 토요오, p.215)

116) 자기실현적 혹은 자기충족적 예언(self-fulfilling prophecy): 누군가 어떠한 일이 발생한다고 예측하거나 기대하면 그 기대가 실현된다는 것. 이것이 가능한 것은 사람들의 기대가 행동에 영향을 미치고 그것이 다시 사람들의 기대에 영향을 미치는 순환 때문이다. 미국의 사회학자 윌리엄 토머스(William Thomas)가 1928년 이 현상을 처음 발견했다. 모종의 상황을 현실로 규정하면 결과에서도 이러한 상황이 현실이 된다는 것이다. 미국의 사회학자 로버트 머튼(Robert Merton)은 토머스의 이론을 활용해 '자기충족적 예언'이라는 용어를 만들고, 정확하든 부정확하든 믿음이나 기대는 바라거나 기대한 결과를 가져다준다는 이론을 대중화했다. (출처: 위키피디아)

117) 폴 볼커의 표현을 빌리면 당시 미국 금융정책 엘리트들에게 있어서 달러의 안정성, 즉 35라는 숫자를 지키는 것은 신성한 의무였다. "달러를 방어하는 일은 부담이기보다는 영예로운 휘장이었다. 특권이자 국제 리더십의 자부심, 국가에 대한 책임감이었다." (출처: 달러의 부활, 폴 볼커, 교텐 토요오, p.64)

118) 트리핀 딜레마 (Triffin's dilemma): 기축통화가 국제 경제에 원활히 쓰이기 위해서는 통화 발행국의 적자가 늘어나야 하고, 반대로 기축통화 발행국이 무역흑자를 내면 돈이 덜 풀려 국제 경제가 원활해지지 못하는 역설을 말한다. 1950년대 미국에서 장기간 이어진 경상수지 적자 때문에 처음 이 개념이 등장했다. 당시 예일대학 교수였던 로버트 트리핀(Robert Triffin)은 이러한 상태가 얼마나 지속될지, 또 미국의 경상수지가 흑자로 돌아서면 누가 국제 유동성을 공급할지에 대한 문제를 제기했다. 그는 '미국이 경상수지 적자를 허용하지 않고 국제 유동성 공급을 중단하면 세계경제는 크게 위축될 것'이라면서도 '적자 상태가 지속돼 미 달러화가 과잉 공급되면 달러화 가치가 하락해 준비 자산으로서 신뢰도가 저하되고 고정환율 제도가 붕괴할 것'이라고 말했다. (출처: 한경비지니스)

119) 1971년 SDR 창설 직후 일본 정치인 한 그룹이 워싱턴을 방문했다. 이들은 IMF 총 재를 예방하고 IMF가 SDR을 보관하고 있는 금고를 보여달라고 했다. 그러나 웃는 사람은 거의 없었다. 모두 SDR이 멋진 종이에 새겨진 약속이라고 비슷하게 오해 하고 있었기 때문이다. (출처: 달러의 부활, 폴 볼커, 교텐 토요오, p.114)

31. '달러화 부족 이론'이라는 영구기관

120) 영구기관(perpetual motion machine): 한 번 외부에서 동력을 전달받으면 더 이 상 에너지 공급 없이 스스로 영원히 운동하거나 작동하며 일한다는 가상의 기관이 다. 어떤 기관을 영구기관이라고 부르기 위한 조건에는 다음의 3가지가 있다. "첫 째, 외부에서 에너지를 공급받지 않고 계속 일할 수 있어야 한다. 둘째, 계속 일하 기 위해 순환과정으로 이루어져야 하며 1회 순환이 끝나면 처음 상태로 되돌아와 야 한다. 셋째, 순환과정이 한 번 반복될 때마다 외부에 일정량의 일을 해야 한다." 이 3가지 조건을 모두 만족해야 영구기관이라고 말할 수 있다. 영구기관의 고안자 들은 그저 영원히 움직이는 것뿐만 아니라 이러한 운동을 통해 얻은 에너지를 다 른 일에 사용할 수 있다고 주장한다. (출처: 위키피디아)

121) 외부효과 혹은 외부성(externality): 비용을 지불하지 않는 제3자에게 편익이나 손 실이 유발되는 현상이다. 개별 경제 주체는 대가를 지불하지 않는 사회적 비용이 나 편익을 고려하지 않고, 오로지 사적 편익과 비용만을 고려해 행동한다. 이는 사 회적 총효용과 총비용을 고려해 선택하지 못하기 때문에 적정수준으로 생산, 소비 하지 못하는 비효율적인 자원배분(inefficient allocation of resources)의 문제를 야 기한다. 예를 들어, 공장에서 발생하는 환경오염은 공장뿐만 아니라 인근 주택에 도 공해를 야기하지만, 공장이 정화장치를 설치한다면 그 자신뿐만 아니라 주택의 공해 역시 줄인다. 그러나 공장은 전체적 편익과 비용을 고려하지 않기 때문에, 오 염물질을 야기하는 제품을 지나치게 많이 생산하거나 정화장치를 설치하지 않게 된다. 공공의 이익과 관련된 재화나 용역의 경우에도 생산자와 소비자는 그 편익 과 비용을 전부 고려하지 않기 때문에 사회적으로 바람직한 생산, 소비상태를 달 성하지 못하게 된다. (출처: 위키피디아)

122) 1947년 미국은 영국의 스털링에 대한 태환을 결정했다. 태환을 조건으로 미국은 37억달러의 차관을 연장해주었다. 태환을 실시하고 6주 동안 준비금이 완전 소진

되었다. 미국의 동의하에 태환이 중지되었다. 10년은 갈 것으로 보였던 차관은 몇 주 안에 끝났다. 이를 계기로 미국은 유럽의 재건을 위한 프로젝트에 박차를 가했다. (출처: 글로벌라이징 캐피털, 베리 아이켄그린, p. 158)

123) 유럽결제동맹(European Payments Union): 유럽 국가들은 달러가 부족해 유럽 국가 상호 간 거래에 달러를 사용하기가 어려웠다. 따라서 물물교환 형태를 띠었다. 유럽경제협력기구 OEEC는 가맹국의 동의로 1950년 7월 1일 유럽결제동맹 EPU을 창설했다. EPU는 거래를 처리했지만 월말까지 자금을 이체하지 않았다. 무역 적자를 누적할 경우 신용이 제공될 수 있었다. 독일도 한때 신용을 얻었다가 신용을 제공하는 국가로 바뀌었고, 1950년대에 무역 수준이 두 배 이상 증가하면서 성공을 거두었다. 1958년에 통화의 태환성이 가능해졌다. EPU는 1958년 폐쇄되면서 유럽통화협정 European Monetary Agreement에 흡수되었다.

124) 미국은 마셜플랜의 일환으로 IMF 창설 후 4년인 1948~1951년 동안 유럽의 적자를 지원하기 위해 130억달러의 정부 간 지원을 확대했다. 이는 유럽에 할당된 인출권의 네 배가 넘었고 협정문이 정한 미국 의무 액수를 여섯 배 초과했다. (출처: 글로벌라이징 캐피털, 베리 아이켄리그, p. 152)

32. 일대일로, 시진핑의 영구기관

125) 에콰도르의 코카코도(Coca Codo) 수력발전소는 에콰도르가 27억 달러(약 3조 3,000억원) 건설비 중 85%를 중국개발은행에서 이율 6.9%에 빌려 건설했다. 중국 국영기업 '중국수전'은 중국인 노동자 수백명을 파견해 2010년부터 2016년까지 공사를 진행했다. 에콰도르의 전력회사는 중국이 수력발전소에 설치한 8개의 철제 터빈에서도 1만 7,000개의 균열을 발견했다. 에콰도르 측은 중국제 철강의 품질 문제 때문으로 보고 있다. 페리난도 산토스 에너지장관은 "이렇게 엉망으로 지어진 발전소는 죽어도 용납할 수 없다"고 말했다. (출처: '中 기술 믿었는데… 에콰도르 수력電 붕괴 위기', 서울와이어, 최석범 기자, 2023.01.21.)

126) 스리랑카가 중국이 쳐놓은 '부채의 함정'에 빠진 대표사례로 꼽힌다. 지난 20여년 간 스리랑카를 장악한 라자팍사 정부는 중국과 우호적인 관계를 유지해왔으며 이들이 통치하는 동안 스리랑카에서는 중국이 투자하는 각종 대형 인프라 사업이 추진됐다. 스리랑카는 중국으로부터 대규모 차관을 도입해 2010년 함반토타 항만을 건설했다. 그러나 항만건설에 소요된 부채 11억 2,000만달러를 갚지 못해 2017

년에 중국의 국영항만기업 자오상쥐(招商局)에 부채를 정리하는 조건으로 99년간 항만 사용권을 내주어야 했다.

2005년에 대통령이 된 마힌다 라자팍사(Mahinda Rajapaksa)는 2009년 26년에 걸친 내전을 종식하고 본격적인 개발에 나섰다. 그의 고향은 섬 남쪽의 함반토타였다. 마힌다가 집권한 이후 그의 형제 3명은 정부의 주요 요직을 모두 차지했고, 그의 아들도 국회에 진출했다. 라자팍사 집안은 고향 함반토타의 침체한 경제를 일으켜 세우기 위해 원대한 프로젝트를 구상했다. 경제성에 대한 전망은 어두웠다. 인도에 투자를 요청했지만 인도는 이를 거부했다. 그 이유는 수도 콜롬보에 대형 항만이 있고 여유공간이 남아 있는데, 또 다른 항구를 건설할 필요가 없다는 것이었다.

이때 함반토타 항만 건설에 선뜻 돈을 빌려주겠다고 나선 곳이 있었다. 바로 중국이었다. 중국은 수출입은행을 통해 3억 700만달러의 차관을 제공하겠다고 했다. 그런데 중국은 조건을 달았다. 중국 항만회사에 시공을 맡겨야 한다는 것이었다. 스리랑카 정부는 이를 받아들여 자오상쥐에 공사를 내주었다. 함반토타 항구는 2010년 11월에 공식 개장했으며 남아시아 항구 중 최대 규모였다. 하지만 항만이 건설된 후 배가 들어오지 않았다. 인도양을 항해하는 선박들은 기존의 콜롬보 항에 접안하고 함반토타에는 중국 배만 들어왔다. 2012년에 콜롬보 항에는 3,667척의 배가 접안했지만, 함반토타에는 34척만 들어왔다. 항만의 적자는 점차 누적되었다. 이런 와중에 라자팍사 정권은 중국에 7억 5,700만달러의 추가 투자를 요청했다. 중국은 또다시 흔쾌히 승인했다. 하지만 조건이 까다로워졌다. 처음 3억달러는 변동금리 조건으로 이자가 1~2%에 불과했지만 나중 것은 고정금리 6.3%였다. 급한 김에 돈은 빌렸지만 라자팍사 정권으로선 이자도 갚기 어려운 형편이 되었다.

그래도 투자는 계속되었다. 〈뉴욕타임스〉에 따르면 중국 공사관은 2015년 대선에서 마힌다 선거캠프에 자금을 지원하고 적극적으로 선거운동을 지원했다고 한다. 그해 선거에서 마힌다는 낙선하고, 마이트리팔라 시리세나(Maithripala Sirisena)가 대통령이 되었다. 시리세나는 선거 기간에 "한때 영국의 식민지가 이젠 중국에 잡아먹히고 있다"라고 비난했지만, 막상 정권을 잡으니 부채를 갚아야 했다. 라자팍사 정권은 친중국적이었으나 시리세나 정권은 중국과 다소 거리를 두었다. 그러자 중국은 돌변해 돈을 갚으라고 요구했다. 시리세나 정권은 일본과 서방국가에 손을 내밀었지만 아무도 도와주지 않았다. 중국은 항만을 내놓으라고 했다. 중국의 차관은 이자가 붙어 11억 2,000만달러가 되었고, 스리랑카는 부채를 터는 조건으로 중국 항만회사에 함반토타 항만회사의 지분 70%와 99년간 항만조차권을 내주기로 했다. 서방 국가들은 중국이 함반토타 항만을 인민해방군의 군사기지로 사용할 것을 우려했다. 이런 우려를 의식해 중국은 항만을 상업용으로만 사용하고, 항만 경비는 스리랑카 당국에게 위임했다. (출처: 스리랑카 함반토타 항의 슬픈 운명, 아틀라스 뉴스, 2021.3.9)

33. 미국 국채, 세계체제의 비용지불

127) 전형적인 케인스 경제학의 논리다. 정부가 지출을 늘리면 소비와 고용이 늘어서 국민 생산이 더 늘어나는데 이를 승수효과(multiplier effect)라고 한다. 그러나 정부지출이 이자율과 물가를 올려 민간의 소비와 투자를 위축시키므로 승수효과는 억제되거나 사라지는데, 이를 구축효과(crowding-out effect)라고 한다. 고전학파는 구축효과가 승수효과를 초과한다고 주장한다.

128) 채권수익률 yield 은 일반적으로 채권을 만기까지 보유할 경우 얻게 되는 만기수익률을 의미한다. 만기수익률은 시장 상황에 따라 변하는데 채권금리로도 부른다. 물론 채권에 기재된 표면금리와는 다르다. 채권수익률을 이해하기 위해서는 채권의 손익구조를 먼저 살펴볼 필요가 있다. 채권수익은 둘로 나눌 수 있다. 하나는 매기 발생하는 이표(쿠폰)의 이자수입이고 다른 하나는 매입가격과 상환액(액면가)의 차이, 즉 자본이익(손실)이다.

간단한 예로 1년물의 수익률을 생각해보자. 이자가 1년 후 만기일에 액면가와 함께 지급된다고 할 때 수익률은 아래 식과 같다. 오른쪽 첫째 항은 이자수익률, 둘째 항은 자본이익(손실)률이다. 아래 식의 채권가격은 유통시장에서 매입가격으로 상환될 때 받는 액면가와는 다르다.

$$\text{채권수익률(\%)} = \underbrace{\frac{\text{연간이자}}{\text{채권가격}} \times 100}_{\text{이자수익률}} + \underbrace{\frac{\text{액면가} - \text{채권가격}}{\text{채권가격}} \times 100}_{\text{자본이익(손실)}}$$

이 식을 통해 알 수 있듯이 채권가격과 채권수익률 간에는 역관계다. 채권의 이표(쿠폰) 이자와 액면가는 불변이므로 채권가격이 상승하면 수익률이 하락하는 것을 알 수 있다. 케인스의 화폐이론을 이용해서 이를 설명할 수 있다.

우선 단순화하기 위해 화폐 외에 다른 금융자산은 채권뿐이고 시장은 균형을 이룬다고 하자. 이제 금융통화위원회의 기준금리 인하 결정으로 시중 통화량이 증가하면 시장은 어떻게 변할까? 통화량의 증가로 화폐시장은 초과 화폐공급 상태에 놓이고 사람들은 초과 화폐공급량을 다른 금융자산, 즉 채권으로 대체하고자 한다. 그러면 채권수요가 증가하고 채권가격은 상승한다. 이자와 상환액이 정해져 있는 채권을 전보다 높은 가격에 매입했다는 것은 그만큼 수익률이 낮아진다는 얘기다. 즉, 채권가격의 상승은 채권수익률(채권금리)을 낮춘다. 기준금리 인하로 인한 초과 화폐공급 상태는 채권매입으로 해소되고 시장은 전보다 높은 채권가격(낮은 수익률) 아래 균형을 회복한다. 금융통화위원회의 기준금리 인하는 결국 채권수익률 인하, 더 나아가 시장금리 인하로 이어지게 된다. (출처: 안홍식, KDI)

129) 국가 규모의 채무불이행을 뜻한다. 공채나 은행융자 등에 대한 원리금 지급을 아예 못 하게 되는 부도다. 모라토리엄과 비교되기도 하는데, 모라토리엄이 "지금은 못 준다. 조금 기다려달라"라는 선언이라면 디폴트는 "나는 돈이 없다"라고 선언한 것으로 볼 수 있다. 물론 두 경우 다 국가신뢰가 추락하지만 신용도 하락의 정도를 따지자면 디폴트가 더 심하다. 디폴트가 발생할 경우 채무자는 채무에 대해 모든 의무가 없어지지만 재산통제력도 상실하는데, 이 경우 채권자는 담보를 압류하거나 채무자의 재산을 압류하는 등 자구책을 찾아야 한다. 1차 세계대전 이후 독일이 전쟁배상금을 갚지 못하자 프랑스는 루르 지역을 점령했다. 사태가 심각해지자 미국의 캘빈 쿨리지(Calvin Coolidge) 대통령이 중재자로 나서서 독일과 프랑스를 설득했다. 프랑스는 점령했던 루르 지방에서 철수하고, 독일은 프랑스에 조속한 시일 내에 전쟁배상금을 갚으며, 전쟁배상금은 '도스 안(Dawes Plan)'에 따라 독일의 부담을 더는 쪽으로 타협했다. (출처: 나무위키)

34. 미국의 부채특권

130) 재정적자의 지속성을 논할 때는 명목 GDP를 사용한다. 명목 GDP= 실질 GDP + 인플레이션 I이다. 채권의 이자도 명목으로 고정된 값이므로 명목 GDP에서 국채이자 B를 지불하면 지속가능한 재정적자의 한도가 나온다. '총소득에서 국채이자 지급을 뺀 돈이 재정적자보다 크냐가 중요하다. 즉, 명목GDP(GDP+I)-국채이자 지출(국채차입비용 B) > |세금 T -지출 S | 이다.

이 공식의 오른쪽 항을 근본적자 primary deficit라고 한다. 정부의 수입에서 지출을 뺀 값이지만 지출에 이자비용을 포함시키지 않는다. 이 값은 절맷값으로 표현한다. 재정적자 상태이므로 마이너스 값이기 때문이다. 왼쪽 항의 값이 더 큰 나라는 총산출에서 부채비용을 빼고 난 돈이 적자보다 커서 국채를 상환할 수 있는 여유가 생긴다. 만약 이 공식에서 오른쪽 항의 값이 더 커지면 국가는 장기적으로 적자의 누적을 감당할 수 없게 된다는 의미다. 마치 소득에서 신용카드 이자를 뺀 값이 부채보다 작은 것과 마찬가지인데, 채권자들은 원금은커녕 이자마저 갚을 능력이 없다고 보고 채권회수 단계에 들어가므로 파산하게 되는 것과 같다. (출처: 화폐의 몰락, 제임스 리카즈, p.260)

131) 플라자 합의(Plaza Accord): 1985년 9월 22일 미국 뉴욕에 있는 플라자 호텔에서 G5 경제선진국(프랑스, 서독, 일본, 미국, 영국) 재무장관, 중앙은행총재들의 모임에서 발표된 환율에 관한 합의를 가리킨다. 미국 달러화 가치를 내리고 일본 엔화와 독일 마르크화 가치를 높이는 정책을 채택했다. 발표 다음 날 달러화 환율은 1달러에 235엔에서 약 20엔이 하락했다. 1년 후에는 달러의 가치가 거의 반이나 떨어져 120엔대에 거래가 이루어졌다. (출처: 위키피디아)

35. 일본의 야심을 세계체제로 관리하다

132) 린 생산방식(Lean Production): 생산시스템 내에서 낭비를 없애는 기법이다. 인력이나 생산설비 등 생산능력을 필요한 만큼만 유지하면서 생산효율을 극대화하는 생산시스템을 말하며, 미국 MIT에서 일본 도요타 생산방식의 특징을 분석해서 만든 표현이다. 과거에는 원재료와 부품이 공급되는 만큼 생산하는 푸시 push 방식이 사용되었으나, 린 생산방식이 정착된 이후에는 현장에서 필요한 제품의 종류와 수량 등이 결정된 후 다음 생산요소들이 적시에 공급될 수 있도록 하는 풀 pull 방식이 사용되었다. 도요타 자동차의 적시생산 JIT(Just-In-Time) 방식이 대표적이다. (출처: FINAN)

133) 오타쿠(オタク 、おたく 、ヲタク): 특정 대상에 집착하는 사람을 의미하는 일본어로, 주로 일본의 만화 및 애니메이션 팬들을 가리킨다. 오타쿠는 경멸적인 의미에서 사용될 수도 있다. 비슷한 의미로 너드(nerd), 긱(geek) 등이 있으며, 특정 대상에 크게 빠져 있는 경우를 일컫는 말로 의미가 상통한다. (출처: 위키피디아)

134) 대동아공영권(大東亞共榮圈): 제2차 세계대전 당시 일본이 아시아의 여러 나라를 침략하며 내세운 정치 슬로건이다. 1940년대에 일본은 아시아인들에게 동북아시아, 동남아시아, 오세아니아를 문화적, 경제적으로 통합할 것이라고 선전했다. 즉, 일본이 주도하는 서방 세력에 독립된 자급자족적인 아시아의 군사, 경제 블록을 구축하고자 했다. 일본 총리 고노에 후미마로(近衛文麿)는 서구 제국주의 지배로

부터 자유로운 상태에서 번영과 평화와 자유를 누리는 아시아 국가들의 공영을 위해서 새로운 국제 질서를 만들어야 한다고 선언했다. (출처: 위키피디아)

135) "Of all the treacheruos sons of bitches, the Japs take the cake."

136) 일본의 마이니치신문은 2022년 12월 31일, 미국의 인도·태평양 사령부가 주일미군 사령부에 육·해·공군을 통합 운영할 수 있는 지휘권을 부여하는 방안을 추진한다고 보도했다. 현재 일본에 주둔한 미군 부대의 운용·작전 지휘권은 하와이에 있는 인도·태평양 사령부가 갖고 있다. 주일미군 사령관은 제5공군 사령관을 겸임하고 있지만, 일본에 주둔한 육·해·공군과 해병대 간 연계가 불충분하다는 지적이 오래전부터 제기돼왔다. 이와 관련해 인도·태평양 사령부는 수년 전부터 중국의 군비 증강에 따라 유사시에 대비한 지휘계통의 개편을 추진하고 있다. 주일미군 지휘권 부여와 관련해서는 요코다(橫田) 기지에 있는 기존 사령부를 확대하는 방안 외 지휘권을 가진 통합 사령부 신설 등도 검토되고 있다고 마이니치는 전했다. (출처: 연합뉴스, 2022.12.31)

36. 영국과 독일, 평원의 강자와 역외균형자의 대립

137) 19세기 후반 프로이센 왕국, 북독일 연방, 독일 제국 수상이다. '철혈재상'이란 별명으로 잘 알려져 있다. 절묘한 외교술로 19세기 유럽의 세력 균형을 주도했으며, 내부적으로는 현대 사회보장제도의 기반을 마련하는 등 많은 업적을 남겼다. 빌헬름 1세를 도와 프로이센-오스트리아 전쟁, 프로이센-프랑스 전쟁을 승리로 이끌고 독일 제국 건국을 이뤄낸 주역이다. "언론이나 다수결이 아닌, 철(=무기)과 피(=전쟁)만이 문제를 해결할 수 있다"라는 말로 인해 '철혈 재상'이라는 별명을 얻었다. 반동-복고 전제 군주파였으나 강압적 수단에만 의지하지는 않았다. 당시 정치적 반대파인 자유주의자들에 대한 사형 등 가혹한 처벌을 자제했다.

군비 확장 이후 비스마르크는 초기 외교에서 전쟁을 회피하지 않았다. 그의 재임 시절에 프로이센은 덴마크(슐레스비히홀슈타인을 점령), 오스트리아 제국, 프랑스 제2제국과 전쟁해서 승리했는데, 육군 수뇌부인 헬무트 폰 몰트케와 갈등을 빚을 정도로 군사에 대한 정치의 우위를 강조했다. 어디까지나 전쟁은 외교의 수단이었을 뿐이다. 이 때문에 몰트케를 비롯한 독일 육군 사령부와 계속 갈등을 빚었으나 빌헬름 1세의 신임을 유지했고 자신의 철학을 관철시켰다. 비스마르크가 특히 유명한 것은 1860~1870년대의 외교 정책과 전쟁 과정 때문이다. 그는 모호한 태도를 취하는 방식으로 프랑스의 선제 공격을 유도함으로써 1870년 프로이센-프랑스 전쟁을 발발시켰고, 독일 내에서는 물론 국제여론도 우호적으로 돌려놓았다. 그 결과 프랑스의 제2제정은 패망하고, 베르사유 궁전에서 독일 황제 대관식을 치렀다. 이로써 북독일 연방에 남부 독일 국가들이 결합해 독일 제국이 성립하며 중부 유럽에서 강대국이 탄생했다. (출처: 나무위키)

138) 헨리 키신저는 "비스마르크 이후로는 절제가 독일인들에게 가장 부족한 미덕이 되었다"라고 말했다. 황제는 폰 뷜로(Bernhard von Bülow)를 후임으로 내세우며 "폰 뷜로가 나의 비스마르크다"라고 했으며 '그(뷜로)를 얻은 이후로 나는 편안히 잘 수 있게 됐다'고 말할 정도로 그를 신임했다. 폰 뷜로는 비스마르크와 달리 독일의 제국주의적 부상을 주장했다. "독일인들이 한 이웃에게는 땅을, 다른 이웃에게는 바다를 내주고, 스스로를 위해서는 순수한 원칙이 지배하는 하늘을 예약해 놓았던 시절이 있었다. 그러나 이제 그런 시절은 끝났다. 우리는 누구에게도 그늘을 드리우고 싶지 않다. 그러나 우리도 이제 아늑한 양지에 한자리를 잡으려 한다."

139) 1913년 영국, 프랑스, 이탈리아가 생산하고 소비한 전기를 모두 합쳐도 독일이 생산, 소비한 전력의 80% 정도밖에 되지 않았다. 1901~19014년, 독일인들은 18개의 노벨상을 받았는데 같은 기간 영국의 두 배, 미국의 네 배나 되었다. 폴 케네디(Paul Kenned)는 중국이 부상하기 전인 1980년에 쓴 글에서 '세계 역사상, 두 이웃 나라의 생산력, 나아가 국력이 한 세대 만에 영국과 독일 사이에서 일어난 것만큼 뒤바뀐 사례가 있는지'를 물었다. (출처: 예정된 전쟁, 그레이엄 엘리스, p.116, 그래프는 예정된 전쟁, p.115에서 재인용)

독일과 영국의 GDP(1860~1913)

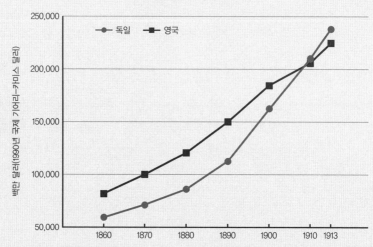

140) 1930년대에 노벨상을 수상한 노먼 에인절(Sir Ralph Norman Angel)은 1909년에 출간한 명저《거대한 환상(The Great Illusion)》을 통해 유럽에서 전쟁은 불가능해졌다고 주장했다. 투자와 무역에서 유럽 국가들이 상호 의존하는 수위가 매우 높아졌기 때문이다. 그는 전쟁이 야기할 경제적인 혼란만으로도 유럽은 파괴될 것이라고 주장했다. 그의 말은 절반만 진실이었다. (출처: 다가오는 유럽의 위기와 지정학, 조지 프리드먼, p.132)

141) '지정학'이라는 지리연구 방법론을 새롭게 제시한 인물이다. 그는 대륙세력과 해양세력을 적대적인 개념으로 사용했다. 지난 500년 동안 인류사에 출현한 세계적 대국에는 모두 해양강국이라는 공통점이 있다. 최근 500년 동안의 국제정치를 몇 줄로 압축하면 본질적으로는 해양패권사다. 하지만 100년 전 맥킨더는 콜럼버스 시대의 종결을 선언하고, 나아가 유럽과 아시아를 하나의 대륙인 '유라시아대륙'으로 볼 것을 제안했다. 그는 19세기까지 대양을 중심으로 한 해양세력이 세계를 제패했다면 새로운 세기는 대륙세력이 이끌 것으로 보았다. (출처: 퍼블릭뉴스, https://www.psnews.co.kr)

142) 나치 독일의 지리학자이자 지정학자. 아돌프 히틀러의 최측근 중 한 사람으로, 나치의 사상적 토대 중 하나인 레벤스라움의 주창자 중 하나이자 나치 정권 시절 외교, 군사 고문과 독일 국방군 참모를 역임했다. 그의 아들은 히틀러 제거 음모에

가담했다가 종전 직전 사형당했다. 하우스호퍼 본인은 전범재판을 앞두고 아내와 함께 자살했는데, 그의 아내는 유대인이었다. (출처: 위키피디아)

143) 아일랜드 출신 영국의 외무장관 로버트 캐슬레이(Robert Castlereagh)가 나폴레옹에 대항하는 동맹을 평화유지용 국제기구로 변모시키려고 하자 조지 캐닝(George Canning)은 다음과 같이 말했다. "그렇게 하다 보면 (영국은) 대륙의 모든 정치에 깊숙이 말려들 것이다. 우리의 올바른 정책은 언제나 중대한 긴급사태가 발생했을 때만 압도적인 힘으로 개입하고, 그 외에는 개입하지 않는다는 것이었다." (출처: 회복된 세계, 헨리 키신저, p.80)

144) 19세기 영국 정치가 파머스턴(3rd Viscount Palmerston) 경은 이 개념의 기본원칙을 다음과 같이 표현했다 "우리에게는 영원한 동지도, 영원한 적도 없다. 우리의 이익만이 영원할 뿐이며, 그 이익을 지키는 것이 우리의 의무다." (출처: 헨리 키신저의 세계질서, 헨리 키신저, p.39)

37. 크로 메모, 상대의 의도는 중요하지 않다

145) 외교정책 커뮤니티(foreign policy community): 하버드대학교 교수인 스티븐 월트(Stephen Walt)가 만든 개념이다. 외교관, CIA 정보분석과, 외교정책 분야 싱크탱크 선임 연구원, 국제관계학 교수, 상원외교위원회 전문위원, 외교 관련 언론분야 종사자 등 정부, 연구단체, 사회단체, 학계와 언론계를 포함한다. 이들은 독자적으로 행동하지 않으며 지휘부도 없다. 인력풀을 공유하며 자금의 후원소스가 겹친다. 그리고 싱크탱크는 미국의 힘을 원하는 개별 국가의 로비단체와 연결되어 있다. 마치 '동부 기득권층'처럼 신입생을 육성하고 승진시키고 지지하는 식으로 배타적인 인적 사회적 그룹을 형성하고 있다. (출처: 미국 외교의 대전략, 스티븐 월트, p.136)

38. 세계체제, 미국의 허약함을 반영하다

146) 당시 영향력 있는 정치 평론가였던 월터 리프먼(Walter Lippmann)은 1926년에 "우리는 사실 크게 확장되고 있는 세계적 강대국인데도, 자신을 일종의 크고 평화로운 스위스라고 계속 생각한다"라고 말했다. (출처: 한반도에 드리운 중국의 그림자, 복거일, p.33)

147) 나이위원회(Nye Committee)와 중립법(Neutrality Acts): 1934년 《죽음의 상인 (Merchants of Death)》이라는 책이 미국에서 출판됐다. 무기제조업자들이 1차 세계대전 동안 막대한 이윤을 챙기면서 미국의 중립을 망치는 데 기여했다는 내용이었다. 미 상원은 1934년 4월 12일 군수산업 조사특별위원회를 설치하고 1934년 9월부터 1936년 2월까지 제럴드 나이(Gerald Nye) 의원을 포함한 7명의 상원의원들이 탄약생산업자와 은행가 등을 상대로 이들이 이윤 획득을 위해 전쟁을 부추겼는지 여부를 조사하는 청문회를 진행했다. 위원회는 1차 세계대전에 참전하도록 동부 금융인들이 윌슨 행정부를 설득했다고 보고했다. 나이위원회를 전후로 프랑스와 영국 편에 서서 참전해야 한다는 의견은 3%에 불과했다. 전쟁을 치르는 나라들과는 무역조차 할 수 없다는 여론도 30%에 이르렀다. 미국은 1935년 중립법을 만들어 무기와 전쟁물자를 수출하거나 수입할 수 없게 했으며, 나이위원회 조사 이후 교전국에 대한 대출도 금지했다. (출처: 브레턴우즈 전투, 벤 스틸, p.152)

148) 도스 안(Dawes Plan): 미국 시카고의 은행가, 찰스 게이츠 도스가 제안한 해결책이다. 1923년 1월 독일이 배상금을 지불하지 못하자 프랑스·벨기에가 독일의 루르 지방을 강제 점령하는 등 배상 문제가 점점 어려워졌다. 이를 해결하기 위해 도스를 위원장으로 하는 배상 전문 위원회가 구성되었고, 1924년 7월에 도스 안이 채택되었다. 배상 총액 및 지불 기한에 상관없이 1924년부터 5개년 간의 지불액을 연 2억 3,500만달러 내지 5억 8,700만달러까지로 정하고, 5년이 지난 뒤에는 독일 경제의 번영 여하에 따라 증액하기로 했다. 또 배상 재원은 철도 수입세·관세·알코올세·연초세·설탕세로 충당하기로 했다. 이에 따라 프랑스와 벨기에는 루르 지방에서 철수했고, 독일은 외국 자본의 원조를 받아 산업을 회복할 수 있었다. 도스 안은 1930년에 채택된 영 안(Young Plan)에 의해 수정되었다. (출처: 위키피디아) 사실 이 계획의 바탕은 수년 전 케인스가 마련했다. 파리평화회의 막바지에 케인스는 전쟁배상금을 50억달러로 정하고, 미국 정부가 독일에 돈을 빌려주면 독일은 연합국에 배상금을 갚고 연합국은 미국에 전쟁채무를 갚는다는 계획을 구상해 당시 영국의 재무장관이었던 오스틴 체임벌린(Austen Chamberlain)에게 전달했다. 영국 총리는 케인스의 구상을 미국 윌슨 대통령에게 제시했으나 일언지하에 거절당했다. (출처: 금융의 제왕, 리아카트 아메드, p.156) 케인스에게 윌슨 대통령은 이상주의자가 아니라 정치 협잡꾼이었을 뿐이다. 케인스는 이렇게 말했다. "그들(미국인들)은 관대하거나 적어도 인도주의적 세계관을

보여줄 수 있는 기회가 있었지만 주저 없이 거절했다." (출처: 모던타임스1, 폴 존슨, p.64)

149) 대공황 이후 국가들은 외국으로부터의 수입을 줄였다. 모두 수입을 줄이자 결과적으로 수출도 줄었다. 불과 3년 만에 75개국이 1929년의 30% 수준으로 수입을 줄였다. (출처: Money, Markets Sovereignty, Benn Steil, Manuel Hinds, p.183)

150) "공화당은 UN을 악랄한 통일적 세계주의의 상징으로 여겼으며, 진보파는 UN이 불의 앞에서 무능하다고 한탄했다. 나는 온갖 결점에도 불구하고 UN이 꼭 필요한 역할을 수행한다고 확신했다. UN 보고서와 조사 결과는 각국에 창피를 주어 행동을 개선하게 하거나 국제 규범을 강화하는 계기가 될 수 있었다. UN의 중재 및 평화 유지 노력은 휴전을 이루고 분쟁을 막고 목숨을 구했다. UN은 80여 곳의 식민지가 주권국가 지위를 얻는 데 한몫했다. UN 기구들은 수천만명을 빈곤에서 구해내고 천연두를 박멸하고 폴리오바이러스와 메니나충을 거의 쓸어버리는 데 이바지했다. UN 본부를 걸을 때마다 (중략) 나는 저 안에서 수많은 사람이 정부를 설득해 백신 접종 계획과 빈곤층 아동을 위한 학교에 자금을 지원하도록 하고, 소수집단이 학살당하거나 젊은 여성들이 납치되는 일을 중단하기 위해 하루하루 바위를 밀며 전 세계를 결집하려고 애쓰고 있음을 되새겼다. 이 사람들이 인생을 건 이념은 내 어머니를 사로잡은 바로 그 이념이었다." (출처: 약속의 땅, 버락 오바마, p.605)

151) 아이젠하워 대통령은 1956년 그의 형 에드거에게 보낸 밀서에서 다음과 같이 말했다. "오래전부터 나는 이 나라들 일부에 우리 편임을 선언하라고 요구한다면 큰 실수를 범하는 셈이라고 생각해왔다. (중략) 버마 같은 약소국이나 심지어 인도의 입장에서도 그렇게 선언하면 전격적으로 우리 동맹이 되고, 우리는 그들이 국방력을 갖추도록 도와야 하는 불가능한 일을 떠맡게 된다." (출처: 미국의 봉쇄전략, 존 루이스 개디스, p.244)

152) 보편주의보다 현실주의에 입각해 '거점방어 전략'을 중심으로 소련봉쇄라는 냉전 체제를 설계한 조지 케넌과 1947년 당시 미국 행정부의 견해는 일치했다. (출처: 미국의 봉쇄전략, 존 루이스 개디스, p.105)

153) 아이젠하워 대통령이 1954년에 한 말이다. (출처: 미국의 봉쇄전략, 존 루이스 개디스, p.233)

154) 1950년 1월 12일 워싱턴에서 열린 '전국언론협회(National Press Club)' 오찬에서 딘 애치슨(Dean Acheson) 미국 국무장관은 공산당 정권이 중국을 장악한 상황에서 미국이 아시아에서 펼칠 정책을 설명했다. 그 연설에서 그는 미국의 서태평양 '방위선(perimeter of defense)'이 알류샨열도, 일본, 류큐열도, 필리핀으로 이어지는 선이며 타이완과 한국은 방위선 밖에 있다고 선언했다. (출처: 한반도에 드리운 중국의 그림자, 복거일, p.141)

155) 1972년 키신저를 만난 저우언라이는 1958년 타이완 금문도 포격 위기 때, 중국은 타이완 장제스 총통에게 금문도나 마조도에서 철수하지 말라는 메시지를 보낸 것이라고 말했다. 이는 곧 중국이 실제로 타이완의 변경 섬들을 점령할 생각이 없다는 것을 장제스 총통이 이미 알고 있었다는 말이기도 하다. 홀숫날에만 포격했는데 곤혹스러워했던 건 미국 정부였다. 미국의 국무장관은 장제스에게 금문도에서의 철군을 종용했다.

마조도와 금문도는 중국에 붙어있는 타이완령이다. 중국이 점령할 수 있지만 타이완에 메시지를 보내고 싶을 때마다 흔들 수 있는 카드로 남겨놓은 것일 수 있다. 타이완이 이 섬들이 자신들의 사활적 문제라고 주장할수록 역설적으로 중국에 주도권을 빼앗기게 된다. 타이완의 마조도와 금문도가 미국에는 타이완 자체일 수 있고, 중국이 주도권을 잡고 흔들 수 있는 미국의 지정학적 맹점일 수 있다. 1958년의 위기는 아주 사소한 도발만으로도 미국을 핵무기 사용 여부를 고민하는 처지에 몰아넣을 수 있다는 것을 보여주었다. 딘 애치슨은 다음과 같이 말했다. " 행정부가 국민들에게 알리지도 않은 사안을 두고, 단 한 명의 미국인의 목숨도 걸 만한 가치가 없는 사안을 두고, 친구도 동맹도 없이 싸워야 하는 전쟁이 될지도 몰랐다." (출처: 미국의 봉쇄전략, 존 루이스 개디스, p.267)

156) 로널드 레이건 연구소의 2024년 여름 서베이(the Ronald Reagan Institute's 2024 summer survey) 미국인의 약 3분의 2에 해당하는 62%가 "미국이 국제 문제에서 손을 떼고 국내 문제에 더 많은 관심을 기울이는 것이 더 나을 것"이라고 믿는다. 그러나 이 조사에 따르면 최근 미국의 우크라이나 지원이나 중동에서의 이스라엘 지원 등에 대해서는 긍정적인 답변이 나오기도 했다. 상당수의 미국인은 미국이 국제 행사에 관여하는 것이 미국 자체에 유익하다(57%)고 생각하며, 동시에 세계에도 유익하다(61%)고 응답했다. 응답자의 4분의 3 이상인 78%는 국제 문제에

서의 미국의 리더십과 관여가 경제 성장을 촉진하고 유리한 무역 협정을 확보하는 데 "필수적"이라고 동의한다고 밝혔다. 미국인들은 미국이 국내문제에 더 관심을 가져야 한다고 생각하면서 동시에 개별적인 문제에 있어서 미국의 리더십이 필요하다는 데 동의하는 것으로 나타났다. (출처: Americans believe US should focus more on domestic issues, but support leadership on world stage, By Kyle Morris, Fox News, June 16, 2024)

157) 형 티베리우스 셈프로니우스 그라쿠스(Tiberius Sempronius Gracchus)와 동생 가이우스 셈프로니우스 그라쿠스(Gaius Sempronius Gracchus)를 부르는 말로, 기원전 2세기 호민관을 역임했다. 이들은 원로원 계급의 대농장 경영에 밀려나 소작농으로 전락한 자영농 계급을 위해 공유지를 재분배하는 농지법을 발의한 뒤 시행하려 했고, 초기에 몇 차례 성공을 거두었으나 결국 모두 원로원에 의해 암살되는 결말을 맞이했다. 이는 고대 역사에서 귀족층에 맞서 평민들에게 부의 분배를 시도한 가장 유명한 사례다. 형제는 로마에서 가장 유명하고 부유한 집안 출신임에도 불구하고 평민들의 이익을 대변했다. 하지만 이들의 법안은 원로원의 이익에 정면으로 반하는 것이었기 때문에 원로원은 이 법안을 모든 수단을 다 동원해 방해했다. 그러나 티베리우스와 가이우스는 물러나지 않았고 이들은 평민 집회가 가진 입법권을 적극적으로 활용해 원로원의 의사에 반하는 법안을 통과시켰다.
이러한 도전은 로마의 공화정 설립 이후 처음 겪는 것이었다. 공화정이 생긴 이래 원로원은 실질적인 로마의 최고 권력 집단이었다. 집정관이 공식적으론 최고 권력자이나 이들은 집정관 경험이 없는 뜨내기들이 주로 맡았고 원로원은 전직 집정관들이 속한 집단이었다. 또한 집정관 선거에 출마하는 인사들은 이미 원로원 의원이 된 상태였기 때문에 집정관들은 거의 모든 문제를 원로원과 상의하려고 했기에 원로원의 의사는 곧 로마의 법이나 다름없었다. 그라쿠스 형제가 이러한 구조에 처음으로 도전한 것이다. 호민관들 중 그라쿠스 형제처럼 그들이 가진 권한을 쓴 사람은 아무도 없었다. 원로원이 자신들과 같은 계급이라고 생각한 그라쿠스 형제가 최초로 평민 정부를 움직여 로마의 개혁을 추진하고 원로원을 완전히 배제함으로써, 최초로 평민 정부가 원로원의 통제를 벗어나는 일이 벌어졌다. 원로원은 자신들을 무시하고 독단적으로 법을 만들고 추진하는 것을 왕이 되려는 행보라고 판단했다. 원로원은 호민관을 죽이는 초법적인 행동에 의지하게 되었고 결국 그라쿠스 형제 이후 로마 정부는 피와 폭력으로 얼룩지게 되었다. (출처: 위키피디아)

158) 루키우스 코르넬리우스 술라 펠릭스(기원전 138년~기원전 78년): 로마 공화정 말기의 군인이자 정치가로, 고대 로마 역사상 최초의 대규모 내전을 통해 공화정 체제 아래에서 무력으로 권력을 쥔 첫 종신독재관이다. 기원전 2세기에 포에니 전쟁 종전 후 유명무실해진 독재관 제도를 부활시키면서 공화정을 복구하려고 했다. 그러나 결과적으로 황제정으로 가는 제도적 선례를 남겼다.

그는 기원전 81년 57세에 독재관이 되었다. 독재관은 6개월이라는 임기 제한이 있었는데 술라는 임기가 정해져 있지 않았다. 이는 공화정이 생긴 이래 원로원이 한 개인에게 절대적인 권력을 준 최초의 사례였고, 훗날 카이사르도 이 방법을 따라서 종신 독재관(dictator perpetuo)에 취임해 황제정으로 나아갔다. 당시 민중파가 성장한 것은 원로원에 속한 귀족들의 전횡이 심각해지고 있었기 때문이었다. 로마 원로원 의원들을 포함한 귀족들은 대농장을 경영했고 그로 인해 로마 중산층은 점차 붕괴되었다. 로마 시민들이 그라쿠스 형제를 비롯한 강력한 호민관들에게 힘을 실어주어 국유지 분배를 위한 농지법을 추진하자, 원로원은 '원로원 최종권고'를 이용해 이들을 학살해 농지법 추진을 저지했다. 마리우스가 등장해 무산자들인 군단병들에게 퇴직금으로 토지를 지급하겠다고 하자 원로원은 절대로 줄 수 없다며 팽팽하게 맞섰다. 마리우스파를 제압하고 독재관이 된 술라는 1,500명의 명단이 적혀 있는 살생부를 공표했는데 실제로 살해된 인물들은 무려 9,000명에 달했다. 그는 원로원을 강화하기 위해 정원을 300명에서 600명으로 늘렸으며, 평민 집회에서 선출된 호민관들이 정계에 진출하는 것을 막았다. (출처: 위키피디아)

159) 조지 프리드먼은 미국이 건국 이후로 80년의 제도적 주기와 50년의 사회경제적 주기를 거쳐왔는데, 2016년부터 2030년까지 두 주기가 모두 교차하므로 엄청난 과도기를 거칠 것으로 예견했다. (출처: 다가오는 폭풍과 새로운 미국의 세기, 조지 프리드먼, p.205)

39. 중국 주도 세계질서의 모습

160) 1차 세계대전 기간에 유럽 교전국은 금본위제를 이탈했고, 전비를 충당하기 위해 보유한 금보다 많은 지폐를 찍어냈다. 영국의 파운드는 1920년 말 전쟁 전에 비해 30% 정도 평가절하되었다. 또 유럽이 금을 주고 미국에서 군수물자를 사들이는 바람에 미국의 금 보유량은 전쟁 전에 비해 2배나 늘었으며, 이로써 전 세계 금의 40%를 확보하게 되었다. 전쟁을 전후로 각국은 극심한 인플레이션을 겪었다. 미

국은 금 보유량이 늘어 통화가 팽창함에 따라 1919년 물가가 전쟁 전인 1913년에 비해 두 배나 뛰었다. 유럽의 참전국들은 금 보유량보다 많은 지폐를 찍어내 미국보다 극심한 인플레이션을 겪었다. 1913~1919년 사이 영국의 물가는 2.5배, 프랑스는 3배, 독일은 8배까지 올라갔다. 혼란스러운 변동환율제를 끝내려면 금본위제로 복귀할 수밖에 없다는 주장에 힘이 실렸다.

1924년 11월 윈스턴 처칠이 영국의 재무상이 되었다. 그는 1925년 금본위제로 복귀하면서 환율을 전쟁 전의 비율인 4.86달러로 결정했다. 1차 세계대전 이전의 금본위제하에서 영국 파운드는 금 1온스당 4.25파운드였다. 케인스를 비롯한 반대론자들이 고평가된 영국상품이 국제시장에서 배척될 것이며 고용이 악화될 것이라고 처칠을 설득했다. 처칠은 정치인답게 고용확대에 더 관심이 많았다. 하지만 '당대의 편익을 위해 선대의 유산을 포기하는 것은 후대에 대한 죄악'이라고 역설한 영란은행 총재 몬태규 노먼(Montagu Norman)의 충고에 마음이 움직였다. 미연준의 뉴욕은행 총재 벤저민 스트롱(Benjamin Strong)의 권유와 여러 나라들이 금본위제로 복귀하는 것도 처칠의 결정에 영향을 미쳤다. 영국은 경기침체에 빠져들었고 복귀를 지연한 프랑스보다 경제상황이 나빴기 때문에 결국 대공황 이후에는 금본위제로부터 이탈할 수밖에 없었다. 처칠은 금본위제 복귀가 '자신의 최대 과오'였다고 인정했다.

161) "All agencies assess that two hypotheses are plausible: natural exposure to an infected animal and a laboratory-associated incident."

162) 2023년에는 공안예산이 약 1조 4,500억위안 (약 1,986억달러) 국방예산이 약 1조 5,500억 위안 (약 2,123억 달러)로 추정된다. (출처: https://www.statista.com)

163) 중국산 유제품 멜라민 오염사건: 2008년 당시 언론은 이 사건을 주로 '멜라민 파동'으로 지칭했다. 중국산 분유에서 멜라민이 검출되었다는 사실이 뒤늦게 알려지면서 중국산 유제품을 원재료로 한 세계 각국의 식료품에도 비상이 걸렸다. 2008년 9월 22일에 집계된 자료에 따르면 중국에서는 멜라민이 포함된 제품들로 인해 신장결석이나 신부전증 환자가 5만 3,000명 발생했고, 이 중 1만 2,800명은 입원치료를 받았으며 4명의 유아가 사망했다. 2007년에도 멜라민으로 인해 대규모 리콜이 있었고, 2004년에도 중국에서 물을 섞은 우유로 인해 13명의 아동이 사망한 적이 있었다.

처음에는 우유에 물을 타서 양을 늘리는 수법을 썼는데 이를 방지하기 위해 검역 당국이 단백질의 주요 성분인 질소 함량을 조사하는 기법을 도입하자, 일부 낙농업자들이 조사의 허점을 이용하려고 질소를 많이 함유한 멜라민을 우유에 섞었다. 이 분유를 먹은 아이들의 신장이 망가져 병원에 실려 가면서 사건이 알려지기 시작했다.

맨 처음에 문제가 발견되었던 허베이성의 싼루(三鹿)사 외에 21개 회사 제품에서도 멜라민이 검출되었다. 파동이 점점 커져 식품안전 관련 관료들의 부패 의혹도 확산되었으며 외국에서는 중국산 식품에 대한 신뢰가 회복하기 어려울 만큼 큰 타격을 입었다. 11개국이 중국으로부터 수입을 전면 중단했다. 관련자들은 체포되었으며, 싼루사의 책임자들과 관리자들이 사태에 대해 책임지라는 압력으로 인해 사퇴하거나 해고되었다. 중국 허베이성 법원은 2009년 멜라민이 든 단백질 분말을 생산한 자에게 사형을 선고하는 등 관련자 12명에게 중형을 선고했다. (출처: 위키피디아)

164) 쓰촨성 대지진: 2008년 5월 12일 중국 쓰촨성(四川省) 지방에서 발생한 리히터 규모 8.0의 큰 지진을 말한다. 사망자 약 6만 9,000명, 부상자 약 37만 4,000명, 행방불명자 약 1만 8,000명, 재산피해자 누계 약 4,616만명, 붕괴된 가옥 약 21만 6,000동의 피해가 생겼다. 특히 학교 건물의 붕괴로 인해 교사와 학생이 많은 피해를 입었기 때문에 지방 간부의 독직과 부실 공사 논란이 일었다. 원자바오(溫家寶) 총리가 지진 당일 현지에 들어가 구원활동의 진두지휘를 집행하는 모습과 함께, 매스컴에서는 연일 인민해방군들이 구조 활동을 펼치는 모습이 방영되었다. 또한 전국에서 자원봉사자가 밀려들고 성금도 많이 기부되었다.

165) 중국의 티베트 독립시위 유혈탄압에 항의하는 프랑스 시위대의 저지로 베이징 올림픽 성화는 세 차례나 꺼졌다. 런던에서 전날 밤 도착한 올림픽 성화는 파리 에펠탑에서 출발했으나 200m도 못가 시위대의 저지에 막혔다. 이에 경찰이 성화 봉송이 여의치 않을 때마다 버스에 옮겨 싣고 이동하느라 세 차례나 성화를 껐다가 다시 점화했다. 올림픽 성화가 시위대에 막혀 꺼지고 릴레이 봉송이 아닌 차량을 이용해 옮겨진 것은 사상 초유의 일이었다. 수천명의 시위대가 "티베트를 지키자" 등의 깃발을 흔들며 시위를 벌였으며, 목적지 인근에서는 중국을 옹호하는 세력과 시위대 사이에 폭력사태가 빚어지기도 했다. 파리 시장 베르트랑 들라노에(Bertrand Delanoë)는 "당초 이날 올림픽 성화의 파리 시내 통과를 기념하는 행사

를 열려던 계획을 취소했다"라고 밝혔다. 기념행사 취소는 녹색당 시의원들이 파리시의회 건물 밖에 티베트의 망명 정부를 상징하는 깃발과 오륜에 수갑을 채운 검은색 깃발을 함께 내건 직후에 발표됐다. (출처: "베이징올림픽 성화 佛 파리서 3차례나 꺼져", 경향신문, 2008.4.8)

166) 2008년 4월 27일 서울 올림픽공원 평화의 문에서 성화가 출발했다. 이날 경찰을 사이에 놓고 중국인들과 한국의 시민단체 사이에 충돌이 있었다. 정부에서는 경찰 9,300여 명을 배치했으며 중국인 6,500여 명이 집결했다. 시민단체가 중국의 탈북자 강제송환 그리고 티베트 문제와 관련해 '인권이 없는 나라에서는 올림픽도 없다(No Human Rights, No Olympic Games)'를 외치며 시위하자, '사랑한다, 중국', '중국의 진정함을 세계에 알리겠다', '티베트는 영원히 우리 중국 땅' 등의 피켓을 든 중국인 단체가 몰려가 국기를 휘두르며 욕설이 오가는 등 사태가 격해지기 시작했다.

이후 중국인들은 돌, 스패너(금속절단기), 미개봉 음료수 캔, 국기대를 (투창 형식으로) 던지기 시작했다. 올림픽 반대 시위를 벌이던 40세 최모 씨는 중국인들이 던진 중량의 금속절단기에 흉부를 맞았다. 신문기자를 비롯한 여러 사람이 중국인들이 던진 흉기에 맞아 다쳐 피를 흘리며 병원으로 이송되었다. 덕수궁 앞에서는 서울 프라자 호텔로 피신하던 시위대를 중국인 100명이 끝까지 쫓아가 로비에서 둔기와 중국 국기대로 찌르는 일도 있었다. 중국대사관은 유감을 표명했고 한국 경찰도 엄정한 수사를 약속했으나 중국 유학생 두 명이 입건되는 것으로 마무리되면서 '중국에 대한 저자세 외교'라는 비난을 받았다. (출처: 위키피디아)

167) 중국이 티베트의 시위를 무참하게 짓밟은 뒤 미국 대학가에서는 티베트를 둘러싸고 중국 유학생들과 티베트를 옹호하는 학생들 간에 충돌이 일어났다. 듀크대에서도 티베트 사태를 둘러싼 찬·반 중국 시위가 벌어졌는데 양측을 오가며 대화를 시도한 중국 유학생 왕첸위안(王千源, Grace Wan)의 사진이 신문에 보도된 이후 그에게는 '민족 반역자'라는 비난과 공격이 이어졌다. 관영 중국 중앙방송국 CCTV은 그를 '가장 추악한 유학생'이라고 보도했고, 특히 크게 분노한 중국 네티즌들의 공격은 치열했다. 칭다오에 사는 부모의 이름과 전화번호, 직장까지 인터넷에 올라 가족들은 위협을 받았다. 이렇게 개인 신상을 인터넷에 올려 무차별 공격을 가하는 행태를 인육검색이라고 한다. 그와 부모에 대한 각종 신상 위협 글까지 올라왔다. 부모 집에 인분이 뿌려지기도 했다. 왕첸위안은 "순식간에 세계 인구의 1/6

이 내 개인정보를 알게 됐다"라고 말했다. 그러나 그의 주장은 상식적이다. 그는 "나는 티베트 독립을 반대한다. 단지 이성적인 민족주의가 필요하다는 점을 중국인에게 설명하려는 것이었을 뿐"이라고 말했다. (출처: "Chinese Student in U.S. Is Caught in Confrontation", The New York Times, 2008.4.17)

168) 내재적 관점 혹은 내재적 접근: 원래 문학작품을 비평할 때 작품 외적인 요소는 고려하지 않고 작품 안에서 접근해서 풀어간다는 뜻이다. 그러나 북한을 연구하는 학자들이 '내재적 접근법'이란 용어를 사용하면서 다른 의미를 가지게 되었다. 북한 사회나 권력의 행태를 보편적 시각에서 판단하거나 평가하는 것이 아니라, 그들의 입장에서 바라봐야 한다는 주장이다. 즉, 내적 원인을 중심으로 관찰해야 함을 의미한다.

169) 중국 공산당은 파룬궁을 1999년 7월 20일 '사교(邪教)'로 지정해 금지하고 지속적으로 박해를 가하고 있다. 파룬궁은 인기가 높은 기공 수련법이었다. 창시자 리훙쯔(李洪志)는 중국 정부로부터 국민 건강에 기여한 공로로 수차례 표창까지 받았다. 그러나 갈수록 수련자가 늘어나 공식적인 수련자만 3,000만명에 비공식 집계로는 1억명을 초과하면서 8,000만 공산당원의 수를 초과할 정도로 영향력이 커지자, 중국 정부는 위협을 느끼고 언론을 총동원해 파룬궁을 체제를 위협하는 사교 집단으로 몰아갔다. 중국 정부는 허위 사실을 날조해 보도하거나 집단 구타와 고문을 자행했다. 그 와중에 사망한 수련자는 공식적으로 2020년 3월 14일 기준으로 4,363여명이다(실종자 제외). 이에 대해 미국 하원에서 파룬궁 탄압 중단 요구가 결의되기도 했다. 본격적인 박해 이전부터 위협을 느낀 창시자는 1996년부터 미국 명예시민 자격으로 현재까지 미국에 거주하고 있다. 1994년 8월 3일 미국 휴스턴시는 리훙쯔에게 명예시민 자격을 부여하고 친선대사로 임명했다. (출처: 위키피디아)

40. 중국이 직면한 세 가지 난관

170) 이 장에서 설명하는 중국의 3가지 난제는 "China's Three Traps & Macro Trilemma", Clock Tower Group, 2021.10.1의 논리와 자료에 기초해 정리한 것이다.

171) 대항해 시대의 사례를 참고하면 인도 해군과 지역 해적들 간에 끈끈한 관계가 유지되어, 인도 해군의 보호비 사업 혹은 인도의 중계무역 사업은 외교적 압박을 우회해 번창할 가능성이 높다.

172) 중국은 원양해군이 부족하다. 해군의 10%만이 1,000마일을 벗어날 수 있고, 2,000 마일을 넘어 작전할 수 있는 함선은 극히 드물다. 사실상 동맹이 없는 중국은 말라 카 해협 서쪽으로 해군력을 투사할 수단이 없다. (출처: The End of the World is just the Beginning, Peter Zeihan, p. 353)

173) 부작위(不作爲)는 마땅히 해야 할 일을 하지 않는 것이고, 작위(作爲)는 규범적으 로 해야 할 행위를 하는 것 내지 하지 말아야 할 일을 하는 것을 뜻하는 법률용어다.

174) 1956~1957년 수에즈 운하 위기 이후에 중동에는 절대강자가 없었다. 그러나 매 우 저자세이기는 해도 영국이 적극적으로 활동을 펼쳤다. 영국은 1958년 요르단, 1959년 오만, 1961년 쿠웨이트에 군사적으로 개입했고 중동은 어느 정도 안정을 유지했다. 1960년대 말 영국군이 아덴과 페르시아 만에서 단계적으로 철수하자 지역 질서가 불안해지기 시작했다. 1967년 이집트의 나세르는 국제연합군의 철 수를 요구했다. 국제연합군이 이집트의 요구에 응하자마자 나세르는 "우리의 기 본 목표는 이스라엘의 섬멸이 될 것이다"라고 선언했다. 3차 중동전쟁이 시작되었 으며 이 전쟁의 여파로 미국과 서구를 벌주기 위한 '석유의 무기화'가 시작되었다. (출처: 모던타임스2, 폴 존슨, p. 561)

175) 이를 이해하기 위해서는 간단한 거시경제 공식이 필요하다.
국민총소득 Y= 민간지출 C + 정부지출 G + 투자 I + 순 수출 NX이다.
소득 Y에서 민간과 정부의 지출을 빼면 저축S이다.
Y-(C+G)=S
저축 S는 투자 I와 순 수출 NX의 합이다.
S-I=NX라는 식이 나온다. 경상수지 흑자는 국내저축이 국내투자보다 크다는 의미 이며 경상수지 적자는 투자가 저축보다 더 많다는 의미다.

176) 중간소득 함정 혹은 중진국 함정(Middle Income Trap): 세계은행이 2006년 '아시 아경제발전보고서'에서 처음 제기한 경제학 개념으로, 개발도상국이 중간소득국 가(Middle Income Country) 단계에서 성장력을 상실해 고소득국가(High Income Country)에 이르지 못하고 중진국에 머무르거나 저소득 국가로 후퇴하는 현상을 말한다. 저소득 국가에서 중진국으로 성장하는 것은 상대적으로 수월하지만, 이후 선진국으로 도약하기는 굉장히 어렵다는 것을 뜻하는 말이다. 세계은행 소속 경 제학자들이 발표한 보고서에 따르면, 1960년에 중진국이었던 101개 국가 중 2008

년까지 고소득 국가가 된 곳은 한국, 아일랜드, 타이완 등 13개국밖에 없다. 나머지는 50년 동안 그 상태에 머물러 있거나 심지어 더 가난해진 국가도 있었다. 중진국 함정은 예외적인 현상이 아닌 보편적인 현상에 가까우며 중진국 함정을 탈출하기란 매우 어렵다. (출처: 나무위키)

177) 2013년 구이저우성(贵州省)에서 실시한 연구에서 농촌 지역 초등학교 학생들의 40% 이상이 장내 기생충에 감염되어 있었다. 중국 남부 농촌 지역 초등학생 10명 중 4명이 배 속에 기생충을 가지고 있다는 뜻이다. (출처: 보이지 않는 중국, 스콧 로젤, 내털리 헬, p.188)

41. 미국 없는 유라시아에서

178) 향신료는 향신료의 길(Spice Road)을 따라왔다. 이는 아라비아해를 거쳐 아라비아반도에 유입된 후 콘스탄티노폴리스, 알렉산드리아, 베이루트, 흑해 연안으로 운반되었다. 베네치아, 제노바 등 상업도시들이 산지와 직접 교역하는 루트를 개척하려 해도 이슬람 세력에 의해 동방으로 가는 길이 봉쇄되어 있었다. 사실은 이슬람 상인들도 향신료의 모든 루트를 확보하지 못했다. 그들 역시 남아시아 일대의 인도 이슬람 상인이 홍해나 페르시아만으로 향신료를 운반해 오면, 그곳에서 대상 (caravan) 편에 육로를 통해 유럽 동쪽 경계로 전달하는 중계무역자였기 때문이다. (출처: 학교에서 가르쳐주지 않는 세계사, 신상목, p.37)

179) 사략선(私掠船): 국가가 공인한 해적선, 즉 국가에서 허가를 받아 타국(주로 적국)의 선박을 나포해도 처벌받지 않는 대신 그 노획물을 국가와 배분하는 선박들을 말한다. 전시에 군선으로 확보해 적의 상선들을 나포하거나 공격하는 용도로 사용되었다. 상선이 전시에 군선으로 활용된 셈이다. 또한 국가는 타국 해적에게 재산을 빼앗긴 상인에게 그 해적이 소속된 국가의 배를 공격해 자기가 빼앗긴 만큼 나포할 권리를 허락하기도 했다. 사략선은 국가(국왕)와 해적 서로에게 도움이 되었다. 국왕은 허가장을 내주면 노획물을 가져가고 공짜로 군함도 얻을 수 있었다. 해적은 장물 분배만 제대로 하면 조국에 돌아와 언제 붙잡혀 처형당할지 걱정하는 일 없이 마음껏 노략질할 수 있었다. 실제로는 해적이 먼 바다로 나가면 통제/감시할 수단이 사실상 없었기 때문에 절대다수가 사면장을 손에 들고 태연하게 해적질을 했다.

사략선이 해적선과 다른 점이 있다면, 사략선은 국가로부터 공인받은 준군사 조직으로서 당시의 국제법 체계에서도 사실상 군인으로 간주되어 전시에 국제법의 보호를 받았다는 점이다. 만약 해적선 선원이 사로잡혀 재판을 받는다면 어지간해서는 교수형이었지만, 사략선 선원은 사략의 범주를 넘는 해적 행위를 저지르지 않은 이상 일단 전쟁포로로 간주해 감옥에 들여보내 가뒀다가 몸값을 받고 본국으로 송환하는 것이 원칙이었다.

1588년 아르마다 해전에서 영국을 구한 프랜시스 드레이크(Francis Drake)도 사략선의 선장 출신이었다. 스페인 무적함대와의 전쟁에서 찰스 하워드를 사령관으로 하는 영국 함대의 부사령관으로서 잉글랜드 함대의 실질적인 지휘를 맡았다. 그는 해적식 전법을 통해 에스파냐 함대를 궤멸시켰다. 그러나 전쟁 중에도 대열을 이탈해 노략질에 몰두하는 등 하워드 제독과의 갈등으로 부제독 자리에서 해임되었다. 하지만 파산 위기에 몰렸던 영국 왕실이 그가 약탈한 금을 엘리자베스 1세에게 바친 덕분에 징발한 상선과 군사에게 후한 급료를 줄 수 있었기 때문에 드레이크를 실질적인 전쟁의 최고 공로자라고 보기도 한다. 사략선은 1856년 파리 선언으로 금지되었다. (출처: 나무위키)

180) 수입비중과 수출비중을 합해 계산한 GDP 대비 무역비중(2017년 기준)은 한국 80.8%, 중국 34.5%, 일본 25.4%, 미국 23.5%이며 세계 평균은 56.2%(2016년)다. (출처: 세계은행, 위키피디아)

181) 뮌헨 협정(Munich Agreement): 주데텐란트 영토 분쟁에 관련된 협정으로, 1938년 9월 30일 독일 뮌헨에서 영국, 프랑스, 독일, 이탈리아가 체결했다. 1938년 3월 나치 독일은 오스트리아를 병합하고, 그다음으로 독일인이 다수 거주하고 있는 체코슬로바키아의 영토인 주데텐란트를 병합하려 했다. 히틀러는 체코슬로바키아의 소수 민족인 독일인은 고국 독일에 통합되어야 한다고 선동했다. 유럽 열강들은 전쟁을 원하지 않았고, 독일의 군사 능력을 심각하게 과대평가하고 있었다. 실제로는 영국군과 프랑스군이 독일 국방군보다 우세했지만 대규모로 재무장한 독일보다 뒤떨어진다고 생각했다. 협정의 결과, 주데텐란트는 10월 10일까지 독일군이 점령을 완료하고, 기타 분쟁 지역의 미래는 국제위원회가 결정하기로 했다. 체코슬로바키아는 이로써 국가방위 능력을 상실하고 전체 국토의 30%와 500만명의 인구를 잃었다. (출처: 위키피디아)

42. 비트코인의 지정학

182) 사회 신용 시스템(社会信用体系, Social Credit System): 중국 정부가 개발 중인 국가 신용 등급제도다. 중국은 기업, 개인 및 정부 기관을 추적하고 신뢰성을 평가할 수 있는 시스템을 구축하고 있다. 다양한 형태의 사회 신용 시스템이 실험되고 있으며 규제 방법은 블랙리스트와 화이트리스트 모두 사용된다. 2011년 10월 20일 국무원 회의 중 당시 원자바오 총리에 의해 공식적으로 언급되었다. 사회 신용 시스템은 중국의 기존 금융 신용 등급 시스템을 확장한 것이다. 국가발전개혁위원회(NDRC), 중국인민은행(PBOC) 및 최고인민법원(SPC)이 관리하는 이 시스템은 신용 평가 기능을 표준화하고 기업을 위한 재무 및 사회적 평가를 수행하기 위한 것이다. 중국 정부는 사회에 대한 신뢰를 높이고 식품 안전, 지식재산권 도용 및 금융 사기와 같은 문제에 대해 기업을 규제하는 것이 이 시스템의 목표라고 밝혔다. (출처: 위키피디아)

183) 공동부유(共同富裕, Common prosperity): 마오쩌둥의 중국 공산당의 구호다. 이용어는 2021년 시진핑 주석에 의해 다시 부활했다. 시진핑 주석은 일부 국가에서 빈부 격차와 중산층 붕괴가 사회적 분열, 정치적 양극화 및 포퓰리즘을 악화시킨 것을 가리켜 '심오한 교훈'이라고 말하면서, 중국은 이러한 운명을 막기 위해 공동번영을 촉진해야 한다고 말했다. 그는 공동부유는 사회주의의 필수 요구 사항이자 중국식 현대화의 핵심 특징이라고 했다. 그리고 2035년까지 중국은 공동번영의 실현에 실질적인 진전을 이룰 것이며, 기본적인 공공서비스에 대한 공평한 접근을 통해 21세기 중반까지는 공동번영이 기본적으로 이루어질 것이라고 약속했다. 그는 도농 간 격차를 합리적인 범위로 축소하는 것과 일부 계층의 과도한 소득을 조정하겠다고 말했다.

시진핑 주석의 발언에 자본주의에서 사회주의로 회귀한다는 식의 우려가 일자 한웬시우는 '먼저 부자가 된 사람들'이 남겨진 사람들을 도와야 하지만 공동번영이 가난한 사람들을 돕기 위해 부자를 죽이는 것을 의미하지는 않는다고 보충 설명을 하기도 했다. 3기 연임을 달성한 뒤인 2023년 연초부터는 시진핑 주석의 발언에서 공동부유가 크게 줄었다고 한다. (출처: 위키피디아)

184) 코스의 정리(Coase theorem): 로널드 코스(Ronald Coase)가 만든 경제학 이론이다. 민간경제 주체들이 권리가 명확하고 거래비용이 거의 없는 상황에서 자발적

으로 거래하면 그 결과 사회 전체의 총효용이 증가한다는 것으로, 일반적으로 최적에 이르지 못하게 만드는 거래비용의 중요성을 환기한 이론이기도 하다.

코스는 1937년에 발표한 저서 《기업의 본질(The Nature of the Firm)》에서 기업 조직의 존립 근거가 거래 비용 때문이라고 설명했다. 이 논문으로 코스는 1991년 노벨 경제학상을 수상했다. 거래비용이 있는 경우에는 효율적인 상태에 도달하기 어렵다. 따라서 정부는 권위와 신뢰 그리고 강제성을 가지고 거래비용을 줄일 수 있다. 정부가 시장에 참여해 사회적 효용을 증대할 수 있다는 뜻이다.

갑과 을은 이웃한 목장과 농장을 각각 소유하고 있다. 그런데 갑이 기르는 소들로 인해 을의 밀밭이 훼손되고 있다. 이 경우 을이 입는 피해를 돈으로 환산할 수 있다는 전제에서 둘은 울타리를 치는 문제를 놓고 합리적인 거래를 할 수 있다. 만약 을이 입는 피해가 연간 300만원이고 울타리를 유지하는 비용이 연간 100만원이라면 울타리는 생긴다. 법원은 소가 피해를 주기 때문에 갑에게 울타리를 치라고 명령할 수 있지만 그렇지 않은 판결도 가능하다. 자기 밀밭을 야생동물로부터 보호할 의무가 을에게 있으므로 울타리를 치고 안 치고는 을에게 달린 문제라고 볼 수도 있다. 설사 갑에게 울타리를 치도록 법원이 명령하지 않아도 이 경우 을은 울타리를 친다. 왜냐하면 울타리를 치고 유지하는 비용 100만원이 소들이 넘어와 밀밭을 훼손하는 비용인 300만원보다 200만원이나 적기 때문이다. 을은 억울하더라도 울타리를 쳐 200만원어치 손실을 줄인다.

그런데 밀밭의 손실이 100만원이고 울타리 유지비가 300만원이라면 어떨까? 을은 당연히 울타리를 치려 하지 않을 것이다. 울타리를 치면 200만원을 더 써야 하기 때문이다. 그런데 갑에게 울타리를 치도록 법원이 명령한다면 어떨까? 그래도 울타리는 생기지 않는다. 이 경우 갑이 을에게 울타리를 치는 대신 매년 200만원을 주겠다며 협상을 제안할 수 있다. 갑으로서는 울타리 유지비인 300만원보다 100만원을 줄일 수 있다. 그런데 을도 밀밭의 손실보다 100만원이나 더 받게 되니 갑과 타협하는 편이 이익이다. 울타리가 생길 수 있을지는 법원의 명령에 따른 것이 아니라 울타리가 하는 역할과 울타리에 쓰이는 돈의 차이로 결정된다.

울타리가 하는 역할이 300만원을 아끼는 것이고 울타리에 쓰이는 돈이 100만원이라면 울타리는 세워질 것이고, 울타리가 하는 역할이 100만원밖에 해당되지 않고 울타리에 쓰이는 돈은 300만원이나 된다면 울타리는 생기지 않는다. 법원의 명령, 즉 누가 울타리를 쳐야 하는지에 대한 권리관계는 거래 당사자들의 이익 배분에 영향을 미치지만 궁극적으로 울타리의 존재 유무 자체를 결정하지는 않는다. 그러나 현실은 복잡하다.

소들이 밀밭을 훼손하는 양이 불확실하며 법원에서 결정하기 전 분쟁에 낭비되는 비용과 신경 에너지가 적지 않다. 또한 이런 불확실성과 신뢰부족, 사회제도의 미비로 이성적인 합의에 이르지 못하는 경우가 더 많다. 이런 정보 불확실과 제도 미비의 문제가 모두 최적의 거래를 막는 거래비용이라고 할 수 있다. 코스는 왜 합리적으로 최적의 상태에 이르지 못하는지를 설명하기 위해 비현실적인 가정을 전제로 설명했던 것이다. 코스의 정리는 경제학보다 법학이나 정치학에 영향을 끼칠 정도로 현대 국가의 시장 개입을 설명하는 중요한 설명 틀이다.

참고문헌

1 《헨리 키신저의 세계질서》, 헨리 키신저, p. 53.

2 《거대한 체스판》, 즈비그뉴 브레진스키, p. 58.

3 《지리의 복수》, 로버트 D. 카플란, p. 22.

4 《지리의 복수》, 로버트 D. 카플란, p. 110.

5 《지리의 복수》, 로버트 D. 카플란, p. 129.

6 《지리의 복수》, 로버트 D. 카플란, p. 110.

7 《땅과 바다》, 칼 슈미트, p. 106.

8 《리더가 사라진 세계》, 이언 브레머, p. 35.

9 《밀림의 귀환》, 로버트 케이건, p. 109.

10 《국제 현실정치의 바다전략》, 반길주, p. 42.

11 《거대한 체스판》, 즈비그뉴 브레진스키, p. 21.

12 Does America Need Foreign Policy?, Henry Kissinger, p. 32.

13 Mission Failure, Michael Mandelbaum, p. 89.

14 《강대국 국제정치의 비극》, 존 J. 미어샤이머, p. 36.

15 《국제 현실정치의 바다전략》, 반길주, p. 38.

16 《강대국 국제정치의 비극》, 존 J. 미어샤이머, p. 61.

17 《국제 현실정치의 바다전략》, 반길주, p. 40.

18 《강대국 국제정치의 비극》, 존 J. 미어샤이머, p. 65.

19 《지리의 복수》, 로버트 D. 카플란, p. 64.

20 《지리의 복수》, 로버트 D. 카플란, p. 150.

21 《거대한 체스판》, 즈비그뉴 브레진스키, p. 57.

22 《브레턴우즈 전투》, 벤 스틸, p. 166.

23 《미국의 봉쇄전략》, 존 루이스 개디스, p. 196.

24 《미국은 동아시아를 어떻게 지배했나》, 마고사키 우케루, p. 83.

25 《미국은 동아시아를 어떻게 지배했나》, 마고사키 우케루, p. 128.

26 《미국의 봉쇄전략》, 존 루이스 개디스, p. 38.

27 《미국의 봉쇄전략》, 존 루이스 개디스, p. 166.

28 《미국의 봉쇄전략》, 존 루이스 개디스, p. 167.

29 《미국의 봉쇄전략》, 존 루이스 개디스, p. 177.

30 〈중소동맹과 중국의 한국전쟁 개입〉, 천젠: 《한국전쟁의 거짓말》, 오일환 외 역, p. 44에서 재인용.

31 〈중소동맹과 중국의 한국전쟁 개입〉, 천젠: 《한국전쟁의 거짓말》, 오일환 외 역, p. 46에서 재인용.

32 《한반도에 드리운 중국의 그림자》, 복거일, p. 56.

33 《콜로서스》, 닐 퍼거슨: 《한반도에 드리운 중국의 그림자》, 복거일, p. 39에서 재인용.

34 《정치적인 것의 개념》, 칼 슈미트, p. 13.

35 《약속의 땅》, 버락 오바마, p. 813.

36 《리더가 사라진 세계》, 이언 브레머, p. 44.

37 Diplomacy, Henry Kissinger, p. 625.

38 《헨리 키신저의 세계질서》, 헨리 키신저, p. 332.

39 Diplomacy, Henry Kissinger, p. 639.

40 《헨리 키신저의 세계질서》, 헨리 키신저, p. 334.

41 Mandate for Change, Dwight D. Eisenhower, p. 372.

42 Diplomacy, Henry Kissinger, p. 654.

43 Diplomacy, Henry Kissinger, p. 654.

44 《헨리 키신저의 세계질서》, 헨리 키신저, p. 338.

45 《미국의 봉쇄전략》, 존 루이스 개디스, p. 520.

46 《헨리 키신저의 세계질서》, 헨리 키신저, p. 341.

47 《생각의 역사 2》, 피터 왓슨, p. 1106.

48 Does America Need a Foreign Policy?, Henry Kissinger, p. 249.

49 "An Interview with the President: The Jury is Out", Time, 1972. 1. 3: 《헨리 키신저의 세계질서》, 헨리 키신저, p. 339에서 재인용.

50 《미국의 봉쇄전략》, 존 루이스 개디스, p. 467.

51 《미국의 봉쇄전략》, 존 루이스 개디스, p. 471.

52 White House Years, Henry Kissinger: 《미국의 봉쇄전략》, 존 루이스 개디스, p. 461에서 재인용.

53 The Memoirs of Richard Nixon, Richard Nixon, pp. 514-515: 《미국의 봉쇄전략》, 존 루이스 개디스, p. 522에서 재인용.

54 《밀림의 귀환》, 로버트 케이건, p. 111.

55 《헨리 키신저의 중국 이야기》, 헨리 키신저, p. 270.

56 《헨리 키신저의 중국 이야기》, 헨리 키신저, p. 269.

57 《헨리 키신저의 중국 이야기》, 헨리 키신저, p271.

58 《헨리 키신저의 중국 이야기》, 헨리 키신저, p. 253.

59 《헨리 키신저의 중국 이야기》, 헨리 키신저, p. 257.

60 《헨리 키신저의 중국 이야기》, 헨리 키신저, p. 447.

61 Chinese Military Strategy in the Third Indochina War, O'Dowd: 《헨리 키신저의 중국 이야기》, 헨리 키신저, p. 452에서 재인용.

62 《지리의 복수》, 로버트 D. 카플란, p. 160.

63 《미국의 봉쇄전략》, 존 루이스 개디스, p.493.

64 《미국의 봉쇄전략》, 존 루이스 개디스, p.478.

65 《헨리 키신저의 중국 이야기》, 헨리 키신저, p.504.

66 《헨리 키신저의 중국 이야기》, 헨리 키신저, p.519.

67 《제국의 충돌》, 홍호평, p.30.

68 "Boeing's Campaign to Protect a Market - Corporations Lobby to Save China Trade", Stanley
   Holmes, Seattle Times, 1996.5.27:《제국의 충돌》, 홍호평, p.45에서 재인용.

69 《제국의 충돌》, 홍호평, p.68.

70 《트레이드 워》, 류재원, 홍재화, p.92.

71 《약속의 땅》, 버락 오바마, p.610.

72 《예정된 전쟁》, 그레이엄 엘리슨, p.55.

73 《키신저의 세계질서》, 헨리 키신저, p.204.

74 《남중국해: 아시아의 패권투쟁》, 빌 헤이튼, p.222.

75 《남중국해: 아시아의 패권투쟁》, 빌 헤이튼, p.7.

76 《남중국해: 아시아의 패권투쟁》, 빌 헤이튼, p.302.

77 "US and China in first South China Sea encounter since Xi-Biden meeting", CNN, 2022.11.29.

78 《남중국해: 아시아의 패권투쟁》, 빌 헤이튼, p.300.

79 《헨리 키신저의 중국 이야기》, 헨리 키신저, p.316.

80 《헨리 키신저의 중국 이야기》, 헨리 키신저, p.65.

81 《키신저의 세계질서》, 헨리 키신저, p.244.

82 《미국 외교의 대전략》, 스티븐 M. 월트, p.277.

83 《대붕괴 신질서》, 프랜시스 후쿠야마, p.178.

84 《키신저의 세계질서》, 헨리 키신저, p.212.

85 《각자도생의 세계와 지정학》, 피터 자이한, p.146.

86 "방위력 키우는 일본, 평화주의에서 '전쟁 가능' 국가로", 이홍갑, SBS 뉴스, 2022.12.16.

87 《주한미군과 주일미군》, 임기훈, p.175.

88 《주한미군과 주일미군》, 임기훈, p.90.

89 《주한미군과 주일미군》, 임기훈, p.92.

90 《미국은 동아시아를 어떻게 지배했나》, 마고사키 우케루, p.301.

91 "방위력 키우는 일본, 평화주의에서 '전쟁 가능' 국가로", 이홍갑, SBS 뉴스, 2022.12.16.

92 "The Land of the Sinking Sun, Is Japan's military weakness putting America in danger?",
   Philip-pe de Koning and Phillip Y. Lipscy, Foreign Policy, 2013.7.30.

93 《각자도생의 세계와 지정학》, 피터 자이한, p.157.

94 《헨리 키신저의 세계질서》, 헨리 키신저, p.285.

95 《거대한 체스판》, 즈비그뉴 브레진스키, p.80.

96 《칩워》, 크리스 밀러, p218-242.

97 《언더그라운 엠파이어》, 헨리 패럴, 아브라함 뉴먼, p228.

98 《지리의 복수》, 로버트 D. 카플란, p.45.

99 《미국의 봉쇄전략》, 존 루이스 개디스, p.26.

100 《거대한 체스판》, 즈비그뉴 브레진스키, p.22.

101 《지리의 복수》, 로버트 D. 카플란, p.158.

102 《거대한 체스판》, 즈비그뉴 브레진스키, p.20.

103 《거대한 체스판》, 즈비그뉴 브레진스키, p.22.

104 "The Administration's Roadmap to Mitigate Cryptocurrencies' Risks", published on January 27, 2023.

105 "Navigating Cryptocurrency Regulation: An Industry Perspective on the Insights and Tools Needed to Shape Balanced Crypto Regulation." WEF, September 2021.

106 "Gold Bars and Tokyo Apartments: How Money Is Flowing Out of China", The New York Times, 2023. 11. 28.

107 "Crypto Could Stave Off a U.S. Debt Crisis Stablecoins backed by dollars provide demand for U.S. public debt and a way to keep up with China", By Paul D. Ryan, June 13, 2024. WSJ.

108 "Stablecoins dominate market share, Bitcoin grows, and merchant services thrive in Central, Northern, & Western Europe", by Chainalysis Tea, October 23, 2024.

109 《유로》, 조지프 스티글리츠, p142.

110 "Embattled Economies Cling to the Euro", Marcus Walker and Alessandra Galloni, Wall Street Journal, Feburary 13, 2013: 《화폐의 몰락》, 제임스 리카즈, p.196에서 재인용.

111 The Roots of Liberty, Ellis Sandoz, p23, p.142.

112 《브레턴우즈 전투》, 벤 스틸, p.76.

113 "Proposals for an International Currency Union(1942.2.11)": 《국제통화금융체제와 세계경제 패권》, 김기수, p.283에서 재인용.

114 《브레턴우즈 전투》, 벤 스틸, p.365.

115 《달러의 부활》, 폴 볼커, 쿄텐 토요오, p.86.

116 《브레턴우즈 전투》, 벤 스틸, p.200.

117 "Stablecoins and national security: Learning the lessons of Eurodollars", Timothy G. Massad, 2024.04.17.

118 《브레턴우즈 전투》, 벤 스틸, p.50.

119 The Money Market(3rd), Marcia Stigum, p.295.

120 《국제통화금융체제와 세계경제 패권》, 김기수, p.560.

121 《국제통화금융체제와 세계경제 패권》, 김기수, p.556.

122 《국제통화금융체제와 세계경제 패권》, 김기수, p.533.

123 《국제통화금융체제와 세계경제 패권》, 김기수, p.556.

124 The Money Market(3rd), Marcia Stigum, p.297.

125 《달러의 부활》, 폴 볼커, 쿄텐 토요오, p.367.

126 《국제통화금융체제와 세계경제 패권》김기수, p.563.

127 《달러의 부활》, 폴 볼커, 쿄텐 토요오, p.374.

128 《달러의 부활》, 폴 볼커, 쿄텐 토요오, p.375.

129 《달러의 부활》, 폴 볼커, 쿄텐 토요오, p.380.

130 《달러의 부활》, 폴 볼커, 쿄텐 토요오, p.395.

131 《거대한 전환》, 칼 폴라니, p.410.

132 《거대한 전환》, 칼 폴라니, p.397.

133 《글로벌라이징 캐피털》, 베리 아이켄그린, p.329.

134 《누가 금융세계화를 만들었나》, 엘릭 헬라이너, p.17.

135 《누가 금융세계화를 만들었나》, 엘릭 헬라이너, p.32.

136 《누가 금융세계화를 만들었나》, 엘릭 헬라이너, p.133.

137 《모던타임스2》, 폴 존슨, p.558.

138 《누가 금융세계화를 만들었나》, 엘릭 헬라이너, p.136.

139 《보물섬》, 니콜러스 색슨, p.191.

140 《보물섬》, 니콜러스 색슨, p.191.

141 《짱개주의의 탄생》, 김희교, p.532 .

142 《다호메이 왕국과 노예무역》, 칼 폴라니, p.187.

143 《거대한 전환》, 칼 폴라니, p.392.

144 《브레턴우즈 전투》, 벤 스틸, p.217.

145 《국제통화금융체제와 세계경제 패권》, 김기수, p.276.

146 《브레턴우즈 전투》, 벤 스틸, p.235.

147 《국제통화금융체제와 세계경제 패권》, 김기수, p.278.

148 《글로벌라이징 캐피털》, 베리 아이켄그린, p.175.

149 《커런시 워》, 제임스 리카즈, p.143.

150 《달러의 부활》, 폴 볼커, 교텐 토요오, p.154.

151 《커런시 워》, 제임스 리카즈, p.149.

152 《커런시 워》, 제임스 리카즈, p.140.

153 《달러의 부활》, 폴 볼커, 교텐 토요오, p.59.

154 《국제통화금융체제와 세계경제 패권》, 김기수, p.372.

155 《달러의 부활》, 폴 볼커, 교텐 토요오, p.114.

156 《달러의 부활》, 폴 볼커, 교텐 토요오, p.114.

157 "경제안보가 현안으로 부상한 배경과 의미", 박용민, 외교논고 제141호.

158 《국제통화금융체제와 세계경제 패권》, 김기수, p.520.

159 《달러의 부활》, 폴 볼커, 교텐 토요오, p.28.

160 The End of the World is just the Beginning, Peter Zeihan, p.186.

161 "중국 '일대일로'의 덫…스리랑카 빚더미 위기, 개도국 디폴트로 번질라", 경향신문, 2022.7.14.

162 "China's Global Mega-Projects Are Falling Apart", The WallStree Journal, 2023.1.20.

163 《중국은 어떻게 실패하는가》, 마이클 베클리, 할 브랜즈, p.108.

164 《중국은 어떻게 실패하는가》, 마이클 베클리, 할 브랜즈, p.129.

165 《자본의 전략》, 천즈우, p.150.

166 《금융의 지배》, 니얼 퍼거슨, p.69.

167 《화폐트라우마》, 다니엘 D. 엑케르트, p.28.

168 《환율은 어떻게 움직이는가》, 임경, p.181.

169 《각자도생의 세계와 지정학》, 피터 자이한, p.145.

170 《미국은 동아시아를 어떻게 지배했나》, 마고사키 우케루, p.357.

171 《미국은 동아시아를 어떻게 지배했나》, 마고사키 우케루, p.270, p.279.

172 미일 동맹 VS 중국과 북한, 《미국은 동아시아를 어떻게 지배했나》, 마고사키 우케루, p.357에서 재인용.

173 《미국은 동아시아를 어떻게 지배했나》, 마고사키 우케루, p.355.

174 2010년 미국의 기밀 외교문서, 위키리크스 사이트; 《미국은 동아시아를 어떻게 지배했나》, 마고사키우케루, p.353.

175 《주한미군과 주일미군》, 임기훈, p224, p.234.

176 《중국은 어떻게 실패하는가》, 마이클 베클리, 할 브랜즈, p.48.

177 《예정된 전쟁》, 그레이엄 엘리슨, p.120.

178 Overreach How China delailed its peaceful rise, Susan L. Shirk, p229.

179 《강대국 국제정치의 비극》, 존 J. 미어샤이머, p.262.

180 《중국은 어떻게 실패하는가》, 마이클 베클리, 할 브랜즈, p.161.

181 《피에 젖은 땅》, 티머시 스나이더, p.284.

182 《지리의 복수》, 로버트 D. 카플란, p.140.

183 《다가오는 유럽의 위기와 지정학》, 조지 프리드먼, p.133.

184 《미국 외교의 대전략》, 스티븐 M. 월트, p.328.

185 《강대국 국제정치의 비극》, 존 J. 미어샤이머, p348.

186 《강대국 국제정치의 비극》, 존 J. 미어샤이머, p.409.

187 《강대국 국제정치의 비극》, 존 J. 미어샤이머, p.74.

188 《예정된 전쟁》, 그레이엄 엘리슨, p.108.

189 《강대국 국제정치의 비극》, 존 J. 미어샤이머, p.89.

190 《미국외교의대전략》, 스티븐 M. 월트, p.328.

191 《약속의 땅》, 버락 오바마, p.430.

192 "Marshall's speech to the Chicago Chamber of Commerce", 1947. 11. 26: 《미국의 봉쇄전략》, 존 루이스 개디스, p.109에서 재인용.

193 《미국의 봉쇄전략》, 존 루이스 개디스, p.241.

194 "미국인 절반 넘게 "미 쇠락…국제문제 개입 말아야"", 박현 기자, 한겨레, 2019. 10. 19.

195 "Sticking strong to industrialization, China will win competiton with US", Ding Gang GT, 2021. 6. 30: 《짱개주의의 탄생》, 김희교, p.499에서 재인용.

196 《거대한 체스판》, 즈비그뉴 브레진스키, p.57.

197 《다가오는 폭풍과 새로운 미국의 세기》, 조지 프리드먼, p.224, p.229.

198 Unclassified-Summary-of-Assessment-on-COVID-19-Origins.pdf.

199 "FINAL REPORT: COVID Select Concludes 2-Year Investigation, Issues 500+ Page Final Report on Lessons Learned and the Path Forward", Published: Dec 2, 2024.

200 "FBI 'found evidence Covid was lab leak but was not allowed to brief president'", Michael Searles, The Telegraph, 26 December 2024.

201 Overreach, Susan L. Shirk, p168.

202 "China's Dangerous Decline, Washington Must Adjust as Beijing's Troubles Mount", Jonathan Tepperman, 2022. 9. 10.

203 Under the Shadow of China, 복거일, p.22.

204 "중의 정체성은 상업주의 대국", 조선일보, 2023. 1. 7.

205 《트레이드 워》, 류재원, 홍재화, p.79.

206 "한국, 체급보다 낮은 단계서 활동, 인도 태평양서 더 역할해야", 조선일보, 2023. 1. 5.

207 "Battered by Covid, China Hits Pause on Giant Chip Spending Aimed at Rivaling US: Beijing plans alternative measures to support local firms", Bloomberg News, 2023. 1. 4.

208 《각자도생의 세계와 지정학》, 피터 자이한 p.156.

209 The End of the World is just the Beginning, Peter Zeihan, p.137.

210 "CHINA: THE MEN ARE SINGLE AND THE WOMEN WHO DON'T WANT KIDS," BBC NEWS, 2021. 5. 25.

211 "부모의 이주가 건강, 영양, 학업 결과에 미치는 영향", Health Affairs 34 no. 11 2015: 《보이지 않는 중국》, 스콧 로젤, 내털리 헬, p.189에서 재인용.

212 "China's war on corruption turns into high wire act Chan Ka Sing", Reuters, 2024. 1. 18.

213 "Beijing seeks to curb 'shakedown' detentions of Chinese executives", Cheng Leng in Hong Kong and Ryan McMorrow in Beijing, DECEMBER 29 2024.

214 《브레턴우즈 전투》, 벤 스틸, p.216.

215 The End of the World is just the Beginning, Peter Zeihan, p.129.

216 《그 일이 일어난 방》, 존 볼턴, p108.

217 《지리의 복수》, 로버트 D. 카플란, p.44.

218 《지리의 복수》, 로버트 D. 카플란, p.59.

219 《지리의 복수》, 로버트 D. 카플란, p.56.

220 《미국의 봉쇄전략》, 존 루이 개디스, p267.

221 《그 일이 일어난 방》, 존 볼턴, p134, p166, p186.

222 《트럼프 청구서》, 박형주, p55.

223 《트럼프 청구서》, 박형주, p88

224 《땅과 바다》, 칼 슈미트, p.115.

225 "尹 탄핵안에 '日 중심 외교' 적히자… 美 전문가들 "탄핵 사유 안 돼"", 김송이 기자, 2024. 12.11.

226 《트럼프 청구서》, 박형주, p55

227 《트럼프 청구서》, 박형주, p48

228 《누가 금융의 세계화를 만들었나》, 에릭 헬라이너, p.61.

229 《미국 외교의 거대한 환상》, 존 J. 미어샤이머, p.138.

230 "Special Report: Chinese firm helps Iran spy on citizens", Reuters, 2012.3.22.

231 "America's record 'net debter' status enter the unknown", Jamie McGeever, 2024. 10. 14.

232 "The Quarter-Trillion-Dollar Rush to Get Money Out of China", WSJ, 2024. 10. 23.

233 《중국은 어떻게 실패하는가》, 마이클 베클리, 할 브랜즈, p.98.

234 《강대국 국제정치의 비극》, 존 J. 미어샤이머, p.871.

235 "the MR. Interviews vol 1", Luke Gromen, p110.